长春统计年鉴

2006

长 春 市 统 计 局　　编

中国统计出版社

（京）新登字 041 号

图书在版编目（CIP）数据
长春统计年鉴 .2006/ 长春市统计局编 .
—北京：中国统计出版社，2006．7
ISBN 7－5037－4929－6

Ⅰ．长…
Ⅱ．长…
Ⅲ．统计资料—长春市—2006—年鉴
Ⅳ．C832．341－54
中国版本图书馆 CIP 数据核字（2006）第 027725 号

长春统计年鉴——2006

作者/长春市统计局
责任编辑/郑淼淼
E－mail/ yearbook@stats．gov．cn
责任校对/高岩
封面设计/鄢萍
出版发行/中国统计出版社
通信地址/北京市西城区三里河月坛南街 75 号　中国统计出版社
邮编/100826
电话/（010）63262295
印刷/吉林华源国际实业有限公司印业商社
经销/新华书店
开本/890×1240 毫米 1/16
字数/47 万字
印张/24
印数/1－500
版别/2006 年 10 月第 1 版
版次/2006 年 10 月第 1 次印刷
书号/ISBN 7－5037－4929－6/F·2276
定价/268．00 元

《长春统计年鉴——2006》编委会

《长春统计年鉴——2006》编辑人员

总　编　辑：鄢萍

责任编辑：郑淼淼　高岩

英文翻译：王士香

校　　对：高岩

承　　印：吉林华源国际实业有限公司印业商社

编 者 说 明

一、《长春统计年鉴——2006》是一部全面反映长春市2005年经济和社会发展情况的资料性刊物。本书收录了2005年长春市经济和社会各方面大量的统计数据，以及重要年份的主要统计数据，是认识和研究长春市经济社会发展，指导经济工作和进行决策的经济类工具书。

二、全书共包括四部分。(一) 特载，(二) 专论，(三) 县 (市) 区经济，(四) 统计资料。统计资料按其内容分为18个篇目，即 (1) 综合；(2) 人口；(3) 单位从业人员及劳动报酬；(4) 固定资产投资；(5) 能源消费与库存；(6) 财政；(7) 物价；(8) 人民生活；(9) 城市建设；(10) 农业；(11) 工业；(12) 交通运输邮电通信业；(13) 建筑业；(14) 批发零售贸易和餐饮业；(15) 对外经济贸易和旅游业；(16) 金融保险业；(17) 教育、科技及文化事业；(18) 体育、卫生及其他事业。

三、本书资料大部分来自于各专业年报资料，部分资料取自抽样调查。

四、本书中文字资料主要是统计部门人员撰写。

五、本书中所使用的价值量指标及构成，除已注明外，均按当年价计算，发展速度按可比价格计算。

六、本书采用国际统一标准计量单位。

七、书中符号使用说明："#"表示其中的主要项，"空格"表示该项指标数据不详或无该数据。

八、本书特载中无统计公报，公报将以单行本形式出版。

PREFACE

Ⅰ. *Changchun statistical yearbook*—2006 *is an annual statistical publication, which comprehensively reflects the conditions of economic and social development of changchun in* 2005. *We select various aspects of statistical data on economic and social development in* 2005 *and main statistical data in important years of changchun. It is an economic reference book for recognizing and researching on economic and social development of changchun guiding economic work and making decisions.*

Ⅱ. *This book covers the following four parts* 1. *Special reports.* 2. *Special topics* 3. *Economy of counties (cities) and districts* ; 4. *Statistical data. Statistical data contains* 18 *lists of articles. That is* (1) *General survey* (2) *Population,* (3) *Employment and wages,* (4) *Investment in fixed assets,* (5) *Energy consumption and inventory,* (6) *Government finance,* (7) *Commodity price,* (8) *People´s livehood,* (9) *City construction,* (10) *Agriculture,* (11) *Industry,* (12) *Transportation , post and telecommunications services,* (13) *Construction,* (14) *Wholesale , retail trade and catering,* (15) *Foreign trade and tourism,* (16) *Finance and insurance,* (17) *Education, science and technology, culture* (18) *Sports , health care and others.*

Ⅲ. *The major data sources of this publication are obtained from annual statistical reports , and some from sample survey.*

Ⅳ. *Special reports and special topics are obtained from statistical departments and relative departments.*

Ⅴ. *The quantity of value indicators and composition used in this book are at current price except notes have made , growth rate is calclaled by constant price.*

Ⅵ. *The units of measurement used in this book are internationally standard measurement units.*

Ⅶ. *Explantory notes for notations used in this book:* "#" *indicates the major items of the total , "blank" indicates that the data are not available.*

Ⅷ. *There is no annual statistical bulletin in special report. The bulletin will be publish in form of separate volume.*

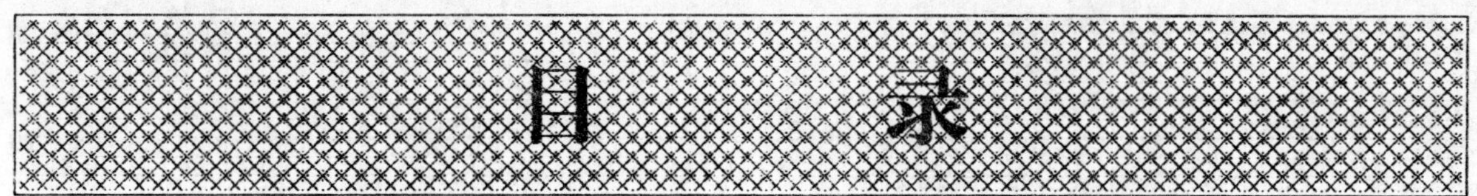

目　录

特　载

SPECIAL REPORT

专　论

SPECIAL TOPIC

县（市）区经济

ECONOMY OF COUNTY（CITY）AND DISTRICT

STATISTICS

第一篇 综合

1. GENERAL SURVEY

第二篇 人口

2. POPULATION

第三篇　单位从业人员与劳动报酬
3. EMPLOYMENT AND WAGE

第四篇　固定资产投资
4. INVESTMENT IN FIXED ASSETS

第五篇　能源消费与库存

5．CONSUMPTION AND STORAGE OF ENERGY

第六篇　财政

6．GOVERNMENT FINANCE

第七篇　物价

7.PRICE

第八篇　人民生活

8．PEOPLE'S LIVELIHOOD

第九篇　城市建设
9.GENERAL SURVEY OF CITY

第十篇　农业
10. AGRICULTURE

第十一篇　工业
11. INDUSTRY

第十二篇　交通运输、邮电通信业
12. TRANSPORTATION，POST AND TELECOMMUNICATION

第十三篇　建筑业

13. CONSTUCTION

第十四篇　批发零售贸易和餐饮业

14. WHOLESALE RETAIL TRADES AND CATERING

第十五篇　对外经济贸易和旅游业

15. FOREIGN TRADE AND TOURISM

第十六篇　金融保险业

16. BANKING AND INSURANCE

第十七篇　教育、科技及文化事业

17. EDUCATION，SCIENCE AND TECHNOLOGY CUITURE

第十八篇　体育、卫生及其他事业
18. SPORTS, PUBLIC HEALTH AND OTHERS

特载 专论

SPECIAL REPORT SPECIAL TOPIC

政府工作报告

——2006年1月19日在长春市第十二届人民代表大会第四次会议上

市长　祝业精

各位代表：

我代表市人民政府向大会作工作报告，请予审议。并请列席会议的同志提出意见。

一、"十五"和2005年工作简要回顾

"十五"时期，在省委、省政府和市委的领导下，在市人大、政协的监督支持下，我们紧紧依靠全市人民，成功战胜非典疫情和各种自然灾害的挑战，从容应对加入世贸组织后的新变化，全力振兴长春老工业基地，全面完成了"十五"计划，改革开放和现代化建设跃上一个新台阶。

——经济持续快速增长，综合实力明显增强。主要经济指标实现或接近翻番。预计2005年全市地区生产总值完成1675亿元，比2000年增长近一倍，年均增长12.5%。全口径财政收入实现184.8亿元，增长1.4倍，年均增长16.5%。规模以上工业总产值实现1712亿元，增长1.3倍，年均增长18%。外贸进出口总额完成44亿美元，增长1.6倍，年均增长20.8%。社会消费品零售总额实现600亿元，增长0.9倍，年均增长14%。"十五"期间，全社会固定资产投资累计完成2105亿元，比"九五"时期增长1.6倍。规模以上工业企业累计实现利润353.3亿元，增长2.3倍。累计实际利用外资39.6亿美元，增长2.2倍。累计引进内资750.3亿元，增长8.4倍。

——结构调整取得明显成效，经济整体素质进一步提升。产业结构不断优化，一二三产业比例由"九五"时期的14.3:43.2:42.5调整到10.7:46.8:42.5。粮食产量稳定在150亿斤的阶段性水平，畜牧业占农业总产值的比重达到54.2%。工业整体素质明显提高，汽车产能和农产品加工能力分别达到100万辆、720万吨，全市产值超亿元和超10亿元的企业分别发展到113户和13户。国家光电子产业基地、生物产业基地启动建设，高新技术产值占工业总产值的比重由19.3%提高到46%。物流业、房地产业、旅游会展业快速发展，现代服务业占服务业的比重由29%提高到43%。民营经济不断壮大，混合型经济快速成长，非国有经济占地区生产总值的比重由50%提高到60.2%。

——各项改革扎实推进，对外开放持续扩大。基本完成市属国有工商企业改革，558户国有企业实现产权多元化。实施了以"一免三补"为主要内容的农村税费改革，粮食流通体制改革稳步推进，投融资体制、住房制度等项改革逐步深入，市场在资源配置中的基础性作用不断增强。以养老、失业、基本医疗保险为重点的社会保障体系日益完善，涵盖生活费发放以及住房、医疗、教育、供热等城市低保救助体系初步形成。对外开放向广度和深度扩展，在长投资的世界500强企业由15户增至40户，引进投资超千万美元的项目295个，新批"三资企业"613家，外贸出口企业由200户增加到356户，出口市场由70个国家和地区拓展到140个。对外交流合作更加密切，与30多个国家和地区的50多个城市建立了友好关系。开发区经济占全市经济的比重达到51.3%，实现了2000年提出的"再造一个长春"的目标。

——城市建设步伐加快，环境质量明显改善。累计投入500多亿元，实施了引松二期、石头口门水库增容、龙嘉国际机场、长双烟铁路、轻铁、伊通河整治、道路建设、巷道改造、供热和供水管网建设等一大批城建重点工程，基础设施实现从严重制约到基本适应的根本性转变。通过实施新的城市管理体制、"畅通工程"和市容环境治理，城市管理水平不断提高。城区实现自来水普及率96%，综合气化率95.9%，集中供热热化率75%，生活垃圾无害化处理率83.5%，工业固体废旧物综合利用率97%，粪便无害化处理率75%，建成区绿化覆盖率41.5%，城市空气环境质量优良天数340天以上，城区道路完好率90%，88%的行政村实现通油(水泥)路。

——群众基本利益得到保障，人民生活质量不断提高。累计开发就业岗位40万个，新安置就业人员30万人，22万下岗失业人员和4万"4050"人员实现再就业，16万下岗职工基本生活保障向失业保险并轨，城镇登记失业率控制在4%以内。财政的社会保障支出逐年增加，确保了企业离退休人员养老金、国企下岗职工基本生活费、失业人员失业保险金、低保群众最低生活费和困难群众临时救济金的按时足额发放。城市居民人均可支配收入和农民人均纯收入分别达到10000元和4180元，比2000年增加4432元和1612元。城市和农村居民恩格尔系数分别下降6和2个百分点。实现城镇居民人均住房建筑面积25平方米，农村人均生活用房使用面积22平方米，城市居民万人拥有私人小汽车624辆，百户拥有移动电话157部、电脑40台。消费结构进一步升级，城市居民文化、教育、旅游人均年支出达到964元。

——科技教育与各项社会事业协调发展，精神文明建设全面推进。深入实施科教兴市战略，取得各类科技成果1542项，申请专利9831项。教育事业全面发展，适龄儿童和初中适龄人口入学率均保持在99%以上，实现高中入学率79.5%，高考专科以上进线率96.9%，职业学校毕业生一次性就业率96%。农村办学条件明显改善，累计改造危倒校舍41.6万平方米。中小学普及现代远程教育。建立了突发公共卫生事件防治体系，新传染病医院、四县(市)和双阳区新疾控中心投入使用。稳步推进九台新型农村合作医疗试点，全市141所乡镇卫生院功能基本得到恢复。城区人均体育用地增加到2.03平方米，处于全国同类城市领先水平。文化、广播电视、新闻出版、计划生育等各项事业长足发展。亚冬会筹备工作进展顺利，完成了伪满皇宫二期改造，莲花山滑雪场、长影世纪城等一批项目投入使用。实施人才强市战略，人才总量不断增加，整体素质不断提高。社区服务功能不断完善，援藏工作成效明显，民族宗教工作得到加强。

——依法行政不断加强，服务型政府和软环境建设取得新成绩。主动接受人大法律监督、工作监督和政协民主监督，认真办理人大议案、建议、意见和政协建议案、提案，办结率、面复率、满意率逐步提高。加快推进政务公开和电子政务，建立并落实重大决策咨询、政府信息公开和新闻发言人制度，政府工作透明度和行政能力进一步提高。成立集中办理行政许可的政务中心，开展落实《行政许可法》、清理规范性文件、清费减负和"百名处长"评议等多项活动，软环境建设不断加强。扎实推进依法治市，切实加强廉政建设，认真处理群众来信来访，深入开展"严打"斗争，强化安全生产的监督和管理，人民群众的安全感不断增强，社会保持稳定。

"十五"期间，长春市先后被授予"国家园林城市"、"国家环境保护模范城市"、"中国人居环境范例奖"、"全国创建文明城市工作先进城市"、"全国社会治安综合治理先进城市"、"全国双拥模范城"、"全国'两基'先进城市"、"全国职业教育先进城市"、"全国群众体育先进市"、"全国科技进步先进市"、"全国再就业工作先进城市"、"全国造林绿化先进市"、"全国农业产业化先进单位"、"全国民族团结进步先进集体"、"全国人民防空先进城市"和"全国实施妇女儿童发展纲要先进集体"等一系列荣誉称号。

2005年,是"十五"计划的最后一年,也是振兴长春老工业基地的关键一年。一年来,全市上下团结一心,克服汽车产业整体下滑和洪涝灾害等不利影响,坚持加快发展不动摇,各项工作取得了新成绩。一是坚持奋发有为,紧紧抓住振兴老工业基地的关键环节寻求突破,开创了振兴工作的新局面。国企改革取得较大突破,列入省市国企改革攻坚计划的211户企业中,有206户完成方案审批,进入改革操作程序。招商引资成果喜人,引进内资、实际和直接利用外资分别增长23.3%、30%和36.7%。固定资产投资大幅度增加,增长41.3%。二是坚持迎难而上,积极调整优化产业结构,努力培育新的经济增长点。一汽卡车新基地、红旗补充型及换代产品扩建、一汽——大众PQ35平台三大项目建设进展顺利,农产品加工业快速增长,生物医药、光电子信息、物流产业迅速发展,能源、建筑和材料制造、旅游会展、文化、金融产业不断壮大。三是坚持规划先行,全面加强城市建设与管理,城市的知名度和影响力不断提高。完成了新一轮城市总体规划修编,积极调整土地利用总体规划,保证了城市建设和经济发展用地需求。城市发展空间得到扩展,南部新城建设迅速启动,旧城区基础设施改造稳步推进,创建全国文明城市活动取得阶段性成果。四是坚持统筹兼顾,正确处理经济与社会、城市与农村、人与自然的关系,努力实现更快更好的发展。城乡结合部薄弱校改造得到加强,文化体制改革不断深化,集中整治了锅炉烟尘、机动车尾气和污染严重企业,农防林更新改造和水土综合治理步伐加快,县域经济速度与效益同步增长。五是坚持以人为本,认真解决涉及群众利益的突出问题,使全市人民实实在在地享受到改革发展的成果。提高城市居民最低生活保障标准,启动农村最低生活保障制度试点,改造了全市近半数的敬老院,改造巷道1557条,建设乡村公路3296公里,安置2810名残疾人就业,九台营城沉陷区2566户受灾居民迁入新居,建设"平安长春"活动取得明显成效。六是坚持依法行政,进一步规范审批和简政放权,行政体制改革不断向纵深推进。依法整合政务中心审批窗口,全面清理行政许可审批项目,基本建设项目"一次性"收费实现试运行。向四县(市)和双阳区放权197项,开发区享受市级管理权限基本落实到位。

各位代表,"十五"时期,是我市经济持续快速健康发展的五年,是社会事业全面进步的五年,是生态环境质量不断提高的五年,也是广大人民群众不断得到实惠的五年。这些成绩的取得,是我们全面贯彻落实中央、省各项方针政策和重大部署的结果,是市委正确领导和市人大、政协有效监督支持的结果,是全市广大干部群众同心协力、顽强拼博的结果。五年来,海内外朋友、港澳台同胞及外埠工商人士热诚关心、支持、帮助长春的建设和发展。各民主党派、工商联、人民团体和社会各界人士,中央、省驻长单位,中国人民解放军和武警驻长部队全体官兵,为长春三个文明建设作出了巨大贡献。在此,我代表市人民政府表示崇高的敬意和衷心的感谢!

回顾过去的五年,我们清醒地看到,长春经济社会发展中还存在不少困难和问题。总量不大、结构不优、效益不好、活力不足,仍然是困扰我市经济社会发展的主要矛盾。特别是受汽车市场变化影响,工业生产增幅和效益有较大幅度下滑,反映出我市产业结构单一,经济整体抗波动能力仍然较弱;农业基础薄弱的状况没有彻底改变,农民增收渠道需要进一步拓宽;就业和社会保障压力较大,困难群众生产生活问题仍需下大气力解决;影响社会安定的因素增多,维护社会稳定任务依然繁重;政府职能转变仍然滞后,办事效率和服务水平不高;个别工作人员为政不廉,等等。对于这些问题,我们将在今后的工作中采取更加有力的措施,认真加以解决。

二、"十一五"发展目标和主要任务

"十一五"时期,是全面建设小康社会承前启后的关键时期,也是振兴长春老工业基地决战决胜的重要时期,既面临复杂多变的形势和不利因素,更具有诸多有利的发展条件和机遇。我们必须全面增强历史责任感和时代紧迫感,聚精会神抓经济,千方百计快发展,使长春在新的起点上更快更好地发展,逐步实现富民强市的宏伟目标。

"十一五"时期,我市国民经济和社会发展的总体思路是:以邓小平理论和"三个代表"重要思想为指导,以科学发展观统领经济社会发展全局,加快转变经济增长方式,继续深入实施依法治市、科教兴市、开放带动、县域突破和可持续发展五大战略,加快建设现代制造业、区域性物流和科教文化三大中心,迅速壮大"两大支柱产业",大力发展"三大主导产业",积极培育"五大重点产业",做大做强开发区、城区和县域三大板块,努力扩大就业,增强经济实力,提高经济抗波动能力和城市综合竞争力。

"十一五"时期,我市经济和社会发展的主要预期目标是:全市地区生产总值年均增长13%左右,财政收入按可比口径实现同步增长;地区生产总值能耗降低30%左右;全社会固定资产投资年均增长20%以上;社会消费品零售总额年均增长12%以上;外贸进出口总额年均增长16%以上;实际利用外资年均增长20%以上;城镇登记失业率控制在5%以内;城市居民人均可支配收入、农民人均纯收入年均分别增长9%左右和7%左右。到2010年,基本完成长春老工业基地振兴的历史使命,把长春初步建设成为产业特色鲜明、经济结构合理、服务功能完善、生态环境良好、现代化程度较高的区域性中心城市。

实现上述目标,必须坚持更快更好地发展,必须坚持调整优化经济结构,必须坚持提高自主创新能力,必须坚持推进工业化进程,必须坚持深化各项改革,必须坚持全方位对外开放,必须坚持以人为本。突出抓好以下主要工作:

(一)不断提升产业竞争力,加快建立多元化产业发展体系。进一步做大做强汽车产业。大力提高自主创新能力、整车生产能力和零部件配套能力,力争2010年一汽集团和一汽——大众合计实现产值2000亿元,汽车零部件及与一汽差异化整车生产实现产值1000亿元,建设国家级汽车生产、研发和出口基地,打造长春国际汽车城。迅速壮大农产品加工业。全力支持大成、皓月、德大等龙头企业快速发展,加快化工醇、赖氨酸、有机醇、淀粉糖、聚乳酸等系列产品项目开发建设,尽快形成玉米和畜牧产品精深加工体系,建设国内重要的农产品加工基地,打造绿色食品城。大力发展光电子信息、生物医药和物流三大主导产业。加快建设国家光电子产业基地,重点发展光显示和汽车电子两大产业链条,拓展光电子器件和材料、光电仪器仪表和设备、软件三大领域。加快建设国家生物产业基地和医药出口基地,重点发展生物制药、现代中药、医药中间体和化学药,扩大生物技术应用领域,加大新药开发力度。加快建设以都市圈物流配送为基础、以物流园区为核心、以综合性和专业性物流配送区为结点、以国际物流为导向的区域性物流中心。积极培育能源、建筑和材料制造、旅游会展、文化、金融五大重点产业,形成多元化产业发展格局。

(二)进一步调整城市空间布局,构筑现代化都市发展框架。按照"主副中心、分散组团、轴向发展、带状增长"的发展格局,建设城市西南东北方向的工业发展轴和城市东南、西北方向的生态建设轴,促进城区发展按照"X"式合理有序展开。坚持城乡统筹规划,加快次中心城市和重点城镇建设,引导产业、人口和其它要素向其集聚。加快建设长吉经济带,与东北其它3个副省级城市共建东北物流走廊和东北经济隆起带。坚持适度超前原则,启动城市快速道路系统一期工程,完善市区交通网络。建设哈大铁路客运专线、铁路客运西站、长白铁路复线和长双烟地方铁路,提升龙嘉国际机场功能,努力构建立体化交通体系。加快水、电、煤炭、燃气资源开发建设,有计划、有组织地完成重点棚户区改造,全面实施伊通河城区段综合治理和改造工程,加快推进城市信息化。发挥比较优势,培育城市特色,全力打造长春国际汽车城、绿色食品城、科教文化城、电影城、森林城、雕塑城,努力提高城市综合竞争力。

(三)做强开发区、城区、县域三大板块,努力形成特色鲜明、错位发展、优势互补的经济发展新格局。按照"技术创新、产业集聚、环境超越、集约发展、辐射带动"的思路,把开发区建设成现代制造业的聚集区和现代化新城区,使其继续成为全市推进工业发展的平台和载体,成为抢占科技制高点、拓展产业新领域、带动经济快速发展的"火车头"。鼓励和支持开发区根据各自功能定位,进一步做大做强优势特色产业。

积极推动城区率先发展。加快推进工业调整转型。根据各城区优势,创新工业形态,积极发展创新型、研发型、生产服务型产业。围绕综合文化科技中心、交通枢纽中心、空港物流开发三大工程建设,大力发展现代服务业。调整城郊农业结构,大力发展设施农业、生态农业和观光农业,努力建设现代化、生态型、高效益的都市农业示范区。

加快社会主义新农村建设。按照生产发展、生活宽裕、乡风文明、村容整洁、管理民主的要求,扎实稳步推进新农村建设。突出工业拉动、城乡互动和科技促动,以农村工业化带动农业产业化,实现县域综合实力显著增强、县级财力大幅增长和农民收入持续增加。培育龙头企业,开发建设一批大项目。建设工业园区,重点发展以轻工产品为主的加工制造业。加快发展现代农业,重点建设500万亩专用玉米、300万亩优质大豆、150万亩绿色水稻、200万亩蔬菜、10万亩中药基地,形成肉牛、奶牛、肉鸡、肉鹅、生猪和鹿业6个龙型经济。发展劳务经济,畅通劳务输出渠道,提高劳动力素质。强化政府对农村的公共服务和科技服务,加强对农民的技能培训。加大农村基础设施投入,加快乡村道路建设,发展农村通信,完善农村电网,逐步解决农村的饮水困难和安全问题。加快发展农村文化教育事业,巩固农村九年义务教育,搞好农村中小学危倒校舍改造。加强农村公共卫生和基本医疗服务体系建设,基本建立新型农村合作医疗制度。

(四)加快构建科技创新体系,建设创新型城市。把提高自主创新能力摆在突出位置,按照自主创新、重点跨越、支撑发展、引领未来的要求,把握住我市科技发展的重点领域,确定重点突破专项,突出抓好汽车、玉米、光电子信息、生物医药、新材料、铁路客车等领域的科技创新。抓住重大关键技术,培育创新企业,建设工程研究中心、重点试验室和企业技术中心,加强原始创新、集成创新、引进消化吸收再创新,提高持续创新能力。充分发挥政府的主导作用、市场在科技资源配置中的基础性作用、企业在技术创新中的主体作用、科研机构的骨干和引领作用、大学的基础和生力军作用、科技服务机构的中介作用,进一步形成科技创新的整体合力。坚持贯彻尊重劳动、尊重知识、尊重人才、尊重创造的方针,全面实施人才强市战略,完善人才结构,壮大科技人才队伍。不断增强自强自尊的民族精神和全社会的创造活力,通过理论创新、文化创新,为科技创新提供科学的理论指导、有力的制度保障和良好的文化氛围。实施激励自主创新的各项政策,努力创造有利于提高自主创新能力的法制环境、市场环境和各方面条件。加大财政科技投入的力度,增强政府投入调动全社会科技资源配置的能力,形成多元化、多渠道、高效率的科技投入体系,提高科技资源共享利用的效益。

(五)加快转变经济增长方式,构筑生态环境体系。建设节约型城市。节约利用土地、水、能源、原材料,大力推行节约型增长方式,构建节约型产业结构,切实提高资源利用效率。发展循环经济。全面推行清洁生产,大力发展节能、降耗、减污产业,鼓励企业循环式生产,推动产业循环式组合。积极开发资源节约技术,重点研究开发和推广应用资源综合利用、资源节约、资源替代等先进技术,积极发展新能源和可再生能源。加强生态建设和环境保护,改善城乡环境质量,创建人与自然和谐共生、适宜居住和创业的生态城市。在城市规划区内保护与扩建林水生态,加快城郊防护林体系建设。在建成区内实施伊通河绿化、八一水库至西湖绿化改造、主要街路绿化、城市园林绿化、新建居民小区绿化工程。充分利用自然资源优势,建设石头口门水库、新立城水库、双阳、山河、石门山、土顶、土门岭、卢家、光明以及农安西部湿地10个生态保护区。加强环境保护,综合整治大气污染、污水、环境噪声、矿山环境、固体废物,建立以生态保护和治理为重点的生态支撑体系。

(六)大力推进体制机制创新,努力提升外向型经济发展水平。加快推进改革,突破影响经济社会发展全局的重大体制性障碍。进一步转变政府职能,积极稳步推进科技体制、行政管理体制、劳动就业体制、事业单位、财税体制、分配制度及农村综合配套等各方面改革,进一步完善市场经济体制,形成有利于转变经济增长方式、有利于全面协调可持续发展的新机制。基本完成竞争性领域国有企业的改制任务,鼓励、支持和引导非公有制经济加快发展,进一步推进全民创业,大力发展民营经济。进一步扩大对内对外开放。把招商与亲商、安商、扶商、富商结合起来,努力营造良好的投资环境,不断优化、壮大利用内外资的结构和规模。积极发展对外贸易,优化出口商品结构,着力提高对外贸易的质量和效益。支持有条件企业"走出去"到境外投资,鼓励境外工程承包和劳务输出。

(七)坚持以投资拉动为主要动力,谋划建设一批重大工程项目。把项目建设作为经济提速的突破口,构建主导产业、基础设施、社会事业、生态环境和县域经济五大项目支撑体系。积极推进汽车、轨道车辆、玉米生化、畜产品深加工、交通枢纽中心、综合文化科技中心、空港经济区、城市蓝环、西部造林、污水和垃圾处理等20个重大工程项目建设,带动相关行业快速发展,为长春实现更快更好的发展提供有力支撑。

(八)认真解决人民群众最关心、最直接、最现实的利益问题,努力构建和谐社会。坚持以人为本,努力建设“文明长春”、“平安长春”、“信用长春”、“和谐长春”。大力开展精神文明创建活动,不断提高群众的思想道德素质、科学文化素质,进入全国文明城市行列。坚持教育优先,推动基础教育和职业教育加快发展,促进教育公平。完善公共卫生和医疗服务体系,努力提高人民群众健康水平。加强文化事业建设,大力发展文化产业,丰富人民群众精神文化生活。加强妇女儿童工作。不断强化治安防范长效机制,严厉打击破坏经济秩序和各类刑事犯罪,遏制黄赌毒等社会丑恶现象蔓延,努力营造稳定、安全、和谐的社会环境。加大安全生产科技投入,完善应急机制,全面提高各类突发事件的安全防范和处置能力,营造安全的生产生活环境。进一步健全和完善食品安全体系。积极培育信用主体,健全信用机制,完善信用体系,发展信用服务,营造信用环境。进一步拓宽就业渠道,鼓励发展劳动密集型产业、就业容量大的服务业、中小企业和非公有制企业,开发更多的就业岗位。加快建立政府扶持、社会参与的职业技能培训机制,强化政府促进就业的服务职能,健全就业服务体系,促进多种形式就业,鼓励和支持自主创业、自谋职业。完善社会保障体系,合理调解收入分配,推进民主法治进程。加强农民负担监管,保护农民合法权益。

三、2006年主要任务

2006年是实施“十一五”规划的第一年,也是困难与希望同在、挑战与机遇并存的一年。影响今年经济增长的不确定因素仍然很多,特别受国内外汽车市场激烈竞争和石油价格的影响,汽车产业快速增长的压力仍然较大。因此,必须认清形势,统一思想,加大措施,应对挑战,有效扼制经济增幅和效益下滑趋势,全力保持经济稳步增长、社会全面进步,确保“十一五”实现良好开局。全市地区生产总值增长13%左右,全口径财政收入按可比口径同步增长,城市居民人均可支配收入、农民人均纯收入分别增长10%左右和7%左右。

(一)加快调整产业结构,推动工业经济持续稳步发展。坚定不移地举全市之力支持一汽加快发展。全面落实支持一汽的各项政策措施,促进一汽加快分离办社会职能。突出抓好汽车产业开发区建设,全面提高我市整车特别是低速载货车和农机产品生产、专用车生产、零部件配套和技术创新能力,启动天合富奥安全系统等16个汽车及零部件重点项目。汽车工业产值增长15%以上。加快推进农产品加工业。高标准建设玉米工业园,确保20万吨化工醇项目建成投产,玉米工业园基础设施、50万吨化工醇和50万吨聚脂项目开工建设。加快建设天景玉米等69个投资3000万元以上的重点项目,做大做强肉牛、生猪等十大农畜产品产业链。农产品加工业产值增长30%以上。围绕产业集聚、规模发展和扩大国际合作,加快建设长春国家光电子产业和生物产业基地。液晶显示模块、流感疫苗等10个项目建成投产,光电子信息和生物医药产业产值均增长30%左右。全面加强能源、建筑和材料制造等具有先导和支撑作用的基础产业,热电三厂等一批骨干项目建设取得实质性进展。坚持以信息化带动工业化,广泛应用高新技术和先进适用技术改造提升传统产业。实施名牌带动战略,不断推动名优产品扩大规模、增加效益,新创省级以上名牌30个。规模以上工业实现产值1970亿元左右。

(二)加快农村经济社会发展,扎实推进社会主义新农村建设。进一步提高粮食综合生产能力,优化种植业结构,加快建设各类优质原料基地,专用玉米、优质大豆和绿色水稻分别发展到200万亩、150万亩和100万亩。加快发展畜牧业,新建标准化牧业小区100个,畜牧业产值增长6%以上。加速推进农村劳动力转移,农民外出务工经商95万人次。大力促进农业产业化经营,订单农业面积达到800万亩,各类农村新型经济组织发展到1000个。重点建设五棵树、米沙子等14个工业集中区,启动实施投资超千万元的工业项目100个。深化农村乡镇机构和财政体制改革,巩固农村税费改革成果。增加农村教育、文化、卫生等方面的投入,推动农村社会事业全面进步。继续改造乡镇卫生院,启动榆树、农安新型合作医疗试点。实施农村最低生活保障制度。加大农村基础设施投入,提升农田基本建设、农村道路、饮水、电网、通信等建设水平。搞好中小型水库除险加固,实施长春经济环线公路工程,新建乡村公路1000公里,基本实现村村通油(水泥)路。

(三)扩大投资、促进消费,拉动经济快速增长。围绕“十一五”规划,超前谋划和启动一批带动作用强、辐射范围大、发展后劲足的大项目。加强组织协调,广开资金渠道,培育投资主体,尽快形成投资主体多元化、资金来源社会化、投资方式多样化、项目建设市场化的新格局,力争全社会固定资产投资增长30%以上。抓紧修编土地利用总体规划,加大土地收储力度,提高土地经营水平,确保重点项目用地需求。

更加注重扩大消费需求,充分发挥消费对经济增长的拉动作用。鼓励发展新型业态,完善商业网点布局,促进市场繁荣稳定。社会消费品零售总额增长12%以上。加快建设汽车等4大物流园区和生产资料、生活资料、农产品等8大物流配送中心,大力培育和引进物流骨干企业。物流业营业收入增长20%以上。积极发展旅游会展、文化、金融等需求潜力大、成长能力强的服务业,培育新的经济增长点。办好冰雪节、农博会、东博会、电影节、雕塑展等21项重点展会,全年举办各类会展活动120项以上。下力气引进和发展各类金融机构,活跃金融市场,逐步完善适应加快发展需要的金融支撑体系。进一步整顿规范市场经济秩序,坚决打击假冒伪劣和经营欺诈行为,维护企业和消费者权益。

(四)坚定不移地深化改革、扩大开放,进一步增强经济社会发展的活力和动力。全面深化各项改革。继续推进国有大型企业股份制改造,加快建立现代企业制度。妥善处理改制企业遗留问题,制定和落实扶持政策,支持改革后企业加快发展步伐,尽快做大做强。加快推进粮食流通体制改革,继续提高粮食购销的市场化程度。深化市属事业单位人事制度改革,启动县(市)区事业单位人事制度改革。进一步推进文化体制改革,经营性文化事业单位实现“事转企”,专业艺术院团改革迈出实质性步伐。积极稳妥地推进国有资产管理体制、投融资体制、科技体制等方面改革,力争在一些重点领域和关键环节上取得突破。

努力扩大对外开放。突出引资重点,创新引资方式,打造引资平台,努力提高利用内外资的规模和质量。利用内、外资均增长20%以上。大力开拓国际市场,优化出口商品结构,重点增加汽车及零部件、农畜产品深加工、医药产品出口。启动建设空港经济区,新开通国内外航线10条以上。

加快推进对内放开。认真落实扶持民营经济发展的各项政策,大力发展和提倡个人经济、小本经济、楼宇经济,积极打造创业基地、创业街路、创业市场等创业平台,培育创业文化,推动全民创业。建立健全服务体系,帮助民营企业解决技术、资金等实际困难。支持有实力的民营企业迅速扩张,扶持一批民营科技企业进入"小巨人"行列。民营经济增加值增长20%左右。

积极推进开发区二次创业。全面加快开发区的创新和发展步伐,力争各开发区在体制机制创新、软环境建设、拓展空间、招商引资、减轻负担、提速增效、建设和谐区域、形成合力8个方面实现新的突破。开发区实现生产总值1000亿元,引进超千万元项目130个以上,固定资产投资增长30%以上。

(五)全面加强城市建设与管理,努力提高城市吸引力和承载力。在城市总体规划指导下,高标准编制分区规划、专项规划、控制性详细规划和村镇规划,强化规划监管,提高规划的编制和审批效率。实施"十路四桥两出口"建设工程,加快汽车产业开发区、玉米工业园、铁北及南部新城核心区路网建设。继续搞好城区主次干道大中修,改造巷道1000条。继续推进房地产业发展,改造棚户区240万平方米。改造供水管网50公里、燃气管网50公里、旱厕100个,集中亮化296条背街暗巷。启动城市交通枢纽工程,轻铁二期投入使用。继续改造南湖公园、胜利公园、儿童公园,完善雕塑公园二期,改建裕华园。城区新增绿地300公顷。继续实施"串湖"综合治理,启动东莱明沟改造。加快伊通河改造工程建设,完成卫星桥至四化桥全线14公里蓄水等"四项任务"。建设南部污水处理厂、北郊污水处理厂二期、三间村粪便处理场、蘑菇沟屯垃圾处理场,提高污染物处理能力。推进"三北"防护林四期工程建设和宜林荒山荒地造林改造,完成植树造林5000公顷。力争启动石头口门水库饮用水源地保护工程。进一步强化管理措施,改革与创新城市管理体制,逐步建立起加强城市管理的长效机制。加强城市管理综合行政执法,搞好市容环境综合整治。深入开展创建国家卫生城市活动,全市2/3以上社区达到"卫生先进社区"标准。积极推进清洁生产,加强资源综合利用,地区生产总值能耗降低6%左右。

(六)坚持科教兴市和人才强市战略,大力发展社会事业。努力增强自主创新能力,积极实施政府科技发展计划,加大政府引导力度,加快以企业为主体的高技术和科技成果的开发、转化、产业化,高新技术产值增长20%以上。推进中俄、中德科技合作基地建设,启动建设中欧合作长春工业园区。加强知识产权保护。大力开发人才资源,切实强化高层次和紧缺人才队伍建设,引进高层次及各类急需紧缺人才1.2万人,培训公务员和企业经营管理、专业技术、高技能、农村实用人才23万人次。

巩固义务教育成果,提高高中办学质量,大力发展职业教育。维修改造5所城乡结合部薄弱学校,四县(市)和双阳区各建1个1500至4000人规模的职教中心。完善公共卫生和医疗服务体系,控制艾滋病、人间禽流感等重大传染病。稳定人口低生育水平,提高出生人口素质。加大政府对公益性文化事业的投入,逐步形成覆盖全社会、比较完备的公共文化服务体系。做好群众体育、广播电视、新闻出版等各项工作。启动建设综合文化科技中心。

以创建全国文明城市为目标,大力加强社会主义精神文明建设。深入开展双拥活动,争创全国双拥模范城"六连冠"。加强社会治安综合治理,依法严厉打击各种犯罪,保障人民群众生命财产安全。完善社会治安防控体系,提高维护公共安全和处置突发事件能力。进一步推进食品放心工程,强化危险化学品和交通安全监管,防止重特大事故发生。注重城市安全,提高处置突发事件能力。

全市动员、全民参与,高标准完成亚冬会各项筹备工作。认真落实《亚冬会行动计划》,力争把2007年长春亚冬会办成最成功、最具魅力的冬季体育盛会。充分挖掘亚冬会的综合效应,带动经济社会发展,全面提升城市综合服务功能和整体形象。

(七)努力扩大就业,完善社会保障体系。努力把扩大就业摆在经济社会发展更加突出的位置,深入开展创业促就业活动,加大再就业援助力度,增加资金投入,落实优惠政策,千方百计扩大就业。全年新增就业岗位9万个,安置下岗失业人员6万人,其中"4050"人员1万人。增加财政社会保障投入,依法加大社会保险基金征缴力度,进一步扩大养老、失业、医疗、工伤、生育保险覆盖面,抓好非公经济组织和事业单位参保工作,逐步将符合条件的城镇从业人员和失地农民纳入社会保险范围。

下力气改善困难群众生活。扩大廉租房差额面积补贴范围,妥善安置低收入拆迁户住房,进一步扩大低价位商品房开发比例,逐步解决困难家庭住房问题。规范医疗药品收费,进一步解决群众看病难、医药贵问题。公办义务教育阶段学校严格实行"一费制",继续对城镇贫困户子女入学给予资助。基本完成农村敬老院改造任务。大力发展慈善事业,加快社会救助体系建设。

(八)加强民主法制建设,努力建设服务型政府。全面实施《依法行政纲要》,坚持依法行政、依法决策、依法办事。认真贯彻人大及其常委会决议,完善工作报告制度,自觉接受人大的法律监督、工作监督和政协的民主监督。切实做好人大代表建议、批评、意见和政协提案的办理工作,为各民主党派、无党派人士和市民参政议政创造条件。完善公众参与、专家论证与政府决策相结合的民主决策机制,严格执行决策程序。落实行政执法责任制和过错追究制,加强对行政执法行为的监督和规范。扩大基层民主,落实村务公开,搞好社区建设。完善信访工作责任制,及时处理信访问题,妥善处置群体性事件。

大力加强服务型政府建设。进一步推进政企分开、政资分开、政事分开。在抓好经济调节、市场监管的同时,更加注重社会管理和公共服务,使政府服务走出机关,重心下沉,积极主动地为基层、企业、群众解决实际困难和问题。采取各种有效措施,狠抓各项工作落实。建立和完善重点工作目标责任制,全面加强督促检查,严格兑现奖惩,切实提高行政效能。重实干,办实事,求实效,着力改进政风。贯彻落实《公务员法》,努力建设高素质的公务员队伍。

进一步加强软环境建设。把软环境建设提升到社会信用体系建设新阶段,建设诚信政府,逐步建立社会信用监控体系和失信惩戒机制。进一步推进政务公开,继续完善政务中心服务功能,建立并试行振兴老工业基地项目、重大招商引资项目行政审批全程无偿代办制。逐步完善行政许可网上办理功能。继续开展民主评议政行风和"百名处长"评议活动,深入清理行政事业性收费,严肃查处涉软案件。坚持廉洁从政,加强廉政建设和反腐败斗争,严格落实领导干部经济责任审计制度、建设工程招投标制度、政府采购制度,从源头上预防和治理腐败,建设节约型政府。

各位代表!回首五年成就,令人鼓舞;展望未来发展,催人奋进。让我们更加紧密地团结在以胡锦涛同志为总书记的党中央周围,高举邓小平理论和"三个代表"重要思想伟大旗帜,在市委的正确领导下,在市人大、政协的监督和支持下,齐心协力,埋头苦干,为振兴长春老工业基地,为实现全面建设小康社会和"十一五"规划的宏伟目标而努力奋斗!

关于我市“两大支柱”、“三大主导”及“五大重点”产业的研究

一、导言

1. 对我市“支柱”、“主导”、“重点”产业研究的目的和意义

2005 年是“十五”计划的最后一年，是国家实施振兴东北老工业基地战略的第 3 年，也是即将全面实施“十一五”计划的基准年。按照省委、省政府提出的全省经济变“快走”为“快跑”，长春要“领跑”的要求，为了在“十一五”时期，乃至更长一个历史阶段，使我市国民经济保持快速、协调、健康发展，我们从统计的角度，对全市国民经济主要行业近年来运行状况、规律和未来发展趋势进行了全面深入地分析、研究、梳理和归纳。我们认为：根据党的“十六大”和十六届“三中”、“四中”全会精神，按照科学发展观和建设和谐社会的要求，在我国新一轮国民经济增长周期中，在我市经济社会发展的重要历史时刻，我市应审时度势，抢抓机遇，在现有的经济基础上，重新谋划未来相当长的一个历史时期，我市经济社会发展的新思路、新战略、新目标，培育新的经济增长极。特别是要通过科学选择和大力建设我市的“支柱”、“主导”及“重点”产业，逐步转变我市国民经济增长方式，重新调整全市生产力布局，提倡和发展循环经济、节约型经济，最终实现比别人更大的经济增量、更快的经济增速，实现真正意义的跨越式发展。

2. 对“支柱”、“主导”、“重点”产业的界定

支柱产业，按照西方产业经济学的观点，所谓支柱产业是国民经济中的支撑力量，是整个产业群体中的支柱，它是构成产业体系的主体，提供大部分的经济总量。支柱产业具有以下主要特征：①大规模产出，在国内生产总值，即 GDP 中占较大比重；②市场扩张能力强、需求弹性高，发展快于其他行业；③ 生产率持续、迅速增长，生产成本不断下降；④扩大就业；⑤产业关联度高、长期预期效果好；⑥节约能源和资源。综合各方面研究的意见，支柱产业的增加值占地区生产总值的比重应不低于 6%，对 GDP 的贡献率不低于 10%；从业人员占城镇从业人员的比重应不低于 3%。

主导产业，是一个相对概念。所谓主导产业是指在经济发展过程中，或在工业化的不同阶段上出现的一些影响全局的、在国民经济中居于主导地位的、能通过其前后关联与旁侧关联带动整个经济增长的产业部门。主导产业具有如下特点：第一，主导产业应该是能对较多产业产生带动和推动作用的产业，是前后关联和旁侧关联度较大的产业。第二，由于主导产业的存在及其作用会受特定的资源、制度和历史文化的约束，因此不同的国家或同一个国家不同的经济发展阶段主导产业也是不一样的，它会受所依赖的资源、体制、环境等因素的变化而演替。例如，日本的主导产业演替顺序是：纺织工业→钢铁、机械、化学工业→汽车、家电工业→电子工业等高技术产业。第三，主导产业应具有序列演替性。由于主导产业应能够诱发相继的新一代主导产业，因此，特定阶段的主导产业是在具体条件下选择的结果。一旦条件变化，原有的主导产业群对经济的带动作用就会弱化，被新一代的主导产业所替代。第四，主导产业应具有多层次性。由于发展中国家在产业结构调整和优化过程中，既要解决产业结构的合理化问题，又要解决产业结构的高度化问题，因此，处在战略地位的主导产业应该是一个主导产业群，并呈现多层次的特点，实现多重化的目标。综合各方面研究的意见，主导产业增加值占 GDP 的比重应不低于 4%，对 GDP 的贡献率应不低于 6%。

重点产业，就是能够充分发挥自己的优势，体现地区特色，形成特色经济的产业，其经济总量在全市占有一定份额，其主导产品的研发能力、科技含量、现有的生产规模、产品销售前景、资源拥有量等不仅在本市，而且在全国同行业中都具有一定的比较优势。它必须具有五个特点：第一必须有适地性；第二必须有特色；第三必须有科技支撑；第四必须有市场依托；第五必须有相关产业配套。优势产业与弱势产业转换的关节点在于市场，在于把握和抢占市场制高点。也就是常说的“人无我有，人有我多，人多我优，人优我精”。要明确规模大的产业不一定是优势产业，如果没有特色、没有加工，一样会被市场淘汰，成为弱势产业，其规模越大，带来的损失就越高。有了特色，有了加工，还要研究最佳的市场消费环境，寻找市场卖点。要依托地域优势、人文优势、品牌优势找出自己的产品特色，打出自己的品牌，培植自己的市场卖点。综合各方面的研究意见，重点产业增加值占 GDP 的比重应不低于 2%，对 GDP 的贡献率应不低于 4%。

3. 制造业(行业)与产业的区别

制造业(行业)与产业有所不同，最本质的区别在于制造业属于第二产业，它不包括与之配套的，为其进行服务的行业活动，而后者属于第三产业。只有将两者合在一起，才称其为产业。以汽车为例，汽车制造业不同于汽车产业，它只是工业企业生产活动，属于第二产业，不包括与汽车制造相关及为汽车制造服务的汽车租赁、信贷、保险、销售、维护与保养等属于第三产业的经营活动。只有将两者合在一处，才为汽车产业。

4. 我市选择和确定未来经济发展的“支柱”、“主导”及“重点”产业的原则

一是充分考虑产业的扩张性。无论是从该产业现有的规模、基础，还是从该产业未来的发展远景、市场潜力看，都具有较强的扩张性，即在较长的一段时期，都能以较快的增速，迅速发展壮大，为全市经济总量崛起贡献巨大份额。

二是充分考虑产业的增值性。从现代社会化大生产发展趋势看，生产性服务对提高产品增值作用越来越大，其在产品生成的价值链中将逐步越过生产制造。因此，选择我市“支柱”、“主导”、“重点”产业必须要充分考虑产业链的增值性，即“含金量”，无论是从“龙头”研发，“龙身”制造，还是“龙尾”包装销售，都必须体现高知识化(研发、策化)、高科技化(生产制造)、高附加值(最终产品的价值)、高效率(销售、服务、广告、宣传等)，使产品增值，产业增大，社会财富总量增加。

三是充分考虑产业的集约性。发展是硬道理，但发展必须是要有新增量的发展。按照现代社会化大生产的要求和标准，我市国民经济总量要扩张，发展要提速，经济运行质量要不断提高，我们选择的产业必须要具有集约化的特点，即我们所要发展的产业通过其集约化，使生产的核心要素(土地、资本、劳动)在空间聚集，最大限度地降低生产和交易成本。通

过要素聚集形成聚集经济,发挥聚集效应,收到聚集效益。

四是充分考虑产业的可持续发展性。按照科学发展观的要求,我市国民经济未来发展要逐步转变增长方式,在产业结构不断优化、产业能级不断提升、经济和社会效益不断提高的基础上,逐步实现和谐社会、节约型社会的目标。从这个意义上讲,我们选择"支柱"、"主导"、"重点"产业就必须充分考虑到产业的可持续发展性,即选择的产业主要是从事知识和技术密集型的产业,更多的是通过非物质的劳动来增值。因此,这些产业在发展壮大过程中,对环境的污染比较小,对资源的需求消耗可控、合理。

(1)支柱产业。"支柱"的主要功能和作用在于"擎天"。根据支柱产业的特点和标准,我市选择支柱产业的原则:一是该行业现有的规模和基础,符合相应的特点和标准。现在已经发挥其"擎天"的功能,并在将来相当长的一个历史时期,仍然起到关键性的支撑作用。二是从我市国民经济发展长远战略和目标出发,着眼于该行业未来的发展空间和潜在势能,并具有可造就成为支柱产业的潜质,经过培育和壮大,能够起到"擎天"作用。

(2)主导产业。"主导"的主要功能和作用在于"先行"和"关联"。根据主导产业特点和标准,我市选择主导产业的原则:一是该行业符合主导产业特点和标准。二是该行业具有发展的广阔空间和巨大的社会消费需求,特别是具有发展成为主导产业的"龙头",即研发能力、技术水平和基础性装备。三是符合产业结构的演变规律,即选择的主导产业必须要考虑到其他工业化国家工业化进程中表现出来的主导产业的演进规律。四是必须具有较强的行业关联度,即可以带动上、下游产业及横向产业,最终可以带动全市国民经济的发展。

(3)重点产业。"重点"的主要特征表现为"地方特色"和"行业特色"。根据重点产业的特点和标准,我市选择重点产业的原则:一是该行业符合"重点"产业的特点和标准。二是能够充分体现和代表"地域特色"和"行业特色",既属于我市的特色经济,又在我市经济发展过程中起到非常重要而又不可替代的作用。三是充分考虑我市的科技人才、自然资源、劳动力资源等各种生产要素及相互之间的有机结合,可以形成产业,并带动全市经济的发展。

综上所述,根据我们对"支柱"、"主导"和"重点"产业特点、标准的研究,结合我市国民经济发展的基本规律、现状及未来的大趋势,我们认为,在我市众多国民经济行业中,应重点发展和培育"两大支柱"产业,即汽车产业和农牧食品加工产业;"三大主导"产业,即生物与医药产业、光电子信息产业和物流业;"五大重点"产业,即会展旅游业、文化产业(不包括会展旅游业)、建筑和建材业(含房地产业)、能源工业、金融保险业(含证券业)。

二、"两大支柱"产业

(一)汽车产业

长春是新中国汽车工业的摇篮。从一定意义上讲,长春汽车工业的发展历程浓缩了长春市工业经济的发展历史。1999-2004年,我市规模以上汽车工业(下同)总产值平均每年递增27.6%,高出同期全市规模以上工业总产值平均增速4.2个百分点。2004年末,汽车工业总产值占全市规模以上工业总产值的比重达到77.2%,增加值占全市GDP的24%,从业人员达到13.7万人,占全市工业从业人员总数的45.7%,实现利税135.3亿元,占全市工业利税总额的81.4%。目前,我市已初步形成了以一汽集团为核心企业、吸附聚集大批相关企业,依靠中心城市城区的都市型产业集群。因此,无论从哪个角度看,汽车工业都是我市当之无愧的第一支柱产业。

从我市经济发展的实际情况看,继续把汽车工业作为支柱产业来发展,必将对全市经济的快速发展起到举足轻重的作用:

1. 汽车工业是典型的知识、技术、资本密集型产业,他不仅是我市现在第一当家产业,而且仍然是引领我市加速完成现代工业化进程的最大牵引力。把汽车工业作为支柱产业,可以继续增大我市经济总量,加快经济发展速度,提升我市经济综合实力和经济运行质量,在实施全市跨越式发展过程中,实现争先进位的战略目标。

2005年,一汽三大基地建设项目(一汽大众PQ35基地、红旗轿车基地、重型卡车基地),计划总投资157亿元,目前项目进展顺利;长春市政府与一汽集团将共同打造汽车产业工业园区,将其培育成中国规模最大的综合实力最强的汽车产业基地。同时,长春正在积极争取国家支持,建立国家级汽车及零部件出口基地。据预测,到2010年,我市汽车工业产能将达到120万辆,产值可达到2700亿元,比现在可翻一番。

2. 在不断发展壮大汽车制造业的同时,为发展与之相匹配的汽车服务业提供了广阔的市场与发展空间。与汽车市场相比,汽车服务所涉及的领域包罗万象,有人将汽车服务市场称之为"黄金市场"。随着汽车市场的日趋成熟,汽车已经成为产业结构升级、消费结构升级后的主要消费热点。把汽车作为支柱产业来发展,既可以延长汽车制造业的产业链,还可以提供更多的就业岗位,也可以为社会创造更多的财富。

需要特殊说明的是,按照国家统计局颁布的最新《国民经济行业分类》,我市汽车、铁路客车(包括轨道车辆)和摩托车同属交通运输设备制造业。我市铁路客车制造业比较发达,在全国有较大影响。我市拥有全国最大的轨道客车生产基地,铁路客车产量一直稳定在国内总需求量的48%左右。但是,我们把汽车制造业单列出来,作为"支柱"产业来发展,而没有把铁路客车制造业作为"支柱"、"主导"、"重点"产业来对待,主要原因:一是铁路客车制造业的发展受制于国家铁道部,而铁路系统目前仍属国家集中控制、计划管理、半军事化管理,距离真正意义上的市场化还有相当差距。因此,地方政府对其发展的影响和作用有限;二是据我们调查,由于铁路车辆属特种专用车辆,其市场的潜在需求总量有限。需求决定了潜力,所以其产业的发展空间较为有限。

(二)农牧食品加工产业

我市是农业资源大市。2004年末,我市农业人口406.2万人,占全市总人口的56.1%。第一产业增加值占全市GDP的10.9%,在15个副省级城市中,仅次于哈尔滨市(16.4%),居第2位,也是15个副省级城市中,一产比重超过10%的仅有的两个城市之一。

2004年,我市规模以上农牧食品加工业企业共81户,占全市规模以上工业企业总数的14%;工业总产值为152.3亿元,占全市规模以上工业总产值的8.9%;实现利税14.7亿元,占规模以上工业利税的8.8%;从业人员3.4万人,占规模以上工业从业人员的11.1%。规模以上农牧食品加工制造业增加值为45亿元,占全市GDP的2.9%。

我们把农牧食品工业作为支柱产业发展,不仅着眼于其现有的规模,更重要的是着眼于其未来发展的潜力和势能。也就是说,从我市实际情况看,该产业最具扩张性,能够为我市经济总量贡献较大份额。具体说，一是从2004年开始，我市农牧食品加工业发展速度加快。2004年，规模以上农牧食品加工业总产值同比增长23.7%，增速高于同期全市工业增幅9.8个百分点，高于汽车工业增幅13.2个百分点；今年1－5月份，我市农牧食品加工业总产值增幅高达57.6%，呈现出高速发展的良好势态。二是资源丰富，市场发展潜力与空间巨大。1999－2004年，我市粮食总产量始终稳定在150亿斤左右。2004年，全市粮食产量达到160亿斤，生猪发展到1232.3万头，牛发展到433.9万头，家禽已发展到3.5亿只。已形成了360万吨玉米，370万头生猪，40万头肉牛，1.4亿只肉鸡的加工和屠宰能力，玉米、肉鸡、肉牛加工能力均居亚洲同行业之首。拥有大成、德大、皓月、德莱鹅业、天景、吉发、苗苗、新月、广泽乳业、江山实业10户国家级重点龙头企业，在全国同类城市中居首。三是后劲强劲，成为我市经济总量扩张的重要增长点。在长春市申报国家立项的15个老工业基地工业项目中，我市农牧食品工业项目就达9项。其中，皓月现代肉牛项目计划总投资20亿元，达产后可形成屠宰30万头肉牛的能力，长春大成实业集团有限公司项目计划总投资18.8亿元，达产后可形成年处理60万吨玉米、年产41万吨淀粉等生产能力，此外，九台金锣肉类深加工、隆迪实业玉米乳饮品等一批重点建设项目的开工和建成，这对壮大未来我市农牧食品加工业都将起到积极推动作用。四是可以增加我市400多万农民的收入。据测算，到2010年，我市农牧食品加工业总产值将达到1000亿元。

三、"三大主导"产业

(一)生物与医药产业

现代生物技术是当今高科技领域中最前沿、最尖端的一个分支。医药产业，特别是现代生物制药产业是当今世界增长速度最快的产业之一，被有识之士誉为"朝阳产业"。从2003年开始，我市生物与医药工业发展速度加快。2003年和2004年，规模以上生物与医药工业总产值分别比上年增长33.5%和37.1%，增速分别高于同期规模以上工业增速10.6个和23.2个百分点，高于汽车工业增速1.9个和26.6个百分点。2004年，我市规模以上生物与医药制造业企业48户，占全市规模以上工业企业总数的8.3%；从业人员0.96万人，占全市规模以上工业的3.2%；工业总产值为28.4亿元，占全市规模以上工业总产值的1.7%；实现利税4.4亿元，占全市规模以上工业的2.6%。规模以上生物与医药制造业增加值为12.2亿元，占全市GDP的0.8%。

我市把生物与医药产业作为主导产业的主要依据：

一是具有一定的产业基础。长春是中国生物医药工业的发源地之一，我国基因药物产业化的第一步是在长春迈出的：1986年全国第一个基因工程干扰素中试生产基地建在长春；1989年全国第一个基因工程疫苗的中试生产基地也诞生在长春；中国前三个基因工程产品和第一个具有自主知识产权的基因工程药品都是首先在长春投产；长春百克公司的艾滋病疫苗进入一期临床标志着我国在这一领域与国际同步。特别是我市在高新区和经开区拥有两个医药企业集群，集聚了全市80%的医药企业，这么密集的医药企业集群在全国也是不多见的。

二是长春在生物与医药的研发能力、技术水平、产品竞争等多方面都有明显的科研和技术优势，具备了发展生物与医药产业的"龙头"。我市有生物医药科研院所及企业研发机构103个，国家及省部级重点生物医药实验室16个，生物医药领域院士3人，副教授以上高级技术人员1700多人，海归学者50多人。全市产值超亿元的15户医药企业中，生物制药企业有12户，单品种产值超千万的26个医药品种中，有18个是生物品种，以生物制品所为代表的一批生物制药企业已经成为我市医药经济发展的支撑和主力。长春是目前亚洲最大的疫苗生产基地，全国批准生产的23个基因工程药物中，长春有10个。甲肝疫苗等6个品种占全国市场份额的50%以上。

三是与其他行业关联度高。我市具有较为丰富多样的农牧业资源和动植物药用资源，成为发展生物医药业良好的基础条件。同时，发展生物与医药工业，可以带动与之相关的化工业、商业、居民服务业等行业的发展。此外，生物与医药工业是与人的生活息息相关的行业，对提高城乡居民的生活质量和健康水平，创建和谐社会都具有一定的积极作用。

(二)光电子信息产业

光电子信息产业以其技术含量高、附加值高、污染少、潜力大及对国民经济其他各行业带动作用强等特点，成为二十一世纪最具发展潜力和国际竞争力的产业之一，也是当今世界各国着力发展的最重要的战略性产业之一。

2004年，我市规模以上光电子信息制造业企业38户，占全市规模以上工业总数的6.6%；从业人员1.9万人，占全市规模以上工业从业人员的6.2%；工业总产值为24.8亿元，占全市规模以上工业总产值的1.4%。规模以上光电子信息制造业增加值为7.9亿元，占全市GDP的0.5%。

我市把光电子信息产业作为主导产业的主要依据：

一是具有较强的科技研发优势，具备了产业发展的"龙头"。长春是中国光学科技的发源地，从第一个五年计划开始，国家就把长春作为光电子研发和生产基地。长春在光电子技术领域先后取得研究成果3000多项，获专利200多项，科研成果获奖920项，多项成果达到国内外领先水平。研制出了我国第一炉光学玻璃、第一台红宝石激光器、第一台大型经纬仪、第一块彩色液晶片等数十个中国第一个产品。

二是有一定的产业基础。我市是全国两个国家级光电子产业基地之一，拥有国内首条TFT液晶显示器生产线和国内技术最先进的彩色STN液晶显示器生产线，全固体泵浦绿激光器占世界市场的30%，光电编码器占国内市场的50%以上。

三是光电子信息产业的关联度较高。长春是全国主要的汽车生产基地，随着汽车工业的快速发展，对车用光电子产品、光电子加工成套设备的需求都将大幅度增长，为我市光电子信息产业的发展提供了良好的区域配套条件。同时，我市发展光电子信息产业，也可以提升汽车产业的信息化、电子化程度，提高汽车产业的科技含量和附加值，二者相互依存，相互促进。

(三)物流业

物流是物品从供应地向接收地的实体流动过程，是物质资料从供给者到需求者的物理性运动，不是"物"和"流"的简单组合，而是经济、政治、社会和实物运动的统一。它的主要作用是通过时间创造价值，弥补时间差创造价值，延长时间差创造价值。

物流业是整个经济链条中不可缺少的环节，它是反映一个国家和地区经济发展和社会繁荣程度的窗口，也是衡量一个国家和地区综合实力的重要标志。正因为如此，国际上对物流业发达水平的描述是有区别的。

从八十年代开始,传统的商贸物流已向现代物流转变。现代物流包括信息业、配送业、仓储业、多式联运业和商品交易业。现代物流水平是一个国家综合国力的重要标志。现代物流作为一种先进的组织方式和管理理念,在全球经济范围内,已经被广泛地认为是企业降低物耗、提高劳动生产率以外的第三利润源泉而备受关注。

我们所说的物流业,不同于国际上通用的现代物流,也不同于传统的商贸物流,是介于二者之间的,对经济发展具有明显拉动作用的一种相对广义的实体性物流。根据国家最新《国民经济行业分类》,我们认为,我市物流业应包括交通运输、仓储和邮政业、批发和零售业、租赁和商务服务业。

我们把物流业作为主导产业,主要理由:

一是我市物流业已具有一定规模。2004 年,我市物流业增加值 229.4 亿元,占全市 GDP 的比重已接近 15%。与 1999 年相比,物流业增加值翻了一番,按现行价格计算年平均递增 15.1%。

二是我市发展物流业具有区位优势、产业优势、科技和教育资源优势。我市处在东北亚经济圈中,位于东北三省中心,地理位置优越,占据由俄、日、朝、韩、蒙等国家通往国内腹地的洲际路桥要冲位置,是连接欧亚大陆桥的重要节点,适合发展区域性国际化的商品中转集散市场。我市以汽车、铁路客车为主体的交通运输设备制造业在国内占有举足轻重的地位,强大的制造业基础为物流业的发展提供了强大的需求,适合发展各类具有产业依托和地方特色的产区型商品物流。我市的科研、教育基础雄厚,适合建设发展依托科研、教育和技术等智能优势,以高新技术产品和技术、智能软件为交易客体的市场。我市基础设施较为齐全,交通与信息发达,是商品集散地和加工的中心,对周边地区的综合服务作用越来越大,因而建立一个高效率的城市物流体系就越来越显得十分必要。

三是物流业与其他行业发展的关联度高。物流业上与农业、制造业相连,横向以交通运输、仓储业、邮政电信业、网络为平台,下辐射商业、服务业等多个行业,是国民经济中关联度较高的产业。因此,把物流业作为主导产业来培育和发展,对扩大全市经济总量、提高长春经济在全省和东北,乃至全国的辐射作用具有重要意义。从现代经济学的视角来看,物流业的发展程度直接影响着当地经济的发展水平,它既关系到该地区的可持续竞争力,更直接影响着该地区在区域经济中的地位。

四、"五大重点"产业

(一)旅游会展业

旅游业作为"绿色产业",又被称为"朝阳产业",是具有龙头地位的产业,具备对环境污染小,促进资源的综合利用、加强可持续发展、关联带动功能强的特点,在世界范围内旅游业已成为发展最快的产业之一。

2004 年,我市旅游会展业增加值为 44 亿元,占全市 GDP 的 2.9%,与 1999 年相比,五年平均递增 40%,是增长最快的产业。我市把旅游会展业作为重点产业来发展的主要考虑:

一是我市具有独特的旅游资源,伪满遗迹游、以净月潭为中心的生态旅游、以汽车为中心的汽车工业游、以电影城为中心的影视文化游,形成了我市旅游独特的地方特色,是我市旅游业发展的重要基础。

二是会展业是第三产业中的一个新兴行业,据有关专家测算,会展业的行业带动比值为 1:9,也就是说会展业本身如果创造了 1 元的价值,就能够带动其他行业创造出 9 元的价值。目前,我市拥有建筑面积 9.2 万平方米、占地面积 33 万平方米、有 1580 个国际标准展位、功能齐全、设施完备、结构合理的全国一流水平的大型国际会展中心,为发展会展业提供了展示平台。近几年,我市成功地举办了汽博会、农博会、电影节、冰雪节、房交会、教育展、书市等大批展会,形成了长春地方特色的会展经济,创造了自己的"品牌",不仅带动了全市经济的发展,也扩大了长春的知名度。

需要特殊说明的是,我市把旅游会展业从文化产业中单列出来,作为一个独立的重点产业发展,主要是考虑在泛文化产业的范围内,旅游会展业的产业特点比较突出,与经济增长的相关度高,例如与商贸、餐饮、住宿、交通、电信等行业的关系密切程度要高于普遍意义上的文化产业,再加上近几年我市旅游会展业的品牌、知名度和社会影响在逐年扩大,将其单独作为一个重点产业,有利于经济和社会的全面发展。

(二)文化产业(旅游会展业不在其内)

目前,国际社会尚未形成统一的文化产业定义和行业划分标准,各国之间对文化产业的概念内涵、产业范围、统计口径等均存在较大差异。我国文化产业的概念界定为:为社会公众提供文化、娱乐产品和服务的活动,以及与这些活动有关联的活动的集合。国家统计局《文化及相关产业分类》将文化产业分为文化服务和相关文化服务两大类,并组合成文化产业核心层、外围层和相关文化产业层。文化产业核心层包括:①新闻服务;②出版发行和版权服务;③广播、电视、电影服务;④文化艺术服务。文化产业外围层包括:①网络文化服务;②文化休闲娱乐服务;③其他文化服务。相关文化产业层包括:①文化用品、设备及相关文化产品的生产;②文化用品、设备及相关文化产品的销售。

我们认为,根据国家有关部门对文化产业的界定和相关行业分类标准,从我市实际情况出发,文化产业主要是指第三产业中的文化、体育和娱乐业。由于旅游会展业已单独列为一个重点产业,所以,我们所说的文化产业不包括旅游会展业。

我们把文化产业作为重点产业的主要依据:

一是文化产业属于知识型产业,增值性较强,具有对环境污染小、可持续发展、关联度高等特点。

二是长春具有独特的文化资源,汽车文化资源和电影文化资源在全国具有一定地位。长春是一座拥有 200 多年历史的城市,有见证伪满洲国殖民历史的文化资源和源远流长的萨满文化资源,有以二人转为代表的东北民间文化资源,还有著名的吉菜美食等饮食文化资源;长春作为新中国汽车工业和电影的摇篮,汽车文化和影视文化已斐声中外。这些丰富、独特的资源优势,为发展我市文化产业创造了良好的条件。

三是长春有很好的文化产业发展基础,为文化产业发展提供了可能。2004 年,我市文化、体育和娱乐业增加值达到 27.7 亿元,占全市 GDP 的比重为 1.8%。与 1999 年相比,增加值增长了 1.9 倍,按现价计算,年平均递增 23.6%。到 2004 年末,全市拥有电影事业机构 374 个;文化事业机构 194 个;公共图书馆 11 个,总藏书 248 万册;博物馆 2 个;国家档案馆 12 个;广播电台 5 座,电视台 6 座;全市行政区域内体育设施 1772 个。

四是我市国民经济战略性调整为文化产业发展创造了难得的发展机遇。随着经济的快速发展和城乡人民生活水平的不断提高,人们对文化生活的需求将日趋扩大,为发展文化产业提供了广阔的空间。

（三）建筑和建材业（含房地产业）

我市把建筑和建材业（含房地产业）作为重点产业的主要理由：

一是建筑和建材业（含房地产业）是国民经济中最基本的民生产业，具有较强的扩张性。2004年，我市建筑业、房地产业、建材制造业完成增加值191.6亿元，占全市GDP的12.5%，与1999年相比，增长了近2倍，平均每年递增23.8%。1999－2004年，我市房地产投资平均每年递增29.1%，累计竣工住宅面积1155万平方米；2004年，城市居民人均住房建筑面积达到23.9平方米。

二是建筑和建材业（含房地产业）是国民经济新一轮增长周期主要推动力量之一，前景广阔，潜力巨大。近几年来，随着国民经济持续、高速发展，城乡居民收入的不断增加和社会财富的日积月累，国民经济再一次进入一轮新的上升周期，住房成为城乡居民主要消费热点之一。安居才能乐业，人们可以没有汽车，但万万不能没有住房。房屋不仅是人们生活必不可少的消费品，在一定程度上，在一部分人群中，也是成功人士身份、地位、财富的象征。正因为如此，住房消费需求与汽车消费需求相比是“硬”需求，而且住房消费的需求总量要超过汽车消费的需求。从这个意义上讲，我市把建筑和建材业（含房地产业）作为重点产业，可以推动全市国民经济发展。从全国各主要城市看，特别是发达地区，都把建筑、房地产业的发展放在优先发展的位置，1999－2004年，全国房地产投资以平均每年26.8%的速度增长，而我市房地产投资增速高于全国2.3个百分点，据预测，到2010年，我市城市居民人均居住面积将达到29平方米左右，建筑和建材业（含房地产业）增加值将达到300亿元左右。

三是建筑和建材业（含房地产业）关联度较高，特别对材料业、环保等行业带动作用越来越强，需求也越来越大，这也是我们把建材业与建筑业、房地产业并称为重点产业的原因。随着经济发展水平和城乡居民收入水平的不断提高，城乡居民的环保意识、健康意识也不断增强，对与人民生活息息相关的住宅和工作环境的要求也由量的追求向质的追求转变，“绿色住宅”、“智能化住房”已开始逐步进入市场，并深入人心。

（四）能源工业

能源工业作为国民经济发展的基础产业一直都受到国家的重视与支持。我们把发展能源工业放在优先发展的位置，作为重点产业，是从谋划我市未来发展战略目标和培育经济新增长点的全局来考虑的，主要依据是：我市拥有极为丰富的油母页岩资源，具有发展能源工业的基础条件和巨大的市场潜能。

最近国土资源部门勘测，吉林省油母页岩预测资源储量2542.9亿吨，查明资源储量174.26亿吨，约占全国总量的54%，居第一位。吉林省油母页岩主要分布于农安、前郭、桦甸和汪清等地，其中在农安的5个矿床，储量达168.9亿吨，占全省储量的97%，占全国储量的52.4%。油母页岩作为一种资源，在当今能源日益紧张的情况下，我市开采油母页岩，进行综合利用，以其替代石油，形成以资源为依托、以高科技为手段的具有长春特色的能源工业，对扩张全市经济总量，增强经济发展后劲意义重大。

（五）金融保险业（含证券业）

现代金融保险业是现代服务业的核心，也是现代市场经济高速发展的两个轮子之一（另一个是高科技），国民经济各行业发展都离不开资金的支持和金融保险业的服务。

2004年，我市金融保险业增加值达到67.7亿元，占全市GDP的4.4%，与1999年相比，年均递增7.1%。全市金融机构现金收入4774.5亿元，现金支出4701.7亿元，货币净回笼72.7亿元。全市拥有各类保险公司9个，全年承保总额2679.4亿元。拥有上市企业17个，总资产417亿元，全年有价证券成交额达725.6亿元。

把金融保险业作为重点产业培育和发展的理由：

一是金融业属于高知识型产业，增值性较强。从服务对象看，金融保险业主要是为生产者服务，即服务于制造业，其次是服务于消费者。按照国际通用的算法，其对消费者服务只占三成，而对制造业服务占七成。金融保险业与制造业两者的发展是相互依赖、相辅相成的：制造业的繁荣为金融保险业的发展提供了广阔的空间；反之，没有发达的现代金融保险业，就不能为制造业的发展提供相应的服务，在一定程度上必将制约工业经济的快速发展。我市国民经济结构的一个重要的本质特征就是制造业，特别是汽车制造业、农牧食品加工业等较为发达，此外，生物与医药工业、光电子信息工业、材料工业、铁路客车工业也都有一定的发展规模和较大的发展潜力。因此，长春市要提高第二产业附加值，提升制造业的能级，就必须把金融保险业放在优先发展的位置，把大力发展金融保险业，乃至整个现代服务业作为一个具有巨大发展潜力和空间的重要产业来发展。

二是从金融保险业对GDP的贡献份额看，我市金融保险业与东北其他三个城市相比，具有一定的优势。2003年，我市金融保险业增加值占GDP的比重为4.8%，分别高于哈尔滨市、沈阳市和大连市1个、0.5个和0.05个百分点；2004年，我市金融保险业增加值占GDP的比重为4.4%，高于沈阳市0.8个百分点（暂无哈尔滨、大连市数据）。

三是把长春建设成金融中心城市，具有一定的地缘优势。长春处于全省、东北的中心位置，交通便利，作为省会城市和副省级城市，有发展金融产业的能力。

课题牵头人：张　威

课题总体框架设计执笔人：刘　刚

执 笔 人：尹春艳

资料收集：杨　侃　刘艳秋

长春市建设成就的回顾

长春市统计局固定资产投资处　于丽

吉林省省会、东北平原上一颗璀璨的明珠——长春市，始建于1800年，至今已有200多年的历史。解放前的长春历经了连续不断的战争和侵略，已是百孔千疮。1949年新中国成立后，这座城市终于回到了人民的怀抱。解放后，长春市人民在党和政府的正确领导下，开始了建设长春的征程。1949年到2005年56年间，累计完成固定资产投资3401.7亿元，年平均投资60.7亿元，平均增长22.3%。经过投资建设长春市已发生了翻天覆地的变化。进入21世纪后，作为著名的商品粮基地，吉林省的政治、经济、文化和交通中心，长春市已实现社会经济发展的新跨越，初步建成了经济实力强大、适合企业发展、适应人才建业、适宜市民居住、对外开放度较高、环境优美、在国内外具有较高知名度的"区域性中心城市"。

投资建设成就显著

纵观长春市投资建设的历程,大体可分为三个时期:一是1949年至1978年建国后创业时期;二是1979年至2000年改革开放后快速发展时期;三是2001年至2005年新世纪跨越发展时期。一、建国后的艰苦创业(1949—1978年)。建国初期,长春市人民政府召开人民代表会,通过了关于恢复生产与发展工商业的决议,至此开始了艰难曲折的创业时期。这30年间共投资33.2亿元,年平均增长20.3%。在投资总量不断增加的同时,投资总体侧重于第二产业,兼顾第三产业和第一产业,投资结构为二产、三产、一产比例顺序。30年内共用于农业发展投资2.6亿元,占全部投资比重28.9%,年均投资近0.1亿元;用于工业投资7.4亿元,占全部投资比重28.9%,是用于农业投资的2.8倍;用于第三产业投资4.4亿元,占全部投资比重28.9%,为工业投资的59.5%。经过30年的建设,长春市社会经济全面发展,经济实力不断增强,城市面貌日新月异,人民生活显著提高,实现了"变消费城市向生产城市的转化"的战略目标。到1978年末全省地区生产总值达到51.2亿元,比1952年增长6.8倍;人均生产总值达到359元,增长1.6倍。

二、改革开放迈大步(1979—2000年)。党的十一届三中全会以后,祖国大地掀起了改革开放的大潮,长春市人民在市委、市政府的领导下,加快了向国际性城市目标迈进的步伐,22年里共完成投资1262.6亿元,是改革前30年固定资产投资总和的38倍,年均增长23.7%,比改革前提高了3.4个百分点。这22年间,投资总体呈高速、阶段性波动增长态势。1979年—1988年,长春市委、市政府坚持全面改革开放,制定了"总体设计、配套改革、有主有次、分步实施"和"科技立市"的建设方针,围绕这一方针加大投资建设力度,10年间共完成投资81.6亿元,是改革前30年的2.4倍,年均增长22.9%。1991—1995年进入第八个五年计划时期,也是深化改革、全面发展时期。长春市固定资产投资按照《长春市建设现代化国际性城市总体战略》目标,确定了"高起点、大动作、宽环境、跳跃式"战略方针,五年间共完成投资347.7亿元,是前10年的4.3倍,年均递增39%,比前10年提高了16.1个百分点。1995年当年,长春市投资总量首次突破100亿元,实现了"跳跃式"发展战略目标。"九五"初期,受亚洲经济危机的影响,出口受阻、国内需求不足的问题突出,企业投资收益预期降低,影响了投资者的积极性。1997年全年完成固定资产投资106亿元,比上年下降了12.1%,出现了改革开放以来的首次投资负增长现象。对此长春市委、市政府采取切实有效措施,全面落实中央的积极的财政政策,谋划项目,多方筹集资金,投资总量从1998年开始由回落走向稳步增长,促进了经济的持续发展。"九五"期间共完成投资797.9亿元,比"八五"时期提高1.3倍,是改革后前十年的9.8倍;年均增长18.2%,比"八五"时期回落了20.8个百分点,。在加大投资力度的同时,进一步优化产业投资结构,制定了"稳定提高第一产业,优化壮大第二产业,加速发展第三产业"的调控原则,三次产业投资日趋合理。1991—2000年十年里,用于第一产业投资7.3亿元,所占比重为0.8%;用于第二产业投资452亿元,所占比重为51.0%;用于第三产业投资427.6亿元,所占比重为48.2%,第三产业投资比重首次接近半壁江山。至"九五"末期,三次产业结构的顺序由建国后的二产、三产、一产变化到三产、二产、一产。这一时期,长春市克服了亚洲金融经济危机和严重干旱等困难,国民经济取得重大发展成就,经济总量五年内翻了一番,增长质量不断提高,为新世纪加快发展奠定了坚实基础。

三、跨越新世纪。(2001—2005年)迈入新世纪,长春市把全面建设小康社会,加快推进社会主义现代化建设进程作为方向,确定了"加速城镇化、国际化、信息化、现代化"发展目标,并提出了"十五"期间的主要任务是建设"三个基地",壮大"四大主导行业"完成"十项阶段性任务 ",在全省率先实现跨越式发展目标。在保持国有经济控制力的前提下,实行投资主体多元化,发展多种所有制经济。又适时制定了"坚持以发展为主题,以结构调整为主线,以改革开放和科技进步为推动,把提高人民生活水平作为根本出发点,加快结构战略性调整"的战略方针,在加大投资总量的同时,大力优化投资结构。五年间完成固定资产投资2105.5亿元,是建国后前30年投资额的63.4倍,是改革开放后22年(1978—2000年)的1.7倍,是"九五"时期的2.6倍;年平均递增22.5%,比"九五"时期快4.3个百分点。这一时期,用于第一产业投资11.6亿元,占全部投资的0.6%,比"九五"下降了0.3个百分点;用于第二产业投资743.4亿元,比"九五"增长了1.7倍,占全部投资额的41.0%,下降了7.4个百分点;用于第三产业投资1057.2亿元,增长2.5倍,所占比重为58.3%。所有制结构调整和产业结构优化升级成为促进经济增长的主要因素,"十五"末期,长春市GDP总量达到1678.5亿元,比上期末增长了94.9%,几乎又翻了一番。

硕果累累筑辉煌

经过几十年的投资建设,长春市已今非昔比,各行业都发生了前所未有的变化,城乡面貌日新月异,人民生活水平显著提高。

一、崛起的工业。解放初期,长春市工业支离破碎寥寥无几,仅有一些设备简陋、技术落后、效率低下的小型工厂和手工作坊。建国后在党和政府的正确领导下,全市投入大量资金发展工业,建国后的40年里(1949—1989年)用于工业投资达64.6亿元,占全部投资的56.3%。改革开放后用于工业的投资更是显著增多,从1991—2005年15年间用于工业的投资达到1075.3亿元,是前40年的16.6倍。2005年当年工业投资达到195亿元,仅一年的投资就相当于建国后40年工业投资总量的3倍。工业投资的大幅度增加,极大地促进了长春市工业的发展,15年来全口径工业增加值以年均17.6%的速度增长,到2005年末工业增加值达651.8亿元,比1991年增长14倍,比2000年增长1倍。目前,长春市已经形成了门类齐全,比较完整的工业发展体系,形成汽车及另部件制造、农副产品加工、高新技术产业和医药制造四大支柱产业。

汽车及另部件制造业发展壮大。汽车工业在长春市工业中占有举足轻重的地位,得益于用于汽车工业的投资不断增加。1999年长春市汽车工业完成投资20.2亿元,比1991年增加了13.7亿元,增长2.1倍。2005年用于汽车工业投资131.1亿元,比1999年增加110.9亿元,增长5.5倍。作为长春市龙头企业的长春一汽集团解放后先后兼并了东风汽车厂、吉林市的轻型发动机厂等一批企业,带动、救活了178个企业为其配套生产汽车另部件,整体实力明显增强。为发展我国的轿车工业投资10亿元,先后完成了3万辆轿车先导工程和轿车支撑项目的建设,形成了年产3万辆轿车的生产能力。与德国大众公司共同投资107.7亿元,建设15万辆轿车生产基地,形成了年产轿车18万辆的总能力。“十五”以来,一汽集团以解放卡车基地、轿车基地、大众二厂(PQ35)建设三大基地为中心进行了一系列大量投资建设。目前,一汽集团已能够生产重、中、轻、轿、客、v6整车系列,并具备了年产汽车134万辆的生产能力,龙头作用的得到了充分发挥,农副产品深加工工业快速发展。长春市作为松辽平原腹地上的一颗明珠,是吉林省乃至全国产粮大市,改革开放以来长春市充分开发利用粮食和农副产品资源,以市场为导向、以效益为中心,大力发展农副产品深加工工业,1991年长春市用于农副产品加工工业投资仅为13万元,1999年达到4.6亿元,经过投资建设形成了农、工、贸一体化的龙型系列。大成公司在搞好15万吨玉米扩产、60万吨饲料项目的同时,加快进行了1万吨生化饲料、2万吨味精等精深项目开发。总投资3.5亿元的皓月清真肉牛有限公司,引进具有亚洲一流、世界先进水平的德国BANSS公司全套设备,于1998年10月开工至1999年12月全部建成投产,实现年屠宰加工肉牛20万头的生产能力。德大公司肉鸡生产加工、优质肉牛开发、九台华兴瘦肉型猪产加销、农安肉鹅产加销项目的投入使用,构筑了我市农业产业化的主体框架。“十五”期间农副产品加工工业继续壮大,2005年用于农副产品加工业投资20.3亿元,先后投资兴建长春华正食品工业园区项目、山东金锣集团九台肉类加工厂、大成集团德惠工业园项目,这些项目的建设更加坚固了农副食品加工业的支柱产业地位,为把长春市建设成为全国重要的农产品加工基地奠定了坚实的基础。

高新技术产业化发展步伐加快。作为长春市改革开放对外的窗口,长春高新技术产业开发区、长春经济技术开发区、长春净月潭旅游开发区、长春汽贸诚开发区的成立,特别是一些科技含量高的大型企业落户在各个开发区,快速推进了科技经济一体化的进程,给长春市的经济注入了新的活力。长春高新技术产业开发区自成立以来,共投入资金321亿元,先后建设了长春热缩、金赛药业、长生药业等高新技术产业,并围绕生物工程、新材料、电子信息光机电一体化、汽车配套等5大领域,重点开发建设了基因工程干扰素、甲肝活疫苗、热缩材料等8个高科技项目,近几年引入了天药科技、博泰医药、天合富奥等一批高科技产业入驻,基本形成了产业化基础和一批产值超亿元的高新技术产业群;长春经济技术开发区在长春市的建设中起到举足轻重的作用,充分发挥了国家级经济开发区的优势。几年来共完成投资350亿元,先后吸纳了美国的可口可乐公司、意大利梅罗尼公司、马来西亚的金狮集团、泰国的正大集团等21个国家和地区的32个跨国公司在开发区内投资建厂办企业。近几年又有一汽丰田发动机、德国西门子公司、德国ZF集团等加盟。开发区迅速崛起的高新技术产业群,成为长春市的又一支柱产业,加快了长春的产业结构调整升级,使经济发展更上一个新台阶。

二、日益完善的城市基础设施建设。建国以来、特别是近些年来,长春市委、政府十分重视与人民生活息息相关的城市建设和基础设施建设,投入了大量资金发展城市公用事业和基础设施建设,2001年—2005年5年间用于城市基础设施建设投资达436.8亿元,相当于前5年的3倍,城市面貌发生了日新月异变化。

道路交通状况明显改善。近几年新建、扩建和改造了亚泰大街、创业大街、南湖大路、三环路、东卫星路等干道47条,规划建设了赛得大桥、兴业立交桥、荣光桥等大小桥21座,打通了长农、长吉、长大等城市出入口,初步构筑起以人民大街和亚泰大街为纵轴、以解放大路和南湖大路为横轴、以人民广场为中心的网状放射型道路体系,同时还建成了人民大街、重庆路、新发路、自由大路等13条样板街路和重庆路周边、西三马路周边、长江路周边3个市容样板区域,城市道路总体水平极大的提高。从2000年至2005年5年间,城市道路铺装面积从1490.6万平方米增加到3093.7万平方米,道路长度由1064公里增加到1769公里;桥梁(包括立交桥)由62座增加到135座,基本都增加了一倍以上。人均铺装道路面积到2005年达到9.17平方米/人,极大地改善了交通环境。长春龙嘉机场的投入使用,以及长春火车站的改造,建成了四通八达的民航、铁路、公路、通讯立体网络,城市承载能力进一步加强,总体功能进一步完善,使长春市逐渐向交通文明型城市转变。

邮电、通讯业发展突飞猛进。2005年末全市电话交换机容量达万门。其中市话用户发展到182万户,比2000年增长1.1倍;农话用户发展到49.2万户,比2000年增长2.2倍;移动电话用户达到439.9万户,比2000年增长4倍;互联网用户达到32.8万户。2005年末城市居民百户拥有移动电话157.3部,农民百户拥有移动电话67部。城市公用事业建设成效显著。党的十一届三中全会以后,长春市从新确立了城市规模和布局,先后建设了长春市第二、三、四水厂,引松入长一、二期工程,新增城市日供水能力752.6万吨,自来水主干管道长度153.3公里。为了解决城市自来水管线老化问题,近几年每年投资近亿元进行自来水管线的改造和更新。城市污水治理得到改善,北郊污水处理厂日处理污水39万吨,西郊污水处理厂日处理污水15万吨、双阳污水处理厂日处理污水2.5万吨。三个污水处理厂投入使用后,我市70%以上的污水将得到治理。城市供电得到保障,长春热电一厂扩建工程投入资金12.7亿元,新增供电能力12.5万千瓦;热电二厂扩建工程新增供电能力40万千瓦。重点加大了生态环境建设投资,全面实施蓝天工程、绿地工程、碧水工程、安静工程等,使生态环境得到了很大改善。初步统计,到2005年末,全市城市园林绿地面积达到7862.5公顷,覆盖率为2.2%,比2000年提高了0.8个百分点。城市基础设施的投入,提高了城市综合服务功能,城市现代化步伐明显加快。

三、商业、旅游业、文教卫生科研事业等服务业都得到全面的发展。到2005年全市社会消费品零售总额达600.1亿元,比1949年增长780.8倍,比2000年增长69.9%,已构成了新的流通体系框架。投资建设了长影世纪城、完成了长春伪皇宫改造等一系列旅游项目,加大了净月旅游区开发建设,初步建成了区域性旅游中心城市。教育、科技信息服务水平也上了一个新台阶。到2005年末,长春市已拥有高等院校38所,比2000年增加13所,在校人数38.2万人,比2000年增长2倍;其他各类学校2170所,在校人数98.2万人。2005年末全市卫生机构达1659个,比2000年增加1011个,增长2.6倍,医院病床2.4万张,卫生技术人员3.3万人。

四、迅速崛起的房地产业。作为一个新兴的产业,我市房地产业从九十年代初期起步,到近几年随着国家房屋改革制度的实施的加快发展,展示出巨大的活力,赢得了世人瞩目,已成为国民经济的支柱产业,对经济和社会发展都产生了重大影响。房地产业开发队伍不断发展壮大。九十年代初期,全市房地产开发企业为数不多,到2000年增加到98家,2005年达到126家,比2000年增加了28家。产业队伍已达万人。近几年,以深圳万科、上海绿地、福建武夷、天津融创等为代表外埠开发企业的进入长春,更加壮大了我市的房地产队伍,活跃了房地产市场。房地产开发投资高速增长。1991年全市房地产开发投资仅有2.9亿元,2000年为30.3亿元,到2005年增加到106.6亿元,比1991年增长了近36倍,比2000年增长2.5倍。2005年施工房屋面积达到858.5万平方米,分别比1991、2000年增长7.1倍、1.6倍;竣工房屋面积为303.0万平方米,分别比1991、2000年增长4.2倍、73.4%;销售房屋面积达289万平方米,比2000年增长1.7倍。房地产业在国民经济中的作用明显增强,近两年年均解决就业人数近万人,年上缴税金50多亿元;2005年实现增加值78.7亿元,占地区生产总值的4.7%,支柱产业的地位基本确立,对长春市经济发展产生了积极影响。

随着房地产业的快速发展,城镇居民居住条件得到极大的改善。改革开放以来,尤其是"九五"以来,长春市本着新城区的开发和旧城区的改造并举的原则,1991年—2000年十年间房地产开发投资中用于住宅投资100亿元左右,仅"九五"五年施工住宅面积1074.6万平方米,竣工住宅面积554.6万平方米。2005年当年完成住宅投资95.9亿元,施工和竣工住宅面积分别为686.1万平方米和239.6万平方米,分别比1991年增长7.5倍和4倍;比2000年增长1.5倍和56.2%。市区人均住宅建筑面积由1991年的12.05平方米增加到2000年的19.26平方米,2005年市区人均住宅建筑面积达到24.62平方米。整个住宅建设从布局、配套到内部设施、外部环境都已经逐步完善。以天安第一城、富苑华城、长春明珠、富豪花园、威尼斯花园、园丁花园、中海水岸等为代表的一大批设计优良、环境优美配套设施完备的小区建设,使我市住宅住宅小区逐步实现了品牌星级化、功能智能化、管理现代化、服务社会化,大大改善了人们的居住条件,提高了人民生活水平。

回顾长春半个世纪的建设曲折历程,可谓风雨五十年,艰辛铸辉煌。展望未来,在党和政府的领导下,长春市正在不断地加大投资建设步伐,逐步走向国际化现代城市。

长春市民营经济发展研究

长春市统计局国民经济核算处　曹　资

近年来,党和国家非常重视调整所有制结构,培育和发展非公有制经济。今年初国务院下发了《关于鼓励支持和引导个体私营等非公有制经济发展的若干意见》,这是国内第一部由中央政府出台的专门促进非公经济发展的系统性政策文件,它的颁布在中国民营经济的发展史上具有里程碑式的意义。若干意见中指出:公有制为主体、多种所有制经济共同发展是我国社会主义初级阶段的基本经济制度。毫不动摇地巩固和发展公有制经济,毫不动摇地鼓励、支持和引导非公有制经济发展,使两者在社会主义现代化进程中相互促进,共同发展,是必须长期坚持的基本方针,是完善社会主义市场经济体制、建设中国特色社会主义的必然要求。民营经济作为国民经济中最具生机和活力的成份,在近几年得到了长足发展,已成长为支撑和推动我市经济和社会发展的不可忽视的重要力量。本文就我市民营经济的发展变化及发展趋势做如下研究。

一、民营经济发展的全景观察

(一) 民营经济发展的现状

党的"十五"大把多种所有制经济共同发展作为我国的一项基本经济制度确立下来,党的"十六"大又把发展民营经济作为全面建设小康社会的战略重点和完善社会主义市场经济体制的重要内容。十六大报告明确指出:"个体、私营等各种形式的非公有制经济是社会主义市场经济的重要组成部分,对充分调动社会各方面的积极性、加快生产力发展具有重要作用","充分发挥个体、私营等非公有制经济在促进经济增长、扩大就业和活跃市场等方面的重要作用。

经过二十多年的发展,我市的民营经济从无到有,从小到大,逐渐深入到国民经济的各个领域,并形成了一定的规模和实力。民营经济不但激活了各种生产要素,优化了资源配置,还使潜在的生产力变成了现实生产力。截止2004年底,全市民营经济经营单位共有27.7万户(含个体),占全市全部经营单位的96.5%,从业人员达115.2万人。其中,民营企业经营单位共有1.9万家,占全市企业经营单位的65.1%,注册资全357.4亿元:从业人员达51.8万人;个体经营户共有25.8万家,从业人员达63.4万人。民营经济已成为全市经济发展的重要力量,在扩大就业、财政增收、社会稳定、促进发展等方面,发挥着不可替代的作用。

(二)民营经济发展的特点

1、民营经济涉足领域逐步扩展。随着市场经济的不断发展,我市科技型、外向型和股份制民营企业逐年增多,涉足的范围越来越广。我市民营企业原主要分布在农副产品加工业、医药制造业、机械制造业、新兴建材、餐饮、商贸市场、装饰装潢、汽车运输、家政服务、洗浴、美容美发等行业,经过多年的发展,企业已经不再满足在传统的产业中发展,经营范围不断向一些新的领域拓展,现已在新兴的计算机服务、软件业、社区服务业中占主导地位,教育、卫生、体育等行业民营经济也逐步进入。

2、民营企业科技水平明显提高。民营企业技术创新能力的形成与提高,是民营企业竞争力得到大幅度提升的关键所在。我市民营企业依靠大专院校、科研院所多的优势,不断提高科技水平,逐步形成了科技创新能力强,科技成果转化快的优势,使民营企业科技水平快速发展。2004年全市申请知识产权的专利技术1507件,其中,民营科技企业申报210件,占13.9%。高新技术企业规模和整体素质进一步提高和人格化,骨干企业群正在逐步形成,在全市认定的高新技术企业836家中,民营高新技术企业占全市总户数的70%。民营科技企业技术创新和信息化建设步伐不断加快。目前全市企业技术研发中心已发展到120户,实现信息化管理的企业达100户,其中,民营企业分别占35%和45%。

3、民营企业贡献份额不断加大。近几年我市民营经济创造的增加值占全市GDP的比重从1997年的12%上升到34%,民营经济提供的税收占全市财政收入的比重从1997年的5.8%上升到20.5%,平均每年递增30%以上。民营企业平均每年吸纳3万人就业,成为安置城市下岗职工就业和农村剩余劳动力的主要渠道。此外,民营企业参与救灾、扶贫、助学等社会公益事业,据不完全统计,全年捐款、捐物折合人民币达6000多万元。

二、民营经济发展中存在的主要问题及制约因素

(一)民营经济发展存在的主要问题

纵观我市民营经济发展,虽然取得了较大成绩,但在规模、速度、结构等方面与发达地区相比仍存在较大差距。

一是总量小,比重偏低。从总量上看,我市民营经济占全市经济的三分之一强,与民营经济发达地区相比差距较大。浙江民营经济占经济总量的比重超过2/3,工商业领域民营经济的比重高达90%。广东省形成了国有集体、外资、民营经济三足鼎立的格局,许多市、县民营经济比重达60%—80%。从结构分布上看,第二产业弱小的问题还很突出。2004年我市第二产业民营经济占全口径第二产业增加值的比重为28.1%,远远低于第三产业所占比重。

二是用地指标受限。很多民营企业,在欲拓宽发展领域和欲投资项目上,由于受国家宏观调控和关于调整土地政策的限制,缺少生产和加工场地,面积偏小,土地审批困难,使发展前景好的项目和市场潜力大的投资产业无法落户。

三是企业良莠不齐。现有民营企业主大部分受教育程度偏低,知识结构难以适应市场变化、技术发展的要求。企业大多采用个体业主制、合伙制等产权组织形式,这在资本原始积累时期是合理的,但当企业发展到一定规模后就演变成为一种束缚,业主要承担无限责任,产权封闭,企业很难上规模上档次,也容易排斥高级技术管理人才。少数民营企业中还存在经营不规范、不诚信、不守法等现象,有的甚至搞假冒伪劣、偷税漏税等。

四是本地民营资本参与国企改制重组的消化能力不强。本地民营资本自身实力弱小,资本营运水平不高,难以参与国企改制,也难以获得跨越式发展的机会。我市实行民营化改革的近百家国企中,没有一家本地民营资本进入控股。

(二)制约因素

1. 政策支持体系不完善

民营经济能否顺利发展,在很大程度取决于政策落实和法律执行的力度上。近几年,我市为扶持民营经济发展,制定了若干政策,早在1998年,市委、市政府就颁布了《关于加快发展民营经济的决定》,并成立了长春市民营经济工作办公室。2003年,又出台了《关于进一步加快民营经济发展的决定》,其间《中小企业促进法》开始实施。这些为民营经济的发展创造了较好的政策环境。但有的地区和部门贯彻、落实不力,在具体执行过程中仍存在很多问题。一是政府职能转变滞缓,服务观念不强。二是政策难以落实到位,说得多,干得少,许多政策在执行过程中被扭曲。三是政府对民营企业的引导、服务和扶持不够。

2. 民营企业融资渠道比较困难

纵观民营企业的发展情况,融资困难,资金短缺一直是困扰和束缚我市民营企业快速发展的瓶颈问题。尽管市委、市政府利用各种各样的办法加以解决,使部分民营企业的银行贷款问题有所缓解,但仍然是杯水车薪,还不能从根本上或机制与体制上解决问题。民营企业在初始阶段,一般是通过自我积累发展起来的,但做大以后很难依靠自身积累继续发展,即使有大规模的跳跃式的发展商机,作为民营企业的投资者也会因为没有足够的自有资金和银行贷款而遗憾地放弃大好的机会。就现实情况看,民营企业很难获得政府的专项财政资金;商业银行受体制、管理和观念的影响,对民营企业心存戒备,贷款门槛较高;资本市场的融资更是难上加难,以中小企业为主的民营企业上市融资几乎没有任何机会。据金融机构统计,2004年全市金融机构各项短期贷款余额中,个体私营企业贷款仅占0.5%,与其创造的增加值比率极不相称。此外,社会上普遍存在的"信用缺失",加剧了民营企业的融资困难。一方面民营企业成为新的信用关系的缔造者,另一方面又确实是制造大量恶化社会信用的行为者,民营企业中的不轨行为在一定程度上助长了社会范围的"信用缺失",从而进一步加大了民营企业的融资难度。

3. 民营企业的综合素质亟待提高

这里包括几方面的问题:一是缺乏管理方面的知识。我市民营企业中有89%为个体经营者,个体经营者虽然大多都具有头脑灵活、吃苦耐劳的精神,但受主客观条件的限制,个体私营业主普遍起点低,规模小,整体实力不强,且自身素质不高,存在文化层次偏低、视野不开阔,短期化经营行为较为普遍。二是大多没有建立现代企业制度。民营企业创业之初,大部分属于个人或合伙创办,相当一部分企业沿袭一人所有、一人决策、一人承担风险的家庭式管理模式。这种管理不仅严重窒息了企业活力,削弱了企业的发展后劲,而且导致经营行为不规则给企业生存带来的风险。三是人才缺乏。由于受家族及资金的限制不能及时引进人才、培训人才,造成技术人才、管理人才、营销人才的缺乏;同时家庭式、作坊式的管理模式使企业内部缺乏民主与约束机制,决策随意化,企业缺少创新。四是民营企业在政策法律观念、资信、劳资状况等方面也存在一些问题。

4. 民营企业信用危机亟待解决

由于规范市场和竞争秩序的法律法规不完善,消费者维权意识不强,民营企业出于盈利的目的会采取一些不正当的包括不讲诚信的竞争手法。一些民营企业片面追求一时暴利,生产和销售假、冒、伪、劣商品,进行商业贿赂、商业欺诈、低价倾销,这种不重视质量、不讲诚信,搞不正当竞争的行为,严重损害了消费者利益,破坏了市场秩序,也毁坏了自身的声誉。许多民营企业法人代表变更频繁,"新官不理旧帐"问题比较突出。不按规定办事,不愿出钱办理土地抵押、房屋过户等担保抵扣手续,往往造成扯皮。同时信用观念不强,重视抢贷款、抢项目,轻视还款付息,往往贷款到位后长期拖欠不还,有的甚至根本不打算还款,造成非国有经济中不良贷款较高,和信用缺失。民营企业的这种道德风险对企业的自身发展有很大的负面影响。

三、加快民营经济发展的对策和建议

民营经济作为市场经济条件下一种新型的经营形式,在国民经济中的地位越来越突出,作用越来越大,并以不可阻挡之势迅速发展。因此,我们必须把民营经济作为地方经济的主体和支柱,集中力量和经济资源,进行大力培育扶持,努力使我市民营经济总体规模快速扩大,整体素质明显提高,发展实力大幅增强。

1. 转变政府职能、加大对民营企业的服务力度

市场经济是法治经济,市场经济下的政府应当是服务型的有限政府,民营企业的发展需要法治的政府和完善的国家法律制度作保障。?转变政府职能、规范政府行为的政府体制改革和健全财产权利制度、规范市场交易和管理秩序的国家法制建设,对民营企业的健康发展至关重要。我们要认真贯彻落实相关的法律法规,对民营企业进行有效的服务。首先政府部门在行使职权时,应以"三个代表"为出发点,踏踏实实地为人民服务,为民营企业的发展服务,应改变政府部门"脸难看、事难办"的官僚作风,对企业开展微笑服务的同时,提高办事效率,减少办证审批的环节,做到高效服务,既要按政策

办事，又要讲究办事的科学方法。其次，政府部门应制定有利于我市民营企业发展的规章制度，坚决制止“三乱”和对民营企业在执法过程中的“吃、拿、卡、要”现象，坚决杜绝利用职权刁难民营企业的现象发生。第三，政府部门要为民营企业创造良好的生存环境，创造良好的生产经营氛围。为民营企业服务时，要本着放下架子，切实为民营企业办好事、办实事着想，从企业实际情况出发，积极宣传政策法规，使民营企业经营者明白国家对民营企业的相关规章制度，接受政府部门对民营企业的工作指导。

2．拓宽融资渠道，加大对民营经济的信贷支持

融资渠道过窄、资金来源困难是制约当前民营经济发展的一个重要因素。金融机构要根据民营企业发展的需求状况，适当下放贷款权限、扩大授信额度，切实改进金融服务，加大对民营企业的信贷支持力度。同时我们要鼓励具备条件的民营企业特别是民营高科技企业进入资本市场，通过发行企业债券和股票上市，扩大直接融资规模。加快建立信用担保机制，成立民营经济信用担保机构，其资金来源实行多元化筹集，按市场原则实现规范化运作。有条件的地方可依法建立互助风险金，也可采取民营企业自愿参加的方式建立项目贷款担保资金。此外支持建立以民营经济服务为主的中小金融机构和规范的民间金融组织。要创造条件，引导民营企业建立产业投资基金和风险投资基金。符合条件的民营企业可向内部职工和社会定向募集股份，设立股份有限公司。

3．建立完善的发展机制，为民营经济提供社会保障

民营企业的主体是中小企业，他们势单力薄，处于弱势地位。政府的重要职责就是组织社会力量，为他们创造专业化的服务体系，提供社会保障。民营企业一方面需要承担社会责任，另一方面也需要社会保障。企业的社会责任强调的是企业在创造利润、对股东利益负责的同时，还要承担对员工、对消费者、对社区和环境的社会责任，包括遵守商业道德、保障生产安全和职业健康、保护劳动者的合法权益、保护环境、支持慈善事业、捐助社会公益、保护弱势群体等，强调在生产过程中对人的价值的关注。社会保障是在加强和规范民营企业的法制建设，进一步提升民营企业竞争力创造公平的法制环境的同时，放宽民营企业的从业限制，拓宽民营企业的经营范围，突破民营企业在创新发展过程中的瓶颈，在资金、技术、信息、能源各方面对民营企业进行多方位的政策支持。要因地制宜地制定适用于我市民营企业的政策法规，在市场准入、经营许可证和生产许可证发放、原材料和能源采购方面体现民营企业与国有企业同等的机会与条件，建立健全我市民营企业养老保险、失业保险、医疗保险等社会保障体制，尽快将民营经济纳入我市的社会保障体系之中。

4．强化人才服务，提升民营企业综合素质

在新的发展阶段，民营企业要扩张规模，提升档次，提高水平，最根本的是要增强创新能力。而要增强创新能力，必须提高民营企业的综合素质。随着改革开放的深化和社会生产力的提高，市场竞争开始加剧，民营企业不再是简单地有了资金和设备，有了场地和人员，就能在市场上取得立足之地的时期，企业之间的竞争已经表现为企业综合素质的竞争。在民营企业向社会化和管理专业化转变的今天，民营企业的发展对所有者、决策者、高层管理者的文化知识和综合素质要求越来越高，提高这些人员的综合素质和经营管理能力已成为许多民营企业的迫切要求。为此民营企业要想在市场中发展，在竞争中取胜，就需要大量的各类专门人才，来提升人力资本水平和技术创新能力。所以，我们要加大人才的引进力度，通过引进一批高素质、复合型人才，解决人才尤其是高层次人才短缺的问题，同时要改善民营企业家的队伍结构，政府部门要制定民营企业家的培训规划，应当有计划有步骤地，选送一批经营管理人员到高等院校、大企业和国外机构进行系统培训，使其通过学习提高经营管理能力和综合素质。同时，也可以采取送出去和请进来的方法，把民营企业经营者送到民营经济比较发达的地区进行直接观摩学习，或者请民营经济发展较好的民营企业优秀经营人才到我市进行授业和指导，从而提高我市民营企业经营者的素质，提升民营企业的竞争力。

长春市汽车工业发展现状及发展前景研究

长春市统计局工交处　杨　鸣

长春市汽车工业经过50多年的发展，已成为中国汽车的摇篮，是我国目前规模最大，品种最全，具有两项民族品牌的汽车工业研发及生产基地。做为我市的第一大支柱产业。我们将为之感到骄傲和自豪。2004年，长春市规模以上汽车工业实现总产值(现价)1321.6亿元，占全部工业规模以上工业总产值的77.2%，我市共有汽车及汽车零部件制造企业372多户；其中汽车整车制造企业2户；零部件制造企业353多户；改装车制造企业17户。现已形成的各种汽车整车生产能力近100万辆，我市还拥有各种改装汽车5万辆各种汽车发动机80万台的生产能力。长春市具有这样强大的汽车工业基础；这对我市的经济发展和实现小康社会目标；克服当前的经济发展道路上的一些困难，都是一部巨大的精神及物质财富。

一、长春市汽车工业目前的基本情况

1、2004年，全市规模以上汽车工业现价总产值为1321.6亿元，占全市规模以上工业总产值的77.2%；利润总额实现51.1亿元，占全市规模以上工业利润的48.4%；总资产为1139.5亿元，占全市规模以上工业资产总计的65.3%。从事汽车工业生产的从业人2004年达到13.7万人，占全市规模以上工业从业人员的45.5%，其中：科技人员达到6097人。

2004年，长春市汽车整车总产量为64.6万辆，同比增长0.8%，占全国汽车总产量519.65万辆的12.4%；其中：轿车总产量为33.8万辆，同比下降4.1%，占全国轿车总产量226.14万辆的15%；载货汽车总产量为23万辆，同比增长25.8%，占全国载货汽车生产总量167.73万辆的14%；公路客车总产量为7.9万辆，同比下降26.2%，占全国公路客车总产量124.83万辆的6.3%。从2002年至2004年3年的我市汽车产量所占全国汽车产量的比重来看是呈下降的趋势：

比重	2002年		2003年		2004年		平均下降百分点
	长春市实际生产	占全国比重	长春市实际生产	占全国比重	长春市实际生产	占全国比重	
汽车总计	52.7	16.20%	64.1	14.40%	64.6	12.40%	1.9
其中:载货车	20.5	16.50%	18.3	14.90%	23	14.00%	1.3
其中:公路客车	9.6	10.50%	10.7	9.00%	7.9	6.30%	2.1
其中:轿车	22.6	20.70%	35.1	17.40%	33.8	15.00%	2.9

这是由于;全国十大汽车生产厂家在2004年里,都不同程度的增大了汽车产量,平均增长14.2%,而我市整车产量只增长了0.8%,因此给我市汽车工业造成较大的冲击。

2、2004年,长春市汽车工业的发展,虽然遇到了很多困难,但其发展的势头也是有目共睹的。首先,是我市整车的生产能力,从2003年以前的33万辆,增长到2004年96万辆的水平,这使我市的汽车零部件工业的产业群业已形成规模。在我市353多户汽车零部件企业中,为一汽配套企业就有319户。长春市先后从日本、美国、德国、法国、英国等十几个国家和地区引进了汽车零部件产品的先进生产技术,生产线及关键设备。已初步形成了相当规模的配套体系和生产能力。其产品涉及到发动机、变速箱、汽车底盘、汽车电子、汽车内饰、车身附件等9000多个品种,其中:电线束、安全玻璃、汽车电子产品、铝压铸件、油封等产品,现已进入到全球采购系统,并出口供应到国外整车的生产厂家。从下列表中可以看出,2004年我市汽车工业发展的步伐是比较快的:

1992年—2004年汽车工业主要经济指标

单位:亿元

年份	汽车及零部件工业				
	工业总产值(现价)	增长%	利润总额	利税总额	资产合计
1992年	112.6	86.7	7.8	4	79.9
1993年	169.4	71.9	8.9	7.1	195.6
1994年	230.7	31	5.4	13.7	258.7
1995年	230.2	15.3	7	15.5	320.1
1996年	260	37.2	4.5	15.3	411.2
1997年	291.4	18.2	6.3	17.3	503.5
1998年	311.7	8.5	12.9	16.5	555.9
1999年	391	21.9	21.5	26.9	601
2000年	492.2	24.9	39.8	39.8	674.2
2001年	679.8	34.5	51	52.4	733.5
2002年	914.4	40	76.3	65	814.7
2003年	1203.4	28.6	100	78.3	1042.9
2004年	1321.6	10.5	51.1	135.3	1139.5

注:2004年一汽集团公司完成产值588.9亿元增长15.4%;一汽大众有限公司完成产值534.8亿元,增长2.1%。

3、长春市汽车工业具有比较明显的特点,一是汽车工业对全市经济的支撑带动作用凸显,其比重占全市规模以上工业77.2%。二是汽车工业经济的增长与下降,其拉动作用明显。2004年我市汽车工业实现现价工业总产值1321.6亿元,实现增加值516.8亿元。占全市GDP的33.7()%。围绕我市2家整车生产厂家的353多户汽车零部件企业中,为载货车配套的零部件企业有134户,为轿车配套的零部件生产企业有153户,直接、间接配套的产值已达到210亿元。三是,我市在 汽车工业方面的科研人才优势明显。2004年,全市拥有汽车研究所、中科院光机物理所、长春高等汽车技术职业学院、吉林大学汽车学院等科研院所,大专院校100多家,汽车及零部件行业拥有国家、省、市级企业技术中心17家,在汽车工业领域拥有一批高层次的技术专家、科研人员达6000多人。四是汽车贸易物流初具规模。全国唯一的专业发展汽车贸易物流的省级开发区—长春汽贸易开发区也正向现代化仓储中心、信息服务中心、专业运输中心、综合转运中心等多功能为一体的现代汽车物流基地方向发展。2004年,汽贸开发区所经销售车内外各种品牌汽车及零部件的交易额超过97.3亿元。

2004年,长春市建立的全国唯一一家"国家级汽车零部件产品质量监督检验中心",通过了国家的审核验收,目前已完成了汽车基础、汽车电器、汽车底盘、汽车车身附件、元素分析、汽车油品等6个实验室的160余个实验项目的检验能力建设工作,这为我市300多个汽车零部件生产企业的产品质量提供了科学的保障。长春汽车会展业发展迅速。我市每二年举办一次"中国长春国际汽车博览会",现已成功举办了三届。长春汽车博览会已成为与上海、北京齐名的国内三大汽车展会之一,其规模也在不断的扩大,交易额在2004年已达到4.8亿元左右。

二、长春市汽车工业发展前景的研究

1、近几年来我市几个主要工业行业中,其它几个行业如:食品业、生物医药业、光电子信息产业、建筑材料业等得到了较快的发展,综合实力也进一步壮大,运行质量不断提高,也取得了较好的经济效益。但长春市汽车工业"一业独大"的工业结构格局,在今后十年内将会继续存在下去。汽车产业已成为我市政治、经济、文化的组成部分,已达到了唇齿相依、唇亡齿寒的程度。2004年,汽车工业行业实现增加值为516.8亿元,占全年长春市实现GDP的33.7%,进入九十年代以来,我市汽车及零部件工业占全市工业经济的比重逐年增加,从1990年-2004年十五年间,汽车工业总产值占全市工业总产值的比重,由30.4%上升到77.2%;提高了46.8个百分点;产品销售收入占全市工业比重由26.5%上升到76.1%,提高了49.6个百分点;实现税金占全市工业税金的比重由14.3%上升到81.4%,提高了67.1个百分点。汽车产量由7万辆提高到64.6万辆,总资产占全市工业总资产的比重;由22.2%上升到65.3%,提高了43.1百分点。因此,我市的汽车工业不但能够"做大"而且还能够"做强"。

2、长春市应在今后10年里，加快1.0—1.5排气量；混合动力型的经济型乘用车的研发、生产并达到一定的规模(混合动力型是发动机即能烧油又能烧液化 汽和多元醇)。2004年8月15日，温家宝总理在《高度重视加强领导加快建设节约型社会》的讲话中强调在今后若干年内在我国“取消一切不合理的限制低油耗、小排量、低排放汽车使用和运管的规定。”力挺小排量汽车进入市场。这给我市汽车工业又注入了一线生机和提出了新的挑战。纵观我市二个整车生产厂家，结止到2004年末，还没有生产出一台1.0—1.5排量的车型，我们只生产1.6升以上排量的 中高档车型。因此以2004年下半年到本年度；我国汽车消费市场主体已由中、高档轿车转向了经济型小排量的乘用车的大幅换位；才 使我市的汽车工业受到较大冲击。目前在我 国有1/3的进口石油供汽车使用，这引起我们高层领导对中国能源安全的深深优虑。而我国境内依然有22个省、市、区84个城市，以有损城市形象。交通拥堵等理由对小排量汽车进行限制。而在日本、法国、意大利等小型车盛行的国家，目前仍然采用“对购买大排量轿车加以重税；对购买小排量汽车减税甚至给予补贴的做法”。在2005年4季度开始，我市的二家汽车整车生产厂家，也相应的推出小排量、混合动力型经济型乘用车，这将是我市汽车工业又步入了一个新的里程。

3、长春汽车工业发展的基本思路是—走节约型道路。

我认为，一是长春市汽车工业的发展，要以党的“十六”大精神为指导，抓住国家振兴东北老工业基地的有利时机，坚持以信息化带动我市的汽车工业走一条科技含量高，经济效益好，资源消耗低，环境污染少，人力资源优势得到充分发挥的新型汽车工业发展道路，推进改革、扩大开放、积极创新、加快发展汽车及零部件行业，拉长产业链，带动相关行业的发展，提高长春汽车工业的品牌化、信息化、国际化水平，变比较优势为竞争优势，促进我市汽车工业为“一业特强”。

二是我市汽车工业要走节约型新型工业化道路。党的十六大报告指出的节约型新型工业化道路，就是走科技含量高、经济效益好、资源消耗低、环境污染少，人力资源优势得到充分发挥的道路。这是借鉴了发达国家实现工业化过程中的经验和教训。发达国家在实现工业化的过程中，大多数是以消耗能源，以牺牲环境为代价的过程，可以说是“先发展，后治理”这不仅是发展代价高，而且后患无穷，所以我们不能再走其老路子。必须强调节约资源，保护环境和生态，处理好经济发 展与人口、资源、环境之间的关系，走出一条节约型的新型工业化道路。

三是长春市是一个资源匮乏的城市，大部分能源是靠外部供应。那么在发展我市汽车工业过程中，怎样解决“节约与发展”的矛盾呢？我认为：1首先要加快信息化建设，用高科技和先进适用型技术改造和提升我市汽车工业。采用现代信息技术对我市汽车工业原有生产管理体系进行全面更新改造，大 幅度提高汽车产品技术性能和附加值，实现该行业的全面升级和高技术化，如：工艺流程，工艺装备、生产条件，提升汽车产品的核心技术的研发买断，提高汽车工业企业生产的智能化、数字化、网络化、自动化水平。打破条块分割；划地为主的管理体制和模式，建立起更先进、快捷、高效益的技术推广、信息反馈、产品研发的新体系，推动“产、学、研”向“产、设、用”(生产、设计、应用)方向延伸。以长春汽车工业企业信息网为载体，实现网上招标采购、销售、咨询、反馈、信息共享，使我市汽车工业的骨干企业通过网络率先与国际接轨。2建立我市汽车工业企业科研、生产、经营管理的信息化建设，将现代信息技术、管理技术、自动化技术、系统工程技术等进行有机的整合，以推进企业科研、生产、财务、销售、统计、库存、物流等管理的信息化。

四是大力推进科技成果转化。提高我市汽车工业企业的自主开发、自主创新能力。长春市是科技文化比较发达的城市，工科类大专院校和科研院所较多，在很多领域都有全国和国际水平的研究成果，都可以在汽车工业中发挥和运用，如：纳米技术、光电子材料技术、卫星遥感定位技术，应用化学技术等并可形成产业化，使我市汽车工业拥有一批自主知识产权的核心技术和著名品牌，逐步向中小汽车零部件企业推广和扩散。

五是高度重视环境建设，走可持续发展的汽车工业道路。我市汽车工业通过研发节约能源的小排量汽车，能够提升企业产品市场竞争力，保持长春市汽车工业的可持续发展是十分重要的。它可以进一步优化资源配置，实现速度、结构、质量和 效益的统一。从根本上改变高能耗、高污染的粗放型经济产品和增长方式，以提高长春市汽车工业整体经济增长的质量和效益。

对农民收入快速增加形成农村消费热点的研究

长春市统计局国内贸易处　逯桂梅

消费是拉动经济增长的“三驾马车”之一。近几年，政府出台了一系列调整农业结构、减轻农民负担、开拓农村市场的政策措施，农民收入快速增长，消费水平不断提高，消费结构日渐优化。因此，研究农村的消费热点对开拓农村市场有十分重要的意义。

一、近十几年我市农民收入变化情况

农民收入水平与社会经济发展的大环境息息相关，与自然条件紧密相连。1993年—1996年，我市农民收入随着农业生产的大丰收和农副产品价格的提高而大幅度增长，每年的增幅都在20%以上，年均增长32.7%。与此相适应，这时的农民人均现金收入也呈现大幅度增长的势头，年均增幅达到39.8%。1997年—2000年间(1998年除外)，我市的农业生产遭到了较为严重的自然灾害，农用生产资料价格不断攀升，农民人均纯收入也受到了很大的影响，年均增长仅为3.4%，农民人均现金收入年均下降5.1%。2001年—2004年，我市的气候条件较好，粮食产量得到了恢复性的增长，德大、皓月等一批产业化龙头企业也拉动畜牧业生产迅速发展，农民来自畜牧业收入大幅增长，再加上农民外出打工的人数逐渐增多，使收入不断增加。尤其是2004年，吉林省出台了支持农业发展、保护种粮农民利益的种粮直补、良种补贴、农机补贴和减免农业税的“一免三补”政策，严格控制化肥等农资价格上涨、实行农产品最低限价收购政策等等，极大地促进了农民种粮积极性，加上良好的气候条件，使全年粮食产量达801.1万吨，农民收入更是大幅增长，全年农民人均纯收入达3906.2元，比2003年增长14.5%，比2000年增长52.1%，农民人均现金收入比2000年增长60.9%。

1993年—2004年农民人均纯收入和人均现金收入增长情况

年份	人均纯收入（元）	增长（%）	人均现金收入（元）	增长（%）
1993	928.6	28.4	1013.6	25.2
1994	1299.8	40.0	1624.0	60.2
1995	1841.1	41.6	2584.2	59.1
1996	2245.1	21.9	3095.1	19.8
1997	2280.4	1.6	2575.7	-16.8
1998	2520.3	10.5	2703.7	5.0
1999	2560.3	1.6	2685.9	-0.7
2000	2568.0	0.3	2514.0	-6.4
2001	2785.0	8.5	1883.0	-25.1
2002	3147.2	13.0	2678.4	42.2
2003	3411.2	8.4	3621.5	35.2
2004	3906.2	14.5	4044.6	11.7

二、近十几年我市农民消费变化的规律和特征

近十几年来，随着社会主义市场经济的持续稳定发展和农民收入的不断增加，农民整体生活水平由温饱向小康过渡，农民的生活消费也由满足基本生活需要向追求生活质量的提高转变，消费商品化程度大幅度提高。

1、收入增长和消费增长成正比。

1993年—1996年，是农民纯收入大幅度增长时期，年均增长32.7%。同期的农民生活消费支出也大幅度增长，年均增长34.4%。农民消费的大幅度增长，使农民的温饱问题迅速得到解决，生活水平也有了很大提高。1996年农民人均生活消费支出1548.3元，恩格尔系数由1993年的61.6%下降到1996年的52.8%，四年间下降了8.8个百分点。同期的生产性消费支出年均增长28.6%；1997年—2000年，农民人均纯收入由大幅度增长转入低速增长阶段，有的年份甚至与上年持平，四年间年均仅增长3.4%。这时期的农民生活消费支出也受到了很大的影响，有的年份下降幅度还较大，四年间年均下降3.5%。生产性消费支出也年均下降6.5%；2001年—2004年，我市农民纯收入快速增加，年均增长11.1%，与此相适应，农民生活消费支出也呈现了快速增长的趋势，年均增长10.5%。生产性消费支出年均增长23.3%。

1993年—2004年农民人均纯收入和生产、生活消费支出情况表

计量单位：元、%

年份	人均纯收入	增长%	生活消费支出	增长	生产性支出	增长
1993	928.6	28.4	577.2	21.6	395.2	18.1
1994	1299.8	40.0	762.3	32.1	707.8	79.1
1995	1841.1	41.6	1507.8	97.8	1295.6	83.1
1996	2245.1	22.0	1548.3	2.7	914.4	-29.4
1997	2280.4	1.6	1584.7	2.4	940.7	2.9
1998	2520.3	10.5	1459.9	-7.9	825.93	-12.2
1999	2560.3	1.6	1337.3	-8.4	724.4	-12.3
2000	2568.0	0.3	1342.9	0.4	700.2	-3.3
2001	2785.0	8.5	1458.5	8.6	907.6	29.6
2002	3147.2	13.0	1539.2	5.5	1047.8	15.5
2003	3411.2	8.4	1774.3	15.3	1191.3	13.7
2004	3906.2	14.5	2003.2	12.9	1619.9	36.0

2、农民人均纯收入增幅较高的时期，生活消费结构变动也较大。

消费结构变动度是用来考察平均每年消费结构的变动程度，一般用期末各类消费占总消费额的百分比减去期初同类消费占总消费额的百分比，将相减之差的绝对值相加即获得一定时期的消费结构变动值，将结构变动值除以考察期年数即为平均每年消费结构变动度。

消费结构变动度＝Σ｜Xi1－Xi0｜／年数

从我市农民消费结构变动度来看，人均纯收入增幅较高的时期，农民生活消费结构变动也较大。如：在1993年—1996年农民人均纯收入大幅度增长的时期，农民消费结构变动度为每年4.4个百分点；1997—2000年间，农民人均纯收入增长较慢，农民消费结构变动也随之趋缓，消费结构变动度为每年3.1个百分点；2001—2004年间，农民人均纯收入增速加快，农民消费结构变动也加大，消费结构变动度达到每年4.6个百分点。说明随着农民人均纯收入的快速增长，农民消费结构变动也加大，消费结构升级也随之加快。

1993—2004年农民各类支出占生活消费支出比重表

计量单位：元、%

年份	生活消费支出	增长	食品	比重	衣着	比重	居住	比重
1993	577.2	21.6	355.5	61.6	56.2	9.7	64.4	11.2
1994	762.3	32.1	494.2	64.8	68.8	9.0	62.3	8.2
1995	1507.8	97.8	860.0	57.0	139.5	9.3	220.8	14.7
1996	1548.3	2.7	818.6	52.8	153.1	9.9	204.0	13.2
1997	1584.7	2.4	811.8	51.2	132.8	8.4	242.9	15.4
1998	1459.9	-7.9	732.1	50.2	112.4	7.7	257.2	17.6
1999	1337.3	-8.4	649.8	48.6	102.2	7.6	238.3	17.8
2000	1342.9	0.4	645.1	48.0	86.9	6.5	278.6	20.8
2001	1458.5	8.6	661.7	45.4	90.1	6.2	293.5	20.1
2002	1539.2	5.5	732.7	47.6	91.9	6.0	256.8	16.7
2003	1774.3	15.3	820.3	46.2	109.9	6.2	239.5	13.5
2004	2003.2	12.9	924.0	46.1	122.7	6.1	242.6	12.1

1993—2004 年农民各类支出占生活消费支出比重表(续)

年份	家庭设备	比重	医疗保健	比重	交通通讯	比重	文教娱乐	比重	其他	比重
1993	23.6	4.1	18.2	3.2	10.6	1.8	44.0	7.6	4.7	0.8
1994	28.8	3.8	23.8	3.1	15.9	2.1	62.3	8.2	6.2	0.8
1995	59.7	3.9	56.1	3.7	44.4	3.0	110.4	7.3	16.9	1.1
1996	79.0	5.1	65.8	4.3	61.8	4.0	145.3	9.4	20.7	1.3
1997	70.3	4.4	79.3	5.0	56.0	3.5	155.6	9.8	36.0	2.3
1998	62.8	4.4	72.5	5.0	56.3	3.6	136.6	9.4	30.0	2.1
1999	59.2	4.4	73.4	5.5	60.5	4.5	128.7	9.6	25.2	1.8
2000	48.2	3.6	64.8	4.8	54.5	4.1	130.5	9.7	34.3	2.5
2001	52.4	3.6	92.1	6.3	79.4	5.4	159.8	11.0	29.5	2.0
2002	52.2	3.4	88.6	5.8	105.6	6.8	175.8	11.4	35.6	2.3
2003	53.1	3.0	111.5	6.3	158.0	8.9	245.8	13.9	36.2	2.0
2004	58.2	2.9	170.1	8.5	222.6	11.1	233.0	11.7	30.0	1.5

3、农民生活消费以食物为主,生存型消费支出不断增长,消费结构呈现明显变化。

从上面 1993—2004 年农民各类支出占生活消费支出比重表可以看出,我市农民生活消费以食物为主,但膳食结构发生了很大变化,由吃饱向吃好转变。2004 年,我市农民人均用于食品的消费支出 924 元,比 1993 年增加 568.5 元,增长 1.6 倍。农民恩格尔系数为 46.1%,比 1993 年下降 15.5 个百分点,总体已步入小康水平。从各类食品的消费量来看,表现为人均粮食消费量下降,肉、蛋、奶等动物性食品的消费比重明显提高。2004 年,农民人均粮食消费量 197.7 公斤,比 1993 年下降 31.6%;人均蛋类及制品消费量为 8.4 公斤,比 1993 年增长 87.9%;人均肉类及制品的消费量达到 14.4 公斤,比 1993 年增长 87.0%;人均奶和奶制品的消费量达到 0.9公斤,比 1993 年增长 15.4 倍。从食品消费的结构也能看出这种变化,2004 年,我市农民主食消费为 249.4 元,占食品支出的 27.0%,所占比重比 1993 年下降 21.8 个百分点。而同期的副食支出和其他食品支出均有所增加,2004 年,农民人均副食支出为 514.5 元,比 1993 年增长 3.0 倍,所占比重比 1993 年上升 19.1 个百分点。其它食品支出增长了 1.4 倍。此外,随着农民收入的增长和经济活动的增加,农民的饮食习惯也在不断发生变化,在外用餐支出也不断增加,由 1993 年的人均支出 4.0 元上升为 48.6 元,增长了 11.0 倍。在外饮食消费支出已占到整个食品消费支出的 5.3%,比 1993 年提高了 4.1 个百分点。这些变化说明农民对粮食的依赖程度逐渐减小,食品消费结构进一步趋向科学营养化,膳食营养状况不断得到改善。

1993—2004 年我市农民食品支出结构表

年份	食品支出(元)				
	总计	主食	副食	其它食品	在外用餐
1993	355.5	173.5	129.9	43.9	4.0
1994	494.1	250.4	173.8	58.4	6.9
1995	860.0	402.1	317.3	119.0	18.1
1996	818.6	342.9	301.1	147.5	21.6
1997	811.8	299.9	348.4	136.1	20.6
1998	732.1	302.2	290.8	117.6	18.3
1999	649.8	247.3	263.4	117.1	17.5
2000	645.1	281.7	231.1	104.9	24.1
2001	661.7	262.1	267.9	110.3	18.0
2002	732.7	222.6	371.8	112.3	22.9
2003	820.3	254.6	477.2	88.5	
2004	924.0	249.4	514.5	103.4	48.6

衣着是人们对物质生活和精神生活的共同需要。随着农民温饱问题的解决,我市农民衣着消费成衣化趋势明显,并越来越讲究穿着的款式、花色、质量和舒适。2004 年我市农民人均用于衣着的消费支出为 122.7 元,比 1993 年增加 66.5 元,增长 1.2 倍。其中用于购买服装的支出 80.5 元,增长 2.2 倍,此项支出已占到整个衣着消费支出的 65.6%,比 1993 年提高了 21.4 个百分点。

4、享受型消费日趋多元化。

近十几年来,我市农民越来越追求舒适的生活方式,享受型消费日趋多元化。居室的美化、生活便利化及中高档耐用消费品的添置成为拉动消费增长的重要动力。一是农村建房热经久不衰。俗话说:"小康不小康,关键看住房"。农村消费结构与城镇最具不同特点的是居住消费比重较高。1995 年以来,我市农村"建房热"经久不衰,平均每个农民每年在居住上的消费支出均在 200 元以上,居住消费占农民生活消费支出的比重一直位居第二位,成为仅次于食品支出的第二大项支出,2000 年、2001 年所占比重均超过了 20%。2004 年我市农民人均居住消费支出达到 242.6 元,比 1993 年增加 178.2 元,增长 2.8 倍,农民居住消费占生活消费支出的 12.1%。2004 年,农民人均住房面积达 21.4 平方米,比 1993 年增加 6.1 平方米。其中,砖木和钢筋混凝土结构达 18.2 平方米,占人均住房面积 85.0%,比 1993 年增加了 18.0 个百分点。随着居住条件的不断改善,也带动了日用品、床上用品、家具、家电等家庭设备、用品的消费。2004 年人均家庭设备、用品及服务的支出 58.2 元,比 1993 年增长 1.5 倍。二是交通通讯成为消费的热点。随着农民外出打工人数的增加,对外交往的频繁,交通费用支出不断增加。同时,移动电话由于新产品的不断推出和价格、话费的大幅度下降,也吸引了更多的农民购买,成为通讯消费支出的新亮点。2004 年我市农民人均用于交通和通讯方面的支出为 222.6 元,比 1993 年增加 211.9元,增长了 19.9 倍,增幅位居八大类支出之首。三是家用电器大量进入农家,普及率明显提高。2004 年末,平均每百户家庭拥有电冰箱 14.1 台,比 1993 年增长 44.2 倍。拥有彩电 84.3 台,增长 15.9 倍。拥有摩托车 34.8 台,增长 36.0 倍。拥有洗衣机 68.7 台,增长 96.4%。一些新型家电也开始进入农家,2004 年末,每百户拥有摄像机 2.1 台,影碟机 36.8 台,家用计算机 2.1 台,移动电话 52.4 部,生活用汽车 1.4 辆,空调机 0.8 台,热水器 1.0 台,说明了农民的生活越来越趋向城市化。

5、发展型消费增长速度加快。

发展型消费比重的变化可以从一个侧面反映出居民消费结构质量的变化。我市农民在满足物质需求后，对提高教育和健康水平以及充实精神文化生活方面的支出不断加大，推动了消费结构向更高层次提升。首先是越来越多的农民意识到知识的重要性，在文教娱乐上的投入不断加大，以保证其子女接受更好的教育，增强将来向非农产业转移的竞争能力，因此使文教娱乐消费支出趋热。2004 年，我市农民人均文教娱乐用品及服务消费 233.0 元，比 1993 年增加 189.0 元，增长 4.3 倍；其次是随着我市农村县、乡、村三级医疗网络的形成，农民医疗条件逐年改善，人们更加注重身体健康和医疗保健，加之近年来医疗收费标准大幅度上升，药品价格上涨，农民用于医疗保健支出在生活消费中的比重不断上升，医疗保健支出仍然是农民消费的热点。2004 年，我市农民人均医疗保健支出 170.1 元，比 1993 年增长 8.4 倍。

6、服务性消费比重快速提高。

农民在注重提高自身物质生活水平和充实精神生活的同时，把消费拓展到更多的领域，由此也带动了服务性消费领域的需求。2004 年，我市农民人均用于服务性支出为 504.8 元，比 1993 年增长 6.9 倍，占生活消费支出的比重达到 25.2%，比 1993 年提高 14.1 个百分点。服务性消费比重的增加是农村社会化服务水平提高的结果，也是农民生活质量提高的重要标志。

7、农民生活消费以商品性消费为主，消费的商品化程度大幅度提高。

农民消费的商品化程度又称消费的商品率或消费的货币性支出率，是指农民生活消费支出中货币性消费所占的比率。其比率的高低及其动态变化，能够反映农民自给性消费与商品性消费的比例关系，也能反映农村经济的商品化和消费城市化的程度及其变化趋势。1993 年，我市农民生活消费的商品率为 63.0%，超过三分之一的生活消费靠自给自足。2004 年，农民全部生活消费的商品率提高到 86.4%，其中食品由 1993 年的 46.5% 上升到 72.0%，居住由 63.8% 上升到 94.7%，衣着、家庭设备用品及服务、医疗保健、交通通讯、文教娱乐用品、其它商品和服务消费的商品化程度均已达到 100%。

8、我市农民消费水平、消费结构与东北其他三市存在差异。

首先，从消费额来看，2003 年我市农民人均生活消费额为 1774.3 元，在东北四市中最低，分别比哈尔滨、沈阳和大连市低 250.1 元、335.3 元和 1268.6 元。在享受型及发展型消费项目上，差别更大。2003 年哈尔滨、沈阳市农民居住消费额是我市的 1.3 倍，大连是我市的 1.8 倍。家庭设备用品消费额哈尔滨是我市的 1.7 倍，沈阳是我市的 1.4 倍，大连是我市的 2.0 倍。交通通讯消费额我市仅高于哈尔滨 11.8 元，分别相当于沈阳和大连的 65.9% 和 72.8%。

其次，从消费结构来看，我市农民恩格尔系数在东北四市中居中等偏上水平。2003 年我市农民恩格尔系数为 46.2%，分别低于哈尔滨和大连市 2.7 和 0.8 个百分点，高于沈阳5.0 个百分点；在享受型及发展型消费项目上，我市和哈尔滨、沈阳农民在文教娱乐用品及服务、居住和交通通讯方面的支出占生活消费支出的比例较大，我市居第一位的是文教娱乐用品及服务，占生活消费支出的 13.9%，其次是居住和交通通讯方面的支出，分别为 13.5% 和 8.9%。哈尔滨和沈阳市农民在居住方面的支出最大，分别占生活消费支出的 15.9% 和 14.9%，其次是文教娱乐用品及服务方面的支出，分别占 8.5% 和 13.3%，再次是交通通讯方面的消费，分别占 7.3% 和 11.3%。而大连居前三位是居住、文教娱乐用品及服务、医疗保健，分别占生活消费支出的 14.4%、10.1% 和 9.0%。

2003 年长春、沈阳、大连、哈尔滨四市农民人均生活消费支出表

计量单位：元

城市名称	生活消费支出	食品	衣着	居住	家庭设备	医疗保健	交通通讯	文教娱乐	其他
长春	1774.3	820.3	109.9	239.5	53.1	111.5	158.0	245.8	36.2
哈尔滨	2024.4	990.5	144.5	322.5	89.6	135.8	146.2	170.7	24.6
沈阳	2109.6	869.0	187.8	315.3	75.4	98.2	239.8	280.0	44.2
大连	3042.9	1429.1	199.4	439.1	109.0	273.3	217.1	306.4	69.6

2003 年长春、沈阳、大连、哈尔滨四市农民消费额比例关系（以长春为 1）

城市名称	生活消费支出	食品	衣着	居住	家庭设备	医疗保健	交通通讯	文教娱乐	其他
长春	1.0	1.0	1.0	1.0	1.0	1.0	1.0	1.0	1.0
哈尔滨	1.1	1.2	1.3	1.3	1.7	1.2	0.9	0.7	0.7
沈阳	1.2	1.1	1.7	1.3	1.4	0.9	1.5	1.1	1.2
大连	1.7	1.7	1.8	1.8	2.0	2.5	1.4	1.2	1.9

2003 年长春、沈阳、大连、哈尔滨四市农民人均生活消费构成表

计量单位：%

城市名称	生活消费支出	食品	衣着	居住	家庭设备	医疗保健	交通通讯	文教娱乐	其他
长春	100.0	46.2	6.2	13.5	3.0	6.3	8.9	13.9	2.0
哈尔滨	100.0	48.9	7.1	15.9	4.4	6.7	7.3	8.5	1.2
沈阳	100.0	41.2	8.9	14.9	3.6	4.7	11.3	13.3	2.1
大连	100.0	47.0	6.6	14.4	3.6	9.0	7.0	10.1	2.3

三、制约农民消费快速增长的因素

2004年末,我市农业人口达到406.2万,消费潜力不容忽视,然而事实上农村还存在着消费需求不足、不旺的问题。制约农民消费快速增长的主要因素有:

1、农民收入水平低,实物收入接近三分之一,农民间收入差距不断扩大。

农村的购买力最终取决于农民的收入水平。我市农民收入一直低于城市居民,2004年,我市城市居民人均可支配收入为8900元,而农民人均纯收入为3906元,仅相当于城市居民人均可支配收入的43.9%。农民间收入差距不断扩大也影响消费的增长。近年来,随着经济的不断发展,在农民总体生活水平逐步提高的同时,个体间收入增长的不均衡性也逐渐显现出来,农村内部收入差距在不断拉大。高收入户的收入增长高于平均水平,但高收入户的消费倾向偏低,影响了消费的增长。

另外,我市大多数农民的收入主要来自种植业,实物收入占较大的部分,2004年,我市农民实物收入占全年纯收入的32.1%,接近于三分之一,难以转化为货币,这就决定了农民的现实购买力较差,市场有效需求不足。

2、社会保障还不到位,农民不敢放心大胆消费。

当前,城市居民的社会保障体系正在不断的健全和发展,然而在农村,社会保障制度还相当薄弱,社会保障水平低,不健全,不完善,大部分农民还享受不到社会保障,养老、医疗、子女入学、住房等问题时刻困扰着农民,使他们不得不谨慎花钱,增加储蓄,在一定程度上限制了即期消费。1993年我市农民生活消费支出占纯收入的比重为62.2%,2004年下降到51.3%,下降了10.9个百分点,而同期农民储蓄余额占纯收入的比重却由4.8%上升到15.4%。随着社会的发展,农村户均人口也在逐年下降。1993年我市农村户均人口为4.4人,而2004年户均人口只有3.8人(农村住户调查资料),三口之家成为趋势,养儿防老逐渐变为存钱养老防病,并成为农户的头等大事。

3、农民非商品性支出分流较快。

近年来,农民消费的结构比较集中,除食品支出外,非商品性支出分流较快,大多集中在住房、子女教育、交通和通讯、医疗保健等上面,除此而外支付其他消费的财力较小。目前我市农民花在食品和住房上的费用占农民生活性消费支出的近六成。教育费用支出沉重,非义务教育阶段学校的收费相对农民收入而言实在太高,对广大农民是一个巨大的负担。高校扩招增加了农村孩子上大学的机会,但高昂的学费和生活费,又迫使望子成龙的农民不得不提早存钱,从而减少了即期消费。有些普通农民甚至无力支付子女上学的费用,更不用说增加其他消费了。

4、农村地区的销售和服务网络不健全,在很大程度上制约着农民消费。

我国农村消费品市场虽然总体规模较大,但户均购买力水平低,需求分散,消费层次复杂,影响了农村市场流通网络的高效运转。长期的二元经济结构也使得完善的商业网络集中在城市,农村商业网点布局不够合理,流通网络规模小,销售网点少,基本上是个体私营企业一统天下。农村缺乏服务网络,农民购买了耐用消费品,常常因售后服务跟不上而遇到麻烦,这就使其他农民的消费欲望大打折扣,在很大程度上制约了农村购买力的实现。

5、适销对路的商品货源不足,影响了农村购买力的实现。

由于农村市场的购买力低于城市,多年来工商企业一直把商品生产、开发和销售的注意力集中在城市,偏重于满足城镇居民的消费需求,冷落农村市场的开发,造成产品的生产结构不合理,价格适宜、经久耐用、功能简单、使用方便等适合农民消费水平、消费习惯和消费特点的商品货源相对不足。出现了在许多产品卖不动的同时,又有农民想买而买不到商品的现象,这在很大程度上制约了农村购买力的实现。

四、近期农村消费热点分析

收入增长对消费增加既有同步作用、更有滞后影响。2004年我市农民人均纯收入达到3906.2元,比上年增长14.5%,对消费增长会有较强的后续推动作用。在收入水平持续增长的推动下,消费结构升级将在农村逐步掀起,成为推动消费增长的核心内容。从十几年来我市农民消费结构的变动情况来看,农民家庭在食品、衣着、家庭设备用品及服务的支出比重呈现较为明显的下降趋势,而在医疗保健、交通和通讯、文教娱乐用品及服务等方面的比重不断上升。今后我市农民消费总体上将继续从满足生活需要向重视生活质量转变,从追求物质消费向同时追求精神消费和服务消费转变。恩格尔系数会继续下降,生产性投入会加大,住房方面的消费、教育文化、交通和通讯、医疗保健等新消费热点将升温。

1、生产性投入成为农民收入增长后的首要选择。

农户既是消费者,又是直接的生产经营者和投资者。由于近两年中央对"三农"问题的重视及出台的一系列促进农村经济增长和农民增收的政策措施,调动了农民的生产积极性,增强了农民生产性投入的信心,会促使农民将手中的资金优先用于安排扩大再生产。2004年我市农民人均生产性投入达1619.9元,比2003年增长54.6%,分别比人均纯收入和生活消费支出增长快40.1和41.7个百分点,占全年总收入的42.3%。从我市十几年农民生产性投入占全年总支出的比重来看,凡是收入大幅度增长的时期,生产性投入也比较大。如:1993—1995年,农民人均纯收入增幅达20%以上,生产性支出占全年总支出的比重均在34%以上。2002—2004年也是如此。今后国家支持农村经济发展的政策不会改变。中央经济工作会议要求,2005年各项支农措施的力度只能加大不能减弱,政策支持将推动农民收入继续保持较快增长,生产性投入会成为农民增收后的首要选择。我市是全国重要的商品粮生产基地,今后对优质化肥、高效低毒农药以及农膜的消费需求量会更大,对农用机械的需求也将有较快增长。同时,随着农村经济和农业社会化服务体系的不断完善,农户生产服务的需求会呈快速上升势头,以收割、加工、运输、育种等内容的服务业市场也将进一步扩大。

1993年—2004年生产性投入占全年总支出比重表

年份	全年总支出(元)	家庭经营费用支出(元)	购置生产性固定资产(元)	生产性支出占全年总支出比重(%)
1993	1082.2	351.3	43.9	36.5
1994	1647.2	664.1	43.7	43.0
1995	3764.2	1146.0	149.7	34.4
1996	2790.1	863.2	51.2	32.8
1997	2727.7	872.1	68.6	34.5
1998	2508.6	779.6	46.4	32.9
1999	2241.5	671.2	53.2	32.3
2000	2425.0	610.4	89.8	28.9
2001	2723.2	763.8	143.8	33.3
2002	2937.2	957.6	90.2	35.7
2003	3234.0	989.0	202.4	36.8
2004	3829.1	1396.4	223.5	42.3

2、住房方面的消费仍有继续扩大的空间。

当一国的生活水平由温饱向小康水平转变的时期,也是居民的消费结构尤其是住宅消费结构剧烈变动的阶段。国际经验表明,恩格尔系数与住宅消费支出比重成反向变动关系。一般来说,当恩格尔系数下降到0.4时,住宅消费支出比重则上升到15-20%。从1999年开始,我市农民恩格尔系数降到了50%以下,开始步入了小康。2004年,农民恩格尔系数达到了46.13%。在食品消费比重不断下降的同时,居住消费占农民生活消费支出的比重一直位居第二位,是仅次于食品支出的第二大项支出。虽然目前农民的人均住房面积已达21.4平方米,但仍有继续扩大的空间,住房仍是农民的重要基本建设之一。但随着农民收入的增加,农民的住房消费将逐渐转向改善住房质量和居住环境等方面,对建筑装修、装饰器材的需求量也将会逐渐增加,并在相当范围内形成启动农村市场的消费热点。

3、文化教育娱乐消费仍然是今后农民消费的热点。

随着广大农民对文化教育重要性认识的不断提高,文化教育娱乐消费在生活消费中的比重将不断增大。从长春近五年农民生活的八大类消费来看,文教娱乐用品和服务消费一直是继食品、居住消费后的第三大消费项目,2003年甚至超过了居住消费而位居第二位。今后文化教育消费将继续成为农民的消费热点。主要原因一是市场化改革使就业竞争加剧,个人素质将逐步成为就业竞争能力的决定性因素,居民对子女教育和自身继续教育的重视程度不断提高。二是教育收费体制改革也使居民教育费支出大幅度上升。三是信息化时代的到来使彩电、VCD、摄录像机、家用电脑等文教娱乐类耐用消费品不仅成为娱乐工具,也是居民接受信息的主要媒介,这类耐用消费品的不断更新和价格下降使其家庭普及率迅速上升。中国消费者协会2003年12月25日发布的《农村消费及消费环境状况调查报告》显示,教育消费已经成为农民的主要支出项目,未来3年内四成以上农村家庭将把纯收入主要用于子女上学,19%的农村家庭将把纯收入用于农业生产资料,排在第三位的是建房装修,其比例是16%。这表明教育的重要性已经得到大部分农户的认同。

4、交通和通讯消费会继续保持增长。

随着时代的发展,农民的消费观念有了改变,交通通讯费用迅速增加。2001—2003年,在我市农民的生活消费支出中,交通和通讯支出增幅位居八大类支出之首,2004年,农民的交通和通讯支出增幅达到40.9%,位居第二位。近几年,手机在农村已经进入快速普及期,对消费支出增长的作用非常明显。2004年末,我市农民每百户的移动电话拥有量已达到52部。今年移动电话新产品又不断推出,而价格却大幅下降,吸引了相当多的农民购买。由于农村手机市场的火爆,近段时间来,一些手机厂商如"阿尔卡特"、"诺基亚"等已经开始调整自己的市场策略,把农村市场作为潜力市场,纷纷加大了销售力度,会带动通讯费用的进一步增长。另外,随着乡路、村路建设的加快,农民的出行也越来越便捷,今后一段时间,交通和通讯消费还将继续成为农民消费的热点。

5、农民医疗保健支出比重会继续上升。

近十几年来,我市农民的医疗保健支出逐年增加,2004年,在医疗保健上的支出为170.1元,占农民生活消费性支出的8.5%,所占比重比1993年提高5.3个百分点。随着我国人口结构的老龄化以及农民收入水平的提高、保健意识的增强,农民医疗保健支出会继续保持一定幅度的增长,农民医疗保健支出比重会继续上升。

五、刺激农民消费增长的建议

农民属于消费倾向高、消费潜力大的群体,一旦收入大幅增长,消费必然快速增长。据测算,农村人口每增加1元钱的消费支出,将对整个国民经济新增2元的消费需求。如果农村人均多购买100元钱的商品,将会使我市新增4.1亿元的商品销售额。

尽管农民消费已出现加速增长的迹象,但长期的"二元经济结构"使农民低收入、低消费的状况十分严重。目前,我市农民收入消费水平比城市居民落后十几年,这并不是一两年的增收增支就可以改变的。同时农民的消费需求有其特殊性,农民既是消费者也是生产者,农民消费结构和需求趋势与城市居民相比,既有相同的地方,也有显著的差别。因此,我们要从农村实际出发,努力培育农村的消费热点,开拓农村市场,拉动国民经济健康、持续、稳定地增长。

1、采取切实措施,千方百计增加农民收入,全面提高农民的购买力。

一般来讲,收入决定消费水平、消费层次和消费结构,决定个人消费的方向和实现的程度。因此,农村购买力的大小,主要取决于农民的收入水平,增加农民收入特别是提高农民货币性收入是启动农村消费的关键。一是要加快农业产业结构和农产品品种结构的调整优化,转变农业增长方式,大力发展高产、优质、高效、低耗、绿色农产品的生产,开发农产品精深加工,提高其附加值。二是积极推进农业产业化经营,建立有利于农民增收的产业体系和利益机制。大力发展农业产业化龙头企业和农产品深加工企业,使其具有较强的市场开拓能力和为农民服务的能力,同时大力发展农村二、三产业和多种经营,拓宽农民的就业领域,合理引导农民向非农产业转移。三是建立健全劳务输出体系,大力发展打工经济,为农民外出务工创造有利条件。要争取与发达地区建立稳定的劳务输出关系,有组织、有计划地向外输出农民工,加强农民进城务工的引导和管理,清理对农民进城务工的各种不合理限制和乱收费,加强对务工者的劳动、法律保护,改善务工环境,促进农民增收。四是加大扶贫攻坚力度,使现有贫困农户收入快速提高,早日走出贫困。

2、建立健全农村社会保障体系。

到目前为止,除了社会救助和社会抚恤项目外,我市广大农村基本上还没有建立起社会保障制度,农民遇到风险基本上靠家庭自身化解,所以农民必须考虑储蓄一部分资金,用来抗御未来可能的各种风险,如治病、养老等,这必然制约农民的即期消费需求。因此,尽管农民事实上有消费需求,也不会把可支配收入的大部分用来即期购买。解决问题的关键应该是加大转移支付力度,要尽快建立健全农村最低生活保障制度、医疗保险、失业和养老保险等社会保障体系,并分期分批在有条件的地方逐步推行,保证低收入者的基本生活来源,减少他们的后顾之忧,提高低收入群体的货币购买力,促进农民的即期消费。

3、完善市场流通体系,大力改善农村消费环境。

开拓农村市场,必须搞好农村消费环境,一是要加快农村基础设施建设,改善农村的水、电、通讯、交通等基础环境,促进耐用消费品大规模进入农村家庭,直接拉动农民消费需求。二是要加快农村商品流通网络建设。要用现代流通方式改造传统经营网络,优化配置农村流通资源,建立起高效、畅通的现代化流通渠道。要合理规划建设农村批发市场、专业市场，构筑适应农村市场特点的流通网络。可以以县城和中心城镇为重点，积极培育连锁经营、物流配送等符合现代流通要求的方式，大力发展连锁超市、仓储、专卖等新型流通业态，逐步搞好农村市场建设，疏通产销渠道。三是加快农村金融体制改革，改善金融服务，加大信贷支农的力度，将农村潜在的、有消费需求的购买力转化为现实的购买力，扩大农民的最终消费。四是规范农村市场，整顿市场秩序，加大打假力度，让货真价实的商品占领农村市场，切实维护农民的合法权益和消费热情。

县(市)区经济

ECONOMY OF COUNTY(CITY) AND DISTRICT

长春统计年鉴

CHANGCHUN STATISTICAL YEARBOOK

2006

【农安县】农安县,古称黄龙府。地处松辽平原腹地,吉林省中部,距省会长春市60公里,是长春市主要农副产品供应和加工基地,全县幅员面积5400平方公里,辖22个乡镇,378个行政村,总人口112万人。农安县属于大陆性季风气候,年平均气温5.8度,年总降水量332毫米,年有效积温3037度,全年无霜期152天,适合一年季作物生长。现有册内地粮食播种面积25.8万公顷。

全口径财政总收入84321万元,同比增长15.5%,财政组织收入26797万元,剔除上年农业税因素,按可比口径计算增长22.9%。

全年实现地区生产总值1260011万元,按可比价格计算,比上年增长14.8%。一、二、三产业增加值分别达到483525万元,402369万元,374117万元,按可比价格计算,分别增长了9.4%,28.2%,9.4%。经济总量比2000年增加52亿元,年均增加10.4亿元,年均增长速度11.2%。

在全县地区生产总值中,第一、二、三次产业增加值占全县地区生产总值的比重由2000年的43.3:27.0:29.7调整为2005年的38.4:31.9:29.7。第一产业的比重降低了4.9个百分点,第二产业的比重上升了4.9个百分点,第三产业的比重持平。

全县实现农业总产值684946万元,比上年下降4.36%;实现农业增加值403271万元,比上年下降3.82%。全县册内地粮食播种面积258105公顷,比上年下降4.48%,其中:玉米播种面积218290公顷,比上年下降5.72%;大豆播种面积14284公顷,比上年下降21.43%;水稻播种面积6389公顷,比上年增长16.04%。经济作物播种面积41402公顷,比上年增长344.99%。农业生产实现了稳定性发展,册内地粮食总产量达到2290519吨,比上年增长5.31%。其中:玉米产量2063133吨,比上年增长3.21%;大豆产量48289吨,比上年下降1.69%,水稻产量62691吨,比上年增长24.65%。经济作物获得较好的收成。全县油料总产量21789吨,其中:葵花籽产量17251吨,蔬菜产量405192吨,瓜类产量144350吨。全年实现种植业总产值330804万元。全年实现林业总产值6784万元,全年完成造林面积966公顷,全县森林覆盖率达到12.3%。全年实现畜牧业总产值340958万元,比上年下降16.14%。肉类总产量达到465,301吨,比上年增长4.05%;奶类产量3450吨,比上年下降12.1%;禽蛋产量51422吨,比上年增长0.07%。生猪总头数发展到3555185头,比上年增长7.47%。其中:生猪存栏1149672头,比上年增长4.88%;生猪出栏2405513头,比上年增长8.75%。大牲畜存栏达到728522头(匹),比上年增长5.80%;羊存栏575165头,比上年增长0.74%。全年水产品产量3167吨,与上年持平。全年实现渔业总产值3142万元。全县化肥施用量(实物量)217740吨,比上年下降26.04%;农村用电量12608.3万千瓦/时,比上年下降7.48%。农业生产条件进一步改善,抵御自然灾害的能力有所提高。

全县销售收入500万元以上和小型国有工业企业总户数达到64户,工业总产值达到190776万元,比上年增长23%。实现利税10851万元。全口径工业总产值实现886685万元。合隆经济开发区、农安镇工业园区、华家工业园区、哈拉海工业园区发展势头良好,开安工业园区建设已经列入2006年重点工作之中。

2005年全社会固定资产投资完成250446万元,比上年增长57.91%。其中,城镇固定资产投资完成60117万元,比上年下降15.40%;农村固定资产投资完成190349万元,比上年增长398.45%。

2005年,全县建筑业增加值实现92029万元,按可比价格计算,比上年增长113.5%,建筑业增加值占第二产业增加值的比重为22.9%。全年建筑施工面积达到102513平方米,竣工面积54743平方米。

2005年,全县实现交通运输、仓储及邮电通信业增加值99384万元,按可比价格计算,比上年增长16.0%。邮电业务收入达到16456万元,比上年增加了30万元。

全县集市贸易成交额达到13.6亿元,全县社会消费品零售额达到241756万元,比上年增加18097万元,增长了8.1%。

基础设施建设不断完善。投资295万元,完成了二松等江河部分除险加固工程。新修村级公路830公里,全县334个村已实现硬质化路面"村村通"。在氟病区新建17处自来水管网入户工程,彻底解决了20个自然屯安全饮用水问题。

2005年,银行各项贷款余额达到652589万元,其中:农业贷款73982万元;各项存款余额达到464317万元。城乡居民储蓄存款余额达到393671万元。保费承保总额8092万元,已决理赔支出1786万元。金融保险业为促进生产、保障人民生活起到了应有的作用。

2005年末,全县拥有各类科学技术人员32786人。其中,自然科学技术人员14439人,社会科学技术人员16012人。

各级各类教育事业有了很大发展,教育观念进一步更新,教育质量全面提高,义务教育入学率、巩固率、合格率,均居全省县(市)领先地位,教学条件进一步改善,改造危房1.4万平方米,各项改革逐步深入,教育综合实力得到增强。

文化事业发展健康有序,群众性文化体育活动日益活跃。积极发展城乡有线电视,电视频道数量增至38个,有线电视用户发展到5.5万户。农安电视台自办节目质量进一步提高,丰富了群众业余文化生活。

全县拥有卫生技术人员3503人,每万人口拥有卫生技术人员31.1人。深入开展计划生育优质服务工作,加大食品卫生整治力度,保障人民群众身体健康。

2005年末,全县总人口达到1124802人,比上年增长0.39%。其中,农业人口890488人,比上年增长1.19%;非农业人口234314人,比上年下降4.49%。全县人口出生率6.6‰;人口死亡率5.2‰;人口自然增长率1.4‰。

2005年末,全县职工总人数达到38439人,比上年下降16.5%;职工工资总额377921千元,比上年增长1.08%。职工平均货币工资9606元,比上年增长18.9%。剔除物价上涨因素影响,职工实际平均工资为9285元。农民人均纯收入4200元,比上年增长15.1%。剔除物价上涨因素影响,农民实际人均纯收入4034元。

【九台市】九台市地处长白山余脉,松辽平原腹地。位于东经125°25′—126°30′,北纬43°51′—44°32′之间,居松辽平原东南边缘与长白山脉过渡的台地。清朝初年是皇家围猎之场,九台之地名源出自柳条边第九烽火台,1932年建县,1988年撤县变市。全市幅员面积3100平方公里,耕地面积16万公顷,是幅员面积的51.6%。全市下辖13个建制镇、2个民族乡、3个街道办事处,政府下管34个科局。2005年末全市总户数258014户,总人口826148人。全市有汉、满、回、朝、蒙古、壮、瑶、苗、彝、藏、土家、赫哲、锡伯、水等13个民族。

九台位于吉林、长春两大城市之间,具有较强的区位优势。市区东距风景秀丽的吉林市76公里,西离工业文化城市长春市49公里,是连接两大城市的路桥。从区位特点看,九台市位于国内最主要的工业带,也是城市经济最集中的地带,属于那种容易发生经济高速度增长现象的超级城市区,具有商品集散的优越条件和广阔的发展空间,随着长吉两市的外延扩张和一体化发展格局的确立,将对九台发展与发达起着极大的推动作用。

九台矿产资源丰富,已探明并开采的有原煤、钠基膨润土、珍珠岩、石灰石、萤石、沸石、石英石、白银、黄金和天然矿泉水等26种之多。原煤主要分布在东湖和营城,储量在亿吨以上,可持续开采百余年以上。九台的珍珠岩为优良矿种,产地有九处,储藏量在5300万吨以上。沸石储量在2652万吨以上。纳基澎润土储量在1364万吨以上,现在大规模开采其土质可与驰名世界的美国怀俄明型粘土媲美。饮马河两岸的地下矿泉水资源丰富,其水质含有多种微量元素。

九台的农业资源非常丰富,16万公顷良田土质肥沃,是国家主要的商品粮基地。主要盛产玉米、水稻、高粱、大豆、谷子等粮豆作物,每年的产量都在百万吨以上。九台还是各种杂粮杂豆的高产区域,闻名中外的中国北方芸豆之乡就在九台的版图之内。这里的生态资源得天独厚,河水流域比较发达,境内有第二松花江、饮马河雾开河、沐石河等大小河流30多条。大型水库一座、中型水库3座、小型水库16座,总水域面积11.7万亩,总蓄水量8.17亿立方米,水能蕴藏量3016千瓦,已开发1600千瓦。年均降水20.3亿立方米。

九台市森林覆盖率20.6%。现有天然及人工林93万亩,经济林77000亩。九台的森林植被良好,野生动物植物资源丰富,全市各山各岭有各种野生经济植物106科400余种,其中药材就有223种,如桔梗、刺五加、生麻、人参、细辛、防风、五味子、红花、双花、枸杞子等。山菜山珍20多种,,有蕨菜、猫爪子、山芹菜、山辣椒、榛磨、松磨、白磨、黄花菜、木耳、银耳等。还有落叶桦、胡枝子、蔓蒲、乌拉草等工副业原料25种。每年可收购的野生植物多达70多种。野生动物和各类飞禽有狐狸、山兔、豹猫、山鸡、沙鸡、鹌鹑等26种。鱼类有14科50多种,并生长着蚌虾、龟等各种水产品。九台又是个水果和苗木花卉之乡。享誉国内外的吉红123苹果、九台晚李、大山楂、南国梨、香水梨等水果每年 盛产4500万斤以上。苗木花卉种类繁多,远销全国各地达16个省区之多,主要品种有云杉、冷杉、紫杉、桧柏、沙地柏、女贞、京桃、天女木兰、花秋、各种榆杨柳槐、红黄玫瑰多达70多个品种。苗木面积已有32500亩之多,光苗木花卉的产值每年就有6亿元之多。

九台拥有一江三河(松花江、饮马河、沐石河、雾开河),一脉四峰(大黑山脉、四楞山峰、马大山峰、马达砬子峰、八台岭峰),县级名胜古迹21处。已开发的风景秀丽的卡伦湖渡假村已成为国内知名的旅游开发示范区,每年都吸引着省内外游客。还有石头口门水库和松花江江心岛等风景区也即将成为新的观光旅游度假胜地。

九台市区划面积90.4平方公里。建成面积达到40平方公里。市内铺设自来水管线180公里,日供水能力达到2万吨,供水普及率达到100%。通讯事业逐渐发达,有邮政、电信、移动通讯、无线寻呼机构各一个,全市邮政线路3000公里,城乡程控电话装机容量达到10万门,城乡程控电话已开通7万门。全市共有各级各类学校384所,校舍总面积50万平方米,砖瓦程度为100%。吉林大学、东北师范大学等著名大专院校纷纷落户九台,在卡伦湖等地设立了分校分院,开展各种形式的办学,形成了基础教育、中等教育和高等教育三位一体的先进教学模式和培养人才的摇篮。九台人才资源充盈,人才市场体系健全,本地可利用劳动力20万人,同时吸引着长春、吉林两市大批高素质、高知识、高层次人才在这里汇聚。全市有医疗卫生单位64个,医疗房舍面积8万平方米。全市有电视台、广播电台、有线电视台各一座,覆盖率达100%。

2005年九台市实现地区生产总值893007万元,其中第一产业增加值193662万元;第二产业增加值334866万元;第三产业增加值364479万元。地区生产总值按可比价格计算比去年同期增长14.3%,其中第一产业增加值增长10.3%;第二产业增加值增长15.3%;第三产业增加值增长15.6%。

农业:2005年我市虽然灾情不断,但粮食总产仍然达到944924吨,仅比去年下降了8.4%。农林牧渔业实现总产值292657万元,同比增长了0.19%。其中种植业实现产值138255万元;林业实现产值1914万元;牧业实现产值147566万元;渔业实现产值2737万元。在种植业结构调整上,全市共落实订单农业10万公顷,占播种面积的62.5 %,在农业内部结构调整上积极发展生猪、肉牛、大鹅等畜牧业和瓜菜、苗木、花卉、林果、中药材等特色产业。不断扩大生产基地的建设规模,提高生产能力。在种植业内部结构调整上,进一步扩大了名、优、特、新的蔬菜、胡萝卜、芸豆、晒烟等一批绿色农产品的生产。天景系列食品和田野泉大豆酱已成为国家名牌产品。2005年我市完成植树造林541公顷,经济林占很大的比重。

工业:2005年全市完成招商引资内资金额111210万元,同比增长了30.8 %;引进外资金额2630万美元,同比增长31.3%。名列长春地区榜首。全市规模以上企业户数已增至50户,比上年增长了85.1%。规模以上工业总产值实现18.28亿元,同比增长了56.21%。

医药产业:亚泰制药已完成了生产规模的扩大,实现产值1894万元;跨海制药新建的2000平方米符合GMP认证标准的大输液车间已完全投入使用。从跨海药业扩大出去的永兴药业也完成了厂区建设的投资进入生产程序。同古巴联营的海伯尔生物制药已完成了总投资的80%以上,目前已投资22400万元,2006年可进入生产状态。

食品工业:金锣肉猪火腿肠在2004年开始继续扩大投资到2005年末,已完成了占地53公顷投入固定资产5亿元的厂区扩张,2006年即可全面进入生产流程,届时金锣肉猪火腿肠的日生产能力将达到600吨以上。2005年上缴税金374万元,实现产值96215万元。

固定资产投资:2005年全市完成固定资产投资254368万元,同比增长了108.26%。这一年我市进行了大规模的治理营城沉陷区的建设工程和公、检、法的机关办公条件改善建设。采取改造与开发相结合、自建和引进资金相结合的办法,开发建设了福星小区,使3000多户营城沉陷区的居民搬迁到了宽敞明亮的新居。检察院和法院在中央大街的新办公大楼也在11月份建设完毕并实现了全部搬迁。市内城区房地产开发共建设标准住宅楼30万平方米,大大改变了城区的面貌。小城镇建设也有了新的进展,全市各乡镇共投入资金364213万元,建设楼房和房屋453422平方米。小南河的绿化和治理也在2005年得以大幅度推进。

贸易业:全市到2005年末实现社会消费品零售额

176594万元,同比增长了12%。个体工商户已发展到7729户,私营企业169家,注册资金已达到36142万元,均比上年有较大幅度的增长。

交通邮电业:到2005年末,全市通车里程870.7公里,完成客运量609万人,客运周转量33052万人公里,货运量887万吨,货运周转量35930万吨公里。全市电话用户147018户,同比增长24.3%。移动通讯网络覆盖城乡,移动电话用户已达到176478户,邮电业务总量完成16490万元。

市政建设:2005年九台市政府加强了城区基础设施建设,完成了物流大街500延长米柏油路的铺建工程。维修柏油路面71000平方米,改造疏通下水管道7604延长米,上水管道1.6万延长米,共投资545万元。加大了供水设施建设的投入,日增加供水量300立方米。

文教卫生广电业:全市共有普通中学39所,普通小学286所,中学教师3359人,小学教师6866人,中学在校学生58832人,小学在校学生46265人。全市现有医疗卫生机构32个,医院病床1525张,卫生技术人员2052人,其中医生835人、护士664人。广播电视事业又有了新发展,2005年年末全市城乡有线电视用户已达到31000户,新增用户1500户,有限电视已普及到各乡镇,广播电视覆盖率达到100%。

人民生活:2005年我市户籍人口为826148人,其中农业人口630771人。人口自然增长率3.74‰。一般预算全口径财政收入达到了27863万元,同比增长了19.5%,农民人均纯收入4350元,比上年增长了10.1%,在岗职工年平均工资11005元,比上年增长了24.8%。年末城乡居民银行储蓄存款余额314808万元,比年初增长了14.4%。

【榆树市】榆树市位于吉林省东北部,处于长春、吉林、哈尔滨三市构成的三角区中心,位于黄金玉米带上,享有"松辽平原第一仓"和"鱼米之乡"的美誉,粮食总产量多年位居全国县(市)榜首,多次被国务院授予"全国粮食生产标兵县"荣誉称号。全市幅员面积4723.77平方公里,耕地面积304455公顷。全市辖15个建制镇、9个乡、4个街道办事处,总人口125.6万人,其中非农业人口18.9万人。长春榆树五棵树现代农业产业开发区和环城工业园区位于榆五经济带上,为商家提供了良田沃土,招商引资优惠政策为社会有识之士提供无限商机。

2005年,全市生产总值实现135亿元,同比增长16.6%,其中:第一、二、三产业增加值分别实现42.1亿元、22.2亿元、70.7亿元,同比分别增长4.6%、29.3%和21.6%。财政总收入实现9.4亿元,同比增长25.3%。农民人均纯收入实现4210元,同比增长7.9%。森林覆盖率7.03%,人口自然增长率2.8%。

一、农业

全市认真落实中央1号文件精神,继续实施"一免三补"政策。2005年,减免农业税1.3亿元,向农户发放"粮食直补"资金1.6亿元,全年农业生产投入8亿元,比去年增加5000万元,增长16%。全年落实订单面积37922公顷,比上年增长12%。2005年,全市粮食总产量达到2346800吨,比上年增长0.9%,我市也获得了"全国十大粮食生产标兵"的荣誉称号。农业总产值实现694414万元,比上年增长8.3%,增加值实现420910万元,比上年不变价增长4.6%,农民人均纯收入实现4210元,比上年增长7.9%,真正实现了粮食增产,农业增效,农民增收。

牧业主导产业地位日渐突出,产业化进程加快,"粮变肉"工程和"粮转牧"工程全面实施。2005年,全市牧业产值实现297412万元,占农业总产值的比重达到42.8%。

二、工业和建筑业

2005年,全市工业企业户数发展到5781户,比上年增长7%,全口径工业总产值实现475587万元,比上年增长18.8%,增加值实现134568万元,比上年增长9.8%,产品销售收入实现456507万元,比上年增长23.5%,利润总额实现21660万元,比上年增长20.1%。规模以上工业企业发展到32户,总产值实现121302万元,比上年增长28.99%,增加值实现39974万元,同比增长18.3%,产品销售收入实现109660万元,同比增长21.6%,利税总额实现6733万元,比上年增长73.6%。

2005年,建筑业增加值实现71470万元,比上年增长35.4%。全年建筑施工面积39.9万平方米,其中:住宅面积21万平方米,商品房屋销售面积14万平方米。

三、商贸和民营经济

2005年,全市社会消费品零售额实现300011万元,比上年增长34.6%,其中:批发、零售贸易业实现277090万元,同比增长36.6%。

全市民营户数发展到45531户,比上年增长0.9%,从业人员达到179942人,民营经济总产值实现1158020万元,比上年增长0.3%,利润总额实现59714万元,比上年增长0.04%,实交税金10219万元,比上年增长0.19%,民营经济增加值实现463208万元,比上年增长21.8%。民营经济增加值占全市生产总值的比重由2000年的21.2%上升到2005年的34.3%。年均提高10.1个百分点。

四、固定资产投资和招商引资

2005年,全社会固定资产投资完成额25亿元,比上年增长52.8%。其中:基本建设投资完成额194683万元,比上年增长87.9%。全市共引进内资11.76亿元,比上年增长54.7%,引进外资2000万美元,比上年增长2.6%。

五、交通运输及邮电业

交通运输环境得到改善,道路运输承载能力显著增强。科铁线榆树段改扩建工程竣工通车,与榆陶、黑大公路构成了"两横一纵"、纵横交错、四通八达的公路主骨架。改扩建农村公路911公里,361个村实现"村村通",占全市行政村总数的93%。榆山铁路被列为全省"十一五"重点铁路工程项目。

2005年,邮电业务总量达到20720万元,比上年增长12.3%,本地电话用户总数达到154760户,同比增长16%。移动电话用户总数达到500000户,互联网拨号上网用户7000户。

六、财政、金融、保险业

2005年,我市继续实施减免农业税政策,在财政、税务管理部门的积极努力下,多方挖掘税源,全口径财政收入稳步增长。全口径财政收入94359万元(含一次性专项资金),比上年增长25.3%,地方级财政收入11587万元,首次突破亿元大关。

2005年,金融机构各项存款余额达到436775万元,比上年增长20.9%,其中:城乡居民储蓄存款余额354235万元,比上年增长12.2%;金融机构各项贷款余额616391万元,比上年负0.7%。

2005年,社会保险业健康发展。全市保费收入18802万元,已决理赔支出11140万元。

七、文教科技和卫生

文化体育事业欣欣繁荣,蒸蒸日上。我市成功承办了"榆树杯"吉林省第二届二人转·戏剧小品艺术节,开创了我市承办全省大型艺术赛事的先河。重现"种榆书院"风采,提高了城市文化品位。积极组织送文化下乡活动20余次,下乡演出100余次。广播、电影、电视服务业健康发展,功能进一步增强,为构建和谐榆树充分发挥了主流媒体作用。全市有线电视节目增加到42套,用户增加到6.9万户。

2005年,市委、市政府积极贯彻落实"科教兴市"战略,加大对科技的投入,以科技进步促进经济社会全面发展。科技对农业的贡献率达58%,科技进步贡献率达45%。积极组织实施国家"863"计划—农业智能系统研究与应用项目,"粮食丰产科技工程"顺利通过国家和省、市验收,"榆树市星火计划网"及时、准确地向农民提供政策、信息服务,依托博士工作站和专家工作站,利用"四下乡"进行科技培训和推广。我市被国家确定为重大科技攻关项目"国家粮食丰产科技工程"核心试验区和示范区,建成18个示范区和6个农业星火科技专家大院。

医疗卫生保健工作采取"预防为主,防治结合"的方针,加快了"百万农民健康工程"的实施进程,完善了市、乡、村三级预防保健网,加大了对社区卫生服务的指导力度,建立农民家庭健康档案,不定期对农民进行检查,把医疗卫生服务送到农民家中。对特困户、五保户、军烈属发放医疗卫生服务"优惠卡",减免患者10%的住院医疗费用。"全球基金结核病控制项目启动"。

八、劳动就业和社会保障

市委、市政府把开发用工岗位、增加就业总量作为重点工作和优先发展目标。2005年,全市共开发各类用工岗位5588个,新增就业人数4765人,其中:安置下岗失业人员3519人。城镇登记失业率为3.7%。通过"短、平、快"的培训方式,培训下岗失业人员2800人,培训后就业2100人,再就业率达到75%。培训农村劳动力31569人,劳务输出292625人,劳务输出收入10.8亿元。

社会保障体系日臻完善。政府全年社会保障补助支出达10667万元。参加基本养老保险职工38193人,参加基本医疗保险职工58013人,参加失业保险34762人,城乡居民最低生活保障38800人,参加农村合作医疗保险694845人,占全市农村总人口的65.1%。

九、生态环境建设

2005年,我市被批准为国家级生态示范区建设试点单位。"蓝天工程"收到实效。市区巷路改造不断延伸,供水、供热、排污管网进一步得到改造,全方位实施城市绿化、净化、美化、亮化、彩化工程,"街亮楼美"的新榆树已经基本显现。2005年,全市环境污染治理投资总额达19600万元,其中:用于环境保护投入达8500万元。我市全年空气质量优良级达到210天,符合国家二级标准。自然保护区4个,自然保护区面积42709公顷。

【德惠市】德惠市位于吉林省中北部,美丽富饶的松辽平原腹地,处于长春、吉林、哈尔滨三大城市构成的三角区中心,交通便捷,京哈铁路、北哈公路(102国道)、同三高速纵贯境内,交接成网,四通八达。幅员面积3435平方公里,辖12个镇、4个乡、4个街道办事处、308个行政村。全市总户数25.4万户,总人口92万人,其中农业人口76万人,人口自然增长率4.9‰。

德惠属中温半湿润大陆性季风气候,森林覆盖率13.8%,年平均气温4.2℃,有效积温约3000℃,无霜期140天,降雨量790毫米。自然资源丰富,有耕地21万公顷,江河水域面积8000公顷,砂石矿储量120亿立方米,二氧化碳气矿探明储量64亿立方米,陶粒页岩矿储量1亿立方米,德惠是全国知名的十大商品粮生产基地之一,先后被国家命名为"粮食生产先进市"、"菜篮子工程先进市"、"中国松花江大米之乡",是国家"高优高"农业示范区。

2005年,全市经济总量比2000年翻了一番,地区生产总值年均递增15.6%;固定资产投资是2000年的5.6倍,年均递增46.1%。结构调整取得实质性进展,改革开放成效显著,人民生活水平显著提高。综合经济实力在全省县级评比中始终保持优胜地位,被国家命名为科技星火战略示范市和中国食品名城。到2005年末,全市国内生产总值实现109.9亿元,同比增长12.3%;其中,一产业增加值实现37.5亿元,增长5.5%;二产业增加值实现29.6亿元,增长23.0%;三产业增加值实现42.8亿元,增长11.8%。工业总产值实现130.5亿元,增长20.8%。其中规模以上工业产值实现57.0亿元,增长46.0%;固定资产投资完成35.1亿元,增长59.5%;全口径财政收入实现2.1亿元,增长20.8%;全市社会消费品零售总额实现36.0亿元,增长13.8%;城市居民人均可支配收入达到6845元,增长11.8%;农民人均收入实现4200元,增长6.3%。

——项目建设水平明显提高,工业化快速推进。大项目开发建设取得了新突破。成功地引进并建设了长春斯美特食品、达利二期、都邦药业、鸿大牧业、上禾米业、大仓实业、吉林圣泉、永丰纸业、佳龙三期扩建等大项目,项目建设实现了质的飞跃;重组启动了皓德肉牛加工项目,解决了历史难题;大成集团德惠生化经济集中区建设项目快速推进,10万吨谷氨酸项目、60万吨淀粉糖项目、5万吨合成氨项目、15万吨赖氨酸扩建项目全部进入生产或试生产阶段。大成高速公路出口项目、服务区项目和66千伏高压输电项目全面完成。2005年,全市新上投资超百万元的项目201个,其中超3000万元大项目41个,超5000万元大项目20个,超亿元大项目13个。企改攻坚取得了重大成果。坚持以产权制度改革为核心,以"双退出"为目标,采取"一企一策"、"一事一议"、"特事特办"等手段,加大力度,规范运行,合力攻坚,利用国家并轨政策、银行贷款、财政补贴、资产变现等方式,多渠道筹措改制资金,破解改制"瓶颈"问题。全市参改的128户企业中有53户企业实现了"一改双退"目标,其他75户企业均按政策规定实现了单退出或分步实施"双退出"目标。引进增量资产2.13亿元,盘活存量资产4.43亿元,争取国家并轨补贴资金1.17亿元,理顺职工劳动关系2.4万人。我市在全省企改中,是争取资金最多、完成改革户数和参改人数最多,改制效果最好的县市。

——现代农业实现大发展,农村经济全面繁荣。种植业结构进一步优化。优质粮食、特产业和绿色食品产业快速发展,全市优质专用粮食作物、园艺特产作物面积分别发展到125万亩和45万亩,瓜菜等"五大特色产区"规模不断扩大;绿色水稻等"十大绿色食品生产基地"已形成规模优势,有9大系列66个品种获A级绿色食品标识。畜牧业强势发展。牧业小区发展到66个,规模化养殖基地发展到52个。牧业产值实现29亿元,同比增长16%。"无规定动物疫病示范区"建设和禽流感等动物防疫工作取得良好成果。农业示范园区和标准化体系建设扎实推进。全市已建成各类农业园区

120个,农业标准化生产基地120万亩。劳务输出开创新局面。全市劳务输出总量达到16.5万人,实现劳务收入9.57亿元。农业基础设施建设全面加强。组织开展了秋季农田水利大会战,完成土方量累计285万立方米;农防林完成了225公顷更新改造任务;抗洪救灾取得全面胜利,灾民的生产和生活得到了妥善安置。免征农业税配套改革工作取得了阶段性成果。完成了乡镇机构撤并任务。县乡财政管理体制和农村义务教育管理体制改革的各项配套措施进一步完善。

——城乡建设迈出新步伐,城镇化水平明显提升。较好地完成了"十件实事"任务,东风路(立交桥至102线段)、和平路(南北段道路及配套设施建设)、德大路、育才街、光明街等街路的维修改造工程,垃圾场及其配套工程、植物公园二期工程和德惠公园、鑫缘广场的完善提高工程及部分街路的绿化美化工程全面完成,城市环境进一步改善;完成了640公里乡村公路建设任务,村通率达84%以上,乡村公路建设实现了历史性突破。新建了高标准娇景小区,完善了万兴花园、圣兴花园、富裕花园小区。国家级生态示范区建设稳步推进。国家食品名城申报成功,在全国县级城市中首家获此殊荣。城市管理水平明显提高,环保、土地、供水供热管理以及交通、市容、卫生、市场等各项管理明显加强。小城镇建设快速推进,米沙子、万宝、菜园子、岔路口等重点镇建设步伐加快,辐射带动功能明显增强。

——招商引资成果丰硕,软环境建设不断加强。招商引资取得明显成果,"四个一"计划顺利完成。重要经贸活动达到了预期效果。全市引资达到33亿元。经济发展环境明显改善。全面加强了政务大厅的服务功能,确保了各项政策的落实。

——民营经济蓬勃发展,第三产业不断壮大。加大了对民营经济的扶持力度,制定了《关于加快民营经济发展的意见》,成立了中小企业服务中心,设立了信用担保公司。"创业带富工程"扎实推进。2005年,全市个体工商户达到4.5万户,从业人员达到17万人,民营经济增加值实现46亿元,同比增长15%。第三产业快速发展,城乡市场体系建设不断完善。

——财源建设成效明显,预算执行实现平衡。大成、达利、大华等重点税源企业不断发展壮大,向上争取资金达4.6亿元。切实加大了组织收入力度,使财政支撑能力明显增强,保证了机关事业单位人员工资按月发放、社会各类保障对象基本生活费和重点项目支出。深化财政体制改革,完善了"乡财县管乡用"的各项配套措施。金融工作健康运行,金融部门在支持地方经济发展中发挥了重要作用,全年共投放贷款资金19亿元。城乡居民储蓄存款余额达到42亿元,比年初增加1亿元。

——民主法制建设不断加强,和谐社会构建迈出新步伐。认真执行市人大的决议决定,自觉接受人大法律监督、工作监督和政协的民主监督。认真办理人大代表议案、建议、意见和政协委员提案,全年共办理人大代表意见、建议61件,政协委员提案35件,办结率达到100%。高度重视市人大代表、政协委员的视察工作,密切了同人大、政协的工作联系。坚持和完善村民自治,扩大村务公开、厂务公开等公开办事制度。认真贯彻《行政许可法》,依法行政水平明显提高。深入开展"四五"普法教育,提高了广大群众的法律意识。深入开展社会治安综合治理工作,净化了社会治安环境。高度重视安全生产和消防工作,各项安全管理措施得到落实。加强信访工作,解决了一些"热点"、"难点"问题,减少了"三访"的发生量。加强社会保障工作。养老保险、失业保险履盖面不断扩大,全年征缴社会保险费1.2亿元,发放"两金"9000万元,12000名离退休人员和1568名失业人员足额领取了养老金和失业金。城镇低保和农村扶贫解困工作扎实开展,全年投放927万元,为5582户城镇低保对象足额发放了低保金,筹措救灾资金330万元,妥善安置了灾民生活。认真落实就业和再就业政策,全年开发就业岗位5887个,有5276名下岗职工实现了再就业。大力发展残疾人事业,完成了40户农村贫困残疾人危房改造任务。

——精神文明建设取得新成果,各项社会事业协调发展。深入实施《全民道德建设实施纲要》,广泛开展了"三爱"、"三德"、"三文明"等创建活动,提高了广大群众的文明素质。大力发展教育事业。优化配置教育资源,对第二中和二十九中进行了整合,撤并村小19所,使学校布局更加合理。投入2600万元,改造农村中小学危房20所,改造面积3.6万平方米,农村办学条件明显改善。基础教育、成人教育、职业技术教育全面发展。加强卫生工作,完成了疾控中心和卫生综合楼、传染病院主体工程建设,提高了应对突发性公共卫生事件应急处理能力。计生保健综合楼建设主体已完成。食品安全体系建设试点工作稳步开展。文化、体育、广播电视事业全面发展,完成了文体一条街年度建设工程,全民健身馆建成投入使用,城区新增光缆传输有限电视用户1750户,农村发展到3万户。人口和计划生育工作较好地完成了任务。民政、统计、审计、物价、民族、外事等各项工作都取得了较好成绩,形成了各项事业协调发展,人民生活富庶安康,社会和谐进步的可喜局面。

【南关区】2005年南关区,按属地统计全区生产总值实现222997万元,比上年增长25.7%。其中:第一产业增加值实现4350万元,同比增长12.6%;第二产业增加值实现20447万元,同比增长28.1%;第三产业增加值实现198200万元,同比增长20.3%。完成固定资产投资110289万元。引进内资11.5亿元,农民人均纯收入实现4900元,同比增长4.4%。全口径财政收入达到107167万元,按可比口径计算增长44.9%,区本级达到20229万元,比同期增长11.7%,可用财力达到43640万元,比同期增长20.6%,财政支出38371万元,增长25.8%。财政总量五年翻了两番多。传统商贸业再现繁荣,现代服务业支撑作用凸显,传统商贸业向现代服务业转变进程加快,三产内部结构日益优化,经济质量实现了质的飞跃。

农村经济稳步运行。全年完成农林牧渔业总产值9542万元,比上年下降44.6%。其中:农业总产值4417万元;林业总产值296万元;畜牧业总产值4577万元;渔业总产值62万元。全区耕地面积2220公顷,其中:粮食作物种植面积为1426公顷。

积极谋求结构调整新途径,都市工业探索取得新突破。

在我区被市里确定为都市工业示范区的基础上,又获省批准在南部新城建设都市经济开发区,享受省级开发区政策,起步区占地38万平方米。都市工业探索取得突破性进展,打开了经济结构调整的突破口,为全区加快发展搭建了新的平台。2005年按属地统计全区实现全口径工业总产值26025万元,增长10.9%。其中:规模以上工业实现产值13069万元,比上年增长0.7%。全区个体私营业户1.1万户。

深入实施三产兴区战略,产业升级实现新突破。乔赛数码商城等名企名店相继落位,健康娱乐城建设和南岭体育场招商有序推进,磐石路商业街建设步伐加快,重庆路、南湖大路等四大商圈活力日增。亚泰大街新填充商用面积8.18万平方米,沿街企业已达300余家,年新增税收4000万元以上,三产隆起带日显繁荣。专业街集聚企业284户,年销售额达70000万元以上,实现税收1300万元,特色经济规模日益壮大。重点商务楼宇引进企业402户,通钢国贸、茂祥药业等一批名企入驻运营,总部经济势头迅猛。“千店工程”新开店铺799户,完成年计划的160%;14条创业路聚集商家1588户。

对外交流合作更加密切、招商引资成效显著。为扩大招商引资的覆盖面,我区先后与33个县(市)、区建立了友好关系。累计引进内资536000万元、外资7827万美元,引进项目1085个,其中超千万元项目141个,超亿元项目14个,有效提升了产业层次和经济运行质量。

建设与管理并重,城市综合承载能力明显提升。

加大城市开发改造力度,自我加压,主动出击,把全区的一些城建项目纳入了全市大盘子,争时间、抢进度、保质量,改造巷道845条,总量全市最多;改造棚户区6处,占地面积15万平方米;房地产开发面积232万平方米,为年计划的150%;新增绿化面积25公顷,完成了解放大路千米灯光隧道等美化、亮化工程,城建对经济的拉动作用凸显。并投入35600万元用于城市建设。打通了亚泰大街、南湖大路等交通动脉。

在全市率先实现了“村村通”,维修改造道路970余条,道路硬化面积比“九五”净增119万平方米。新建现代化住宅小区18个,新增绿地面积300.3公顷,拆除违章建筑26万平方米,改造摸黑街路近百条。积极深入开展国家卫生城创建活动,加强城市环境综合整治,城区面貌大为改观。

社会事业协调发展、群众基本利益得到保障,人民生活质量不断提高。

2005年累计开发就业岗位2.5万个,1.6万名下岗失业人员实现了再就业,城镇登记失业率控制在3%以下。社会保障体系不断完善,社会保障支出逐年增加,困难群众最低生活费和临时救济金及时足额发放,累计发放低保资金4876万元,基本实现了应保尽保。动员全社会力量广泛开展“送温暖、献爱心”活动,千方百计做好区属企业职工养老保险市级统筹,积极促进残疾人康复,安置残疾人就业1723人次。全力组织防汛救灾,高度重视禽流感疫情防控,巩固了人民群众安居乐业、社会稳定有序的良好局面。

资源整合成效显著,教育质量明显提高,市一类一级学校由2001年的22.2%增加到目前的46.3%,形成了以树勋小学、103中学为龙头的名校梯队;省级一类重点高中进线率由2001年的11.1%提高到目前的54.4%。

蓬勃开展群众性文化活动,全面落实“全民健身纲要”,竞技体育水平不断提高,累计获得国家、省、市荣誉14项,奖牌154枚。

计划生育率保持在98.7%,人口自然增长率达到4.13‰,连续七年负增长。

累计投入2000多万元建设了52个全国一流的社区用房,不断完善社区服务功能,打造了健康胡同等一批国家、省、市先进社区和示范社区,社区建设走在全省前列。

圆满完成第一次全国经济普查任务,受到国家的嘉奖表彰。

【宽城区】位于长春市区的北部。全区幅员面积237.99平方公里,其中,耕地面积11245公顷。区辖9个街道办事处和1镇1乡。2005年末总户数126925户,总人口371985人,其中,非农人口299475人,人口自然增长率0.53‰。

一、综合

综合实力进一步增强。经初步核算,全年实现地区生产总值38.8亿元,比上年增长7.3%。其中,第一产业增加值1.9亿元,比上年增长2.0%;第二产业增加值10.8亿元,比上年增长7.1%;第三产业增加值26.1亿元,比上年增长7.8%。三次产业比重分别为4.9%:27.8%:67.3%。

全口径财政收入完成5.7亿元,比上年增长14.9%,地方财政收入完成1.1亿元,比上年增长9.8%。其中,增值税完成1.8亿元,比上年增长6.7%;营业税完成1.6亿元,比上年增长32.6%;企业所得税完成0.7亿元,增长24.7%。

二、农业

种植业结构进一步调整。全年农作物播种面积1.3万公顷,比上年增长2.6%。其中,粮食播种面积0.9万公顷,比上年下降1.8%;蔬菜播种面积0.36万公顷,比上年增长18.2%,分占总播种面积的71.1%和28.3%。2005年,由于粮食播种面积的减少及受低温多雨天气的影响,全区粮食产量下降。粮食总产量6.5万吨,比上年下降6.1%。蔬菜产量达到12.6万吨,比上年增长23.2%。

2005年由于暴发“禽流感”,畜禽产品产量均受到了不同程度的影响。全区肉类总产量达到2.3万吨,比上年增长16.5%;奶类产量1.2万吨,比上年下降15.3%;禽蛋产量0.4万吨,比上年下降62.4%;肉猪出栏15.6万头,比上年增长16.2%;家禽出栏233.6万只,仅为上年的48.6%。

三、工业

2005年,规模以上工业企业40户,比上年净增加11户;完成工业总产值9.4亿元,比上年增长40.5%;工业产品销售率达到了93.7%,比上年提高了3.9个百分点;产品销售收入完成8.3亿元,比上年增长33.3%;实现利税总额7150万元,比上年增长4.2%;实现工业增加值2.7亿元,比上年增长19.3%。

四、固定资产投资

全年完成固定资产投资14.1亿元,比上年增长88.3%。其中,基本建设投资7.9亿元,占总数的56.0%,比上年增长174.1%。2005年,全区计划总投资亿元以上的重点建设项目9个,全年完成投资5.8亿元,占全区投资总数的41.1%。从产业完成投资情况看,第二产业完成投资5.4亿元,第三产业完成投资3.6亿元,分别占总投资的38.3%和25.5%。

五、国内贸易

全年实现社会消费品零售总额60.0亿元,比上年增长10.6%。其中,吃的零售额为17.6亿元,占总额的29.3%;穿的零售额为31.0亿元,占总额的51.7%;用的零售额为11.4亿元,占总额的19.0%。

六、招商引资

全年招商引资工作成效显著。引进外资项目4个,引进外资总额2225万美元,比上年增长20.3%;引进内资项目97个,引进内资总额19.2亿元,比上年增长37.1%。其中,投资亿元以上项目10个,占项目总数的10.3%;在97个项目中,工业项目45个,占项目总数的46.4%。

七、城市建设

2005年是全区城市基础建设投入资金最多的一年,使得城市基础建设和改造步伐加快,改造效果显著。市、区两级政府投入资金2.9亿元,完成大、中修道路30条,维护道路70条,新建220条巷道,总面积达68.1万平方米。并为13个社区铺设方砖步道总面积3.2万平方米。2005年末,全区道路总面积达212.3万平方米,道路总长度达184.3公里,道路完好率达88.0%。

城市绿化水平不断提高。全年植树37.3万株,种草3.1万平方米,建成区绿地面积达5.38平方公里,绿化覆盖率达24.23%。

八、文化、科技、卫生和体育

2005年,全区群众文化工作成效显著。区内举办首届社区艺术节,共演出上百场(次),3000多居民参加了演出,观众达3万多人。区政府为区文化馆解决了600多平方米的馆舍问题,从而结束了区文化馆13年没有馆舍的历史。图书馆藏书15.5万册,全年接待读者9.2万人(次)。

2005年,全区列入市级各类科技发展计划项目5项;获得市级科技进步奖1项;共有区外高新技术企业7户。其中,省级3户、市级4户;省级科技企业11户;技术合同成交额205万元;企业中通过ISO系列标准认证的有34家;全年专利授权数141件;科技三项费用373万元,比上年增长15.1%。

2005年末,全区共有区属卫生医疗机构9家,可开放床位数370张,卫生技术人员838人。其中,具有高级职称的61人,中级职称的385人。注册执业医师621人,占医师总数的83.0%。农村卫生室71个,乡村医生71人。建立社区卫生服务站23个,卫生技术118技术人。

体育事业蓬勃发展。2005年,全区9个街道的11个社区安装了100余万元的健身路径,在胜利公园安装200多万元的各类健身器械,使胜利公园成为全区继铁北公园之后第二座全民健身公园;在吉林省青少年田径分龄赛上,我区运动员取得了3个第一名,1个第二名和2个第三名。在吉林省青少年柔道分龄赛上,取得了2个第一名,3个第二名和2个第三名;筹备吉林省第15届运动会,全区共注册运动员282人。其中,夏季项目249人,冬季项目33人。——人民生活与社会保障 2005年在岗职工平均货币工资13321元,比上年增长3.1%;农村居民人均纯收入4350元,比上年增长6.1%。

2005年末,全区有29547名企业退休人员实行了社会化管理,社会化管理率达100.0%。2005年,全区共有6740户,1.5万人得到最低生活保障,全年共发放保障金1313万元。

【朝阳区】朝阳区位于长春市中南部,下辖8个街道、55个社区和3个镇、25个村,以及省级开发区——长春工业经济开发区,幅员面积248平方公里,总人口693648人。区域面积广阔,土质肥沃,气候适宜,生态环境较好,人文景观独特,交通和通讯设施完备,城区环境优美,是长春市政治经济与科技文化商贸中心。

朝阳区商贸流通发达,全区拥有各类商贸企业700多户,各类餐饮企业500余户,长春百货大楼、欧亚商都、卓展购物中心、国贸中心、恒客隆、欧亚卖场等一大批商业名企和香格里拉大饭店、名门饭店、南湖宾馆等一大批星级酒店均座落在区内,形成了以重庆路、红旗街、桂林路、欧亚卖场为骨干的四大商贸流通圈和以建设街餐饮一条街、同志街文化商贸一条街、解放大路金融一条街、西安大路商务一条街为代表的特色街路,商贸流通业突飞猛进;朝阳区工业基础雄厚,以汽车配套及汽车零部件加工业为主体、以高新技术产业为特征的省级长春工业经济开发区迅速崛起,工业经济发展日趋强劲,一批投资超亿元的大项目纷纷落户;朝阳区农业自然条件优越,地势平坦,土质肥沃,盛产水稻、玉米、大豆及各种蔬菜,肉牛、奶牛、蛋鸡、梅花鹿、生猪、獭兔等养殖基地形成规模。

2005年,朝阳区生产总值实现62亿元(区属,含经济普查因素),为年计划的152.6%,按可比口径比去年同期增长14.5%,第三产业增加值实现46.5亿元,比上年同期增长123.9%;全口径工业总产值实现22亿元,为年计划的102.1%,比上年同期增长22.5%。其中规模以上工业总产值完成17亿元,为年计划的112%,比上年同期增长39%;全口径民营经济增加值实现43.4亿元,为年计划的155.4%,比上年同期增长14.8%;农业总产值实现5.25亿元,为年计划的100%,比上年同期增长5%,农业总收入实现15亿元,为年计划的100%,比上年同期增长8.7%,农民人均纯收入预计实现4500元,比上年同期增长9.7%;全口径财政收入实现16.5亿元,为年计划的133%,比上年同期增长48%。其中本级财政收入实现2.8亿元,比上年同期增长26%;批零商品贸易总额达到152亿元,城区居民人均可支配收入1万元。其中:

长春工业经济开发区有了新的发展

2005年,工业经济开发区是积极整合土地资源。强化招商引资工作,加快合资合作步伐。开发区利用现有资源,以存量换增量,以资源换项目,新引进企业23户,又与德国本特勒公司、美国阿文美驰公司等4个汽车零部件企业进行了合资合作。完成招商引资8亿元,合资合作企业累计达10户。目前,开发区内共有企业138户。其中,达产企业98户,产值亿元以上的企业7户,5000万元以上的企业4户,可实现产值20亿元,实现税收7500万元。

强化措施,实现招商引资工作新进展

在传统招商方式基础上,朝阳区努力探索市场化招商新途径,积极开展委托招商,8月份组织汽车部件、楼宇经济、商贸服务业等五支专业招商小分队,分赴13个城市进行招商宣传,布委托招商点,建立委托招商关系,签订委托招商协议14份,通过委托招商点反馈的如赛博数码、杭州余杭工业园等项目正在进一步洽谈中。做好项目包装和推介。出台了《朝阳区对外推介项目包装及闲置资源整合实施方案》,召开了"朝阳区项目包装暨资源整合现场会",绘制了展示区域内企业状况、闲置资源的经济示意图,共包装项目21个,整合资源58处,闲置资源面积120万平方米。制作了朝阳区投资指南和项目册,建立了闲置资源和对外推介项目数据库。

2005年引进内资14.2亿元(市认定指标),为年计划的101.4%;引进外资2740.4万美元,为年计划的101.5%。其中,亿元以上项目9个,5000万元以上项目9个,1000万元以上项目66个。

加快服务业发展,不断强化商圈和特色街路功能

在商圈建设上,主要围绕完善商圈功能,提升建设内涵,填补项目空白,使商圈成为服务业态全、文化品位优、硬件设施好、技术含量高,满足老百姓休闲、购物、旅游的各种消费需求场所。2005年,着重抓了"两圈五街"建设。重庆商圈引进了美国时代华纳影视公司、苏州东方集团有限公司、哈尔滨申格经贸有限公司及王府井食间隧道美食广场等企业的入驻,新世纪鸿源广场的开工建设,也为完善商圈功能、提升商圈品味营造了较好的商业氛围。红旗商圈由于时代服饰广场兼并红旗商场更名为时代百货,欧亚商都扩大了经营规模,人气更旺，商贸氛围更浓。

对建设、安达餐饮娱乐区域，着力进行了外环境的统一规划设计，现已有餐饮娱乐企业247家。投资600万元对同志街名品名店一条街进行了亮化改造，使商业氛围更加浓厚，8月27日举行了开街仪式，新引进阿满食品、大台北鞋城等11户名品名店企业入驻。到目前为止，名品名店企业已发展到71户。西安大路商务街楼宇经济发展迅速，已有近365家国内外知名企业进驻，使商务楼宇入驻率由原来的52%上升到77%。长春韩国商业街今年引进了大型百货主力店—梅陇购物有限公司。目前，韩国特色经营店发展到130余户。解放大路金融街已有9家金融机构入驻。

加强项目建设步伐，为区域经济发展服务

大项目是决定朝阳区经济提速的关键所在。2005年，在重点项目管理上，强化了考核机制，实行区级领导包保制度，处级领导和机关干部联系企业制度，定期召开联席会议制度；对重点项目实行动态化管理，建立了管理网页，登录在朝阳区网站。

2005年计划投资千万元以上新建和续建项目59个，已投资建设的33个，完成投资102780万元。其中，农业项目2个，完成投资1500万元；工业项目12个，完成投资22078万元；服务业项目14个，完成投资35640万元；房地产开发项目5个，完成投资43562万元。

强化措施，推动固定资产投资稳步增长

2005年与市政府签订了固定资产投资目标责任书，为了较好的完成固定资产投资任务，成立了固定资产投资管理领导小组；制定出台了《朝阳区固定资产投资管理办法》；与8个街道办事处、3个镇、工业经济开发区和相关部门签订了目标责任书。在管理上，实行了月报表季调度制度，并把完成情况列入朝阳区街、镇、开发区工作目标化管理千分制考核细则中。

主动服务，壮大民营经济主体地位

年初，建立了民营企业档案库，开发了软件，召开了“企业信息库工作现场会”。继续开通24小时企业服务热线电话，坚持问询服务制，开设电子邮箱，派驻服务小分队，选拔优秀中青年后备干部到重点企业挂职服务，每季度开展一次“机关干部服务企业周活动”。共受理企业咨询求助578件，走访企业162户，向企业主动问询2600余次。协调有关部门为4家民营企业融资3800万元。到2005年末共打造了26条全民创业街路，统一制作了全民创业标识牌，形成了以街路为“条”、社区为“块”的全民创业新格局，培训就业人员2000多人，新增业户700多户，开发就业岗位3500个，从业人员达到13万人，民营经济增加值实现43.4亿元。

大力调整农业产业结构，加快农村致富步伐

大力调整种植、养殖业结构，做大做强畜牧业。全面完成“1155”工程，成功培育了10个种养殖示范基地，树立了100户典型示范户和500名致富能手，输出剩余劳动力6300人。投资100万元，打抗旱机井12眼，发展蔬菜面积近50公顷。共减免农业税及其附加453万元，粮食直接补贴338万元。“三农”服务中心整合了教育、劳动及三镇在农村的服务资源，服务流程畅通，服务领域不断延伸。共举办培训班118期，培训农民13840多人次，推广了农村实用技术12项，为农民提供致富信息1200多条。

综合协调，社会事业全面发展

在集中精力抓好经济建设的同时，朝阳区更重视各项社会事业的健康发展。先后投入1.4亿元，新建维修道路574条、47万平方米。其中，新铺装巷道447条、面积达45万平方米；维修道路127条、2万平方米，全市巷道改造现场会在我区召开。修建排水(雨水、污水)管线15900延长米；投入300余万元，新建水冲公厕20座，翻建旱厕12座，维修公厕230余座次；投资50万元，修建了850座农村生态卫生厕所。城区环境得到改善，新增绿化面积5.2万平方米，人均占有绿地达到20.2平方米，绿化覆盖率提高到43.1%。

2005年社区服务大厦正式投入使用，并投资200多万元建立了社区网络中心，服务项目涉及10大类100多项。“六位一体”平台建设工作初见成效。制定了《长春市朝阳区农村居民最低生活保障暂行办法》，确定低保户504户、1088人，年人均救济金额320元，年户均救济金额695元，区财政列支专项农村低保资金35万元。投资79.7万元，完成96户灾民危房重建工作，拨付特大自然灾害资金7万元，一般自然灾害资金7万元，应急救灾资金7万元，基本保障了三镇村民的灾后生活。

与此同时，继续深化办学体制改革，建立健全社区卫生服务网络，另外，旅游、文化体育、计划生育、老龄、社会保障、残疾人、妇女儿童等各项社会事业工作也有了新的发展。

【二道区】 位于长春市区东部，东与九台市、永吉县毗邻、南与双阳区接壤、西靠伊通河与南关区、宽城区隔河相望、北与宽城区及九台市衔接。幅员面积452.02平方公里，辖6街3镇1乡，33个社区，38个村，总人口为357140人，非农人口为279069人。区内有48条专用线和数十座仓储库。公路网线纵横交错，长吉南线、长吉北线、哈大高速公路均经过二道区。全省唯一内陆港长春货运口岸座落在本区。长春龙嘉国际机场的建成启用将使二道区成为向世界展示长春的窗口，便捷的交通为二道区向内外辐射提供了良好的条件。长春二热电厂、中日友好水厂、长春市东郊煤气厂以及数十座大型货物仓储库等都座落在二道区。

一、区域经济持续健康发展

2005年二道区生产总值完成32.0538亿元，同比增长17.93%；民营经济生产总值占全区经济总量的85%；一、二、三产业增加值分别完成1.0577亿元、6.6676亿元、24.3285亿元；固定资产投资完成10亿元，同比增长284.06%；全口径财政收入完成5.7265亿元，区本级财政收入完成1.3505亿元，按可比口径分别增长13%和26%；引进内资10亿元，外资1800万美元；粮食总产量达到8700万公斤，农民人均收入达到4216元。

二、重点项目建设进展顺利

全区新建、续建项目66个，其中亿元以上项目2个，五千万元以上项目16个。完成了东北亚国际采购中心项目一期的开工建设和二期的规划论证；东泰钢材市场全部竣工；莲花山滑雪场二期工程完成了综合体育运动中心、宾馆的主体建设，新建雪道、索道各一条；吉林大路两侧拆迁5.18万平方米，新增商业面积3万平方米，东盛路口“两个北角”已完成招商任务。

三、生态农业发展成效显著

完成了雾开河下洼拦河坝等4处蓄水工程的建设，新增蓄水量55万立方米，启动了人畜安全饮用水建设工程；利用农发项目资金1292万元，完成了英俊镇小康村试点建设；发展优质水稻、奶牛饲养等特色产业，新增无公害蔬菜面积200公顷，新增种植、养殖大户64户；完成植树造林180公顷。

四、城乡改造建设步伐加快

投资2.18亿元改造了11条主干路和168条段巷道，改造面积达78.7万平方米，安装路灯2400盏；完成了605万平方米棚户区土地及地上物的评估和测算，改造开发占地面积96万平方米，完成建筑面积82万平方米；完成了东部中线公路基础工程和65公里“村村通”建设；新铺电缆管线12公里，新建通讯网络发射塔1座。

五、城市综合管理效果明显

完成了长吉南线景观绿化带建设；城区新增绿地面积6公顷，栽植树木1.2万株，绿化覆盖率达到36.94%；完成了劳动公园精品园二期改造工程，新铺园路、甬道2.03万平方米，扩增湖水容量6万立方米；大力开展创建国家环保模范城、园林城活动，工业企业排放达标率达到92%；吉林街道办事处和十个社区被市政府命名为卫生先进单位，生态环境有了较大改观。

六、服务型政府建设不断加强

完成了乡镇免征农业税综合配套改革、街道社区管理体制改革和区机关职能整合工作；继续推进政府廉政建设，集中清理了行政许可和非行政许可项目，设立了软环境建设“高压线”，查处违法违纪案件21件；“四五”普法和依法治区工作通过了省级验收，标准化乡镇司法所建成使用；政府网站正式开通，提高了政务公开工作水平，通过政府采购节省资金237万元；认真办理人大代表建议、政协委员提案179件，办复率达到100%；加大审计力度，纠正违规金额697万元；受理群众来信来访208件次，信访秩序明显好转；市长公开电话受理投诉3059件，办结率达到98%以上。

七、社会各项事业稳步推进

完成了《“十一五”规划(草案)》、《长春市二道分区规划》及其它专项规划的制定；完成了教育系统改制学校聘任制度及85中学义务和职业教育相结合的改革，市58中学、劝农山中心校教学楼交付使用；强化对食品、药品、医疗卫生的监管，取缔94家未达标业户，社区卫生服务覆盖率达到100%；新开发就业岗位9158个，安置下岗失业人员6257人，农村劳务输出1.2万人次，城镇登记失业率控制在5%以内；落实惠农政策，补贴农民资金507万元；强化了公共安全与突发事件应急机制建设，全年接种禽流感疫苗70万支，无重特大安全生产、消防安全及重大森林火灾事故的发生，刑事案件发生率下降19.5%；积极开展社会救助，预计全年发放低保金和救灾款共1340万元，完成了社会福利服务中心主体工程建设；重点规范整治了82家文化场所，区图书馆实现了全市“一卡通”管理；人口出生率控制在7.69‰以内；长春二道经济开发区和英俊“综合改革试点镇”已被省政府批准成立；第一次全国经济普查及20户区属集体企业改制等工作均已完成；全国1%人口抽样调查工作正有序进行；科技、民企、人防、老龄、残联、人民武装、民族宗教等项工作也都取得了新成绩。

【绿园区】作为长春市的一个行政区，位于长春西部，幅员面积286平方公里，下辖三镇六街和一个省级开发区，总人口580393人。

一、综合

国民经济快速发展，综合实力明显增强。初步核算，全区实现生产总值592690万元，比上年同期增长12.6%，第一产业增加值41187万元，比上年同期增长6.1%；第二产业增加值304663万元，比上年同期增长14.9%，；第三产业增加值246840万元，比上年同期增长16.3%。三次产业比重为7.0:51.4:41.6。

二、农业

全年完成农林牧渔业总产值68871万元，比上年增长5.4%。其中农业产值31686万元，比上年增长3.3%；林业产值904万元，比上年增长44.8%；牧业产值35976万元，比上年增长5.8%；农林牧渔服务业产值305万元，比上年增长8.5%。

农业生产喜获丰收，种植业结构不断优化。全年粮食播种面积6440公顷，基本与上年持平；粮食总产量达47654吨，比上年增长2.6%。其中，玉米总产量达31280吨；大豆总产量达561吨；水稻总产量达13084吨。蔬菜播种面积5397公顷，总产量172502吨。其中无公害蔬菜面积发展到4035公顷，葡萄发展到800公顷，花卉苗木发展到500公顷。

林业生产有较大发展。全区完成造林面积203公顷，栽植各类苗木86万株，完成林业产值904万元。林业工作获省先进区称号。

畜牧业发展势头良好。养殖业户数和养殖规模不断扩大，规模饲养户达797户。全年实现牧业产值38567万元，比上年同期增长8.6%，占整个农业比重的55%。肉类总产量达到37411吨，比上年增长2.5%；禽蛋产量8612吨，比上年同期减少21.8%。

三、工业、建筑业

全区实现工业增加值262032万元，比上年同期增长16.2%。规模以上工业增加值92714万元，比上年增长24%。由于多数企业实行以销定产的市场规则，生产与销售之间衔接良好。上半年产品产销率达到99.6%。

建筑业稳定发展。随着城市建设规模的扩大、棚户区的改造、道路的建设，为建筑业带来了发展商机。全年完成增加值42631万元，比上年同期增长14.5%。

四、固定资产投资

固定资产投资幅度大幅攀升。全年完成固定资产投资总额333212万元，比上年同期增长73.4%，其中，城镇固定资产投资162437万元，农村非固定资产投资170775万元。

五、城乡建设、环境保护

城乡面貌明显改观。全区围绕建设“生态园林区”这一目标，坚持以绿化美化为重点，以环境卫生管理为主线，以基础设施建设为突破口，加快城乡建设步伐，城市承载能力明显增强，乡村面貌明显改观。重点建设的绿化美化、城乡道路、标准化街路、锦江公园、巷道铺装等工程全面完成。城乡房地产开发面积达到132万平方米。

城市建设成效显著。以创建“国家卫生城”活动为契机，加快推进基础设施建设，取得显著成效。2005年，全区植树351万株，栽花草87万株，新增绿地30公顷，全区绿化覆盖率达40%，人均占有公共绿地面积达到14平方米。青年路街路绿化、春城大街绿地等工程被市里评为精品工程。新建了兴顺路、花莲路、南阳路和新竹路，完成了景阳大路延伸段地上物拆迁工作，修建改造了林芝路、皓月路南一胡同等25条巷道，改造面积2.6万平方米。完成了和平大街亮化和锦江公园二期工程建设。完成了五环高尔夫家园、同欣花园和万鑫花园3个市级物业小区建设，全区市级物业达标小区达到27个，其中名仕花园小区晋升为国家级物业达标小区。青石路、万福街等6处90余万平方米的棚户区改造工程已开工建设。长春上海城、解放花园、雁鸣湖山庄等正在加紧建设，工程进展顺利，其中长春上海城一期工程已交付使用。绿园西部新城雏形已初步显现。

镇村建设步伐加快。新建的西新镇政府办公大楼竣工并投入使用。目前,三个镇实现了柏油马路、水泥路村村通,电话村村通,小公共汽车村村通,农村城镇化建设加快,基础设施不断完善,居住环境明显改观。农村规模化经营步伐加快,其中,落位我区的长春市现代农业蔬菜示范基地项目进展顺利。水利设施建设得到加强,合心水网的王家楼拦河闸、十二米河清淤、引水涵洞等一期农业水利设施建设项目发挥了作用。

六、国内贸易、国外贸易

2005年,全区商业企业抓住"假日经济"和"会展经济"的有力时机,积极建设各类市场、拓宽服务领域,各类市场、超市、专卖店和物流配送中心等新兴业态发展迅速,繁荣活跃了商品市场。全年实现社会消费品零售额40.0亿元,比上年同期增长12.4%。

市场建设进展顺利。2005年,全区各类市场发展到67个,新建成投入运营的市场2个,新增市场占地面积2.3万平方米。大型市场开业运营,极大地促进商业街路的形成与发展,投资5000余万元,占地9万平方米,建筑面积3.5万平方米的化工油漆市场、建筑装潢市场和建筑石材市场于2005年相继开业运营。占地面积16.5万平方米,建筑面积10万平方米的长春蔬菜中心批发市场运营状态良好。由长春粮油集团投资上亿元的东北亚农产品物流中心部分开始运营,它将成为我省最大的粮油物流中心。

对外贸易平稳发展。全年实现出口额11562万美元。

七、招商引资

2005年为招商引资"项目年",通过在国内外设立委托招商机构、拓宽行会招商范围、强化引资平台建设、改善政策服务环境、组团赴外地招商等途径,扩大了我区在国内外的影响,招商引资取得了显著成效。全年共引进资金26.2亿元,引进外资2680万美元,其中开发区共引进项目42个,引进资金13.5亿元,占全区引资总额的51.5%。全区引进规模项目31个,超亿元的18项。投资5000万美元的海外实业大豆科技开发有限公司、投资2亿元的长春一元科技发展有限公司、投资2亿元移地建设的长春银龙纺织集团等大型项目相继落位开工建设。全区招商引资总量继续在城区中名列前茅。

八、财政、社会保险业

财政收入有所下降。全口径财政收入完成95634万元,比上年减少13.5%;留用收入16428万元,比上年同期减少9.1%;财政支出31112万元,比上年增长12.9%。

社会保险事业持续发展。到2005年底,全区参与社会养老保险人员达到50610人,比上年增长4.3%;收缴保险金13892万元,比上年增长2.4%;保险费支出17125万元,比上年增长4.3%。

九、科技、教育

大力实施"科教兴区"战略,成效显著,成为全省首个国家级科技进步示范区。通过积极推进科技体制改革,科技创新能力进一步加强,全年科技立项16项,投入资金663万元。

教育整体水平进一步提高。名师名校工程建设不断完善,87中学、绿园小学的续建工程和绿化工程竣工,办学条件达到了省、市一流水平。农村教育工作得到全面加强,22中学的1.5+1.5分流模式、28中学三教统筹、农科教结合的国家级课题研究等都得到了进一步发展和完善。22中学多次被评为吉林省农村办学模式改革示范校。合心镇中心校教学楼投入使用,28中学教学楼建设完成。农村办学条件的改善实现了新突破。信息化技术教育工作扎实推进,通过信息装备投入,开展教师信息教育培训,提高了信息技术教育应用水平,加快了教育信息化进程。教育质量不断提高,从课堂教学改革、教育科研等方面入手,制定相应奖励政策,开展教育质量测查,重在提高教育质量,取得显著效果。2005年荣获长春市教育科研先进区荣誉称号。全区属普通中学为8所,在校生8959人;小学41所,在校生19976人。各改制校择校生达到1831人,实现择校费收入1752万元。学龄前儿童入学率达到百分之百。

十、文化、卫生和体育

文化事业发展出现新高潮。2005年底,全区有文化站9个,文化馆1个,农村文化活动室22个,图书馆1个,图书馆藏书22000册。全年组织大型文体活动29场次,观众达3.7万人;开展社区和广场性群众文体活动95场次,参与群众5万余人。获得市级奖励13项。先后组织举办了加强未成年人思想道德建设演讲比赛、农民艺术节、全区社会事业成果展等,配合市里组织了长春市第六届农博会等大型系列文体活动,有力地促进了全区文化事业的健康发展。各种形式的文化娱乐活动遍及城乡各地。

卫生事业健康发展,城乡医疗服务水平明显增强。卫生体制改革不断深入,按照改革精神,将区防疫站一分为二,成立了区卫生监督所和疾控中心,缩减了区卫校编制,完成了区妇幼保健所撤所建院工作,这些成功改制的单位运行良好。医院基础设施不断完善,对区中医院重新进行了装修改造并更新了设备,使其成为城区就医条件最好的中医院之一。食品、医疗市场秩序进一步规范,结合"创建国家卫生城"活动,采取集中清理整顿、巡回督查等措施,加大了对食品卫生市场的管理力度,净化了食品、医疗市场秩序。疾病预防控制能力明显提高,对禽流感高危人群(养殖大户)实施了有效监测并采取了相应的应急措施。禽流感防治工作被省、市评为先进区。医疗保障体系不断完善。2005年全区卫生医疗机构发展到177个,其中医院5个,床位188张;卫生诊所163个,其中村卫生所55个。卫生技术人员达到520人。社区卫生服务机构逐步完善,已建社区卫生服务站30个。

体育事业蓬勃发展。群众性体育活动充满活力,成功举办了区直机关第二届职工运动会,组队参加了省、市体育竞赛。在全区社区中设置了9个健身房,并协调了20多万元的健身器材,新安装健身路径6条,全区健身路径达到33条。全区开展了各中学生体育达标率98%,小学生体育达标率98.5%。

十一、人口、就业与人民生活

2005年末,全区总人口达到580393人。其中,农业人口105825人。人口出生率4.11‰,人口自然增长率2.16‰。

人民生活水平不断提高。2005年,城镇人均可支配收入9500元,比上年增长12.6%,农民人均纯收入4104元,比上年增长4.6%。劳资专业统计口径年末从业人员11260人,在岗职工平均货币工资135216元。基本医疗保险制度改革稳步推进,有4687人参加了基本医疗保险。全年城区低保为75681户次,共181654人次领到了最低生活保障金,累计发放保障金776万元。

【双阳区】 长春市双阳区位于长春市区东南部,地处东经125°26′—126°00′、北纬43°16′—43°56′,东濒饮马河与永吉县隔河相望,南与磐石市为邻,西与伊通县接壤,北与南关区、二道区相连,区人民政府所在地距市中心区37公里,长清、双蒋两条公路连接长春市中心城区,龙双公路连接长春市龙家堡机场。全区幅员面积1677.4平方公里,占长春市区总面积的35.3%。全区辖1个乡、3个镇、4个街道,134个行政村,1286个村民小组,12个社区。总人口379414人。有满族、朝鲜族、回族、蒙古族、藏族等21个少数民族。双阳区石油、天然气、煤炭、石灰石、矿泉水等资源尤为丰富。现已探明煤炭工业储量达2000万吨,已勘察鉴定的矿泉水产地7处,储量1.8亿立方米。有林地面积26410公顷。森林覆盖率24.5%。水域养殖面积2086公顷。水库33座。其中:中型2座,小(一)型13座,小(二)型18座。是长春市面积最大、环境最好、资源最丰富、发展潜力最大的新城区。

一、综　合

经济运行继续保持平稳较快增长。2005年全区实现地区生产总值49.6亿元,按可比价格计算,比上年增长17.8%。其中,第一产业增加值10.0亿元,增长9.0%;第二产业增加值17.3亿元,增长24.2%;第三产业增加值22.3亿元,增长17.4%。人均生产总值13098元,增长18.1%。"十五"期间,我区生产总值年均增长10.8%。

产业结构调整取得成效。三次产业结构由2000年的26.4:34.2:39.4调整到2005年的20.2:34.9:44.9。2005年,第一产业对经济增长的贡献率为10.9%;第二产业贡献率为44.7%;第三产业贡献率为44.4%。

财政收支实现较快增长。全年完成一般预算全口径财政收入1.9亿元,比上年增长9.2%。其中,地方财政收入5830万元,增长18.2%。全年完成地方财政支出36998万元,比上年增长27.2%。

积极的就业政策效应继续显现。年末全社会从业人员达到186747人,比上年末增长18.3%。城镇创造就业岗位4350个。城镇新增就业4206人,在城镇新增就业人员中,下岗失业人员实现再就业3498人。年末尚有城镇登记失业人数1750人,登记失业率为3.6%。全区有79599名农村劳动力实现转移就业。

二、农　业

全年完成农林牧渔业总产值16.1亿元,比上年增长12.1%。粮食生产再上新台阶。2005年全区粮食总产量达到515701吨,比上年增长3.0%,其中玉米产量396076吨,增产14.7%,单产达到每公顷9113公斤,增长2.9%。

畜牧业生产平稳发展。年末大牲畜存栏数为203641头,比上年增长4.5%。其中牛199223头,比上年增长5.5%。

鹿业养殖继续保持良好的发展势头,年末鹿存栏数141539只,比上年增长12.9%,鹿发展只数连续六年保持两位数增长。

牛出栏161878头,比上年增长2.7%;生猪出栏345923头,下降11.4%;家禽出栏446.1万只,下降3.8%。肉类总产量64363吨,比上年下降12.8%;禽蛋产量38847吨,增长1.0%;牛奶产量463吨,增长48.9%;鹿茸产量66049公斤,增长6.5%。

加大农业基础设施建设的力度,农业生产条件进一步改善。全区农业机械总动力达到143478千瓦,比上年增长6.2%;主要农业机械与设备均有增加,其中大中型拖拉机263台,比上年增长20.1%;农用运输车1820辆,比上年增长23.0%;机电井2564眼,与上年持平。农田水利建设进一步加强,农田有效灌溉面积和机电排灌面积分别达到15630公顷和10380公顷;农村用电量达到4913.3万千瓦时,比上年增长9.9%。

三、工业和建筑业

全区工业经济继续保持较好发展水平。工业生产快速增长。全年全口径工业企业总产值完成46.3亿元,比上年增长6.0%,完成增加值13.6亿元,按可比价格计算,比上年增长16.8%。其中国有及集体企业工业总产值2.1亿元,占4.5%;民营企业工业总产值44.2亿元,占95.5%。

全区规模以上工业企业28户,完成产值10.6亿元,比上年增长8.4%,完成增加值3.2亿元,按可比价格计算,比上年增长12.2%。

全年生产原煤832626吨,增长6.0%;水泥产量417万吨,增长1.2%。啤酒122851吨,下降5.3%。矿泉水8400吨,增长8.5%。

全区规模以上工业企业产品销售率为102.8%,比上年提高了5.1个百分点。全区规模以上工业全年盈亏相抵后实现净利润6048万元,比上年减少6055万元,下降50.0%。

建筑业稳步发展。全年建筑业完成增加值3.7亿元,比上年增长65.2%。四级及以上资质建筑企业全年完成建筑业总产值1.1亿元。建筑施工面积9.7万平方米;竣工面积8.3万平方米。

四、固定资产投资

大力实施投资拉动战略,有力地推动了全区固定资产投资的高速增长。全年完成全社会固定资产投资25.8亿元,比上年增加14.2亿元,增长123.0%,增幅比上年提升了110.6个百分点。其中城镇固定资产投资14.0亿元,农村固定资产投资11.8亿元。从各产业投资完成情况看,第一产业完成投资1.3亿元,增长66.5%;第二产业完成投资12.4亿元,增长185.5%;第三产业完成投资12.1亿元,增长87.5%。全年新增固定资产21.3亿元。

全区计划总投资在亿元以上的2个重点项目共完成投资8.5亿元,占全部固定资产投资完成额的比重达到32.9%,对全区投资增长的贡献率高达59.9%。

民间投资增量大,增势强。全年完成民间投资22.9亿元,比上年增长379.1%。民间投资占全社会固定资产投资总额的88.5%

"十五"期间,全区全社会固定资产投资累计达到65.1亿元,相当于"九五"时期的1.9倍,年均增长27.0%。

五、贸　易

在通讯、住房、汽车、旅游等新一轮消费结构升级和假日经济效应的带动下,全区消费需求持续旺盛,消费品市场十分活跃。全年实现社会消费品零售额110660万元,比上年增长12.7%,扣除物价上涨因素,实际增长11.8%。

"十五"期间,全区累计实现社会消费品零售额458066万元,比"九五"时期增长77.5%,年均增长8.4%。

六、交通、邮电和旅游

交通运输、仓储和邮电通信业持续发展。全年交通运输、仓储和邮电通信业实现增加值7.3亿元,比上年增长20.0%。

截至2005年末,全区公路通车总里程达到2655公里,比上年增长24.1%。其中,等级公路通车里程达到805公里,比上年增长18.4%。长双烟铁路已经开工建设。

2005年,全区完成货物运输总量535万吨,比上年增长1.9%。全年完成货物周转量20910万吨公里,比上年增长

2.0%。全区共完成旅客运输量335万人,比上年增长1.5%。全年完成旅客运输周转量9896万人公里,比上年增长1.5%。“十五”期间,全区货物周转量累计完成93458万吨公里,比“九五”时期增长78.7%;客运周转量累计达到70932万人公里,比“九五”时期增长118.7%。

年末全区民用汽车拥有量达到4297辆,比上年末增加675辆,增长18.6%。其中载客汽车达到1518辆,比上年末增加348辆,增长29.7%;载货汽车达到2779辆,比上年末增加327辆,增长13.3%。

邮电通信业持续较快增长。全年邮电业务总量12634万元,比上年增长20.9%。其中邮政业务总量2083万元,比上年下降19.5%;电信业务总量10551万元,比上年增长34.2%。邮电业务收入11473万元,比上年增长35.9%。年末固定电话用户92950户,新增23296户;其中城市电话用户53848户,乡村电话用户39102户。住宅电话用户86248户,新增16594户。年末移动电话用户136300户。全区固定电话普及率达24部/百人,比上年增加7部/百人;全区移动电话普及率达36部/百人。

旅游业快速发展。全年旅游人数44.6万人次,比上年增长7.1%。旅游收入6690万元,增长6.0%。“十五”期间,全区共接待入境旅游者180万人次,旅游收入累计达到25000万元,分别比“九五”时期增长1.6倍和1.8倍。

七、金融 保险

金融市场运行平稳,服务功能不断增强。全年实现金融保险业增加值1.2亿元,比上年增长7.3%。年末全区金融机构存款余额23.4亿元,按可比口径计算,比上年末增长27.6%;金融机构贷款余额27.9亿元,比上年末增长12.0%。

2005年末,全区银行业金融机构资产总额293632万元,比上年增长5.8%。负债总额313938万元,比上年增长5.1%,所有者权益为—20306万元,比上年减少802万元。

2005年末,中国人民财产保险公司保险金额159772万元,保费收入2404万元,理赔案件2487件,赔款支出1618万元;中国人寿保险公司保险金额3200万元,保费收入3787万元,赔款支出176万元。

八、教育事业

教育事业继续发展。年末全区普通高等学校1所,在校生5901人,普通高等教育招生2390人,毕业生579人。全区成人高等教育在校生206人,招生300人,毕业生373人。各类中等职业教育在校生1057人,招生816人,毕业生166人。全区普通高中在校生5068人,招生1879人,毕业生1078人。全区普通初中在校生15112人,招生3754人,毕业生5950人。普通小学在校生19480人,招生2687人,毕业生3851人。每万人中的中、小学学生人数1073人。特殊教育在校生55人,招生10人,毕业生5人。幼儿园在园幼儿4055人。

九、文化、卫生和体育

文化事业发展较快。全区有线电视用户31550户。其中城区有线电视用户为20350户,覆盖率达到85%;农村有线电视用户11200户,覆盖率达到20%。比2000年末分别提高23和13个百分点。

评剧《三嫂》荣获第九届中、日、韩戏剧节最高奖——优秀剧目奖。

卫生事业进一步加强。加大公共卫生事业建设力度,全面建成疾病预防控制体系,基本建成突发公共卫生事件医疗救治体系。年末共有各类卫生机构348个,其中医院、卫生院19个,卫生防疫和防治机构3个,妇幼卫生保健机构1个。各类卫生机构拥有病床643张。每万人中的医院、卫生院床位数17张。共有卫生技术人员1177人,其中执业医师、执业助理医师599人,注册护师348人,卫生防疫和防治机构卫生技术人员156人,妇幼卫生机构卫生技术人员47人。乡镇卫生院13个,床位143张,卫生技术人员253人,乡村医生467人。

城区建成社区卫生服务机构4家,其中社区卫生服务中心2个,服务站2个。社区卫生服务覆盖人口10万人。

全区共有各级社会体育指导员30名,晨练点12个。全区共有体育场地305个,人均占有体育场地面积2.1平方米。

首届全民健身运动会有2540名运动员参加了21个项目的竞赛。

十、人口、人民生活和社会保障

年末全区总人口为379414人,比上年末增加960人,比2000年末增加7379人。全年出生人口4146人,出生率为10.94‰;死亡人口3604人,死亡率9.51‰;自然增长率为1.43‰,比2000年下降了1.51个千分点。其中城镇人口114523人;乡村人口264891人。

城乡居民生活水平继续得到改善。城镇在岗职工平均工资9648元。比上年增加880元,增长10.0%。城镇居民人均可支配收入6754元。根据农业部门的统计,我区2005年农村居民人均纯收入4500元(其中含转移性收入290元),比上年增长12.5%。农村居民人均住房使用面积21.17平方米,比2000年增加1.69平方米。

社会保障体系框架基本形成,覆盖范围逐步扩大。全区养老保险参保人数达到20888人,比上年增加171人,增长0.8%,其中参保职工15956人,离退休人员4932人;失业保险参保人数达到13309人,年末享受失业保险待遇失业人员为167人;参加基本医疗保险人数达到27159人,比上年增加2140人,增长8.5%;工伤保险、生育保险从无到有,参保人数分别达到15591人和13650人。

年末全区各类收养性社会福利单位共有床位1350张,收养各类人员1280人。城镇建立各种社区服务设施20个。全区销售社会福利彩票1386万元,筹集社会福利资金近53万元,直接接收社会捐赠款97万元。

截止2005年末,全区享受最低生活保障人员共有10801人。其中城镇1211人,农村9590人。

十一、环境保护

全区环境保护工作取得了实际成效。全年环境污染治理投资总额3371万元,人均环境污染治理费88.85元。工业废水排放量达标率96.4%,工业烟尘排放量达标率90.0%,城镇生活污水处理率63.8%。全区环境质量有所改善。

综合
GENERAL SURVEY

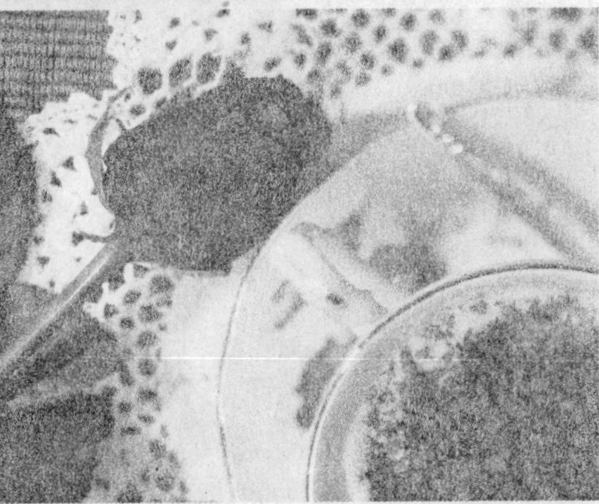

第一篇　综　　合

长春位于北半球中纬地带，欧亚大陆东岸的中国东北平原腹地，地处东经124°18′－127°02′，北纬43°05′－45°15′，市中心座落在东经125°19′，北纬43°43′。气候为中温带大陆性季风气候，素有“塞北春城”的美誉。

长春市地域辽阔，土地资源丰富，全境面积20571平方公里，其中市区面积3583平方公里。下辖南关、宽城、二道、朝阳、绿园、双阳六个城区及农安、德惠、九台、榆树四个县(市)。2005年末，全市总人口731.5万人，其中市区人口337.2万人，四县(市)人口394.3万人。

国民经济持续快速增长，综合实力明显增强。全年实现地区生产总值1508.6亿元，按可比价格计算，比上年增长8.1%。其中，第一产业增加值160.8亿元，比上年增长7.7%；第二产业增加值709.7亿元，增长7.0%；第三产业增加值638.1亿元，增长9.4%。人均地区生产总值达到20728元，比上年增长7.1%。

国民经济主要指标快速增长，各项社会事业健康发展。2005年，全市规模以上工业企业完成产值1728.9亿元，比上年下降2.8%，固定资产投资总额达到650.4亿元，比上年增长41.4%，社会消费品零售总额实现600.1亿元，比上年增长10.2%，进出口总额45.4亿美元，比上年下降14.6%，城乡人民生活质量进一步提高，城市居民人均可支配收入和农民人均纯收入分别达到10065元和4180元。

勘　　误

4－5　2005年长春市房地产面积综合表
STASISTICS ON REAL EASTAT DEVELOPMENT AREA(2005)

单位:万元、平方米　　　　unit:10000yuan,sq·m

分组指标	Item	合计 Total	住宅 House	其中:经济适用房 Economic house	别墅、高档公寓 Villa and top-grade flat	办公楼 Office	商业营业用房 Commerical house	其他 Other
房屋施工面积	Floor space under construction	8584766	6861313	1056476	483021	316306	1021939	385208
本年新开工面积	Started area	5736782	4835901	810100	240829	127538	562236	211107
房屋竣工面积	Floor space completed	3031167	2395644	525024	161387	118260	402716	115047
竣工房屋价值	Completed value	328809	241534	42630	28844	12121	63698	1 456
出租房屋面积	Areas for renting	52495	0	0	0	4970	47525	0
商品房销售面积	Sale areas of commercial houses	2800413	2517452	573298	227517	75953	169664	37344
现房销售面积	Areas of current houses	2418098	2149194	469174	153674	75248	156452	37204
期房销售面积	Areas of future houses	382315	368258	104124	73843	705	13212	140
商品房屋销售额	Sale of commercial houses	693796	588191	101632	92745	27301	69090	9214
现房销售额	Sale of current houses	584192	484388	82157	58387	27054	63566	9175
期房销售额	Sale of fucure houses	109604	103803	19475	34358	247	2206	39
空置面积	No－purchase	2402305	1442733	456483	109015	170724	610935	177913
空置1－3年面积	1 to 3 years	1346225	813581	254467	71006	85435	358686	88523
空置三年以上面积	Above 3 years	322176	160475	70991	7778	27402	119373	14926

1-1 行 政 区 划
DIVISIONS OF ADMINISTRATIVE

单位:个

		城 市 Urban area		农 村 Rural area		
		街道办事处 Street agency	社区居民委员会 Residents committee	乡政府 Township government	镇政府 Town government	村民委员会 Village committee
总 计	**Total**	**58**	**343**	**32**	**70**	**1689**
市 区	District	47	253	5	17	306
南关区	Nanguan	12	52	1	0	7
宽城区	Kuancheng	9	47	1	1	25
朝阳区	Chanyang	9	55	0	3	25
二道区	Erdao	7	47	1	3	34
绿园区	Luyuan	6	38	0	3	27
双阳区	Shuangyang	4	14	1	3	134
县(市)	County	11	36	27	53	1383
九台市	Jiutai	3	10	2	13	310
榆树市	Yushu	4	12	9	15	388
农安县	Nong'an		4	11	11	377
德惠市	Dehui	4	10	5	14	308

1. 城市:总计中社区居民委员会包括净月开发区16个,经济开发区18个,高新技术开发区11个,汽贸开发区9个。
2. 农村:总计中乡政府包括高新技术开发区1个,镇政府包括经济开发区1个,净月开发区3个,村民委员会包括净月开发区29个,经济开发区18个,高新技术开发区7个

1-2 自 然 概 况
NATURAL CONDITIONS

		单位 Unit	长春市 Changchun	榆树市 Yushu	九台市 Jiutai	农安县 Nong'an	德惠市 Dehui
一、土地资源	Land resources						
1. 国土面积	Area of territory	平方公里 sq.km	20571	4724	3375	5430	3459
2. 耕地面积	Area of cultivated land	公 顷 ha	1130795	307433	161848	300201	227977
二、水利资源	Water resources						
1. 地表水资源年径流总量	Surface water volume	亿立方米 100million cu·m	12.9	3.1	2.9	1.3	1.7
2. 地下水资源量	Ground water volume	亿立方米 100million cu·m	12.4	2.4	2.2	3.7	2.4
三、林木资源	Forest resources						
1. 森林面积	Forest area	万公顷 10000ha	23.2	3.9	6.6	5.1	2.5
2. 森林覆盖率	Forest coverage rate	%	14.27	12.5	21.53	11.83	11.48

1-3 1991-2005年长春市社会经济主要指标
MAIN INDICATORS OF SOCIETY AND ECONOMIC(1991-2005)

年份 Year	年末总人口（万人） Population (10000person)	#市区 District	从业人员（万人） Employment (10000person)	#职工 Staff and workers	地区生产总值（亿元） Gross domestic products (100million yuan)	#第一产业 Primary industry	#第二产业 Secondary industry	#第三产业 Tertiary industry
1991	642.6	213.2	313.4	134.2	129.0	31.5	50.3	47.2
1992	645.7	215.6	323.3	138.9	173.0	34.3	82.0	56.7
1993	651.0	218.8	317.5	134.8	238.5	47.1	116.1	75.3
1994	657.5	223.7	336.4	136.7	305.7	58.2	152.4	95.1
1995	667.3	270.0	345.0	133.9	365.5	72.4	164.6	128.5
1996	676.8	274.2	346.2	131.9	434.9	92.7	191.0	151.2
1997	683.8	278.8	351.2	128.7	491.2	101.9	212.3	177.0
1998	686.9	282.7	334.6	105.1	569.6	109.9	242.1	217.6
1999	691.2	286.6	350.3	102.8	683.7	117.8	288.5	277.4
2000	699.6	292.8	311.4	96.9	803.2	109.7	352.6	340.9
2001	705.1	298.0	327.4	92.7	928.9	121.2	416.3	391.4
2002	712.5	303.9	329.4	116.9	1060.8	131.1	483.7	446.0
2003	718.2	310.0	334.7	114.9	1226.7	140.4	575.4	510.9
2004	724.1	314.7	376.1	112.0	1415.6	150.6	684.7	580.4
2005	731.5	337.22	353.9	99.2	1508.6	160.8	709.7	638.1

1-3续表1 continued1

单位：亿元 unit:100million yuan

年份 Year	工业总产值 Gross industrial output value	农业总产值 Gross agricultural output value	固定资产投资总额 Investment in fixed assets	#基本建设 Capital construction	#更新改造 Innovation	建筑业总产值 Gross output value of construction
1991	177.7	46.5	29.1	13.6	7.0	13.4
1992	270.2	52.2	45.1	21.8	9.3	18.2
1993	381.4	60.9	68.8	32.2	13.2	34.2
1994	486.5	68.0	96.1	43.1	15.4	42.7
1995	487.3	144.5	108.7	47.5	21.5	51.4
1996	475.8	172.9	120.6	57.4	23.6	57.8
1997	496.4	176.8	106.0	45.5	20.1	64.1
1998	502.4	198.9	141.7	50.7	25.4	66.6
1999	596.6	200.9	194.4	70.1	35.5	78.1
2000	749.7	106.8	235.2	85.0	43.8	113.1
2001	954.7	223.9	285.0	105.4	53.0	140.3
2002	1202.1	242.1	320.5	120.3	60.7	162.4
2003	1510.2	259.2	389.6	148.0	93.1	198.7
2004	1712.7	281.5	460.0	186.0	131.8	224.8
2005	1728.9	272.9	650.4			276.4

1-3续表2 continued2

单位:亿元 unit:100million yuan

年 份 Year	全市财政收入 Government revenue	＃地方财政收入 Local government revenue	地方财政支出 Local government expenditures	金融机构存款余额 Balance of deposits of financial institutes	金融机构贷款余额 Balance of loans of financial institutes
1991	15.1	15.1	10.9	98.6	177.8
1992	17.2	17.2	12.6	122.2	210.0
1993	24.9	24.9	18.7	181.3	262.9
1994	30.2	10.2	21.6	199.6	310.0
1995	36.5	12.1	25.7	354.8	432.6
1996	45.0	17.0	29.8	465.4	534.1
1997	49.8	18.5	35.1	542.4	631.8
1998	56.5	21.9	37.7	581.2	744.9
1999	67.4	27.1	48.1	885.0	1082.2
2000	76.0	30.4	51.1	1013.2	1243.8
2001	97.4	36.3	59.0	1158.4	1344.8
2002	103.9	37.8	70.1	1403.6	1492.5
2003	134.8	46.0	85.8	1615.2	1629.6
2004	149.8	50.7	100.8	1766.3	1791.5
2005	184.8	61.0	121.7	2065.8	1893.5

1-3续表3 continued3

年 份 Year	职工工资总额(亿元) Wages (100million yuan)	在岗职工年平均工资(元) Annual average wage of employed persons (yuan)	年末储蓄存款余额(亿元) Balance of deposits at year end (100million yuan)	社会消费品零售总额(亿元) Total value of retail trade	商品零售价格指数(%) Overall retail price index	居民消费品价格总指数(%) Overall consumer price index
1991	27.7	2107	73.7	55.7	109.1	106.2
1992	33.3	2441	91.8	64.8	109.2	109.1
1993	40.4	3006	113.0	83.1	117.9	114.7
1994	57.6	4271	165.3	101.8	120.5	122.9
1995	66.3	5013	243.2	131.8	114.4	115.9
1996	83.3	6370	331.9	171.4	106.1	110.9
1997	90.8	7052	388.6	204.5	101.5	104.2
1998	84.6	7869	411.7	237.9	98.3	100.6
1999	90.0	8618	480.4	268.3	96.4	98.6
2000	95.5	9752	533.7	311.2	97.5	98.8
2001	104.6	11090	608.1	358.3	100.7	102.3
2002	123.6	12869	713.9	402.2	98.7	99.7
2003	124.4	13867	831.4	438.3	100.7	101.0
2004	139.3	15722	910.4	495.3	102.7	104.1
2005	150.3	17742	1106.7	600.1	101.3	101.7

注:"在岗职工年平均工资"中1991年-1997年为"职工年平均工资"。

Note:"Annual average wage of employed person" is "annual average wages"during 1991-1997

1-3续表4 continued4

年 份 Year	货物运输量 (万吨) Fright traffic (10000ton)	旅客发送量 (万人次) Passenger traffic (10000 person-time)	邮电业务总量 (1990年不变价格)(万元) Volume of post and telecommunication services(10000 yuan)	函件 (亿件) Letters delivered (100 million)
1991	6118	4016	18567	0.7
1992	5141	4441	26036	0.6
1993	5671	4323	37946	0.6
1994	6450	4657	51561	0.7
1995	7232	4848	53056	0.8
1996	9363	4794	107927	0.7
1997	9397	4023	139600	0.6
1998	9326	4799	200000	0.5
1999	9533	4848.4	284000	0.4
2000	8334	1937	433564.4	0.4
2001	8693	2743	316487.5	0.6
2002	10773	7668	328971.0	0.6
2003	10892	6999	356593.4	0.8
2004	11576	7631.2	365994.2	0.4
2005	9601.3	5086.6	414432.8	0.48

注:从2001年开始,将邮电业务总量改为邮电业务收入。

Note: Since 2001 post and telecommunication service changed into revenue of post and telelcommunication services

1-3续表5 continued 5

年 份 Year	外贸出口商品总额 (亿美元) Exports ($100 million)	吸收外资 Funded from abroad 签订合同项目(个) Contracts (unit)	吸收外资 Funded from abroad 签订合同金额 (亿美元) Amount of contracts signed ($100 million)	吸收外资 Funded from abroad 实际吸收外资金额(亿美元) Real amount of foreign capital absorbed ($100 million)	接待海外旅游者人数 (万人/次) Tourists overseas (10000 person-time)
1991	0.53	44	0.16	0.04	3.0
1992	1.60	202	1.80	0.30	3.9
1993	1.70	295	2.30	0.70	3.4
1994	11.3	215	5.90	0.80	3.1
1995	1.40	323	5.90	1.80	3.0
1996	1.50	127	3.10	0.70	3.3
1997	5.00	130	2.20	0.70	3.5
1998	3.70	146	2.10	2.90	3.4
1999	6.00	150	5.10	3.30	4.5
2000	7.60	161	5.10	3.60	5.5
2001	9.80	125	4.60	5.10	6.6
2002	12.70	119	4.00	6.30	7.6
2003	15.50	118	3.90	7.50	6.9
2004	8.30	132	13.20	9.00	8.3
2005	12.7	139	5.10	11.7	11.0

1－3续表6 continued 6

年 份 Year	全市科技成果(项) Major achievements in science and technology	高等学校在校学生数(万人) Students in high education(10000person)	小学在校学生数(万人) Students in primary Schools(10000person)	学龄儿童入学率(%) Enrollment rate of school－age children
1991	311	5.1	66.5	98.70
1992	116	5.3	65.2	98.80
1993	74	6.1	65.0	99.60
1994	464	6.7	67.3	100.00
1995	231	7.1	69.0	99.80
1996	427	7.4	72.0	99.89
1997	245	7.7	73.8	99.85
1998	561	8.2	72.8	99.95
1999	522	9.9	69.6	99.86
2000	468	12.9	65.2	99.70
2001	498	15.6	60.0	97.00
2002	615	19.6	55.3	98.97
2003	723	23.1	51.5	99.50
2004	637	26.1	50.5	99.90
2005	692	29.1	47.6	99.96

1－3续表7 continued 7

年 份 Year	卫生机构数(个) Health agencies		医院病床(万张) Beds in hospitals	卫生技术人员(万人) Medical technical personel(10000person)	
		#医院 Hospitals			#医生 Doctors
1991	893	274	2.2	3.5	1.4
1992	833	256	2.4	3.6	1.5
1993	827	248	2.4	3.6	1.5
1994	802	274	2.2	3.7	1.5
1995	830	303	2.4	3.8	1.6
1996	399	303	2.3	3.6	1.6
1997	642	304	2.3	3.8	1.6
1998	608	298	2.2	3.7	1.6
1999	672	294	2.4	3.7	1.6
2000	648	285	2.3	3.5	1.6
2001	660	291	2.4	3.6	1.6
2002	1498	298	2.2	3.4	1.4
2003	1554	298	2.3	3.5	1.5
2004	1642	294	2.3	3.4	1.4
2005	1659	288	2.4	3.3	1.4

1－4　1991－2005 年长春市平均水平主要指标
PER CAPITA MAIN INDICATORS(1991－2005)

年　份 Year	人均生产总值（元）Per capita Gross domestic product (yuan)	职工平均工资(元) Average wages (yuan)	城市居民人均可支配收入(元) Per capita Urban resident disposable income (yuan)	农村居民人均纯收入(元) Per capita net income of rucal resident (yuan)	每一农业人口占有耕地面积(亩) Per capita Cultivated land of rural population(ha)
1991	2003	2107	1415	663	4.2
1992	2678	2441	1713	723	4.3
1993	3636	3006	2128	929	4.2
1994	4618	4271	2756	1300	4.3
1995	5455	5013	3456	1841	4.3
1996	6472	6370	4164	2245	4.2
1997	7224	7052	4702	2280	4.2
1998	8311	6722	4751	2520	4.5
1999	9922	7406	5110	2560	4.1
2000	11550	8138	5568	2568	4.0
2001	13219	9130	6339	2785	4.1
2002	14959	10518	6963	3147	4.1
2003	17148	11310	7905	3411	4.1
2004	19629	12937	8900	3906	4.0
2005	20728	15109	10065	4180	4.0

1－4 续表 1　　continued 1

年　份 Year	每一农业人口生产粮食(公斤) Per capita grain produced of rural population (kg)	每一工业职工创造产值(万元) Per capita output value of industrial workers (10000yuan)	每一工业职工实现利税(元) Per capita pre－tax profits of industrial workers (yuan)	每万人口拥有医疗床位数(张) Bed in hospital per 10000 population owned (beds)	城市居民人均居住建筑面积(平方米) Per capita floor space of urban residents (sq.m)	农村居民人均居住面积(平方米) Per capita floor space of rural resident (sq.m)
1991	1500	2.4	2160.7	35.0	6.00	15.10
1992	1500	3.0	3542.4	37.0	6.3	15.10
1993	1600	5.0	4000.8	38.0	6.55	15.30
1994	1700	6.6	5302.4	36.0	6.78	15.10
1995	1800	5.3	5459.2	38.0	7.23	17.20
1996	1900	7.8	4886.9	36.0	7.45	20.55
1997	1600	7.6	5283.5	35.2	7.70	18.20
1998	2070	11.7	9809	35.0	8.24	10.65
1999	1895	18.1	1835.9	34.7	9.10	19.10
2000	1277	21.5	29350	32.8	9.53	18.15
2001	1561.8	27.2	35584	34.0	9.90	18.29
2002	1718.1	36.6	50975.6	31.0	21.22	18.62
2003	1569.1	43.1	55457.1	32.0	22.32	21.85
2004	1982.9	56.8	55249.2	32.0	23.90	21.40
2005	1945.4	52.2	33939.4	32.8	24.62	22

注：从 2002 年起，城市居民人均居住面积变为城市居民人均居住建筑面积。

Note: Since 2002 per capital floor space of urban resident is space of construction.

1-5 长春市国民经济主要指标占全省比重
PROPORTION OF CHANGCHUN'ECONOMIC INDICATORS TO JILIN PROVINCE

		全省 Total	长春 Changchun	长春占全省比重(%) Proportion
土地面积(万平方公里)	Land area(10000sq·km)	18.74	2.06	11.0
年末总人口(万人)	Population at year-end(10000 person)	2716.0	731.5	26.9
地区生产总值(亿元)	Gross domestic products(100millon yuan)	3614.92	1508.6	41.7
#第三产业(亿元)	Tertiary industry(100millon yuan)	1402.79	638.1	45.5
全市财政收入(亿元)	Government revenue(100millon yuan)	418.6	184.8	44.1
工业增加值(亿元)	Gross industrial added value(100millon yuan)	1361.9	558.1	41.0
全社会固定资产投资总额(亿元)	Total investment in fixed assets(100millon yuan)	1801.98	650.4	36.1
社会消费品零售总额(亿元)	Total retail trade of consumer goods(100millon yuan)	1460.81	600.1	41.1
进出口商品总额(亿美元)	Total export and import($100millon)	65.28	45.4	69.5
#出口商品总额(亿美元)	Export($100millon)	24.67	12.7	51.5
接待外国旅游人数(万人次)	Tourists overeas(10000person-time)	30.68	11.0	35.9

1-6 按当年价格计算的地区生产总值
GROSS DOMESTIC PRODUCT(AT CURRENT PRICE)

单位:万元 unit:10000yuan

		绝对额 Absolute number		构成(%) properation	
		2005	2004	2005	2004
地区生产总值	Gross domestic product	15085897	14156142	100	100
第一产业	Primary industry	1607989	1498847	10.7	10.6
第二产业	Secondary industry	7096822	6846761	47.0	48.4
第三产业	Terinary industry	6381086	5810534	42.3	41.0
国(地区)外净要素收入	Net factor income from other areas	141305	125288		
国民生产总值	Gross national income	15227202	14281430		

1－7 2005 年长春市地区生产总值构成项目
COMPOSITION OF GROSS DOMESTIC PRODUCTS(2005)

单位:万元 unit:10000yuan

		增加值 Added value	劳动者报酬 Wages	生产税净额 Net taxes on production	补贴 Subsidies	固定资产折旧 Depreciation in fired assets	营业盈余 Operation surplus
地区生产总值	Gross domestic product	15085897	6332923	3129350	104324	2875644	2747980
第一产业	Primary industry	1607989	1494458	29074		84457	
第二产业	Secondary industry	7096822	2559687	2061256	30956	1554427	921452
工业	Industry	5581126	1847353	1852934	30956	1456674	424165
建筑业	Construction	1515696	712334	208322		97753	497287
第三产业	Terinary industry	6381086	2278778	1039020	73368	1236760	1826528
农林牧渔服务业	Farming forestry animal husbandry and finshery	6967	6570	42		355	
地质勘查、水利管理业	Geological prospection and water conservancy	20447	15166	695		3435	1151
交通运输和仓储及邮电通信业	Transportation storage, post and telecommunication	1571864	351122	211794		469987	538961
交通运输和仓储业	Transportation and storage	894348	209988	124990		126896	432474
邮电通信业	Post and telecommunication services	677516	141134	86804		343091	106487
批发和零售贸易、餐饮业	Wholesale and retail trade	1933986	509360	587074	73268	171618	665934
批发和零售贸易业	Wholesale and retail trade	1694283	453614	569024	73268	155319	516326
餐饮业	Catering services	239703	55746	18050		16299	149608
金融保险业	Finance and insurance	414016	159510	72619		39740	142147
金融业	Finance	386025	127380	65714		34954	157977
保险业	Insurance	－6174	28591	4335		3113	－42213
其他	Others	34165	3539	2570		1673	26383
房地产业	Real estate	454838	42903	87417		257080	67438
房地产管理业	Real estate management	24562	15325	2841		4390	2006
房地产开发与经营业	Real estate developing and management	187393	27578	84576		9807	65432
城市居民自有住房	Urban households owned	155445				155445	
农村居民自有住房	Rural households owned	87438				87438	
社会服务业	Social services	631105	196215	58950		82689	293251
卫生、体育和社会福利业	Health care, sports and social welfare	170609	103305	3056		20933	43315
教育、文艺广播电影电视业	Education, culture, art, film and TV	582292	421868	5013	100	120985	34426
科学研究和综合技术服务业	Scientific research adn polytechical services	189025	150633	9053		15053	14286
国家机关、政党机关和社会团体	Government, party and social organization	321004	248740	1408		47358	23498
其他行业	Others	84933	73386	1899		7527	2121

1-8 2004-2005年长春市地区生产总值
GROSS DOMESTIC PRODUCT(2004-2005)

单位:万元 unit:10000yuan

		2005		2004	
		绝对额 Absolute number	比上年增长% Indices (per=100)	绝对额 Absolute number	比上年增长% Indices (per=100)
地区生产总值	Gross domestic product	15085897	8.1	14156142	13.5
第一产业	Primary industry	1607989	7.7	1498847	8.0
第二产业	Secondary industry	7096822	7.0	6846761	15.5
工业	Industry	5581126	2.5	5711363	14.7
建筑业	Construction	1515696	30.3	1135398	20.0
第三产业	Tertiary industry	6381086	9.4	5810534	13.0
农林牧渔服务业	Farming, forestry, animal husbandry and fishery	6967	3.9	6616	2.5
地质勘查业、水利管理业	Geological prospection and water conservancy	20447	8.5	18605	9.1
交通运输、仓储及邮电通信业	Transportation storage, Post and telecommunication	1571864	11.4	1449416	15.8
交通运输和仓储业	Transportation and storage	894348	8.5	829548	14.3
邮电通信业	Post and telecommunication services	677516	15.1	619868	18.6
批发和零售贸易、餐饮业	Wholesale and retail trade	1933986	7.8	1771059	12.3
批发和零售贸易业	Wholesale, retail trade and catering	1694283	–	1610535	–
餐饮业	Catering services	239703	–	160524	–
金融保险业	Finance and in surance	414016	4.3	389802	6.4
金融业	Finance	386025	–	316787	–
保险业	Insurance	-6174	–	43332	–
其他	Others	34165	–	29683	–
房地产业	Real estate	454838	7.9	411705	17.3
房地产管理业	Real estate management	24562	–	21682	–
房地产开发与经营业	Real estate developing and management	187393	–	160354	–
城镇居民自有住房	Urban households owned	155445	–	146185	–
农村居民自有住房	Rural households owned	87438	–	83484	–
社会服务业	Social services	631105	11.0	560982	12.2
卫生、体育、社会福利业	Health care, sports and social welfare	170609	8.9	154537	15.7
教育、文艺及广播电影电视业	Education, culture, art, film and TV	582292	6.0	540714	16
科学研究和综合技术服务业	Scientific research and polytechical services	189025	16.6	159920	11.5
国家机关、政党机关和社会团体	Government, party and social organization	321004	19.3	265512	11.4
其他行业	Others	84933	2.6	81666	10.8
人均生产总值(元)	Per capita GDP(yuan)	20728	7.1	19630	12.6

人口
POPULATION

第二篇　人　口

2005年,我市人口继续保持稳定增长,年末户籍人口总数为731.5万人。农业人口为410.4万人,比上年增长1.03%,非农业人口为321.1万人,比上年增长1.01%。户籍人口出生率、死亡率和自然增长率分别为9.71‰、7.29‰、2.42‰。总人口中,男性370.6万人,女性360.9万人,分别占人口总数的50.7%和49.3%。

2－1 1991－2005年全市户数与人口
POPULATION AND HOUSEHOLDS(1991－2005)

年份 Year	总户数(户) Households	总人口(人) Population (person)	按地区分 By region		按性别分 By sex		按农业、非农业分 By agriculture	
			市区 City	县(市) County	男 Male	女 Female	农业 Agriculture	非农业 Non－agriculture
1991	1614678	6426346	2132172	4294174	3285503	3140843	4063959	2362387
1992	1635082	6457351	2156034	4301317	3301260	3156091	4061351	2396000
1993	1670969	6510368	2187716	4322652	3330453	3179915	4042237	2468131
1994	1700389	6574999	2237074	4337925	3360547	3214452	4027014	2547985
1995	1729366	6672912	2699569	3973343	3405570	3267342	4054554	2618358
1996	1774578	6767781	2741731	4026050	3448350	3319431	4099379	2668402
1997	1797299	6837875	2788071	4049804	3479853	3358022	4115644	2722231
1998	1828540	6868673	2826890	4041783	3494777	3373896	4101391	2767282
1999	1887580	6912278	2866357	4045921	3516229	3396049	4100246	2812032
2000	1955634	6996354	2928250	4068104	3557370	343894	4117996	2878358
2001	2005838	7057321	2980185	4077136	3586780	3470541	4120995	2936326
2002	2047139	7125055	3039375	4085680	3624060	3500995	4122300	3002755
2003	2071834	7182348	3100132	4082216	3650591	3531757	4051808	3130540
2004	2108261	7240845	3147366	4093479	3674807	3566038	4061950	3178895
2005	2189007	7314959	3372215	3942744	3706329	3608630	4104222	3210737

2－2 2005年县(市)区户数与人口
POPULATION AND HOUSEHOLDS BY REGION (2005)

		总户数(户) Households	总人口(人) Population (person)	按性别分 By sex		按农业、非农业分 By agriculture	
				男 Male	女 Female	农业 Agriculture	非农业 Non－agriculture
总　计	Total	2189007	7314959	3706329	3608630	4104222	3210737
市辖区合计	Total district	1030691	3372215	1692714	1679501	916316	2455899
南关区	Nanguan	183386	624315	305003	319312	114517	509798
宽城区	Kuancheng	186973	566521	283639	282882	191810	374711
朝阳区	Chaoyang	207229	750471	382931	367540	78638	671833
二道区	Erdao	151343	471101	234095	237006	146422	324679
绿园区	Luyuan	182776	580393	293110	287283	105497	474896
双阳区	Shuangyang	118984	379414	193936	185478	279432	99982
县(市)合计	Total county	1158316	3942744	2013615	1929129	3187906	754838
农安县	Nong'an	319331	1124924	576190	548734	890593	234331
九台市	Jiutai	236104	754332	385768	368564	570249	184083
榆树市	Yushu	378093	1256330	641344	614986	1067235	189095
德惠市	Dehui	224788	807158	410313	396845	659829	147329

2-3 1991-2005年全市人口增减变动
BASIC STATISTICS ON POPULATION CHANGING(1991-2005)

单位:人 unit:person

年份 Year	年平均人口 Average population per year	增加 Increase		减少 Decrease	
		出生 Birth	迁入 Immigrant	死亡 Death	迁出 Emigration
1991	6402291	65774	105727	30923	91839
1992	6441848	60690	90698	31935	88285
1993	6483859	78892	119131	33521	106218
1994	6542683	79918	131550	35214	106767
1995	6623955	83252	118949	32824	87836
1996	6720346	89655	178698	34376	145431
1997	6802828	70108	110922	33726	82135
1998	6853272	51611	99196	34105	85125
1999	6890472	51275	123089	37263	104941
2000	6954316	72167	118519	38603	87096
2001	7026837.5	51263	119192	32918	85365
2002	7091188	51915	131735	32551	86590
2003	7153701.5	47149	138354	31981	94280
2004	7211596.5	64439	125259	34353	96285
2005	7277902	70680	143362	53076	121278

2-4 2005年县(市)区人口增减变动
BASIC STATISTICS ON POPULATION CHANGE BY REGION(2005)

单位:人 unit:person

		年平均人口 Average population per year	增加 Increase		减少 Decrease	
			出生 Birth	迁入 Immgrant	死亡 Death	迁出 Emigration
全市总计	**Total**	**7277902**	**70680**	**143362**	**53076**	**121278**
市辖区合计	Total district	3348798	27139	100182	23556	64466
南关区	Nanguan	657859.5	4778	31122	4903	13682
宽城区	Kuancheng	530437.5	4618	6921	4373	14368
朝阳区	Chaoyang	742805	4556	34300	4370	24732
二道区	Erdao	464586.5	4306	11714	2716	4817
绿园区	Luyuan	574175.5	4735	13265	3590	5073
双阳区	Shuangyang	378934	4146	2860	3604	1794
县(市)合计	Total county	3929104	43541	100182	29520	56812
农安县	Nong'an	1122671.5	12922	14039	8356	15749
九台市	Jiutai	757365	7036	7838	7831	13304
榆树市	Yushu	1240812	14942	11535	6162	14326
德惠市	Dehui	808255.5	8641	9768	7171	13433

2-5 2005年非农业人口增减人数
BASIC STATISTICS ON NON-AGRICULTURAL POPULATION CHANGING(2005)

单位:人　　unit:person

		全市 Total	市区 District	县(市) County(city)
一、年末非农业人口数	**Total at year-end**	**3210737**	**2455899**	**754838**
二、本年增加的非农业人口	**Increase of population this year**	**197924**	**163693**	**34231**
1.出生	Birth	22642	16420	6222
2.非农业人口迁入	Settle in	84049	64437	19612
3.农业人口转非农业人口	From agricultural population to non-agricultural	38823	37410	1413
①招生	Recruit students	23462	23462	
②招工	Recruit workers	467	465	2
③征用土地	Requisition land	6646	6646	
④投靠亲属	Run to Relative	4518	3926	552
⑤落户小城镇	Settle in small town	569	397	
⑥投资购房	Investment housing purchase	1291	644	647
⑦其他	Others	1870	1870	
4.自港、澳、台和国外迁入	Settle in from Hongkong, Macao, Taiwan and foreign	125	124	1
5.退出现役	Demobilized soldier	2534	2366	168
6.刑满释放解除劳教	Release after serving a sentence	191	157	34
7.其他	Others	49560	42779	6781
三、本年减少的非农业人口	**Decrease of population**	**166082**	**120421**	**45661**
1.死亡	Death	19401	14499	4902
2.非农业人口迁出	Emigration	90999	60136	30863
3.迁往港、澳、台和国外	To Hongkong, Macao, Taiwan and foreign	87	87	
4.服现役	Join the army	573	508	65
5.服刑及劳教	Arrest and reeducation through labour	5	3	2
6.其他	Others	55017	45188	9829

2-6 1991-2005年全市人口出生率、死亡率、自然增长率
BIRTH RATE,DEATH RATE AND NATURAL GROWTH RATE(1991-2005)

年份 Year	出生率(‰) Birth rate	死亡率(‰) Death rate	自然增长率(‰) Natural growth rate
1991	10.27	4.82	5.44
1992	9.42	4.95	4.46
1993	12.16	5.16	6.99
1994	12.21	5.38	6.83
1995	12.56	4.95	7.61
1996	13.34	5.11	8.22
1997	10.30	4.95	5.34
1998	7.53	4.97	2.55
1999	7.44	5.40	2.03
2000	10.38	5.55	4.83
2001	7.3	4.68	2.61
2002	7.32	4.59	2.73
2003	6.59	4.47	2.12
2004	8.94	4.76	4.17
2005	9.71	7.29	2.42

2-7 2005年县(市)区人口出生率、死亡率、自然增长率
BIRTH RATE,DEATH RATE AND NATURAL GROWTH RATE BY REGION(2005)

		出生率(‰) Birth rate	死亡率(‰) Death rate	自然增长率(‰) Natural growth rate
总　计	**Total**	**9.71**	**7.29**	**2.42**
市辖区合计	Total of district	8.1	7.03	1.07
南关区	Nanguan	7.26	7.45	-0.19
宽城区	Kuancheng	8.71	8.24	0.46
朝阳区	Chaoyang	6.13	5.88	0.25
二道区	Erdao	9.27	5.85	3.42
绿园区	Luyuan	8.25	6.25	1.99
双阳区	Shuangyang	10.94	9.51	1.13
九台市	Jiutai	9.29	10.34	-1.05
榆树市	Yushu	12.04	4.97	7.08
农安县	Nong'an	11.51	7.44	4.07
德惠市	Dehui	10.69	8.87	1.82

2-8 1991-2005年镇人口
POPULATION IN TOWNS(1991-2005)

年份 Year	镇数 Towns (个)	总户数 Households (户)	总人口(人) Population 合计 Total	# 非农业人口 Non-agriculture
1991	50	451556	1825360	393605
1992	70	586971	2418220	425368
1993	71	606911	2458906	454812
1994	73	625490	2517378	480921
1995	69	557599	2291863	319459
1996	71	589036	2381214	328492
1997	71	599342	2412099	334127
1998	71	609599	2407593	332771
1999	74	645686	2462254	337720
2000	74	676750	2498310	345006
2001	74	801526	2929795	355492
2002	75	822162	2965038	366485
2003	75	823632	2986758	441370
2004	75	850008	3065440	485870
2005	68	932803	3220173	476417

2-9 2005年县(市)区镇人口
POPULATION IN COUNTY(2005)

		镇数 Towns (个)	总户数 Households (户)	总人口(人) Population 合计 Total	# 非农业人口 Non-agriculture
总计	**Total**	**68**	**932803**	**3220173**	**476417**
市辖区合计	Total of district	21	237096	780417	156966
南关区	Nanguan	3	18055	59633	9015
宽城区	Kuancheng	4	50305	174192	32655
朝阳区	Chaoyang	3	31136	92882	19033
二道区	Erdao	5	56087	186829	61077
绿园区	Luyuan	3	38369	123818	27711
双阳区	Shuangyang	3	43144	143063	7475
县(市)合计	Total county	47	695707	2439756	319451
九台市	Jiutai	11	139087	494259	26319
榆树市	Yushu	15	215670	757501	45737
农安县	Nong'an	11	225752	746143	224831
德惠市	Dehui	10	115198	441853	22564

统计资料

STATISTICS

单位从业人员与劳动报酬

EMPLOYMENT AND WAGE

第三篇　单位从业人员与劳动报酬

2005 年城镇单位从业人员人数继续减少，就业结构不断变化，工资水平持续提高。截止 2005 年末，全市城镇单位从业人员数为 85.2 万人，比上年年末减少 4.7 万人，减少幅度为 5.2%。由于近几年我市城镇单位从业人员人数减少幅度一直在 2% 以内，下降 5.2% 已经算是下降幅度较大的一年了。

2005 年，全市城镇单位就业人员劳动报酬总额为 153.1 亿元，比去年同期增长 8.0%，其中国有经济单位 102.2 亿元，增长 5.3%，集体经济单位 6.4 亿元，同比减少 14.0%，其他经济单位44.6 亿元，同比增长 19.4%。按企业、事业和机关分组，单位从业人员劳动报酬分别为 96.9 亿元、44.7 亿元和 11.5 亿元，增幅分别为 4.4%、12.4% 和 24.8%。

2005 年全市城镇单位在岗职工年平均工资为 17742 元，比上年增加 2020 元，增长 12.9%。

3－1 1991－2005年全市职工工资总额
TOTAL WAGES OF STAFF AND WORKERS(1991－2005)

单位:千元 unit:1000 yuan

年 份 Year	国 有 State owned		集 体 Collective owned		其 他 Others	
	全市 Total	#市区 District	全市 Total	#市区 District	全市 Total	#市区 District
1991	1989308	1592623	763988	635517	17341	14335
1992	2435835	1978476	839918	698978	54721	47729
1993	3008869	2472131	860001	735876	167421	165027
1994	4472521	3742455	1011722	860025	276867	249663
1995	5220027	4423964	1045689	910067	364802	323990
1996	6569798	5592362	1251084	1086908	507483	451905
1997	7123101	6032678	1294877	1121163	658380	572053
1998	6574523	5616192	1040812	929690	932068	838951
1999	6871783	5828124	912084	824582	1348814	1246909
2000	7375814	6281248	960764	883329	1606900	1500715
2001	7529152	6478360	853190	792029	2074950	1920863
2002	8778127	7497443	883896	811997	2700222	2558936
2003	9191194	7846909	797041	722583	3033574	2882323
2004	10061498	8630697	773975	693387	3704129	3539419
2005	10136616	8818260	624595	540620	4273860	4039930

3－2 1991－2005全市在岗职工平均工资
AVERGE WAGE OF STAFF AND WORKERS (1991－2005)

单位:元 unit:yuan

年 份 Year	国 有 State owned		集 体 Collective owned		其 他 Others	
	全市 Total	#市区 District	全市 Total	#市区 District	全市 Total	#市区 District
1991	2259	2379	1792	1865	2147	2241
1992	2652	2836	1963	2064	2993	2949
1993	3266	3561	2299	2370	3551	3570
1994	4966	5196	2977	3088	4839	4818
1995	5478	5941	3474	3600	5305	5242
1996	6844	7498	4547	4717	7027	7079
1997	7472	8151	5076	5313	8382	8358
1998	7205	8119	4452	4883	7436	7646
1999	7866	8835	4345	4893	9009	9240
2000	8526	9807	4814	5576	10220	10438
2001	11569	13270	7005	7307	12177	12888
2002	11100	13341	5215	6345	13066	13682
2003	11802	14275	5227	6472	13786	14456
2004	13659	16866	5576	6833	14910	15800
2005	18901	21570	9563	9577	17389	18314

3-3 全市单位从业人员数

单位:人

		总计 Total	
		全市 Total	#市区 District
总计	Total	851560	691586
中央单位	Centre unit	175026	167964
省属单位	Provincial unit	106526	100046
市属单位	Unit belong to city	99193	96084
县及县以下单位	Unit below county	156515	46783
(一)农、林、牧、渔业	Farming, forestry, animal husbandry and fishery	14669	3227
1.农业	Farming	1380	539
2.林业	Forestry	1468	547
3.畜牧业	Animal husbandry	1365	626
4.渔业	Fishery	0	0
5.农、林、牧、渔服务业	Farming, forestry, animal husbandry and fishery services	10456	1515
(二)采矿业	Excavation	10812	8821
(三)制造业	Manufacturing	269187	245105
(四)电力、煤气及水的生产和供应业	Electric power, gas and water production and supply	22733	18495
(五)建筑业	Construction	49106	45519
1.房屋和土木工程建筑业	Building and civil construction	40749	37244
2.建筑安装业	Installment	5382	5303
3.建筑装饰业	Decoration	2852	2849
4.其他建筑业	Others	123	123
(六)交通运输、仓储及邮政业	Transportation, storage, post and telecommunication	37251	28597
1.铁路运输业	Railway transportation	52	52
2.公路运输业	Highway transportation	8995	4944
3.城市公共交通业	Public transport	9666	9615
4.水上运输业	Waterway	0	0
5.航空运输业	Air transportation	3680	3680
6.管道运输业	Pipeline transportation	1371	1371
7.装卸搬运和其他运输服务业	Handling and other transportation services	393	368
8.仓储业	Storage	7914	4267
9.邮政业	Post services	5180	4300
(七)信息传输、计算机服务和软件业	Information, computer service and software	16046	14709
1.电信和其他信息传输服务业	Telecommunication and other service	12857	11520
2.计算机服务业	Computer services	429	429
3.软件业	Software	2760	2760
(八)批发和零售业	Wholesale and retail trade	42625	37863
1.批发业	Wholesale	18097	15050
2.零售业	Retail trade	24528	22813
(九)住宿和餐饮业	Hotel and catering service	16933	16484
1.住宿业	Hotels	12121	11702
2.餐饮业	Catering services	4812	4782
(十)金融业	Finance	26896	20454
1.银行业	Banking	23426	17611

NUMBER OF STAFF AND WORKERS EMPLOYED

unit: person

国有 State owned		集体 Collective owned		其他 Others	
全市 Total	#市区 District	全市 Total	#市区 District	全市 Total	#市区 District
537260	**410877**	**63607**	**54894**	**250693**	**225815**
175026	167964				
106526	100046				
99193	96084				
156515	46783				
14179	2818	95	14	395	395
1255	414	9	9	116	116
1468	547				
1086	347			279	279
10370	1510	86	5		
3814	3814			6998	5007
99712	96233	37772	35700	131703	113172
12616	8667			10117	9828
26224	24172	6164	5953	16718	15394
23553	21575	5915	5712	11281	9957
2576	2502	172	167	2634	2634
26	26	73	70	2753	2753
69	69	4	4	50	50
21443	15322	1201	1150	14607	12125
				52	52
5063	3494	332	332	3600	1118
		181	130	9485	9485
3373	3373			307	307
249	249	434	434	688	688
278	253			115	115
7574	3927	2	2	338	338
4906	4026	252	252	22	22
9307	7970			6739	6739
9107	7770			3750	3750
171	171			258	258
29	29			2731	2731
13069	9323	2953	2020	26603	26520
9474	6532	1090	1023	7533	7495
3595	2791	1863	997	19070	19025
7700	7276	806	781	8427	8427
7118	6724	402	377	4601	4601
582	552	404	404	3826	3826
17280	13790	3494	544	6122	6120
15618	12753	3494	544	4314	4314

3-3续表1 continued1

		总计 Total	
		全市 Total	#市区 District
2. 证券业	Securities	1003	1003
3. 保险业	Insurance	2210	1583
4. 其他金融活动	Other finance services	257	257
(十一)房地产业	Real estate	16008	14742
其中:1. 房地产开发与经营业	Real estate developing and management	5456	5107
2. 物业管理	Realty management	8961	8729
3. 房地产中介服务	Medium services	224	224
(十二)租赁和商务服务业	Leasing and service	16066	15431
1. 租赁业	Leaseing	162	162
2. 商务服务业	Services	15904	15269
(十三)科学研究、技术服务和地质勘查业	Scientific research polytechnic services and geological prospecting	32057	29992
1. 研究与试验发展	Scientific research	10967	10967
2. 专业技术服务业	Technical services	17318	15973
3. 科技交流和推广服务业	Technical communicating and popularizing	1274	1058
4. 地质勘查业	Geological prospection	2498	1994
(十四)水利、环境和公共设施管理业	Water conservancy, environment and public services	25932	19284
1. 水利管理业	Water conservancy	5263	1966
2. 环境管理业	Environment	9520	7249
3. 公共设施管理业	Public management	11149	10069
(十五)居民服务和其他服务业	Resident service	2853	2682
1. 居民服务业	Resident services	653	482
2. 其他服务业	Other social services	2200	2200
(十六)教育	Education	123430	77491
其中:1. 初等教育	Primary education	40630	14138
2. 中等教育	Secondary education	37830	19532
3. 高等教育	Higher education	38708	38555
(十七)卫生、社会保障和社会福利业	Healthcare, social welfare	40290	27677
1. 卫生	Health care	38345	26051
2. 社会保障业	Social security	569	389
3. 社会福利业	Social welfare	1376	1237
(十八)文化、体育和娱乐业	Culture, sports and recreation services	18427	16123
1. 新闻出版业	News publishing	8514	8506
2. 广播、电影、电视和音像业	Radio, film TV music and video	3429	1976
3. 文化艺术业	Culture and art	4329	3587
4. 体育	Sports	1751	1650
5. 娱乐业	Recreation services	404	404
(十九)公共管理和社会组织	Public management and social organization	70239	48890
其中:1. 中国共产党机关	Chinese communist party	2755	2140
2. 国家机构	State organs	65636	45215
3. 人民政协和民主党派	Political consultation and democratic party	532	454
4. 群众团体、社会团体和宗教组织	Multitude organization social organization and religious organization	1293	1058
(二十)国际组织	International organizations	0	0

单位:人　unit: person

国　有 State owned		集　体 Collective owned		其　他 Others	
全　市 Total	#市　区 District	全　市 Total	#市　区 District	全　市 Total	#市　区 District
24	24			979	979
1419	794			791	789
219	219			38	38
5692	4426	311	311	10005	10005
1397	1048			4059	4059
3017	2785	309	309	5635	5635
				224	224
9424	8960	1784	1784	4858	4687
117	117			45	45
9307	8843	1784	1784	4813	4642
28487	26519	434	337	3136	3136
10438	10438	28	28	501	501
14682	13434	312	215	2324	2324
899	683	94	94	281	281
2468	1964			30	30
21344	15109	3850	3437	738	738
5144	1966	119			
5879	3902	3575	3281	66	66
10321	9241	156	156	672	672
1436	1265	841	841	576	576
543	372	12	12	98	98
893	893	829	829	478	478
121168	75229	385	385	1877	1877
40507	14015	123	123		
37026	18728	25	25	779	779
38094	37941			614	614
36920	26069	2787	1025	583	583
35398	24866	2668	906	279	279
569	389				
394	814	119	119	304	304
17444	15168	492	469	491	486
8169	8161	205	205	140	140
3392	1939	37	37		
4029	3315	168	145	132	127
1620	1519	63	63	68	68
234	234	19	19	151	151
70001	48747	238	143		
2755	2140				
65421	45095	215	120		
532	454				
1293	1058				

3－4 全市单位从业人员劳动报酬

单位：千元

		总 计 Total	
		全 市 Total	#市区 Districts
总 计	**Total**	**15311248**	**13672918**
中央单位	Centre unit	4522804	4413670
省属单位	Provincial unit	2096417	2000891
市属单位	Prefecture unit	1795812	1747577
县及县以下单位	Unit below county	1800504	733146
(一)农、林、牧、渔业	Farming, forestry, animal husbandry and fishery	115818	36289
1.农业	Farming	9116	4468
2.林业	Forestry	6669	2123
3.畜牧业	Animal husbandry	12847	8082
4.渔业	Fishery	0	0
5.农、林、牧、渔服务业	Farming, forestry, animal husbandry and fishery services	87186	21616
(二)采矿业	Excavation	143239	113021
(三)制造业	Manufacturing	4923444	4692312
(四)电力、煤气及水的生产和供应业	Electric power, gas and water production and supply	543177	495053
(五)建筑业	Construction	678196	649947
1.房屋和土木工程建筑业	Building and civil construction	549435	521662
2.建筑安装业	Installment	103632	103165
3.建筑装饰业	Decoration	23314	23305
4.其他建筑业	Others	1815	1815
(六)交通运输、仓储及邮政业	Transportation, storage, post and telecommunication	645609	581257
1.铁路运输业	Railway transportation	480	480
2.公路运输业	Highway transportation	76604	51474
3.城市公共交通业	Public transport	158333	157973
4.水上运输业	Waterway	0	0
5.航空运输业	Air transportation	180976	180976
6.管道运输业	Pipeline transportation	52089	52089
7.装卸搬运和其他运输服务业	Handling and other transportation sevices	13326	13016
8.仓储业	Storage	81551	55900
9.邮政业	Post services	82250	69349
(七)信息传输、计算机服务和软件业	Information, computer service and software	465098	435083
1.电信和其他信息传输服务业	Telecommunication and other service	408753	378738
2.计算机服务业	Computer applied and services	6114	6114
3.软件业	Software	50231	20231
(八)批发和零售业	Wholesale and retail trade	511219	453696
1.批发业	Wholesale	268714	226423
2.零售业	Retail trade	242505	227273
(九)住宿和餐饮业	Hotel and catering service	200140	196882
1.住宿业	Hotels	153847	150854
2.餐饮业	Catering services	46293	46028
(十)金融业	Finance	709657	618472
1.银行业	Banking	621982	535334

WAGES OF STAFF AND WORKERS EMPLOYED

unit: 1000yuan

国有 State owned		集体 Collective owned		其他 Others	
全市 Total	#市区 District	全市 Total	#市区 District	全市 Total	#市区 District
10215537	**8895284**	**639863**	**555770**	**4455848**	**4221864**
4522804	4413670				
2096417	2000891				
1795812	1747577				
1800504	733146		104	4785	4785
110461	31400	572	67	1528	1528
7521	2873	67			
6669	2123			3257	3257
9590	4825				
			37		
86681	21579	505		98545	68327
44694	44694		325179	2651758	2476431
1925710	1890702	345976		242129	239249
301048	255804		56161	215684	206186
405536	387600	56976	51630	166842	157344
330180	312688	52413	3849	26096	26096
73664	73220	3872	644	22353	22353
308	308	653	38	393	393
1384	1384	38	23320	226390	211862
395539	346075	23680		480	480
			1566	28756	14228
46282	35680	1566	499	157474	157474
		859			
172098	172098			8878	8878
9373	9373	17847	17847	24869	24869
11526	11216	112	112	1688	1688
77456	51805			4095	4095
78804	65903	3296	3296	150	150
280921	250906			184177	184177
277608	247593			1311445	131145
2892	2892			3222	3222
421	421			49810	49810
212076	161191	26847	20742	272296	271763
163434	121843	12305	11783	92975	92797
48642	39348	14542	8959	179321	178966
92503	89411	7357	7191	100280	100280
86875	84048	3051	2885	63921	63921
5628	5363	4306	4306	36359	36359
541210	490514	49904	9439	118543	118519
490564	444381	49904	9439	81514	81514

3-4续表1 continued1

		总计 Total	
		全市 Total	#市区 District
2. 证券业	Securities	24117	24117
3. 保险业	Insurance	54280	49643
4. 其他金融活动	Other finance services	9378	9378
(十一)房地产业	Real estate	236846	227566
其中:1. 房地产开发与经营业	Real estate developing and management	86366	83837
2. 物业管理	Realty management	114677	113759
3. 房地产中介服务	Medium services	4210	4210
(十二)租赁和商务服务业	Leasing and service	289087	284131
1. 租赁业	Leasing	2279	2279
2. 商务服务业	Services	286808	281852
(十三)科学研究、技术服务和地质勘查业	Scientific research and polytechnic services and geological prospecting	716750	699308
1. 研究与试验发展	Scientific research	292722	292722
2. 专业技术服务业	Technical services	362779	351154
3. 科技交流和推广服务业	Technical commnuication and popularzing	18683	17265
4. 地质勘查业	Geological prospection	42566	38167
(十四)水利、环境和公共设施管理业	Water conservancy, environment and public services	318354	268053
1. 水利管理业	Water conservancy	63642	33402
2. 环境管理业	Environment	104054	91566
3. 公共设施管理业	Public management	150658	143085
(十五)居民服务和其他服务业	Resident service	38855	37051
1. 居民服务业	Resident services	10255	8451
2. 其他服务业	Other social services	28600	28600
(十六)教育	Education	2339297	1800248
其中:1. 初等教育	Primary education	558527	258708
2. 中等教育	Secondary education	620543	382255
3. 高等教育	Higher education	1037766	1036023
(十七)卫生、社会保障和社会福利业	Healthcare, social security and social welfare	756859	645351
1. 卫生	Health care	725548	618036
2. 社会保障业	Social security	12383	9618
3. 社会福利业	Social welfare	18928	17697
(十八)文化、体育和娱乐业	Culture, sports and recreation services	290689	275325
1. 新闻出版业	News publishing	139173	139077
2. 广播、电影、电视和音像业	Radio, film TV music and video	46425	38145
3. 文化艺术业	Culture and art	70083	64049
4. 体育	Sports	30908	29954
5. 娱乐业	Recreation services	4100	4100
(十九)公共管理和社会组织	Public management and social organization	1388463	1163873
其中:1. 中国共产党机关	Chinese communist party	61542	55066
2. 国家机构	State organs	1285756	1070957
3. 人民政协和民主党派	Political consultation and democratic party	13499	12395
4. 群众团体、社会团体和宗教组织	Multitude organization social organization and religious organization	27436	25225
(二十)国际组织	Internationa organizations	0	0

单位:千元　unit:1000yuan

国有 State owned		集体 Collective owned		其他 Others	
全市 Total	#市区 District	全市 Total	#市区 District	全市 Total	#市区 District
774	774			23343	23343
41101	36488			13179	13155
8871	8871			507	507
88783	79503	4236	4236	143827	143827
25391	22862			60975	60975
34153	33235	4210	4210	76314	76314
				4210	4210
197970	193960	19154	19154	71963	71017
1771	1771			508	508
196199	192189	19154	19154	71455	70509
650124	632779	10498	10401	56128	56128
273543	273543	258	258	18291	18291
320497	308969	9335	9238	32947	32947
13818	12400	905	905	3960	3960
42266	37867			300	300
257177	209142	42940	40674	18237	18237
62857	33402	785			
63033	52026	40198	38717	823	823
131287	123714	1957	1957	17414	17414
25479	23675	6627	6627	6749	6749
9009	7205	84	84	1162	1162
16470	16470	6543	6543	5587	5587
2301915	1762866	5313	5313	32069	32069
555834	256015	2693	2693		
606629	380341	582	582	13332	1332
1026352	1024609			11414	11414
722872	622432	27507	16439	6480	6480
695177	598733	25970	14902	4401	4401
12383	9618				
15312	14081	1537	1537	2079	2079
277581	262343	7300	7204	5808	5778
133681	133585	3443	3443	2049	2049
46070	37790	355	355		
65948	60040	2766	2670	1369	1339
29638	28684	655	655	615	615
2244	2244	81	81	1775	1775
1383838	1160287	4625	3586		
61542	55066				
1281361	1067601	4395	3356		
13499	12395				
27436	25225				

3-5 全市在岗职工人数

单位:人

		总计 Total	
		全市 Total	#市区 District
总计	**Total**	**837435**	**677727**
中央单位	Centre unit	171082	164061
省属单位	Provincial unit	105261	98796
市属单位	Prefecture unit	98439	95330
县及县以下单位	Unit below county	155862	46309
(一)农、林、牧、渔业	Farming, forestry, animal husbandry and fishery	14580	3138
1.农业	Farming	1300	459
2.林业	Forestry	1468	547
3.畜牧业	Animal husbandry	1359	620
4.渔业	Fishery	0	0
5.农、林、牧、渔服务业	Farming, forestry, animal husbandry and fishery services	10453	1512
(二)采矿业	Excavation	10806	8815
(三)制造业	Manufacturing	263659	239590
(四)电力、煤气及水的生产和供应业	Electric power, gas and water production and supply	22661	18423
(五)建筑业	Construction	48233	44646
1.房屋和土木工程建筑业	Building and civil construction	40565	37060
2.建筑安装业	Installment	5360	5281
3.建筑装饰业	Decoration	2185	2182
4.其他建筑业	Others	123	123
(六)交通运输、仓储及邮政业	Transportation, storage, post and telecommunication	37092	28471
1.铁路运输业	Railway transportation	52	52
2.公路运输业	Highway transportation	8995	4944
3.城市公共交通业	Public traffic	9656	9605
4.水上运输业	Waterway		
5.航空运输业	Air transportation	3666	3666
6.管道运输业	Pipeline transportation	1371	1371
7.装卸搬运和其他运输服务业	Handling and other transpdtation service	393	368
8.仓储业	Storage	7904	4257
9.邮政业	Post services	5055	4208
(七)信息传输、计算机服务和软件业	Information computer service and software	15234	13897
1.电信和其他信息传输服务业	Telecommunication and other service	12062	10725
2.计算机服务业	Computer applied and services	424	424
3.软件业	Software	2748	2748
(八)批发和零售业	Wholesale and retail trade	40966	36249
1.批发业	Wholesale	17749	14702
2.零售业	Retail trade	23217	21547
(九)住宿和餐饮业	Hotel and catering service	16874	16425
1.住宿业	Hotels	12078	11659
2.餐饮业	Catering services	4796	4766
(十)金融业	Finance	26057	19619
1.银行业	Banking	22633	16818

NUMBER OF STAFF AND WORKERS

unit: person

国有 State owned		集体 Collective owned		其他 Others	
全市 Total	#市区 District	全市 Total	#市区 District	全市 Total	#市区 District
530644	**404496**	**61782**	**53094**	**245009**	**220137**
171082	164061				
105261	98796				
98439	95330				
155862	46309				
14090	2729	95	14	395	395
1175	334	9	9	116	116
1468	547				
1080	341			279	279
10367	1507	86	5		
3814	3814			6992	5001
98402	94929	36115	34044	129142	110617
12569	8620			10092	9803
26218	24166	6123	5912	15892	14568
23547	21569	5874	5671	11144	9820
2576	2502	172	167	2612	2612
26	26	73	70	2086	2086
69	69	4	4	50	50
21308	15220	1201	1150	14583	12101
				52	52
5063	3494	332	332	3600	1118
		181	130	9475	9475
3373	3373			293	293
249	249	434	434	688	688
278	253			115	115
7564	3917	2	2	338	338
4781	3934	252	252	22	22
8507	7170			6727	6727
8312	6975			3750	3750
166	166			258	258
29	29			2719	2719
12797	9080	2927	2010	25242	25159
9240	6298	1085	1018	7424	7386
3557	2782	1842	992	17818	17773
7683	7259	806	781	8385	8385
7101	6707	402	377	4575	4575
582	552	404	404	3810	3810
16483	12997	3494	544	6080	6078
14825	11960	3494	544	4314	4314

3-5续表1 continued1

		总计 Total	
		全市 Total	#市区 District
2. 证券业	Securities	994	994
3. 保险业	Insurance	2173	1550
4. 其他金融活动	Other finance services	257	257
(十一)房地产业	Real estate	15794	14539
其中:1. 房地产开发与经营业	Real estate developing and management	5366	5017
2. 物业管理	Realty management	8899	8667
3. 房地产中介服务	Medium services	179	179
(十二)租赁和商务服务业	Leasing and service	15402	14767
1. 租赁业	Leasing	142	142
2. 商务服务业	Services	15260	14625
(十三)科学研究、技术服务和地质勘查业	Scientific research and polytechnic services and geological prospecting	31057	29007
1. 研究与试验发展	Scientific research	10881	10881
2. 专业技术服务业	Technical services	16493	15163
3. 科技交流和推广服务业	Technical communication and popolarizing	1233	1017
4. 地质勘查业	Geological prospection	272	1946
(十四)水利、环境和公共设施管理业	Water conservancy, environment and public services	25819	19172
1. 水利管理业	Water conservancy	5221	1924
2. 环境管理业	Environment	9509	7239
3. 公共设施管理业	Public management	11089	10009
(十五)居民服务和其他服务业	Resident service	2844	2675
1. 居民服务业	Resident services	651	482
2. 其他服务业	Other social services	2193	2193
(十六)教育	Education	122495	76564
其中:1. 初等教育	Primary education	40602	14110
2. 中等教育	Secondary education	37573	19275
3. 高等教育	Higher education	38112	37959
(十七)卫生、社会保障和社会福利业	Healthcare, social security and social welfare	39810	27309
1. 卫生	Health care	37822	25700
2. 社会保障业	Social security	569	389
3. 社会福利业	Social welfare	1359	1220
(十八)文化、体育和娱乐业	Culture, sports and recreation services	18266	15966
1. 新闻出版业	New publishing	8461	8453
2. 广播、电影、电视和音像业	Radio, film TV music and video	3413	1960
3. 文化艺术业	Culture and art	4304	3562
4. 体育	Sports	1717	1620
5. 娱乐业	Recreation services	371	371
(十九)公共管理和社会组织	Public management and social organization	69786	48455
其中:1. 中国共产党机关	Chinese communist party	2704	2089
2. 国家机构	State organs	65265	44862
3. 人民政协和民主党派	Political consultation and democratic party	519	441
4. 群众团体、社会团体和宗教组织	Multitude organization social organization and religious organization	1275	1040
(二十)国际组织	International organizations	0	0

单位:人 unit:person

国 有 State owned		集 体 Collective owned		其 他 Others	
全 市 Total	#市 区 District	全 市 Total	#市 区 District	全 市 Total	#市 区 District
24	24			970	970
1415	794			758	756
219	219			38	38
5657	4402	308	308	9829	9829
1383	1034			3983	3983
3013	2781	306	306	5580	5580
				179	179
8874	8410	1779	1779	4749	4587
117	117			25	25
8757	8293	1779	1779	4724	4553
27752	25799	382	285	2923	2923
10365	10365	28	28	488	488
10470	12873	297	200	2126	2126
897	681	57	57	279	279
242	1916			30	30
21252	15018	3850	3437	717	717
5102	1924	119			
5878	3902	3575	3281	56	56
10272	9192	156	156	661	661
1434	1265	834	834	576	576
541	372	12	12	98	98
893	893	822	822	478	478
120464	74533	375	375	1656	1656
40489	13997	113	113		
36861	18563	25	25	687	687
37623	37470			489	489
36482	25735	2765	1011	563	563
34977	24549	2646	892	259	259
569	389				
936	797	119	119	304	304
17310	15038	490	467	466	461
8119	8111	203	203	139	139
3376	1923	37	37		
4026	3312	168	145	110	105
1588	1491	63	63	66	66
201	201	19	19	151	151
69548	48312	238	143		
2704	2089				
65050	44742	215	120		
519	441				
1275	1040				

3-6 全市在岗职工工资总额

单位:千元

		总计 Total	
		全市 Total	#市区 District
总计	**Total**	**15035071**	**13398810**
中央单位	Centre unit	4477798	4368944
省属单位	Provincial unit	2080662	1985376
市属单位	Prefecture unit	1786587	1738352
县及县以下单位	Unit below county	1791569	725588
(一)农、林、牧、渔业	Farming, forestry, animal husbandry and fishery	115456	35927
1.农业	Farming	8861	4213
2.林业	Forestry	6669	2123
3.畜牧业	Animal husbandry	12794	8029
4.渔业	Fishery	0	0
5.农、林、牧、渔服务业	Farming, forestry, animal husbandry and fishery services	87132	21562
(二)采矿业	Excavation	143116	112898
(三)制造业	Manufacturing	4756967	4525918
(四)电力、煤气及水的生产和供应业	Electric power, gas and water production and supply	542404	494280
(五)建筑业	Construction	670069	641469
1.房屋和土木工程建筑业	Building and civil construction	548579	520455
2.建筑安装业	Installment	101311	100844
3.建筑装饰业	Decoration	18364	18355
4.其他建筑业	Others	1815	1815
(六)交通运输、仓储及邮政业	Transportation, storage, post and telecommunication	644451	580295
1.铁路运输业	Railway transportation	480	480
2.公路运输业	Highway transportation	76604	51474
3.城市公共交通业	Public transport	158254	157894
4.水上运输业	Waterway	0	0
5.航空运输业	Air transportation	180809	180809
6.管道运输业	Pipeline transportation	52089	52089
7.装卸搬运和其他运输服务业	Handing and other transportation services	13326	13016
8.仓储业	Storage	81371	55720
9.邮政业	Post services	81518	68813
(七)信息传输、计算机服务和软件业	Information computer service and software	458500	428485
1.电信和其他信息传输服务业	Telecommunication and other services	402653	372638
2.计算机服务业	Computer applied and services	6078	6078
3.软件业	Software	49769	49769
(八)批发和零售业	Wholesale and retail trade	497842	440649
1.批发业	Wholesale	264456	222165
2.零售业	Retail trade	233386	218484
(九)住宿和餐饮业	Hotel and catering services	195758	192500
1.住宿业	Hotels	150123	147130
2.餐饮业	Catering services	45635	45370
(十)金融业	Finance	694580	603331
1.银行业	Banking	607367	520719

TOTAL WAGES OF STAFF AND WORKERS EMPLOYED

unit: 1000yuan

国有 State owned		集体 Collective owned		其他 Others	
全市 Total	#市区 District	全市 Total	#市区 District	全市 Total	#市区 District
10136616	**8818260**	**624595**	**540620**	**4273860**	**4039930**
4477798	4368944				
2080662	1985376				
1786587	1738352				
1791569	725588				
110099	31038	572	104	4785	4785
7266	2618	67	67	1528	1528
6669	2123				
9537	4772				3257
86627	21525	505	37		
44694	44694			98422	68204
1918321	1883336	333680	312889	2504966	2329693
300625	255381			241779	238899
405449	387513	56976	55810	207644	198146
330093	312601	52413	51279	166073	156575
73664	73220	3872	3849	23775	23775
308	308	653	644	17403	17403
1384	1384	38	38	393	393
394627	345359	23680	23320	226144	211616
				480	480
46282	35680	1566	1566	28756	14228
		859	499	157395	157395
172098	172098			8711	8711
9373	9373	17847	17847	24869	24869
11526	11216	112	112	1688	1688
77276	51625			4095	4095
78072	65367	3296	3296	150	150
274785	244770			183715	183715
271508	241493			131145	131145
2856	2856			3222	3222
421	421			49348	49348
208738	158136	26746	20688	262358	261825
160443	118852	12284	11762	91729	91551
48295	39284	14462	8926	170629	170274
92308	89216	7357	7191	96093	96093
86680	83853	3051	2885	60392	60392
5628	5363	4306	4306	35701	35701
526659	475899	49904	9439	118017	117993
475949	429766	49904	9439	81514	81514

3－6续表1 continued1

		总计 Total	
		全市 Total	#市区 District
2. 证券业	Securities	24057	24057
3. 保险业	Insurance	53778	49177
4. 其他金融活动	Other finance services	9378	9378
(十一)房地产业	Real estate	234324	225122
其中:1. 房地产开发与经营业	Real estate developing and management	85110	82581
2. 物业管理	Realty management	113878	112960
3. 房地产中介服务	Medium services	3861	3861
(十二)租赁和商务服务业	Leasing and service	282885	277929
1. 租赁业	Leasing	1946	1946
2. 商务服务业	Services	280939	275983
(十三)科学研究、技术服务和地质勘查业	Scientific research polytechnic services and gedogical prospecting	697578	680252
1. 研究与试验发展	Scientific research	291412	291412
2. 专业技术服务业	Technical services	347299	335790
3. 科技交流和推广服务业	Technical communication and popularizing	18352	16834
4. 地质勘查业	Geological prospection	40515	36116
(十四)水利、环境和公共设施管理业	Water conservancy, environment and public services	316599	266302
1. 水利管理业	Water conservancy	63171	32958
2. 环境管理业	Environment	103954	91470
3. 公共设施管理业	Public management	149447	141874
(十五)居民服务和其他服务业	Resident service	38773	36981
1. 居民服务业	Resident services	10243	8451
2. 其他服务业	Other social services	28530	28530
(十六)教育	Education	2325225	1786196
其中:1. 初等教育	Primary education	557533	257714
2. 中等教育	Secondary education	616234	389946
3. 高等教育	Higher education	1029508	1027765
(十七)卫生、社会保障和社会福利业	Healthcare, social welfare	749856	639292
1. 卫生	Health care	718689	612121
2. 社会保障业	Social security	12383	9618
3. 社会福利业	Social welfare	18784	17553
(十八)文化、体育和娱乐业	Culture, sports and recreation services	289083	273706
1. 新闻出版业	News publishing	138768	138638
2. 广播、电影、电视和音像业	Radio, film TV music and video	46019	37739
3. 文化艺术业	Culture and art	69912	63878
4. 体育	Sports	30533	29600
5. 娱乐业	Recreation services	3851	3851
(十九)公共管理和社会组织	Public management and social organization	1381639	1157278
其中:1. 中国共产党机关	Chinese communist party	60648	54172
2. 国家机构	State organs	1280263	1065693
3. 人民政协和民主党派	Political onsultation and democratic party	13204	12100
4. 群众团体、社会团体和宗教组织	Multitude organization social organization and religious organization	27294	25083
(二十)国际组织	International organizations	0	0

单位:千元　unit:1000yuan

国　有 State owned		集　体 Collective owned		其　他 Others	
全　市 Total	#市　区 District	全　市 Total	#市　区 District	全　市 Total	#市　区 District
774	774			23283	23283
41065	36488			12713	12689
8871	8871			507	507
88545	79343	4220	4220	141559	141559
25299	22770			59811	59811
34125	33207	4194	4194	75559	75559
				3861	3861
193885	189875	19106	19106	69894	68948
1771	1771			175	175
192114	188104	19106	19106	69719	68773
635926	618697	8576	8479	53076	53076
272759	272759	258	258	18395	18395
309147	297735	7703	7606	30449	30449
13805	12387	615	515	3932	3932
40215	35816			300	300
255651	207620	42940	40674	18008	18008
62413	32958	758			
63029	52026	40198	38717	727	727
130209	122636	1957	1957	17281	17281
25467	23675	6557	6557	6749	6749
8997	7205	84	84	1162	1162
16470	16470	6473	6473	5587	5587
2291419	1752390	5081	5081	28725	28725
555072	255253	2461	2461		
604165	377877	582	582	11487	11487
1019506	1017763			10002	10002
716247	616686	27309	16306	6300	6300
688696	593131	25772	14769	4221	4221
12383	9618				
15168	13937	1537	1537	2079	2079
276157	260940	7300	7170	5626	5596
133286	133190	3443	3409	2039	2039
45664	37384	355	355		
65939	60031	2766	2670	1207	1177
29273	28340	655	655	605	605
1995	1995	81	81	1775	1775
1377014	1153692	4625	3586		
60648	54172				
1275868	1062337	4395	3356		
13204	12100				
27294	25083				

3－7　全市在岗职工平均工资

单位:元

		总　计 Total	
		全　市 Total	#市区 District
总　计	**Total**	**17742**	**19536**
中央单位	Centre unit	26478	
省属单位	Provincial unit	19437	
市属单位	Prefecture unit	17561	
县及县以下单位	Unit below county	11309	
(一)农、林、牧、渔业服务	Farming, forestry, animal, husbandry and fishery	7801	
(二)采掘业	Excavation	13475	
(三)制造业	Manufacturing	17846	
(四)电力、煤气及水的生产和供应业	Electric power, gas and water production and supply	23643	
(五)建筑业	Construction	12722	
(六)交通运输、仓储及邮政业	Transportation, storage, post and telecommunication	16908	
(七)信息传输、计算机服务和软件业	Information, computer services and software	30597	
(八)批发和零售业	Wholesale and retail trade	11532	
(九)住宿和餐饮业	Hotels and catering services	11588	
(十)金融业	Finance	26326	
(十一)房地产业	Real estate	15373	
(十二)租赁和商务服务业	Leasing and services	18254	
(十三)科学研究、技术服务和地质勘查业	Scientific research polytechnic services and geological prospecting	22057	
(十四)水利、环境和公共设施管理业	Water conservancy、environment and public facilities management	11813	
(十五)居民服务和其他服务业	Resident service and other service	13895	
(十六)教育	Education	19125	
(十七)卫生、社会保障和社会福利业	Healthcare, social welfare and social security	18994	
(十八)文化、体育和娱乐业	Culture, sports and recreation services	16273	
(十九)公共管理和社会组织	Public management and social organizations	19902	
(二十)国际组织	International organizations		

AVERAGE WAGE OF STAFF AND WORKERS EMPLOYED

unit:yuan

国 有 State owned		集 体 Collective owned		其 他 Others	
全 市 Total	#市 区 District	全 市 Total	#市 区 District	全 市 Total	#市 区 District
18901	**21570**	**9563**	**9577**	**17389**	**18314**
26478	26951				
19437	19743				
17561	17622				
11309	15273				
7695	10800	4540	7429	13074	13074
10946	10946			15054	14731
19438	19870	8736	8671	19317	20951
23850	29327			23392	23776
13718	14299	9078	9184	12331	12988
18207	22329	13609	13734	15383	17589
32309	34119			28351	28351
14349	15393	8005	9003	10377	10392
11822	12079	8875	8944	11639	11639
31358	35871	14193	17193	19433	19436
16283	18595	14602	14602	14876	14876
21680	22394	10504	10504	14761	15107
22622	23630	13855	16243	18327	18327
11538	13008	11194	11862	22315	22315
17784	18745	7881	7881	11478	11478
19172	23818	13513	13513	17058	17058
19807	24196	9781	15589	12000	12000
16451	17975	14768	15288	11624	11683
19902	24048	19765	25799		

统计资料

STATISTICS

固定资产投资

INVESTMENT IN FIXED ASSETS

长春统计年鉴

CHANGCHUN STATISTICAL YEARBOOK

2006

第四篇　固定资产投资

2005年全市完成固定资产投资650.4亿元，比上年增长41.4%，其中城镇固定资产投资499.5亿元，比上年增长45.2%；房地产开发企业投资106.6亿元，比上年增长18%；农村固定资产投资40亿元，比上年增长9%；城镇私人建房投资4.3亿元，比上年下降27.1%。2005年固定资产投资比上年增加190.4亿元，相当于2001年、2003年和2004年三年增加额之和，接近2000年至2004年四年投资增加额之和。2005年固定资产呈现如下特点：

城镇及房地产开发投资中，第一产业完成投资6.1亿元，增长39.5%，所占比重为1%；第二产业完成投资261.9亿元，增长32.9%，增幅比上年低21.3个百分点，所占比重为43.2%，比重下降了4个百分点。其中：工业投资达到253亿元，增加76.4亿元，增长43.3%，增量比上年多20.7亿元。第三产业完成投资338.1亿元，增长56.5%，增幅比上年快47个百分点

房地产开发完成投资106.6亿元，增长18.0%。其中住宅完成投资84.1亿元，增长29.6%。商品房施工面积858.5平方米，增长19.7%，其中住宅施工面积686.1万平方米，增长27.2%，实际销售商品房面积289.0万平方米，增长49.1%，商品房销售额达69.4亿元，增长58.4%。

城镇及房地产开发累计到位资金669.3亿元，增长48.5%。其中上年结余资金23.6亿元，国家预算内资金28.8亿元，国内贷款79.1亿元，利用外资28.9亿元，自筹资金408.9亿元，其他资金97.9亿元。

4－1 1991－2005年全社会固定资产投资总额
TOTAL OF INVESTMENT IN FIXED ASSETS(1991～2005)

单位:万元 unit:10 000 yuan

年 份 Year	固定资产投资总额 Total	基本建设 Captial construction	更新改造 Innovation	其他投资 Others	房地产投资 Real estate	城镇私人建房 Urban private	农村集体 Rural collective	农村私人建房 Rural private
1991	290749	136076	69898	12890	29299	9271	14352	18963
1992	450808	218042	92600	18756	52877	17016	28345	23172
1993	687673	322454	131894	24978	109568	20680	53052	25047
1994	961008	430701	154463	29646	230840	26215	63305	25838
1995	1086570	474862	215382	38785	226138	26035	76430	28938
1996	1205555	573973	236484	38160	192506	32001	101995	30436
1997	1060320	454696	200814	33009	139689	38482	160878	32752
1998	1416535	507416	254283	61878	161594	59228	336181	35955
1999	1944338	701282	354519	39754	251955	63317	494290	39221
2000	2352422	850330	437508	56032	303296	74460	584810	45986
2001	2850446	1054118	529811	69078	485481	86464	572943	52551
2002	3204576	1202562	607447	75480	608399	99532	556648	54508
2003	3896440	1479758	930996	65672	777020	72022	515059	55913
2004	4599564	1860133	1317651	93188	903503	57896	307072	60121
2005	6504218	4994859 (城镇固定资产投资)			1066262	43097	400000 (农村固定资产投资)	

注:1.2005年固定资产投资总额中城镇固定资产投资包括以前年度的基本建设、更新改造、其他投资;农村固定资产投资包括以前年度的农村集体、农村私人建房投资。

1. Urban fixed assets investment includes capital construction, innovation, other investment, and rural fixed assets investment contains rural colletive, rural private house construction investment in prior years.

4－2　2005年长春市城镇和房地产投资完成情况
MAIN INDICATORS OF CAPITAL CONSTRUCTION AND REAL ESTATE INVESTMENT

单位:万元、平方米　　unit:10000yuan,sq·m

分组指标	Item	总计(按隶属关系分) Total	中央 Center	省 Province	市 City	县 County	其他 Others
计划总投资	Total	15845780	4096610	762296	3751802	1170374	6064698
本年计划投资	Planned investment	8458119	1817945	454142	1918185	587158	3680689
本年完成投资	Completed investment	6061121	1221318	403967	1242227	541666	2651943
其中:住宅投资	House	959300	29178	60223	79811	53883	736205
本年完成投资按登记注册类型分	Grouped by register						
内资	Domestic funds	4969266	874113	377866	1235318	529716	1952253
国有	State owned	2242076	630498	291163	902487	342721	75207
集体	Collective owned	104662	0	867	33240	12671	57884
股份合作	Cooperative	57300	3971	0	4438	0	48891
联营	Joint owned	848	0	0	248	0	600
国有联营	State joint	248	0	0	248	0	0
集体联营	Collective joint	600	0	0	0	0	600
国有与集体联营	State collective joint						
其他联营	Other joint	0	0				
有限责任公司	Limited liability company	1479064	142655	35420	158363	45957	1096669
国有独资公司	State owned soley	126311	39987	16150	62247	6900	1000
其他有限责任公司	Others	1352753	102668	19270	96089	39057	1095669
股份有限公司	Share holding	583144	96989	50416	136542	115847	183350
私营	Private	432152	0	0	0	0	432152
其他内资	Other domestic	70020	0	0	0	12520	57500
港澳台投资	Funded from Hongkong, Macao and Taiwan	339888	0	23800	3762	11950	300376
港澳台合作经营	Cooperative	161473	0	0	3762	11000	146711
港澳台合资经营	Joint Venture						
港澳台独资	Sole funds	176422	0	23800	0	950	151672
港澳台股份有限公司	Share holding	1993	0	0	0	0	1993
外商投资	Foreign funded	744664	347205	2301	3147	0	392011
外商合资经营	Joint venture	578672	347205	1300	3147	0	227020
外商合作经营	Cooperative	3964	0	0	0	0	3964
外商独资	Sole funds	162028	0	1001	0	0	161027
外商股份有限公司	Share holding						
个体经营	Private	7303	0	0	0	0	7303
个体户	Individuals	7303	0	0	0	0	7303
个人合伙	Cooperation						

4－2续表1 continued1 单位:万元、平方米 unit:10000yuan,sq·m

分组指标	Item	总计(按隶属关系分) Total	中央 Center	省 Province	市 City	县 County	其他 Others
本年完成投资按国民经济行业划分	Grouped by sector						
(一)农、林、牧、渔业	Agriculture	61478	0	0	38213	2015	21250
(二)采矿业	Mining and quarrying	12554	3971	0	0	7983	600
(三)制造业	Manufacture	2294941	775280	56874	201621	10079	
(四)电力、燃气及水的生产和供应业	Electric power, gas and water production and supply	222901	102585	3000	89530	2147	25639
(五)建筑业	Construction	88127	0	0	50	60100	27977
(六)交通运输、仓储和邮政业	Transport, storage, post and telecommunication	424499	180701	5100	143669	84979	10050
(七)信息传输、计算机服务和软件业	Information transmission, computer services and software	91240	15884	40891	15859	0	18606
(八)批发和零售业	Wholesale and retail trade	231026	1700	12810	51645	44274	120597
(九)住宿和餐饮业	Hotels and catering	49804	0	7000	0	0	42804
(十)金融业	Finance	34020	2560	12506	1740	0	17214
(十一)房地产业	Real estate	1067082	0	0	0	820	0
(十二)租赁和商务服务业	Leasing and business services	82047	0	5508	2100	1449	72990
(十三)科学研究、技术服务和地质勘查业	Science technical services and geological prospecting	68112	13956	34395	1715	0	18046
(十四)水利、环境和公共设施管理业	Conservancy, environment and public utilities management	706718	0	18414	496807	157954	33543
(十五)居民服务和其他服务业	Resident services and others	28448	0	0	5342	0	23106
(十六)教育	Education	264568	74006	94787	28253	16768	50754
(十七)卫生、社会保障和社会福利业	Health care, securities and social welfare	58745	16100	20224	10713	1500	10208
(十八)文化、体育和娱乐业	Culture sport and arts	87341	17445	10370	6495	1002	52029
(十九)公共管理和社会组织	Government and social organization	187470	6114	17252	92175	45557	26372
(二十)国际组织	International organization	0	0	0	0	0	0
本年新增固定资产	Newly increased	3979387	414216	289666	1125074	424631	1725800
本年施工房屋面积	Floor space under construction	19936940	1957029	1193597	2057420	1561244	4582884
其中:住宅	House	8685994	615801	114502	176810	744502	173066
本年竣工房屋面积	Floor space completed	9980118	790424	776575	1113655	1235491	3033570
其中:住宅	House	3471952	275236	24502	92717	545287	138566
本年资金来源合计	Total funds sources	6693280	1360991	459329	1324576	507573	3040811
上年末结余资金	Balance of cost year	236043	67397	37588	24774	920	105364
本年资金来源小计	Subtotal of sources	6457237	1293594	421741	1299802	506653	2935447
国家预算内资金	National budgetary funds	287894	98836	12374	64262	78655	33767
国内贷款	Domestic loans	791493	58666	45700	419839	23190	244098
债券	Bond	21330	20000	0	1230	100	0
利用外资	Usage of foreign funds	289340	0	25100	16360	950	246930
其中:外商直接投资	Direct foreign investment	252064	0	23800	11300	950	216014
自筹资金	Fund raising	4088454	1077073	285654	681540	335809	1708378
企事业单位自有资金	Own funds	3725932	1072562	244173	543992	288654	1576551
其他资金来源	Other sources	978726	39019	52913	116571	67949	702274

4－3 2005年长春市城镇投资完成情况
BASIC CONDITIONS OF URBAN INVESTMENT COMPLETED OF CHANGCHUN (2005)

单位:万元、平方米 unit:10000yuan,sq·m

分组指标	Item	总计(按隶属关系分) Total	中央 Center	省 Province	市 City	县 County	其他 Others
计划总投资	Total	12416895	4055701	600150	3554089	1149374	3057581
本年计划投资	Planned investment	6748929	1793180	367905	1840004	572727	2175113
本年完成投资	Completed investment	4994859	1210302	339131	1185927	527345	1732154
其中:住宅投资	House	117940	19418	7858	26116	42952	21596
本年完成投资按登记注册类型分	Grouped by ownership						
内资	Domestic funds	4062083	863097	313030	1179018	515395	1191543
国有	State owned	2147596	630438	248117	864934	328900	75207
集体	Collective owned	104662	0	867	33240	12671	57884
股份合作	Cooperative	57300	3971	0	4438	0	48891
联营	Joint owned	848	0	0	248	0	600
国有联营	State joint	248	0	0	248	0	0
集体联营	Collective joint	600	0	0	0	0	600
国有与集体联营	State and collective joint						
其他联营	Other joint						
有限责任公司	Company limited	840734	131699	13630	144416	45457	505532
国有独资公司	State owned	121326	39987	13500	59939	6900	1000
其他有限责任公司	Others	719408	91712	130	84477	38557	504532
股份有限公司	Share holding	554952	96989	50416	131742	115847	159958
私营	Private	285971	0	0	0	0	285971
其他内资	Other domestic	70020	0	0	0	12520	57500
港澳台投资	Funded from Hongkong, Macao and Taiwan	203921	0	23800	3762	11950	164409
港澳台合作经营	Joint venture	100241	0	0	3762	11000	85479
港澳台合资经营	Joint venture	0	0	0	0	0	0
港澳台独资	Funded from HongKong, Macao and Taiwan	101687	0	23800	0	950	76937
港澳台股份有限公司	Share holding	1993	0	0	0	0	1993
外商投资	Foreign investment	721552	347205	2301	3147	0	368899
外商合资经营	Joint venture	557838	347205	1300	3147	0	206186
外商合作经营	Cooperation	3964	0	0	0	0	3964
外商独资	Sole investment	159750	0	1001	0	0	158749
外商股份有限公司	Share holding	0	0	0	0	0	0
个体经营	Private	7303	0	0	0	0	7303
个体户	Individuals	7303	0	0	0	0	7303
个人合伙	Cooperation	0	0	0	0	0	0

4－3续表1　continued1　　　　　　　　　　　　　　单位:万元、平方米　unit:10000yuan,sq.m

分组指标	Item	总计（按隶属关系分）Total	中央 Center	省 Province	市 City	县 County	其他 Others
本年完成投资按国民经济行业划分	Grouped by sector						
(一)农、林、牧、渔业	Agriculture,forest,animal husbandry and fishery	61478	0	0	38213	2015	21250
(二)采矿业	Mining and quarrying	12554	3971	0	0	7983	600
(三)制造业	Manufacture	2294941	775280	56874	201621	100797	1160369
(四)电力、燃气及水的生产和供应业	Electric power gas and water production and supply	222901	102585	3000	89530	2147	25639
(五)建筑业	Construction	88127	0	0	50	60100	27977
(六)交通运输、仓储和邮政业	Transport, storage post and telecommunication	424499	180701	5100	143669	84979	10050
(七)信息传输、计算机服务和软件业	Information transmission,computer services and softwore	91240	15884	40891	15859	0	18606
(八)批发和零售业	Wholesale and retail trade	231026	1700	12810	51645	44274	120597
(九)住宿和餐饮业	Hotels and catering	49804	0	7000	0	0	42804
(十)金融业	Finance	34020	2560	12506	1740	0	17214
(十一)房地产业	Real estate	820	0	0	0	820	0
(十二)租赁和商务服务业	Leasing and business services	82047	0	5508	2100	1449	72990
(十三)科学研究、技术服务和地质勘查业	Science technical services and geological prospecting	68112	13956	34395	1715	0	18046
(十四)水利、环境和公共设施管理业	Conservancy environment and public utilities management	706718	0	18414	496807	157954	33543
(十五)居民服务和其他服务业	Resident services and others	28448	0	0	5342	0	23106
(十六)教育	Education	264568	74006	94787	28253	16768	50754
(十七)卫生、社会保障和社会福利业	Health care security and social welfare	58745	16100	20224	10713	1500	10208
(十八)文化、体育和娱乐业	Culture sport and arts	87341	17445	10370	6495	1002	52029
(十九)公共管理和社会组织	Public and social organization	187470	6114	17252	92175	45557	26372
(二十)国际组织	Public management	0	0	0	0	0	0
本年新增固定资产	Newly increased fixed assets	3571668	410216	283849	1084933	424241	1368429
本年施工房屋面积	Floor space under contruction	11352174	1957029	1193597	2057420	1561244	4582884
其中:住宅	House	1824681	615801	114502	176810	744502	173066
本年竣工房屋面积	Floor space under construction	6949715	790424	776575	1113655	1235491	3033570
其中:住宅	House	1076308	275236	24502	92717	545287	138566
本年资金来源合计	Total fund resoures	5501638	1331845	393847	1272900	494252	2008794
上年末结余资金	Balanle of last year	158102	62907	36779	19843	920	37653
本年资金来源小计	Subtotal fund nesourles	5343536	1268938	357068	1253057	493332	1971141
国家预算内资金	National budgetary funds	287894	98836	12374	64262	78655	33767
国内贷款	Domestic loan	723961	58666	45700	419839	23190	176566
债券	Bond	21330	20000	0	1230	100	0
利用外资	Usage of foreign funds	261684	0	24600	16360	950	219774
其中:外商直接投资	Direct foreign investment	249831	0	23800	11300	950	213781
自筹资金	Fund raising	3725888	1074082	246067	646428	332088	1427223
企事业单位自有资金	Own fund	3540968	1069571	240686	517665	285823	1427223
其他资金来源	Other resources	322779	17354	28327	104938	58349	113811

4-4 2005年长春市房地产开发投资完成情况
BASIC CONDITIONS OF REAL ESTATE DEVELOPMENT COMPLETED(2005)

单位:万元、平方米 unit:10000yuan,sq·m

分组指标	Item	总计(按隶属关系分) Total	中央 Center	省 Province	市 City	县 County	其他 Others
计划总投资	Total	3428885	40909	162146	197713	21000	3007117
本年计划投资	Planned investment	1709190	24765	86237	78181	14431	1505576
本年完成投资	Completed investment	1066262	11016	64836	56300	14321	919789
其中:商品房建设投资额	Commercial housing	788494	11016	53006	33791	14131	676550
其中:土地开发投资额	Land developing	4353	0	0	30	0	4323
其中:配套工程投资	Auxiliary project	20764	0	5427	0	140	15197
其中:国有经济控股	State-own economic proprietary	152884	11016	64836	56300	13821	6911
本年完成投资按登记注册类型分	Grouped by register						
内资	Domestic funds	907183	11016	64836	56300	14321	760710
国有	State owned	94480	60	43046	37553	13821	0
集体	Collective owned	0	0	0	0	0	0
股份合作	Cooperative	0	0	0	0	0	0
联营	Joint owned	0	0	0	0	0	0
国有联营	State joint	0	0	0	0	0	0
集体联营	Collective joint	0	0	0	0	0	0
国有与集体联营	State and collective joint	0	0	0	0	0	0
其他联营	Other joint	0	0	0	0	0	0
有限责任公司	Limited liability company	638330	10956	21790	13947	500	591137
国有独资公司	State owned solely	4985	0	2650	2335	0	0
其他有限责任公司	Others	633345	10956	19140	11612	500	591137
股份有限公司	Share holding	28192	0	0	4800	0	23392
私营	Private	146181	0	0	0	0	146181
其他内资	Other domestic	0	0	0	0	0	0
港澳台投资	Funded from Hongkong, Macao and Taiwan	135967	0	0	0	0	135967
港澳台合作经营	Cooperative	61232	0	0	0	0	61232
港澳台合资经营	Joint venture	0	0	0	0	0	0
港澳台独资	Sole tunds	74735	0	0	0	0	74735
港澳台股份有限公司	Share holding	0	0	0	0	0	0
外商投资	Foreign investment	23112	0	0	0	0	23112
外商合资经营	Joint venture	20834	0	0	0	0	20834

4-4 续表 1 continued1

单位:万元、平方米 unit:10000yuan,sq·m

分组指标	Item	总计(按隶属关系分) Total	中央 Center	省 Province	市 City	县 County	其他 Others
外商合作经营	Cooperative	0	0	0	0	0	0
外商独资	Sole investment	2278	0	0	0	0	2278
外商股份有限公司	Share holding	0	0	0	0	0	0
个体经营	Private	0	0	0	0	0	0
个体户	Individuals	0	0	0	0	0	0
个人合伙	Cooperative	0	0	0	0	0	0
本年完成投资按工程用途划分	Group by purpose						
住宅投资	House in vestment	841360	9760	52365	53695	10931	714609
其中:普通住房	Common houses	188368	0	12115	770	0	175483
其中:经济适用房	Economical houses	132152	3139	19140	9785	0	100088
其中:别墅、高档公寓	Villa and top-grade flat	75737	0	0	0	0	75737
办公楼	Office buildings	46257	20	0	0	2090	44147
商业营业用房	Buniness houses	124365	526	6350	1831	800	114858
其他	Others	54280	710	6121	774	500	46175
本年新增固定资产	Newly increases fixed assets	407719	4000	5817	40141	390	357371
本年资金来源合计	Total funds sources	1191642	29146	65482	51676	13321	1032017
上年末结余资金	Balance of last year	77941	4490	809	4931	0	67711
本年资金来源小计	Subtotal fund sources	1113701	24656	64673	46745	13321	964306
国家预算内资金	National albudgetary funds	0	0	0	0	0	0
国内贷款	Domestic loans	67532	0	0	0	0	67532
其中:设备、器材款	Equipment and apliances	67282	0	0	0	0	67282
非银行金融机构贷款	Non-financial institution loans	250	0	0	0	0	250
债券	Bond	0	0	0	0	0	0
利用外资	Usage of foreign funds	27656	0	500	0	0	27156
其中:外商直接投资	Direct foreign investment	2233	0	0	0	0	2233
自筹资金	Fund raising	362566	2991	39587	35112	3721	281155
企事业单位自有资金	Own funds	184964	2991	3487	26327	2831	149328
其他资金来源	Other sources	655947	21665	24586	11633	9600	588463
其中:定金及预付款	Subscription and advanced payment	484279	15243	3316	6211	0	459509
个人按揭贷款	Personal mortgage loans	69539	0	420	4622	0	64497

4-5 2005年长春市房地产面积综合表
STASISTICS ON REAL EASTAT DEVELOPMENT AREA(2005)

单位:万元、平方米　　　　unit:10000yuan,sq·m

分组指标	Item	合计 Total	住宅 House	其中:经济适用房 Economic house	别墅、高档公寓 Villa and top-grade flat	办公楼 Office	商业营业用房 Commerical house	其他 Other
房屋施工面积	Floor space under construction	8584766	6861313	1056476	483021	316306	1021939	385208
本年新开工面积	Started area	5736782	4835901	810100	240829	127538	562236	211107
房屋竣工面积	Floor space completed	3030403	2395644	525024	161387	118260	402716	115047
竣工房屋价值	Completed value	328809	241534	42630	28844	12121	63698	11456
出租房屋面积	Areas for renting	52495	0	0	0	4970	47525	0
商品房销售面积	Sale areas of commercial houses	2890313	2517452	573198	227517	75953	169700	37344
现房销售面积	Areas of current houses	2507998	2149094	469074	153674	75248	156452	37204
期房销售面积	Areas of future houses	382315	368258	104124	73843	705	13212	140
商品房屋销售额	Sale of commercial houses	693796	588191	101632	92745	27301	69090	9214
现房销售额	Sale of current houses	584192	484388	82157	58387	27054	63566	9175
期房销售额	Sale of fucure houses	109604	103803	19475	34358	247	2206	39
空置面积	No-purchase	2402305	1442733	456483	109015	170724	610935	177913
空置1-3年面积	1 to 3 years	1346225	813581	254467	71006	85435	358686	88523
空置三年以上面积	Above 3 years	322176	160475	70991	7778	27402	119373	14926

统计资料

STATISTICS

能源消费与库存

GONSUMPTION AND STORAGE OF ENERGY

长春统计年鉴

CHANGCHUN STATISTICAL YEARBOOK

2006

5－1 工业企业水消费
WATER CONSUMPTION OF INDUSTRIAL ENTERPRISES

指　　标	Item	数量(立方米) Amount	金额(千元) Sum
取水总量	Total	72621289	236871.53
1. 地表水	Surface water	10224140	13864.03
2. 地下水	Ground water	18171187	34764.27
3. 自来水	Tap water	45968211	190253.23
4. 管道供应的未经达标处理的水	Underproof water treated by pipeline	180648	849.00
5. 中水	Reclaimedwater	1304069	
6. 海水	Sea water		
7. 其他水	Other water	5034	
重复用水	Reuse water	23339666	34569.00

5-2 工业企业能源购进、消费及库存(2005)

能源名称 Item		计量单位 unit	工业生产消费量 Productive consupmption	加工转换投入合计 Total input of process
原　煤	Coal	吨 ton	10061586	8495203
洗精煤	Fine coal washing	吨 ton	1000947	1000000
其他洗煤	Other coal washing	吨 ton	240062	1098
型　煤	Briquetle	吨 ton	4637	3387
焦　炭	Coke	吨 ton	24446	
其他焦化产品	Other coke products	吨 ton		
焦炉煤气	Coal gas	万立方米 10000cu.m	12455.00	
高炉煤气	Blast furnace gas	万立方米 10000cu.m		
其他煤气	Other gas	万立方米 10000cu.m	15.00	
天然气	Natural gas	万立方米 10000cu.m	7597.30	1036.00
液化天然气	Liquefied natural gas	吨 ton		
原　油	Crude oil	吨 ton	103063	103063
汽　油	Gasline	吨 ton	4961	
煤　油	Kerosene	吨 ton	148	
柴　油	Diesel oil	吨 ton	11702	5496
燃料油	Fuel oil	吨 ton	5	
液化石油气	Liquefied petroleum gas	吨 ton	5	
炼厂干气	Coking gas	吨 ton	3885	
其他石油制品	Other oil products	吨 ton		
热　力	Heat	百万千焦 l million kilo-joule	565665.76	
电　力	Electricity	万千瓦时 10000kwh	136925.21	
其他燃料	Other fuel	吨标准煤 tonSCE	10261	
能源合计	Total of energy	吨标准煤 tonSCE	8553788.98	6933994.95

ENERGE PURCHASE CONSUMPTION AND INVENORY OF INDUSTRY ENTERPRISES

火力发电 Stream electric power generation	供热 Heat supply	原煤入洗 Coal washing	炼焦 Coking plant	炼油 Oil refining	制气 Gas making	天然气液化 Natural gas liquefaction	加工型煤 Briquetle processing	能源加工转换产出 Output of energy process
5650800	2707503	84400					52500	
					1000000			9200
	1098							
	3387							66454
								709506
								26920.00
641.00	395.00							
				103063				
								34058
4438	1058							38730
								9998
								3885
								2887
								38812591.50
								885223.00
3900437.31	1888534.17	60286.92		147235.80	900000.00		37500.75	2617852.09

5-2续表1

能源名称 Item		计量单位 Unit	年初库存量 Inventory	购进量 Purchase	
				实物量 Physical quality	金额(千元) Sum
原　煤	Coal	吨 ton	1150692	12004368	3932780.59
洗精煤	Fine coal washing	吨 ton	3184	1013956	768733.00
其他洗煤	Other coal washing	吨 ton	45020	204867	81765.32
型　煤	Briquette	吨 ton	96	32372	7657.39
焦　炭	Coke	吨 ton	8846	21001	28158.00
其他焦化产品	Other coke products	吨 ton			
焦炉煤气	Coal gas	万立方米 10000cu.m		57.00	169.00
高炉煤气	Blast funace gas	万立方米 10000cu.m			
其他煤气	Other gas	万立方米 10000cu.m		22.20	390.00
天然气	Natural gas	万立方米 10000cu.m		10902.11	124889.09
液化天然气	Liquefied natural gas	吨 ton		1	1.26
原　油	Crude oil	吨 ton	2683	103133	281995.60
汽　油	Gasline	吨 ton	451	49643	196263.97
煤　油	Kerosene	吨 ton	1	303	1167.05
柴　油	Diesel oil	吨 ton	1950	28532	96152.44
燃料油	Fuel oil	吨 ton		7	28.32
液化石油气	Liquefied petroleum gas	吨 ton	1595	37100	860.00
炼厂干气	Coking gas	吨 ton			
其他石油制品	Other oil products	吨 ton		226	189.90
热　力	Heat	百万千焦 1 million kilo-joule		3408181.96	150548.26
电　力	Electricity	万千瓦时 10000kwh		392329.88	1820087.52
其他燃料	Other fuel	吨标准煤 tonSCE	887	906	1239.00
能源合计	Total of energy	吨标准煤 tonSCE		3414.44	3509.00

continued

消费量 Consumption					年末库存量 Inventory at year－end	采用折标系数 By standard coefficient
合计 Total	1．工业生产消费 Fer production	用于原材料 For raw materials	2．非工业生产消费 Non－industrial production	合计中：运输工具消费 Convegance consumption		
11772968	11678994		93974		1159947	312.4745
1012372	1012368		4		4757	8.1000
240392	240062		330		1395	2.3357
32287	26817		5470		181	19.9000
29293	29252		41		552	17.0138
12467.00	12467.00	12.00				23.6910
22.20	22.20					12.2701
10902.11	9737.59		1164.52			323.1500
1			1			1.7572
103116	103114	103063	2		2700	7.1430
49658	41988	81	7670	5521	377	718.0432
294	292	6	2		10	19.1139
26193	20396	65	5797	6322	4284	355.5323
7	7	2				2.8572
37105	162		36943		1182	5.1429
3885	3885					1.5714
232	232	2				5.6000
4383630.63	4046654.88	1.36	341945.75			3.2144
426121.20	400781.26	1387.90	25449.44	28.00		947.5590
12005	12005				2	4.0000
10471921.26	10262218.51		210006.89			

5-3 分品种分行业能源消费

		原　煤(吨) Coal (ton)	洗精煤(吨) Fine coal washing (ton)	其他洗煤(吨) Other coal washing (ton)
合　　计	**Total**	**11772968**	**1012372**	**240392**
(一)采矿业	Excavation	146910		
煤炭开采和洗选业	Coal mining and dressing	143290		
石油和天然气开采业	Petroleum and natural gas extration			
黑色金属矿采选业	Smelting of ferrous metals			
有色金属矿采选业	Mining and dressing of nonferrous matels			
非金属矿采选业	Nonmetal minerals mining and dressing	3620		
其他采矿业	Other minerals mining and dressing			
(二)制造业	Manufacturing	3345702	12372	239294
农副食品加工业	Farm sidelinefood processing	1280945	603	
食品制造业	Food production	13944		
饮料制造业	Beverage production	86008	8673	
烟草制造业	Tobacco processing			
纺织业	Textile industry	120		
纺织服装、鞋、帽制造业	Clothing, shoes and hats	4167		
皮革、毛皮羽毛(绒)及其制品制造业	Leather, furs, down and related products	142		
木材加工及木、竹、藤、棕、草制品业	Timber, bamboo, cane palm fiber & straw products	7200		
家具制造业	Furniture manufacture	460	60	
造纸及纸制品业	Paper making and paper products	8152		
印刷业和记录媒介的复制	Printing and medium reproduction	4621		
文教体育用品制造业	Cultural, educational and sports articles			
石油加工、炼焦及核燃料加工业	Petroleum processing and coking	309		
化学原料及化学制品制造业	Raw chemical materials and products	52978		375
医药制造业	Medical and pharmaceutical products	42499		
化学纤维制造业	Chemical fiber	800		
橡胶制品业	Rubber products	54749		
塑料制品业	Plastic products	2697		
非金属矿物制品业	Nonmeter mineral products	602210	2149	238789
黑色金属冶炼及压延加工业	Smelting and pressing of ferrous metals	9085		
有色金属冶炼及压延加工业	Smelting and pressing of nonferrous metals	242		
金属制品业	Metal products	4647		
通用设备制造业	Ordinary machinery	6557	887	
专用设备制造业	Equipment for special purposes	8603		
交通运输设备制造业	Transportation equipment	1131797		130
电气机械及器材制造业	Electric equipment	4911		
通信设备、计算机及其他电子设备制造业	Telecommunications computer and other electronic equipment	4003		
仪器仪表及文化、办公用机械制造业	Instruments, maters cultural and office machinery	916		
工艺品及其他制造业	Art and others	12940		
废弃资源和废旧材料回收加工业	Discard resources and material processing			
(三)电力、燃气及水的生产和供应业	Production and supply of electric power, steam and hot water	8280356	1000000	1098
电力、热力的生产和供应业	Electricity, heat power supply	8240792		1098
燃气生产和供应业	Production and supply of gas	21079	1000000	
水的生产和供应业	Production and supply of water	18485		

TOTAL ENERGY CONSUMPTION BY SECTOR

型　煤 （吨） Briqutte （ton）	焦　炭 （吨） Coke （ton）	其他焦化产品 （吨） Other coke （ton）	焦炉煤气 （万立方米） Coal gas （10000cu·m）	高炉煤气 （万立方米） Blast furnace gas	其他煤气 （万立方米） Other gas	天然气 （万立方米） Natural gas	液化天然气 （吨） Liquefied natural gas
32287	29293		12467.00		22.20	10902.11	1
					7.00		
					7.00		
28900	29293		14.00		15.20	10902.11	1
						0.75	
1020							
10500							
2970	120						
175			12.00		0.20	26.30	
300	30					3.44	
200						30.00	
						188.00	
	1274						
1482	1142						1
	580						
10989	26147				15.00	10558.62	
1126			2.00			18.00	
138						77.00	
3387			12453.00				
3387			53.00				
			12400.00				

5-3续表 1

		原　油(吨) Crude oil (ton)	汽　油(吨) Gasline (ton)	煤　油(吨) Kero sene (ton)	柴　油(吨) Diesel oil (ton)
合　计	**Total**	**103116**	**49658**	**294**	**26193**
(一)采矿业	Excavation		567		1334
煤炭开采和洗选业	Coal mining and dressing		492		906
石油和天然气开采业	Petroleum and natural gas extraction		67		21
黑色金属矿采选业	Ferrous metals mining and dressing				
有色金属矿采选业	Mining and dressing of nonferrous matels				
非金属矿采选业	Nonmetal minerals mining and dressing		8		407
其他采矿业	Other minerals mining and dressing				
(二)制造业	Manufacturing	103116	48139	294	18578
农副食品加工业	Food processing		937		1290
食品制造业	Food production		139		1315
饮料制造业	Beverage Production		689		831
烟草加工业	Tobacco Processing		30		
纺织业	Textile industry		41		
纺织服装、鞋、帽制造业	Clothing、shoes and hats		168		67
皮革、毛皮、羽毛(绒)及其制品业	Leather, furs, down and related products		24		
木材加工及木竹藤棕草制品业	Timber, bamboo, cane, palm and straw products		2336		1387
家具制造业	Furniture maunfacturing		22		1
造纸及纸制品业	Paper making and paper products		107		469
印刷业和记录媒介的复制	Printing medium reproduction	2	361		104
文教体育用品制造业	Cultural, educational and sports articles				
石油加工、炼焦及核燃料加工业	Petroleum processing and coking	103063	161		48
化学原料及化学制品制造业	Raw chemical materials and products		279		245
医药制造业	Medical and pharmaceutical products		30750	1	299
化学纤维制造业	Chemical fiber				
橡胶制品业	Rubber products	2	141	1	49
塑料制品业	Plastic products		174		61
非金属矿物制品业	Nonmetal mineral products		531		3898
黑色金属冶炼及压延加工业	Smelting and pressing of ferrous metals		145	1	405
有色金属冶炼及压延加工业	Smelting and pressing of nonferrous metals		30		213
金属制品业	Metal products		264	31	233
通用设备制造业	Ordinary machinery		664	5	50
专用设备制造业	Equipment for special purposes		403		154
交通运输设备制造业	Transportation equipment	49	9173	255	7305
电气机械及器材制造业	Electric equipment and machinery		266		56
通信设备、计算机及其他电子设备制造业	Telecommunication computer and other electronic equipment		189		48
仪器仪表及文化、办公用机械制造业	Instruments, maters cultural and office machinery		77		3
工艺品及其他制造业	Other manufacturing industry		38		47
废弃资源和废旧材料回收加工业	Discard resources and materials processing				
(三)电力燃气及水的生产和供应业	Production and supply of electric power, steam and hot water		952		6281
电力、热力的生产和供应业	Electricity, heat power supply		195		6014
燃气生产和供应业	Production and supply of gas		144		118
水的生产和供应业	Production and supply of water		613		149

continued1

燃料油（吨）Fuel oil（ton）	液化石油气（吨）Liquefied oil（ton）	炼厂干气（吨）Coking gas（ton）	其他石油制品（吨）Other oil（ton）	热力（百万千焦）Heat（1millon KJ）	电力（万千瓦时）Electricity（10000 Kwh）	其他燃料（吨标准煤）Other fuel（SCE）
7	**37105**	**3885**	**232**	**4383630.63**	**426121.20**	**12005**
					4147.65	
					4063.00	
					14.00	
					70.65	
7	29	3885	232	3354026.63	362656.96	1744
				80005.76	47905.13	
					1338.97	
				37927.29	29691.97	
				9800.00	1400.00	
				836.00	103.85	
				2000.00	709.65	
					30.00	
					10677.05	
					115.00	
					717.58	
					2042.18	
		3885			1480.00	
	5			15000.00	3685.35	838
				215791.52	13558.13	
					42.00	
				11106.00	3130.00	
				10775.00	1201.13	
			6		60004.89	
					1287.60	
				18150.00	1918.10	378
					1430.14	
			15	11544.00	3749.97	
				22536.80	2483.48	
5	24		211	2620998.26	150806.62	528
				85000.00	1054.25	
				198656.00	5656.40	
				13900.00	16225.00	
					212.52	
	37076			1029604.00	59316.59	10261
				1000000.00	36702.57	10261
	37076				3897.02	
				29604.00	18717.00	

统计资料

STATISTICS

财政

GOVERNMENT FINANCE

长春统计年鉴

CHANGCHUN STATISTICAL YEARBOOK

2006

第六篇　财　政

2005年，全市经济快速发展，财政收入稳步增长，为全市经济和各项社会事业的健康发展提供了有力保障。

一、一般预算全口径财政收入全面超额完成预算任务，地方留用收入增长相对较快。2005年，全市一般预算全口径财政收入按新口径计算完成184.8亿元，自然口径比去年增长23.4%。其中，市单列企业及市级固定收入完成91.0亿元，增长20.1%；各城区及开发区全口径财政收入完成84.2亿元，增长26.6%；四县（市）全口径财政收入完成9.6亿元，增长28.8%。

地方留用收入完成61.0亿元，比去年增长20.4%。其中，工商税收完成35.6亿元，比去年增长16.7%，在工商税收中，增值税完成7.9亿元，比去年增长15.0%，营业税完成11.1亿元，比去年增长19.5%，个人所得税完成3.4亿元，比去年增长14.2%；罚没行政性收费收入8.7亿元，比去年增长3.2%；其他收入6.1亿元，比去年增长345.7%。

二、财政支出增长较快，有力地保证了职工工资、社会保障以及重点项目支出的需要。2005年，全市财政支出完成121.7亿元，比去年增长20.7%。其中，企业挖潜改造资金支出3.3亿元，比去年增长78.1%，教育支出16.4亿元，比去年增长19.8%，抚恤和社会福利救济支出4.7亿元，比去年增长13.5%，社会保障补助支出14.7亿元，比去年增长39.5%，行政管理费支出12.2亿元，比去年增长14.3%。财政支出的较快增长，使工资性支出和社会保障性支出得到了保证，确保了职工工资的按时发放、机关的正常运转和社会的稳定，并在支持重点项目建设、国企改革、企业挖潜改造以及城市基础建设中起到了有力的保障作用。

6－1 全市一般预算全口径财政收入
GOVERNMENT REVENUE BY REGION

单位:万元 unit:10000 yuan

		2005	同比增长(%) Increasing rate year on year
全市收入总计	Total	**1848289**	**23.4**
1.市单列企业及市级固定收入	Income of enterprises of city level	910261	20.1
2.区 合 计	Total	841697	26.6
南 关 区	Nanguan	93804	35.4
宽 城 区	Kuancheng	56713	14.9
朝 阳 区	Chaoyang	166573	49.8
二 道 区	Erdao	57265	0.5
绿 园 区	Luyuan	95643	－13.5
双 阳 区	Shuangyang	19413	3.6
经济开发区	Economic and technical developing area	155808	55.4
高新开发区	High－techical developing area	141710	34.3
净月开发区	Jingyue developing	41552	26.7
汽贸城开发区	Vehiceles trade city developing	13216	27.7
3.县(市)合计	Total of city and county	96331	28.8
榆 树 市	Yushu	17250	32.4
农 安 县	Nong'an	26797	2.4
德 惠 市	Dehui	21123	58.8
九 台 市	Jiutai	31161	39.9

6-2 全市地方财政留用收入及财政支出

单位:万元

		2005	同比增减(%) Increasing rate year on year
收入合计	Total	610338	20.4
一、工商税收	Industrial and commercial tax	355948	16.7
增值税	Value added tax	79299	15.0
营业税	Business tax	111021	19.5
外投企业所得税	Income tax of foreign funds	20896	26.1
个人所得税	Individual income tax	34262	14.2
城市维护建设税	Tax on the city maintenance and construction	50303	21.3
房产税	Tax on real estate	35932	8.5
印花税	Stamp tax	7866	-2.7
城镇土地使用税	Tax on use of urban land	7972	27.2
车船税	Tax on the use of vehicles and ships	2953	10.4
其他各税	Others	5444	11.7
二、企业所得税	Income tax of enterprises	27895	-9.8
集体企业所得税	Income tax of collective owned	1058	-29.3
股份制企业所得税	Income tax of share holding	15188	-18.7
私营企业所得税	Income tax of private enterprises	4078	59.4
其他企业所得税	Others	7571	-7.4
三、企业所得税退税	Return for enterprises income tax		
四、国有企业计划亏损补贴	Planning subsidies to loss-suffering state-owned enterprises	-2685	-2.5
五、农业税	Agriculture tax	2	
六、农业特产税	Tax on special agricultural products	405	2.3
七、耕地占用税	Tax on the use of cultivated land	12346	-7.9
八、契税	Contract tax	36109	11.9
九、罚没行政性收费收入	Penalty and administrative fees income	86861	3.2
十、专项收入	Special income	32893	42.0
排污费收入	Sewage treatment	5979	26.3
城市水资源费收入	Urban water resources	2605	471.3
教育费附加收入	Extra-charge for education	24161	34.4
矿产资源补偿费收入	Mineral resources compensation	148	
十一、其他收入	Others	60564	345.7

FINANCIAL STATEMENT OF GOVERNMENT REVENUE AND EXPENDITURE

unit:10000yuan

		2005	同比增减(%) Increasing rate year on year
支 出 合 计	Total	**1216573**	**20.7**
一、基本建设支出	Expenditure for capital construction	121718	-3.4
二、企业挖潜改造资金	Expenditure innovation of enterprises	33458	78.1
三、科技三项费	Expenditure of science and technology promotion	13228	28.6
四、农业支出	Agricultural expendiure	41318	17.8
五、林业支出	Forestry expenditure	9435	51.5
六、水利和气象支出	Water conserancy and weather expenditure	8235	3.7
七、工业交通等部门的事业费	Operating expenses of industrial and transport department	17152	55.6
八、流通部门事业费	Operating expenses of comerce	2678	7.6
九、文体广播事业费	Operating expenses of culture sports and broadcasting	26643	19.6
十、教育支出	Expenses of education	163540	19.8
十一、科学支出	Expenses of science	2297	16.0
十二、医疗卫生支出	Expenses of health care	48018	27.4
十三、其他部门的事业费	Expenses of other department	64397	15.4
十四、抚恤和社会福利救济	Pension and relief	46627	13.5
十五、行政事业单位离退休经费	Expenditure for retired	102409	26.0
十六、社会保障补助支出	Expenditure on subsidies to sociad security	147456	39.5
十七、行政管理费	Adminstration expenses	121919	14.3
十八、公检法司支出	Sucriey, procuratory and court justice	92083	13.8
十九、城市维护费	City maintainamne	62931	46.7
二十、价格补贴支出	Price subsidies	468	-53.8
廿一、专项支出	Special expenditurse	26142	15.5
排污费支出	Sewage treatment	6419	-8.0
城市水资源费支出	Urban water resources	2863	576.8
教育附加支出	Extra-charge for education	16565	9.5
探矿权采矿权使用费	Expenses on the use of exploration right and concertina concession	295	173.1
廿二、其他各类支出	Others	64421	20.8
廿三、总预备费	Prepare expenses		

物价
PRICE

第七篇 物 价

2005年12月，我市城市居民消费价格总水平同期比上涨0.8%，商品零售价格总水平同期比上涨0.9%。

全年居民消费价格总水平比上年上涨1.7%，商品零售价格总水平比上年上涨1.3%。

居民消费价格总水平在15个副省级城市中(由高到低排列)位列第5位。

居民消费价格涨幅在起伏涨落中呈由高至低逐月回落之势，价格涨幅不大，但涨价面较宽，食品、烟酒及用品、衣着、家庭设备及用品、娱乐教育文化用品及服务、居住六大类价格均呈上涨态势，其中，尤以石油及其制品、煤炭等能源价格涨幅较大。

一、居民消费价格涨幅呈逐月回落态势

二、石油及其制品 煤炭等能源价格涨幅较高

2005年年初以来，受国际油价大幅度波动影响，长春市的成品油价格持续上涨。汽油价格1月份比上年12月份上涨3.4%，3、4、7、8、10和12月均有上涨。全年汽油价格累计上涨16.7%，柴油价格累计上涨11.7%。液化石油气价格亦经轮番涨价，累计上涨28.1%。煤炭价格全年累计上涨26.4%。

三、部分食品 烟酒价格上涨

食品比上年涨价1.7%。其中，粮食涨价5%，牛肉涨价5.3%，羊肉涨价4.1%，肉禽加工制品涨价10.3%，蛋涨价2.7%，水产品涨价6.1%，鲜菜涨价5.1%，糖涨价0.9%，液体饮料涨价0.7%，干鲜瓜果涨价4%，其他食品及食品加工服务涨价1%。烟酒及用品价格比上年上涨2.3%，其中，国产卷烟价格上涨2.9%，啤酒价格上涨4.6%。

四、金饰品价格年内两次上涨

金饰品价格2005年出现两次上涨，累计涨价9.2%，其中，黄金年平均价格为每克157.97元，比上年上涨15.6%，铂金年平均价格为每克270.34元，比上年上涨8%。

五、部分衣着 家电 教材 装修材料涨价

受原材料涨价影响，羽绒服涨价5%，鞋涨价2.3%。洗衣机涨价0.5%，电冰箱(柜)涨价4.5%，抽排油烟机涨价4.4%，空调器涨价1.5%，热水器涨价2.3%。建房及装修材料价格上涨1.8%。其中，木材价格上涨3.8%，砖价格上涨1.8%，水泥价格上涨0.2%，胶合板价格上涨3.5%，粘胶价格上涨1.4%，地板价格上涨2.9%。教材价格上涨12.6%。

六、猪肉及禽降价抑制了食品涨幅

猪肉价格比上年下降4.1%，禽价格比上年下降1.5%，猪、禽降价抑制了食品价格涨势。

七、部分商品及服务价格继续下降

部分交通通讯工具及相关服务费用与上年相比有所下降，其中，小汽车价格下降0.6%，驾驶证培训费价格下降9.3%，飞机票价格下降3.9%，移动电话价格下降30.2%，传真机价格下降38.7%，长途电话费价格下降23.1%。文娱用耐用消费品中，比上年价格下降的有：电视机降价21.9%，影碟机降价18.5%，摄像机降价9.1%，照相机降价8.8%，电脑降价3.5%。此外，中药材及中成药价格下降3.1%，西药价格下降0.9%。化妆品价格下降1.2%，洗发用品价格下降2.7%，洗浴用品价格下降2%，皮件价格下降0.3%，手表价格下降8%。

7-1 2004-2005年长春市居民消费价格分类指数
CONSUMER PRICE INDICES BY CATEGORY (2004-2005)

		2004	2005
居民消费价格总指数	General consumer price index	104.1	101.7
一、食品	Food	109.3	101.7
粮食	Grain	125.7	105.0
淀粉及薯类	Tubers	100.0	100.0
干豆类及豆制品	Soybean products	113.2	96.8
油脂类	Oil and fat	109.2	94.4
肉禽及其制品	Meat and poultry	115.8	100.6
蛋类	Eggs	118.3	102.7
水产品类	Aquatic products	106.4	106.1
菜类	Vegetables	91.8	105.1
调味品	Seasoning	111.1	97.4
糖类	Sugar	100.4	100.9
茶及饮料	Tea and drink	101.1	100.5
干鲜瓜果	Dried and fresh fruits	102.4	104.0
糕点饼干面包	Cakes、cookes and bread	100.0	100.0
奶及奶制品	Milk and milk products	100.7	98.2
在外用膳食品	Catering food	100.8	100.0
其他食品及食品加工服务	Processing services	99.6	101.0
二、烟酒及用品	Tobacco, alcohol and articles	102.7	102.3
烟草	Tobacco	102.6	102.0
酒	Alcohol	103.1	102.8
吸烟饮酒用品	Articles for use	100.0	99.9
三、衣着类	Garments	101.1	101.0
服装	Clothing	99.5	100.5
衣着材料	Textiles	100.0	100.0
鞋袜帽	Shoes socks and hats	105.2	102.1
衣着加工服务	Processing services	100.0	100.0
四、家庭设备用品及维修服务	Household facilites	99.2	100.7
耐用消费品	Durable consumer goods	99.1	101.2
室内装饰品	Interior decorations	99.6	100.0
床上用品	Bed daily articles	98.7	99.6
家庭日用杂品类	Daily articles	99.2	100.4
家庭服务及加工维修服务	Maintain services	100.0	100.0
五、医疗保健和个人用品	Medical care and personal articles	97.6	99.5
医疗保健类	Medicine care	96.4	99.0
个人用品及服务	Personal artitles and services	101.5	101.0
六、交通和通讯	Transportation and telecommunication	99.6	96.0
交通	Transportation	102.8	99.8
通信	Telecommunication	96.3	91.9
七、娱乐教育文化用品及服务	Recreation education and culture	99.1	103.6
文娱用耐用消费品及服务	Recreation durable goods	89.6	88.9
教育	Education	101.4	109.2
文化娱乐用品	Cultural goods	99.1	99.8
旅游及外出	Tourism	98.1	98.5
八、居住	Residence	106.7	105.3
建房及装修材料	Housing	101.0	101.8
租房	Renting house	100.0	100.0
自有住房	Self-house	100.7	107.0
水、电、燃料	Water electricity and fuel	111.3	107.6

7-2 2004-2005年长春市商品零售价格分类指数(以上同期为100)
RETAIL PRICE INDICES BY CATEGORY (2004-2005)

(以上年同期为100)
(preceding year=100)

		2004	2005
商品零售价格总指数	Retail price indices	102.7	101.3
一、食品类	Food	108.0	101.8
1.粮食	Grain	125.9	105.0
2.淀粉及薯类	Tubers	100.0	100.0
3.干豆类及豆制品	Soybean products	113.1	96.8
4.油脂	Oil and fat	109.2	94.6
5.肉禽及其制品	Meat poultry	117.0	100.1
6.蛋	Eggs	120.5	102.6
7.水产品	Aquatic products	108.9	104.9
8.菜	Vegetables	91.8	105.6
9.调味品	Seasoning	111.6	100.6
10.糖	Sugar	100.5	101.3
11.干鲜瓜果	Dried and fresh fruits	102.4	104.1
12.糕点饼干面包	Cakces cookies and bread	100.0	100.0
13.奶及奶制品	Milk and milk products	100.6	98.4
14.在外用膳食品	Catering food	100.8	100
15.其他食品	Other food	99.6	101.0
二、饮料、烟酒	Beverage, tobacco and alcohol	102.2	101.8
三、服装、鞋帽类	Clothing, shoes and hats	100.9	100.8
四、纺织品类	Textiles	99.4	99.7
五、家用电器及音像器材	Households facilieies	95.1	95.7
六、文化办公用品	Offical articles	98.5	98.2
七、日用品	Daily articles	100.6	100.3
八、体育娱乐用品	Sports and recreation articles	96.0	96.9
九、交通、通信用品	Transport and telecommunication	91.1	87.5
十、家具	Furniture	100.0	100.0
十一、化妆品类	Cosmetics	99.0	98.1
十二、金银珠宝类	Jewelry	118.9	105.5
十三、中西药品及医疗保健用品类	Tranditional chinese and medical care	94.8	98.6
十四、书报杂志及电子出版物类	Newspapers, magazines and electronic pablishing	103.0	102.6
十五、燃料类	Fuels	107.1	118.3
十六、建筑材料及五金电料类	Construction materials and hardware	100.0	101.4

7-3　2005年长春市零售价格类指数
RETAIL PRICE INDICES BY CATEGORY(2005)

类别及名称 Item	指数 Index	类别及名称 Item	指数 Index
商品零售价格总指数　General index	101.3	3.音像器材类　Audiovisual products	100.0
一、食品类　Food	101.8	六、文化办公用品　Offical articles	98.2
1.粮食　Grain	105.0	七、日用品　Daily articles	100.3
2.淀粉及薯类　Tubers	100.0	1.日用百货　Daily articles	99.4
3.干豆类及豆制品　Soybean products	96.8	2.日用杂品　Small articles	100.0
4.油脂　Oil and fat	94.6	3.洗涤用品　Washing appliance	100.4
5.肉禽及其制品　Meat poultry	100.1	4.其它日用品　Others	102.1
6.蛋　Eggs	102.6	八、体育娱乐用品　Sports goods and cultural appliance	96.9
7.水产品　Aquatic products	104.9	1.体育用品　Sports goods	97.4
8.菜　Vegetable	105.6	2.娱乐用品　Cultural appliance	96.5
9.调味品　Seasoning	100.6	九、交通、通信用品　Transport and telecommunication	87.5
10.糖　Sugar	101.3	1.交通运输机械　Transports	97.5
11.干鲜瓜果　Dried and fresh fruits	104.1	2.通讯器材类　Telecommunication	81.2
12.糕点饼干面包　Cakes cookies and bread	100.0	十、家具　Furniture	100.0
13.奶及奶制品　Milk products	98.4	十一、化妆品类　Cosmetics	98.1
14.在外用膳食品　Catering food	100	十二、金银珠宝类　Jewelry	105.5
15.其他食品　Other food	101	十三、中西药品及医疗保健用品类　Medicines and equipment	98.6
二、饮料、烟酒　Beverage, tobacco and liquor	101.8	1.医疗器具及用品　Equipment	100.0
1.茶及饮料　Tea	100.3	2.中药材及中成药　Chinese medicines	96.9
2.烟草　Tobacco	102	3.西药　Western medicines	99.1
3.酒　Alcohol	102.3	4.保健器具及用品　Appliance	100.1
三、服装、鞋帽类　Clothing, shoes and hats	100.8	十四、书报杂志及电子出版物类　Newpapers books and electrionil publishing	102.6
1.服装　Clothing	100.5	1.教材及参考书　Books	106.2
2.鞋袜帽　Shoes socis and hats	101.7	2.书报杂志　Newpapers	100.0
3.其它　Others	100.0	3.电子音像制品　Electronic audiovisual products	98.2
四、纺织品类　Textiles	99.7	十五、燃料类　Fuel	118.3
1.衣着材料　Clothing	100.0	1.煤炭及制品类　Coal and produets	125.6
2.床上用品　Beds	99.5	2.石油及制品类　Oil and products	113.6
五、家用电器及音像器材　Households facilities	95.7	十六、建筑材料及五金电料类　Construction materials and hardware	101.4
1.家庭设备　Households facilities	101.5	1.建筑装璜材料　Construction	101.7
2.文娱用耐用消费品　Recreational durable goods	84.9	2.五金电料类　Hardware	100.1

统计资料

STATISTICS

人民生活

PEOPLE'S LIVELIHOOD

第八篇　人民生活

2005年，长春市城市居民人均可支配收入10065元，比上年增长13.1%，扣除物价上涨因素实际增长11.2%。

2005年，长春市城市居民人均消费支出8310元，同期比增长10.2%。消费水平稳步提高，其中，食品消费3007元，增长6.9%；教育文化娱乐服务消费1167元，增长6.9%；居住消费1010元，增长13.4%；交通通讯消费964元，增长19.2%；衣着消费817元，增长15.6%；医疗保健消费757元，增长2.9%；家庭设备用品及服务消费301元，增长19.7%；杂项商品和服务消费287元，增长18.8%。

居民消费结构进一步改变，食品比重缩小为36.2%，居住的比重扩大为12.2%。人均服务性消费支出2569元，增幅达14%，占消费支出的比重为30.9%，比上年提高1个百分点。服务性支出中，教育、医疗、通讯、交通的四项花费占服务消费支出的近70%。

据对630户农村住户抽样调查结果显示：2005年，我市农民收入增加，生活质量进一步得到改善。2005年，我市农民人均收入为4180.12元，比上年增长7%。收入增长的同时，农民生活消费支出增加。2005年我市农民生活消费支出为2581.78元，比上年增长28.9%。

2005年农民生活消费有如下特点：

1. 食品消费水平提高。2005年，我市平均每一农民消费豆制品4.36公斤，比上年增长22.1%；肉禽及其制品21.08公斤，比上年增长46.6%；奶和奶制品1公斤，比上年增长7.5%；水产品2.93公斤，比上年增长13.1%；水果类20.35公斤，比上年增长15.2%。

2. 文化生活不断丰富。2005年，我市农民人均文化教育及娱乐消费支出为289.67元，比上年增长24.3%；其中文化教育及娱乐用品支出为71.38元，比上年增长51.8%。

3. 家庭生活装备不断增强。截至2005年末，我市每百户农民家庭拥有洗衣机71台，比上年增长2.9%；彩电92台，增长9.5%；电冰箱14台，与上年持平；摩托车38台，增长8.6%；移动电话67部，比上年增长28.8%；影碟机37台，与上年持平；家用计算机3台，增长50%。

4. 居住条件不断改善。2005年末，我市农村居民人均住房面积达21.99平方米，比上年增加2.9%；人均砖瓦平房面积为17.94平方米，比上年增长5.5%；平均每户新建(购)住房的面积为2.15平方米，比上年增长46.3%。

8-1 城市住户基本情况
BASIC STATISTICS ON URBAN HOUSEHOLDS

		单 位	Unit	合 计 Total
一、家庭人口数	Household size	人/户	person	3.02
(一)有收入者人数	Person employed and retired	人/户	person	2.25
1. 就业人口数	Number of person employed	人/户	person	1.77
(1)国有经济单位职工人数	Staff and worker in stateowned	人/户	person	0.91
(2)城镇集体经济单位职工人数	Staff and worker in collectiveowned	人/户	person	0.14
(3)其他各种经济类型单位职工	Staff and worker in other owned	人/户	person	0.18
(4)离退休再就业人员数	Reemployed retirees	人/户	person	0.07
(5)其他就业人员数	Other employees	人/户	person	0.14
2. 离退休人数	Person retired	人/户	person	0.45
3. 其他有收入者人数	Other earning people	人/户	person	0.02
(二)无收入者人数	People without earning	人/户	Person	0.77
二、家庭总收入	Household income	元/人	yuan/ person	10768.76
其中:可支配收入	Disposable income	元/人	yuan/ person	10065.19
(一)工薪收入	Income	元/人	yuan/ person	7391.73
1. 工资及补贴收入	Wages and subsidies	元/人	yuan/ person	7091.18
2. 其他劳动收入	Others	元/人	yuan/ person	300.55
(二)经营净收入	Business income	元/人	yuan/ person	979.56
(三)财产性收入	Property income	元/人	yuan/ person	87.40
(四)转移性收入	Transfer income	元/人	yuan/ person	2310.07
三、出售财物收入	Sell property	元/人	yuan/ person	46.59
四、借贷收入	Debit and credit in come	元/人	yuan/ person	2811.16
五、家庭总支出	Household experinditure	元/人	yuan/ person	10267.23
(一)消费支出	Consumption	元/人	yuan/ person	8310.12
(二)购房与建房支出	Building expenditure	元/人	yuan/ person	416.90
(三)转移性支出	Transfer expenditure	元/人	yuan/ person	951.38
(四)财产性支出	Property expenditure	元/人	yuan/ person	1.66
(五)社会保障支出	Social security expenditure	元/人	yuan/ person	587.18
六、借贷支出	Debit and credit expenditure	元/人	yuan/ person	3017.46
七、期末手存现金	Cash on hand	元	yuan/person	8394.61
消费支出	Consumption	元/人	yuan/ person	8310.12
其中:服务性消费支出	Serving consumption	元/人	yuan/person	2569.20
通过互联网购买商品或服务支出	On the internet	元/人	yuan/person	4.77
一、食品	Food	元/人	yuan/ person	3007.30
(一)粮油类	Grain	元/人	yuan/ person	410.93
1. 粮食·单价	Grain	元/千克	yuan/kg	3.40
数量	Quantity	千克/人	kg/person	75.26
金额	Amount	元/人	yuan/person	255.57
(1)大米·单价	Rice	元/千克	yuan/kg	2.89
数量	Quantity	千克/人	kg/person	46.71
金额	Amount	元/人	yuan/person	135.20
(2)面粉·单价	Flour	元/千克	yuan/kg	3.13
数量	Quantity	千克/人	kg/person	14.58
金额	Amount	元/人	yuan/person	45.59
(3)其他粮食·单价	Other grain	元/千克	yuan/kg	3.05
数量	Quantity	千克/人	kg/person	2.62
金额	Amount	元/人	yuan/person	8.01

8-1续表1 continued1

		单位 Unit		合计 Total
(4)粮食制品·单价	Grain products	元/千克	yuan/kg	5.88
数量	Quantity	千克/人	kg/person	11.35
金额	Amount	元/人	yuan/person	66.77
2. 淀粉及薯类·单价	Tubers	元/千克	yuan/kg	1.47
数量	Quantity	千克/人	kg/person	20.37
金额	Amount	元/人	yuan/ person	30.03
(1)马铃薯·单价	Potato	元/千克	yuan/kg	1.18
数量	Quantity	千克/人	kg/person	16.22
金额	Amount	元/人	yuan/ person	19.12
(2)红薯·单价	Pachyrhizus	元/千克	yuan/kg	1.64
数量	Quantity	千克/人	kg/person	2.77
金额	Amount	元/人	yuan/ person	4.53
(3)其他薯类·单价	Other tubers	元/千克	yuan/kg	3.44
数量	Quantity	千克/人	kg/person	0.20
金额	Amount	元/人	yuan/ person	0.68
(4)淀粉及制品·单价	Amylum and products	元/千克	yuan/kg	4.84
数量	Quantity	千克/人	kg/person	1.18
金额	Amount	元/人	yuan/ person	5.70
3. 干豆类及豆制品	Soybeans products	元/人	yuan/person	42.04
(1)大豆·单价	Soybean	元/千克	yuan/kg	3.80
数量	Quantity	千克/人	kg/person	0.64
金额	Amount	元/人	yuan/ person	2.42
(2)杂豆·单价	Mixed bean	元/千克	yuan/kg	4.92
数量	Quantity	千克/人	kg/person	0.79
金额	Amount	元/人	yuan/ person	3.86
(3)豆制品	Bean products	人	person	35.76
4. 油脂类·单价	Oil and fats	元/千克	yuan/kg	7.47
数量	Quantity	千克/人	kg/person	11.16
金额	Amount	元/人	yuan/ person	83.29
(1)食用植物油·单价	Vegetable oil	元/千克	yuan/kg	7.47
数量	Quantity	千克/人	kg/person	11.13
金额	Amount	元/人	yuan/ person	83.13
①花生油·单价	Peanut oil	元/千克	yuan/kg	0.00
数量	Quantity	千克/人	kg/person	0.00
金额	Amount	元/人	yuan/ person	0.00
②菜籽油·单价	Colza oil	元/千克	yuan/kg	0.00
数量	Quantity	千克/人	kg/person	0.00
金额	Amount	元/人	yuan/ person	0.00
③芝麻油·单价	Sesame oil	元/千克	yuan/kg	24.97
数量	Quantity	千克/人	kg/person	0.20
金额	Amount	元/人	yuan/ person	4.97
④豆油·单价	Bean oil	元/千克	yuan/kg	7.00
数量	Quantity	千克/人	kg/person	9.93
金额	Amount	元/人	yuan/ person	69.45
⑤卫生油·单价	Vegetable oil	元/千克	yuan/kg	0.00
数量	Quantity	千克/人	kg/person	0.00
金额	Amount	元/人	yuan/ person	0.00

8－1续表2 continued2

		单位 Unit		合计 Total
⑥其他植物油·单价	Other vegetable oil	元/千克	yuan/kg	8.69
数量	Quantity	千克/人	kg/person	1.00
金额	Amount	元/人	yuan/ person	8.71
(2)食用动物油·单价	Animal oil	元/千克	yuan/kg	6.20
数量	Quantity	千克/人	kg/person	0.03
金额	Amount	元/人	yuan/ person	0.16
(二)肉禽蛋水产品类	Meat, poultry and aquatic	元/人	yuan/person	708.36
1. 肉类·单价	Meat	元/千克	yuan/kg	15.03
数量	Quantity	千克/人	kg/person	28.70
金额	Amount	元/人	yuan/ person	431.43
(1)猪肉·单价	Pork	元/千克	yuan/kg	13.17
数量	Quantity	千克/人	kg/person	15.63
金额	Amount	元/人	yuan/person	205.95
(2)牛肉·单价	Beef	元/千克	yuan/kg	15.63
数量	Quantity	千克/人	kg/person	5.54
金额	Amount	元/人	yuan/ person	86.59
(3)羊肉·单价	Mutton	元/千克	yuan/kg	17.04
数量	Quantity	千克/人	kg/person	2.86
金额	Amount	元/人	yuan/ person	48.67
(4)其他肉·单价	Others	元/千克	yuan/kg	14.21
数量	Quantity	千克/人	kg/person	0.63
金额	Amounts	元/人	yuan/ person	9.02
(5)肉制品·单价	Meat products	元/千克	yuan/kg	20.10
数量	Quantity	千克/人	kg/person	4.04
金额	Amount	元/人	yuan/ person	81.19
2. 禽类·单价	Poultry	元/千克	yuan/kg	12.15
数量	Quantity	千克/人	kg/person	5.50
金额	Amount	元/人	yuan/ person	66.76
(1)鸡·单价	Chicken	元/千克	yuan/kg	11.39
数量	Quantity	千克/人	kg/person	4.31
金额	Amount	元/人	yuan/ person	49.05
(2)鸭·单价	Duck	元/千克	yuan/kg	10.09
数量	Quantity	千克/人	kg/person	0.21
金额	Amount	元/人	yuan/ person	2.17
(3)其他禽类·单价	Other poultry	元/千克	yuan/kg	14.51
数量	Quantity	千克/人	kg/person	0.42
金额	Amount	元/人	yuan/ person	6.12
(4)禽制品·单价	Poultry products	元/千克	yuan/kg	17.04
数量	Quantity	千克/人	kg/person	0.55
金额	Amount	元/人	yuan/ person	9.42
3. 蛋类·单价	Eggs	元/千克	yuan/kg	5.76
数量	Quantity	千克/人	kg/person	12.81
金额	Amount	元/人	yuan/ person	73.76
(1)鲜蛋·单价	Fresh eggs	元/千克	yuan/kg	5.47
数量	Quantity	千克/人	kg/person	12.17
金额	Amount	元/人	yuan/ person	66.61

8-1续表3 continued3

		单位 Unit		合计 Total
(2)蛋制品·单价	Eggs products	元/千克	yuan/kg	11.19
数量	Quantity	千克/人	kg/person	0.64
金额	Amount	元/人	yuan/ person	7.15
4.水产品类	Aquatic	元/人	yuan/person	136.41
(1)鱼·单价	Fish	元/千克	yuan/kg	9.98
数量	Quantity	千克/人	kg/person	8.01
金额	Amount	元/人	yuan/ person	79.96
①海水鱼·单价	Fish	元/千克	yuan/kg	10.20
数量	Quantity	千克/人	kg/person	4.61
金额	Amount	元/人	yuan/ person	47.05
②淡水鱼·单价	Fresh water fish	元/千克	yuan/kg	9.67
数量	Quantity	千克/人	kg/person	3.40
金额	Amount	元/人	yuan/ person	32.91
(2)虾·单价	Shrimp	元/千克	yuan/kg	29.57
数量	Quantity	千克/人	kg/person	1.17
金额	Amount	元/人	yuan/ person	34.67
(3)其他水产品·单价	Others	元/千克	yuan/kg	16.88
数量	Quantity	千克/人	kg/person	0.75
金额	Amount	元/人	yuan/ person	12.63
(4)水产制品	Aquatic products	元/人	yuan/person	9.15
(三)蔬菜类	Vegetable	元/人	yuan/person	380.65
1.鲜菜·单价	Vegetable	元/千克	yuan/kg	1.91
数量	Quantity	千克/人	kg/person	174.89
金额	Amount	元/人	yuan/ person	333.41
(1)白菜·单价	Cabbage	元/千克	yuan/kg	0.50
数量	Quantity	千克/人	kg/person	39.81
金额	Amount	元/人	yuan/ person	19.83
(2)洋白菜·单价	Foreign cabbage	元/千克	yuan/kg	1.54
数量	Quantity	千克/人	kg/person	4.93
金额	Amount	元/人	yuan/ person	7.57
(3)菠菜·单价	Spinach	元/千克	yuan/kg	2.15
数量	Quantity	千克/人	kg/person	5.01
金额	Amount	元/人	yuan/ person	10.80
(4)油菜·单价	Cole	元/千克	yuan/kg	2.55
数量	Quantity	千克/人	kg/person	2.40
金额	Amount	元/人	yuan/ person	6.10
(5)芹菜·单价	Celery	元/千克	yuan/kg	1.93
数量	Quantity	千克/人	kg/person	5.32
金额	Amount	元/人	yuan/ person	10.28
(6)韭菜·单价	Leek	元/千克	yuan/kg	2.82
数量	Quantity	千克/人	kg/person	3.39
金额	Amount	元/人	yuan/ person	9.54
(7)空心菜·单价	Swamp cabbage	元/千克	yuan/kg	3.11
数量	Quantity	千克/人	kg/person	0.31
金额	Amount	元/人	yuan/ person	0.96

8-1续表4 continued4

		单　位 Unit		合　计 Total
(8)菜花·单价	Cauliflower	元/千克	yuan/kg	2.83
数量	Quantity	千克/人	kg/person	2.66
金额	Amount	元/人	yuan/ person	7.53
(9)莴笋·单价	Wosun	元/千克	yuan/kg	2.86
数量	Quantity	千克/人	kg/person	0.34
金额	Amount	元/人	yuan/ person	0.97
(10)黄瓜·单价	Cuke	元/千克	yuan/kg	2.17
数量	Quantity	千克/人	kg/person	17.57
金额	Amount	元/人	yuan/ person	38.19
(11)冬瓜·单价	Wax gourd	元/千克	yuan/kg	1.83
数量	Quantity	千克/人	kg/person	2.17
金额	Amount	元/人	yuan/ person	3.97
(12)丝瓜·单价	Towel gourd	元/千克	yuan/kg	3.07
数量	Quantity	千克/人	kg/person	0.22
金额	Amount	元/人	yuan/ person	0.68
(13)西红柿·单价	Tomato	元/千克	yuan/kg	2.51
数量	Quantity	千克/人	kg/person	15.98
金额	Amount	元/人	yuan/ person	40.12
(14)茄子·单价	Aubergine	元/千克	yuan/kg	2.35
数量	Quantity	千克/人	kg/person	10.22
金额	Amount	元/人	yuan/ person	24.00
(15)萝卜·单价	Radish	元/千克	yuan/kg	0.72
数量	Quantity	千克/人	kg/person	6.86
金额	Amount	元/人	yuan/ person	4.93
(16)胡萝卜·单价	Carrot	元/千克	yuan/kg	1.15
数量	Quantity	千克/人	kg/person	3.74
金额	Amount	元/人	yuan/ person	4.31
(17)青椒·单价	Green pepper	元/千克	yuan/kg	3.00
数量	Quantity	千克/人	kg/person	5.78
金额	Amount	元/人	yuan/ person	17.32
(18)生姜·单价	Ginger	元/千克	yuan/kg	7.60
数量	Quantity	千克/人	kg/person	1.04
金额	Amount	元/人	yuan/ person	7.87
(19)豆角·单价	Pea	元/千克	yuan/kg	3.19
数量	Quantity	千克/人	kg/person	13.19
金额	Amount	元/人	yuan/ person	42.09
(20)葱头·单价	Onion	元/千克	yuan/kg	1.50
数量	Quantity	千克/人	kg/person	1.71
金额	Amount	元/人	yuan/ person	2.58
(21)大葱·单价	Scallion	元/千克	yuan/kg	0.86
数量	Quantity	千克/人	kg/person	14.11
金额	Amount	元/人	yuan/ person	12.09
(22)蒜头·单价	Vegetable	元/千克	yuan/kg	3.64
数量	Garlic	千克/人	kg/person	1.83
金额	Amount	元/人	yuan/ person	6.66

8-1续表5 continued5

		单 位 Unit		合 计 Total
(23)蒜苔·单价	Vegetable	元/千克	yuan/kg	5.03
数量	Quantity	千克/人	kg/person	2.64
金额	Amount	元/人	yuan/ person	13.26
(24)莲藕·单价	Lotus root	元/千克	yuan/kg	3.73
数量	Quantity	千克/人	kg/person	0.09
金额	Amount	元/人	yuan/ person	0.34
(25)豆芽菜·单价	Bean sprout	元/千克	yuan/kg	1.71
数量	Quantity	千克/人	kg/person	2.42
金额	Amount	元/人	yuan/ person	4.14
(26)其他鲜菜·单价	Other fresh	元/千克	yuan/kg	3.33
数量	Quantity	千克/人	kg/person	11.18
金额	Amount	元/人	yuan/ person	37.26
2. 干菜·单价	Dried vegetable	元/千克	yuan/kg	40.50
数量	Quantity	千克/人	kg/person	0.79
金额	Amount	元/人	yuan/ person	32.04
(1)黄花菜·单价	Daylily	元/千克	yuan/kg	16.06
数量	Quantity	千克/人	kg/person	0.07
金额	Amount	元/人	yuan/ person	1.19
(2)黑木耳·单价	Jew's－ear	元/千克	yuan/kg	68.15
数量	Quantity	千克/人	kg/person	0.34
金额	Amount	元/人	yuan/ person	23.05
(3)香菇·单价	Fungus	元/千克	yuan/kg	41.78
数量	Quantity	千克/人	kg/person	0.12
金额	Amount	元/人	yuan/ person	4.84
(4)其他干菜·单价	Other dried vegetable	元/千克	yuan/kg	11.29
数量	Quantity	千克/人	kg/person	0.26
金额	Amount	元/人	yuan/ person	2.96
3. 菜制品	Vegetable products	元/人	yuan/person	15.20
(四)调味品	Seasoning	元/人	yuan/person	41.66
(五)糖烟酒饮料类	Sugar, tobacco and liquor	元/人	yuan/person	398.41
1. 糖类	Suagar	元/人	yuan/person	47.24
(1)食糖·单价	Suagar	元/千克	yuan/kg	5.75
数量	Quantity	千克/人	kg/person	1.93
金额	Amount	元/人	yuan/ person	11.12
(2)糖果·单价	Candy grocery	元/千克	yuan/kg	20.48
数量	Quantity	千克/人	kg/person	0.69
金额	Amount	元/人	yuan/ person	14.17
(3)糖类小食品	Candy grocery	人	person	21.96
2. 烟草类	Tobacco	元/人	yuan/person	162.76
(1)卷烟·单价	Ciqarette	元/盒	yuan/kg	4.19
数量	Quantity	盒/人	person	38.20
金额	Amount	元/人	yuan/ person	159.85
(2)烟叶·单价	Tobacco leaf	元/千克	yuan/kg	28.63
数量	Quantity	千克/人	kg/person	0.10
金额	Amount	元/人	yuan/ person	2.91
3. 酒类·单价	Alcohol	元/千克	yuan/kg	5.46
数量	Quantity	千克/人	kg/person	18.33
金额	Amount	元/人	yuan/ person	100.07

8－1续表 6 continued6

		单 位 Unit		合 计 Total
(1)白酒·单价	Distilled spirit	元/千克	yuan/kg	10.45
数量	Quantity	千克/人	kg/person	3.35
金额	Amount	元/人	yuan/ person	34.95
(2)果酒·单价	Wine	元/千克	yuan/kg	10.90
数量	Quantity	千克/人	kg/person	0.54
金额	Amount	元/人	yuan/ person	5.83
(3)啤酒·单价	Beer	元/千克	yuan/kg	3.98
数量	Quantity	千克/人	kg/person	14.23
金额	Amount	元/人	yuan/ person	56.70
(4)其他酒·单价	Others	元/千克	yuan/kg	11.94
数量	Quantity	千克/人	kg/person	0.22
金额	Amount	元/人	yuan/ person	2.59
4. 饮料	Beverage	元/人	yuan/person	88.34
(1)碳酸饮料·单价	Soda pop	元/千克	yuan/kg	4.64
数量	Quantity	千克/人	kg/person	5.65
金额	Amount	元/人	yuan/ person	26.21
(2)果蔬饮料·单价	Vegetable drink	元/千克	yuan/kg	5.68
数量	Quantity	千克/人	kg/person	2.21
金额	Amount	元/人	yuan/ person	12.57
(3)瓶装饮用水·单价	Water bottled	元/千克	yuan/kg	2.34
数量	Quantity	千克/人	kg/person	5.31
金额	Amount	元/人	yuan/ person	12.46
(4)茶叶·单价	Tea	元/千克	yuan/kg	189.92
数量	Quantity	千克/人	kg/person	0.13
金额	Amount	元/人	yuan/ person	24.79
(5)咖啡可可粉·单价	Coffee	元/千克	yuan/kg	81.42
数量	Quantity	千克/人	kg/person	0.05
金额	Amount	元/人	yuan/ person	4.05
(6)其他饮料	Others	元/人	yuan/person	8.27
(六)干鲜瓜果类	Dried and fresh fruits	元/人	yuan/person	308.34
1. 鲜果·单价	Fresh fruits	元/千克	yuan/kg	3.89
数量	Quantity	千克/人	kg/person	58.30
金额	Amount	元/人	yuan/ person	226.95
(1)苹果·单价	Apple	元/千克	yuan/kg	3.28
数量	Quantity	千克/人	kg/person	14.70
金额	Amount	元/人	yuan/ person	48.16
(2)桔子·单价	Orange	元/千克	yuan/kg	3.39
数量	Quantity	千克/人	kg/person	9.47
金额	Amount	元/人	yuan/ person	32.05
(3)柑橙·单价	Citrus	元/千克	yuan/kg	4.00
数量	Quantity	千克/人	kg/person	2.10
金额	Amount	元/人	yuan/ person	8.40
(4)桃子·单价	Peach	元/千克	yuan/kg	4.02
数量	Quantity	千克/人	kg/person	6.11
金额	Amount	元/人	yuan/ person	24.56

8-1续表7 continued7

		单位 Unit		合计 Total
(5)梨·单价	Pear	元/千克	yuan/kg	3.00
数量	Quantity	千克/人	kg/person	6.72
金额	Amount	元/人	yuan/ person	20.17
(6)香蕉·单价	banana	元/千克	yuan/kg	4.07
数量	Quantity	千克/人	kg/person	9.89
金额	Amount	元/人	yuan/ person	40.25
(7)葡萄·单价	Grape	元/千克	yuan/kg	5.26
数量	Quantity	千克/人	kg/person	3.11
金额	Amount	元/人	yuan/ person	16.34
(8)草莓·单价	Strawberry	元/千克	yuan/kg	6.47
数量	Quantity	千克/人	kg/person	1.29
金额	Amount	元/人	yuan/ person	8.33
(9)其他·单价	Others	元/千克	yuan/kg	5.82
数量	Quantity	千克/人	kg/person	4.93
金额	Amount	元/人	yuan/ person	28.68
2. 鲜瓜·单价	Melon	元/千克	yuan/kg	2.20
数量	Quantity	千克/人	kg/person	23.93
金额	Amount	元/人	yuan/ person	52.60
(1)西瓜·单价	Watermelon	元/千克	yuan/kg	1.85
数量	Quantity	千克/人	kg/person	20.77
金额	Amount	元/人	yuan/ person	38.43
(2)其他瓜·单价	Others	元/千克	yuan/kg	4.49
数量	Quantity	千克/人	kg/person	3.16
金额	Amount	元/人	yuan/ person	14.17
3. 干果·单价	Dried fruits	元/千克	yuan/kg	11.21
数量	Quantity	千克/人	kg/person	1.12
金额	Amount	元/人	yuan/ person	12.52
4. 瓜果制品·单价	Fruit's products	元/千克	yuan/kg	9.38
数量	Quantity	千克/人	kg/person	0.43
金额	Amount	元/人	yuan/ person	4.02
5. 坚果及果仁·单价	Nut	元/千克	yuan/kg	14.05
数量	Quantity	千克/人	kg/person	0.87
金额	Amount	元/人	yuan/ person	12.26
(七)糕点、奶及奶制品	Cake and milk products	元/人	yuan/person	193.64
1. 糕点·单价	Cake	元/千克	yuan/kg	10.36
数量	Quantity	千克/人	kg/person	4.86
金额	Amount	元/人	yuan/ person	50.32
2. 奶及奶制品	Milk and its products	元/人	yuan/person	143.31
(1)鲜乳品·单价	Milk	元/千克	yuan/kg	3.29
数量	Quantity	千克/人	kg/person	24.78
金额	Amount	元/人	yuan/ person	81.62
(2)奶粉·单价	Milk powder	元/千克	yuan/kg	55.12
数量	Quantity	千克/人	kg/person	0.42
金额	Amount	元/人	yuan/ person	23.45
(3)酸奶·单价	Sour milk	元/千克	yuan/kg	7.11
数量	Quantity	千克/人	kg/person	3.07
金额	Amount	元/人	yuan/ person	21.86

8-1续表8 continued8

		单位 Unit		合计 Total
(4)其他奶制品	Other milk products	元/人	yuan/person	16.39
(八)其他食品	Others	元/人	yuan/person	42.45
其中:半成品	Semi-finished products	元/人	yuan/person	11.43
(九)饮食服务	Catering services	元/人	yuan/person	522.86
1.食品加工服务费	Food prossing	元/人	yuan/person	1.91
2.在外饮食	Catering services	元/人	yuan/person	520.96
(1)购自食堂	From dining room	元/人	yuan/person	230.23
(2)购自饮食业	From catering services	元/人	yuan/person	215.87
(3)在亲友家搭伙支出	With relative	元/人	yuan/person	74.85
非食品类	Non-food	元/人	yuan/person	5302.82
二、衣着	Garment	元/人	yuan/person	817.20
(一)服装·单价	Garment	元/件	yuan/piece	90.17
数量	Quantity	件/人	piece/person	6.41
金额	Amount	元/人	yuan/ person	577.91
1.男士服装·单价	Man clothing	元/件	yuan/piece	107.24
数量	Quantity	件/人	piece/person	2.20
金额	Amount	元/人	piecel/person	235.89
2.女士服装·单价	Women clothing	元/件	yuan/piece	94.20
数量	Quantity	件/人	piece/person	3.11
金额	Amount	元/人	yuan/person	292.59
3.童装·单价	Children's wear	元/件	yuan/piece	44.77
数量	Quantity	件/人	piece/person	1.10
金额	Amount	元/人	yuan/person	49.44
(二)衣着材料	Cloth material	元/人	yuan/person	5.24
(三)鞋类·单价	Shoes	元/双	yuan/pair	96.21
数量	Quantity	双/人	pair/person	2.05
金额	Amount	元/人	yuan/ person	196.92
(四)其他衣着用品	Other clothing	元/人	yuan/person	24.00
(五)衣着加工服务费	Prossing serivce	元/人	yuan/person	13.13
三、家庭设备用品及服务	Household facilities and article	元/人	yuan/person	301.42
(一)耐用消费品	Durable consumer goods	元/人	yuan/person	156.32
1.家具	Furniture	元/人	yuan/person	72.89
(1)成套家具	Completes sets of furniture	元/人	yuan/person	25.75
(2)其他家具	Other furniture	元/人	yuan/person	47.13
2.家庭设备	Household facilities	元/人	yuan/person	83.44
(1)洗衣机·单价	Washing machine	元/台	yuan/unit	808.24
数量	Quantity	台/百户	unit/100h	3.00
金额	Amount	元/人	yuan/ person	8.04
(2)电风扇·单价	Fan	元/台	yuan/unit	92.67
数量	Quantity	台/百户	unit/100h	0.72
金额	Amount	元/人	yuan/ person	0.22
(3)电冰箱·单价	Fridge	元/台	yuan/unit	2405.12
数量	Quantity	台/百户	yuan/100h	3.96
金额	Amount	元/人	yuan/ person	31.58
(4)冰柜·单价	Freezer	元/台	yuan/unit	0.00
数量	Quantity	台/百户	unit/100h	0.00
金额	Amount	元/人	yuan/ person	0.00

8-1续表9 continued9

		单 位 Unit		合 计 Total
(5)微波炉·单价	Micro-wave oven	元/台	yuan/unit	445.32
数量	Quantity	台/百户	unit/100h	2.28
金额	Amount	元/人	yuan/ person	3.37
(6)空调器·单价	Air conditioner	元/台	yuan/unit	5185.33
数量	Quantity	台/百户	unit/100h	0.36
金额	Amount	元/人	yuan/person	6.19
(7)电炊具·单价	Electric cooking	元/台	yuan/unit	280.46
数量	Quantity	台/百户	unit/100h	6.72
金额	Amount	元/人	yuan/ person	6.25
(8)淋浴热水器·单价	Shower	元/台	yuan/unit	1100.50
数量	Quantity	台/百户	unit/100h	2.64
金额	Amount	元/人	yuan/ person	9.63
(9)排油烟机·单价	Smoke absorber	元/台	yuan/unit	376.27
数量	Quantity	台/百户	unit/100h	2.64
金额	Amount	元/人	yuan/ person	3.29
(10)吸尘器·单价	Dust catcher	元/台	yuan/unit	0.00
数量	Quantity	台/百户	unit/100h	0.00
金额	Amount	元/人	yuan/ person	0.00
(11)消毒碗柜·单价	Sterilized cupboard	元/台	yuan/unit	0.00
数量	Quantity	台/百户	unit/100h	0.00
金额	Amount	元/人	yuan/ person	0.00
(12)洗碗机·单价	Washing bowl machine	元/台	yuan/unit	0.00
数量	Quantity	台/百户	unit/100h	0.00
金额	Amount	元/人	yuan/ person	0.00
(13)饮水机·单价	Drink machine	元/台	yuan/unit	1111.00
数量	Quantity	台/百户	unit/100h	0.36
金额	Amount	元/人	yuan/ person	1.33
(14)取暖器·单价	Warm machine	元/台	yuan/unit	402.36
数量	Quantity	台/百户	unit/100h	1.68
金额	Amount	元/人	yuan/ person	2.24
(15)其他	Others	元/人	yuan/person	11.29
(二)室内装饰品	Interior decoration	元/人	yuan/ person	5.53
1. 纺织装饰品	Texticles	元/人	yuan/person	1.48
2. 装饰灯具	Lamp	元/人	yuan/person	2.14
3. 其他装饰品	Others	元/人	yuan/person	1.91
(三)床上用品	Bed articles	元/人	yuan/person	31.29
(四)家庭日用杂品	Daily use articles	元/人	yuan/person	105.09
1. 厨、餐、茶具	Food and tea articles	元/人	yuan/person	6.64
2. 家用工具	House hold articles	元/人	yuan/person	0.10
3. 家居清洁用品	Cleaning articles	元/人	yuan/person	32.19
4. 其他日用杂品	Others	元/人	yuan/person	66.16
(五)家具材料	Furniture materials	元/人	yuan/person	0.30
(六)家庭服务	Households services	元/人	yuan/person	2.88
1. 家政服务	Domestic economy	元/人	yuan/person	1.69

8－1续表 10　　continued10

		单　位 Unit		合　计 Total
2．加工维修服务费	Repair	元/人	yuan/person	1.19
四、医疗保健	Health care	元/人	yuan/person	757.04
（一）医疗器具	Medical appliance	元/人	yuan/person	0.86
（二）保健器具	Health care appliance	元/人	yuan/person	3.57
（三）药品费	Medicine expense	元/人	yuan/person	374.61
（四）滋补保健品	Nourishing medicine	元/人	yuan/person	141.08
（五）医疗费	Health care service	元/人	yuan/person	236.87
（六）其他	Others	元/人	yuan/person	0.04
五、交通和通讯	Transportation and telecommuniction	元/人	yuan/person	963.61
（一）交通	Transportation	元/人	yuan/person	487.82
1．家庭交通工具	Household use	元/人	yuan/person	123.15
（1）摩托车·单价	Motorcycle	元/辆	yuan/unit	0.00
数量	Quantity	辆/百户	unit/100h	0.00
金额	Amount	元/人	yuan/ person	0.00
（2）自行车·单价	Bicycle	元/辆	yuan/unit	151.79
数量	Quantity	辆/百户	unit/100h	1.68
金额	Amount	元/人	yuan/ person	0.85
（3）助力车·单价	Vehicle	元/辆	yuan/unit	0.00
数量	Quantity	辆/百户	unit/100h	0.00
金额	Amount	元/人	yuan/ person	0.00
（4）家用汽车·单价	Family car	元/辆	yuan/unit	101852.00
数量	Quantity	辆/百户	unit/100h	0.36
金额	Amount	元/人	yuan/ person	121.58
（5）其他交通工具	Others	元/人	yuan/person	0.72
2．车辆用燃料及零配件	Fuel and parts	元/人	yuan/person	13.46
（1）燃料	Fuel	元/人	yuan/person	11.69
（2）零配件	Parts	元/人	yuan/person	1.78
（3）其他	Others	元/人	yuan/person	0.00
3．交通工具服务支出	Traffic service	元/人	yuan/person	6.04
（1）维修费	Upkeep	元/人	yaun/person	4.05
（2）车辆使用税费	Tax and expenses	元/人	yuan/person	0.00
（3）其它车辆使用费用	Other vehicle expenses	元/人	yuan/person	1.99
4．交通费	Traffic	元/人	yuan/person	345.18
（1）飞机	Airoplane	元/人	yuan/person	55.67
（2）火车	Railway	元/人	yuan/person	59.62
（3）长途汽车	Long disstance highway	元/人	yuan/person	18.65
（4）市内公共交通	Bus	元/人	yuan/person	137.40
（5）出租汽车费	Taxi	元/人	yuan/person	73.05
（6）其他交通费用	Others	元/人	yuan/person	0.78
（二）通信	Telecommunication	元/人	yuan/person	475.79
1．通信工具	Mean of telecommunication	元/人	yuan/person	72.75
（1）电话机·单价	Telephone	元/部	yuan/sub	213.89
数量	Quantity	部/百户	sub/100h	2.28
金额	Amount	元/人	yuan/ person	1.62
（2）移动电话·单价	Mobile phone	元/部	yuan/sub	1610.53
数量	Quantity	部/百户	sub/100h	13.32
金额	Amount	元/人	yuan/ person	71.13

8-1续表 11　　continued11

		单　位 Unit		合　计 Total
(3)寻呼机·单价	Bp	元/部	yuan/sub	0.00
数量	Quantity	部/人	sub/person	0.00
金额	Amount	元/人	yuan/ person	0.00
(4)传真机·单价	Fax	元/部	yuan/sub	0.00
数量	Quantity	部/百户	sub/100h	0.00
金额	Amount	元/人	yuan/ person	0.00
(5)其他通信工具	Others	元/人	yuan/person	0.00
2. 通信服务	Service	元/人	yuan/person	403.04
(1)电信费	Telecommunication	元/人	yuan/person	401.21
(2)邮费	Postage	元/人	yuan/person	1.32
(3)其他	Others	元/人	yuan/person	0.51
六、教育文化娱乐服务	Education, and recreation service	元/人	yuan/person	1166.87
(一)文化娱乐用品	Recreational articles	元/人	yuan/person	198.64
1. 彩色电视机·单价	Colour TV set	元/台	yuan/set	2398.07
数量	Quantity	台/百户	set/100h	5.04
金额	Amount	元/人	yuan/ person	40.08
2. 影碟机·单价	Video disc player	元/台	yuan/set	336.76
数量	Quantity	台/百户	set/100h	2.04
金额	Amount	元/人	yuan/ person	2.28
3. 录放像机·单价	Video recorder	元/台	yuan/set	277.67
数量	Quantity	台/百户	set/100h	0.36
金额	Amount	元/人	yuan/ person	0.33
4. 家用电脑	Computer	元/人	yuan/ person	30.26
(1)整机电脑·单价	Computer	元/台	yuan/set	4920.64
数量	Quantity	台/百户	unit/100h	1.68
金额	Amount	元/人	yuan/ person	27.41
(2)计算机外部设备	Computer peripheral equpment	元/人	yuan/person	0.53
(3)各种零配件及耗材	Parts	元/人	yuan/person	2.32
5. 组合音响·单价	Hi-Fi stereo component systern	元/台	yuan/set	0.00
数量	Quantity	台/百户	set/100h	0.00
金额	Amount	元/人	yuan/ person	0.00
6. 录音机·单价	Tape recoder	元/台	yuan/set	213.32
数量	Quantity	台/百户	set/100h	3.00
金额	Amount	元/人	yuan/ person	2.12
7. 摄像机·单价	Pick up camera	元/架	yuan/unit	0.00
数量	Quantity	架/百户	unit/100h	0.00
金额	Amount	元/人	yuan/ person	0.00
8. 照相机·单价	Camera	元/架	yuan/unit	3037.00
数量	Quantity	架/百户	unit/100h	0.36
金额	Amount	元/人	yuan/ person	3.63
9. 钢琴·单价	Piano	元/架	yuan/unit	0.00
数量	Quantity	架/百户	unit/100h	0.00
金额	Amount	元/人	yuan/ person	0.00
10. 其他中高档乐器·单价	Musical instrument	元/件	yuan/unit	1003.50
数量	Quantity	件/百户	unit/100h	0.96
金额	Amount	元/人	yuan/ person	3.19

8－1续表 12 continued12

		单　位 Unit		合　计 Total
11．健身器材·单价	Fitness equipment	元/件	yuan/set	1186.68
数量	Quantity	件/人	set/person	0.01
金额	Amount	元/人	yuan/ person	11.80
12．电子辞典·单价	Electronic dictionary	元/部	yuan/unit	283.82
数量	Quantity	部/人	unit/person	0.00
金额	Amount	元/人	yuan/ person	1.24
13．音像制品及软件	Audiovisual products and software	元/人	yuan/person	16.59
14．体育用品	Sport apparatus	元/人	yuan/person	1.45
15．书报杂志	Newspaper and magaizers	元/人	yuan/person	37.54
16．纸张文具	Paper articales	元/人	yuan/person	9.91
17．其他文娱用品	Others	元/人	yuan/person	38.21
(二)文化娱乐服务	Services	元/人	yuan/person	137.86
1．参观游览	Tourism	元/人	yuan/person	29.55
2．健身活动	Fitness	元/人	yuan/person	9.89
3．团体旅游	Group tourism	元/人	yuan/person	38.25
4．其它文娱活动	Other activities	元/人	yuan/person	59.62
5．文娱用品修理服务费	Repair services	元/人	yuan/person	0.56
(三)教育	Education	元/人	yuan/person	830.36
1．教材	Teaching material	元/人	yuan/person	65.99
(1)课本及参考书	Textbook	元/人	yuan/person	50.98
(2)教育软件	Teaching software	元/人	yuan/person	15.01
(3)其它教材	Others	元/人	yuan/person	0.00
2．教育费用	Teaching expenses	元/人	yuan/person	764.37
(1)非义务教育学杂费	Non－compulsory edacation	元/人	yuan/person	227.80
(2)义务教育学杂费	Compulsory education	元/人	yuan/person	69.85
(3)托幼费	Baby－sitting fees	元/人	yuan/person	26.49
(4)成人教育费	PTAs charges	元/人	yuan/person	44.84
(5)家教费	Family education	元/人	yuan/person	21.57
(6)培训班	Trairing	元/人	yuan/person	168.87
(7)学校住宿费	Bourding schools	元/人	yuan/person	27.84
(8)其他	Others	元/人	yuan/person	177.10
七、居住	Residehce	元/人	yuan/person	1009.54
(一)住房	House	元/人	yuan/person	415.11
1．租赁房房租	Rent	元/人	yuan/person	47.14
2．自有房租金折算	Rent discount	元/人	yuan/person	0.00
3．住房装潢支出	Decoration expenses	元/人	yuan/person	343.93
4．维修用建筑材料	Building material	元/人	yuan/person	24.04
5．其他	Others	元/人	yuan/person	0.00
(二)水电燃料及其他	Water, fuel and others	元/人	yuan/person	536.37
1．水·单价	Water	元/吨	yuan/ton	2.60
数量	Quantity	吨/人	ton/person	20.53
金额	Amount	元/人	yuan/person	53.30
2．电·单价	Electricty	元/度	yuan/degree	0.49
数量	Quantity	度/人	degree/person	370.44
金额	Amount	元/人	yuan/person	181.52

8-1续表13 continued13

		单位 Unit		合计 Total
3. 燃料	Fuel	元/人	yuan/person	111.98
(1)煤炭·单价	Coal	元/千克	yuan/kg	0.34
数量	Quantity	千克/人	kg/person	18.85
金额	Amount	元/人	yuan/ person	6.38
(2)液化石油气·单价	Liqufied gas	元/千克	yuan/kg	4.60
数量	Quantity	千克/人	kg/person	1.04
金额	Amount	元/人	yuan/person	4.77
(3)管道煤气·单价	Pipe gas	元/立方米	yuan/cu.m	1.53
数量	Quantity	立方米/人	cu.m/person	65.87
金额	Amount	元/人	yuan/ person	100.83
(4)其他燃料	Other fuel	元/人	yuan/person	0.00
4. 其他	Others	元/人	yuan/person	189.57
(三)居住服务费	Services	元/人	yuan/person	58.07
1. 物业管理费	Realty management	元/人	yuan/person	53.95
2. 维修服务费	Maintain service	元/人	yuan/person	3.78
3. 其它	Others	元/人	yuan/person	0.34
八、杂项商品和服务	Daily consumer goods and service	元/人	yuan/person	287.13
(一)杂项商品	Daily consumer goods	元/人	yuan/person	132.47
1. 金银珠宝饰品	Jewelry	元/人	yuan/person	6.28
2. 手表·单价	Watch	元/只	yuan/unit	58.93
数量	Quantity	只/人	unit/person	0.01
金额	Amount	元/人	yuan/person	0.33
3. 理发美容用具	Haircut and beauty products	元/人	yuan/person	0.17
4. 化妆品	Cosmetics	元/人	yuan/person	65.57
5. 其他杂品	Others	元/人	yuan/person	60.12
(二)服务	Services	元/人	yuan/person	154.67
1. 旅馆住宿费	Hotel	元/人	yuan/person	11.25
2. 理发洗澡费	Haircut and bathing	元/人	yuan/person	92.38
3. 美容费	Beauty	元/人	yuan/person	32.95
4. 其他服务	Others	元/人	yuan/person	18.08
非现金(实物与服务)收入总计·合计	Total non-cash income	元/人	yuan/person	188.84
一、食品·合计	Food	元/人	yuan/person	111.93
(一)粮油类·合计	Grain and oil	元/人	yuan/person	29.89
1. 粮食·合计	Grain	元/人	yuan/person	19.45
2. 淀粉及薯类·合计	Tubers	元/人	yuan/person	0.30
3. 干豆类及豆制品·合计	Soybeans products	元/人	yuan/person	0.43
4. 油脂类·合计	Oil and fat	元/人	yuan/person	9.72
(二)肉禽蛋水产品类·合计	Meat poulty and aquatic	元/人	yuan/person	23.62
1. 肉类·合计	Meat	元/人	yuan/person	8.70
2. 禽类·合计	Poulty	元/人	yuan/person	4.89
3. 蛋类·合计	Eggs	元/人	yuan/person	1.70
4. 水产品类·合计	Aqutic	元/人	yuan/person	8.32
(三)蔬菜类·合计	Vegetables	元/人	yuan/person	2.05
(四)调味品·合计	Seasoning	元/人	yuan/person	3.21
(五)糖烟酒饮料类·合计	Sugar tobacco and alcohol	元/人	yuan/person	22.19
1. 糖类·合计	Sugar	元/人	yuan/person	0.30

8-1续表14 continued14

		单　位 Unit		合　计 Total
2.烟草类·合计	Tobacco	元/人	yuan/person	3.46
3.酒类·合计	Alcohol	元/人	yuan/person	10.18
4.饮料类·合计	Beverage	元/人	yuan/person	8.26
(六)干鲜瓜果类·合计	Dried and fresh furits	元/人	yuan/person	16.53
(七)糕点、奶及奶制品·合计	Cakes milk and milk products	元/人	yuan/person	6.18
1.糕点·合计	Cakes	元/人	yuan/person	4.60
2.奶及奶制品·合计	Milk and milk products	元/人	yuan/person	1.58
(八)其他食品·合计	Other food	元/人	yuan/person	3.60
(九)饮食服务·合计	Service	元/人	yuan/person	4.65
1.食品加工服务费·合计	Processing	元/人	yuan/person	0.00
2.在外饮食·合计	Catering	元/人	yuan/person	4.65
二、衣着·合计	Gament	元/人	yuan/person	21.18
(一)服装·合计	Clothes	元/人	yuan/person	15.40
(二)衣着材料·合计	Cloth materials	元/人	yuan/person	0.60
(三)鞋类·合计	Shoes	元/人	yuan/person	4.44
(四)其他衣着用品·合计	Other clothing	元/人	yuan/person	0.74
(五)衣着加工服务费·合计	Processing services	元/人	yuan/person	0.00
三、家庭设备用品及服务·合计	Household facilities and artides	元/人	yuan/person	8.44
(一)耐用消费品·合计	Durable comsumer goods	元/人	yuan/person	2.14
(二)室内装饰品·合计	Interior decoration	元/人	yuan/person	0.77
(三)床上用品·合计	Bed articles	元/人	yuan/person	2.16
(四)家庭日用杂品·合计	Daily use articles	元/人	yuan/person	3.15
(五)家具材料·合计	Furniture materials	元/人	yuan/person	0.22
(六)家庭服务·合计	Household services	元/人	yuan/person	0.00
四、医疗保健·合计	Health care	元/人	yuan/person	4.31
(一)医疗器具·合计	Medical appliance	元/人	yuan/person	0.00
(二)保健用品·合计	Health care appliance	元/人	yuan/person	1.46
(三)药品费·合计	Medincine expense	元/人	yuan/person	0.52
(四)滋补保健品·合计	Nourshing medicine	元/人	yuan/person	2.33
(五)医疗费·合计	Health care service	元/人	yuan/person	0.00
(六)其他·合计	Others	元/人	yuan/person	0.00
其中:医疗基金·合计	Medical foundation	元/人	yuan/person	0.00
五、交通和通讯·合计	Transportation and telecommuujcation	元/人	yuan/person	9.84
(一)交通·合计	Transportation	元/人	yuan/person	3.09
(二)通信·合计	Telecommunication	元/人	yuan/person	6.74
六、教育文化娱乐服务·合计	Education and recreation services	元/人	yuan/person	18.19
(一)文化娱乐用品·合计	Recreational articles	元/人	yuan/person	15.17
(二)文化娱乐服务·合计	Recreational services	元/人	yuan/person	3.02
(三)教育·合计	Education	元/人	yuan/person	0.00
七、居住·合计	Residence	元/人	yuan/person	1.98
(一)住房·合计	House	元/人	yuan/person	0.00
(二)水电燃料及其他·合计	Water fuel and others	元/人	yuan/person	1.20
(三)居住服务费·合计	Service	元/人	yuan/person	0.78
八、杂项商品和服务·合计	Daily consumer goods and service	元/人	yuan/person	12.97
(一)杂项商品·合计	Daily comsumer goods	元/人	yuan/person	12.64
(二)服务·合计	Service	元/人	yuan/person	0.33

8-2 农村人口状况

		单位 Unit		合计 Total
调查户数	Households surveyed	户	household	630
一、常住人口	Permanent residents	人	person	2300.00
二、整半劳动力	Able bodied and semi able bodied laborers	人	person	1711.00
1. 男劳动力人数	Male laborers	人	person	882.00
2. 整劳动力	Able laborers	人	person	1127.00
三、就业劳动力人数	Employment	人	person	1969.00
1. 在一产业就业的劳动力	Primary industry	人	person	1410.00
2. 在二产业就业的劳动力	Secondary industry	人	person	114.00
3. 在三产业就业的劳动力	Tertiary industry	人	person	172.00
四、常住人口中外出就业的劳动力人数	Flow laborers of pernament residents	人	person	209.00
五、劳动力文化程度	Educational level for laborer			
1. 不识字或识字很少	Illiterate and semi-illiterate	人	person	59.00
2. 小学程度	Primary school	人	person	545.00
3. 初中程度	Junior secondary school	人	person	921.00
4. 高中程度	Senior secondary school	人	person	141.00
5. 中专	Special secondary school	人	person	25.00
6. 大专及以上	Junior college and above	人	person	20.00

BASIC STATISTICS ON RURAL POPULATION

榆树市 Yu shu	农安县 Nong'an	德惠市 Dehui	九台市 Jiutai	双阳区 Shuangyang	城　区 District
100	100	100	100	100	130
395.00	382.00	380.00	375.00	352.00	416.00
294.00	279.00	269.00	267.00	270.00	332.00
146.00	141.00	139.00	138.00	138.00	180.00
205.00	186.00	186.00	169.00	179.00	202.00
294.00	279.00	269.00	267.00	270.00	317.00
250.00	274.00	215.00	231.00	222.00	218.00
16.00		27.00	22.00	13.00	36.00
28.00	5.00	27.00	14.00	35.00	63.00
39.00	5.00	36.00	34.00	33.00	62.00
15.00	24.00	5.00	6.00	5.00	4.00
125.00	89.00	90.00	86.00	98.00	57.00
124.00	143.00	149.00	140.00	137.00	228.00
25.00	22.00	18.00	25.00	18.00	33.00
1.00	1.00	3.00	7.00	6.00	7.00
4.00		4.00	3.00	6.00	3.00

8－3 农村生产性固定资产及土地经营、耕地流转情况

		单位 Unit	合计 Total
一、期末生产性固定资产原值	Productive fixed assets in original	元 yuan	6159490.00
1.农业	Agriculture	元 yuan	4020590.00
#房屋及建筑物	Buildings	元 yuan	1498500.00
役畜	Draught animals	元 yuan	892600.00
大中型铁木农具	Wood and iron farm tools	元 yuan	375200.00
农业机械	Machinery of agriculture	元 yuan	1126740.00
2.林业	Forest	元 yuan	
#房屋及建筑物	Buildings	元 yuan	
役畜	Draught animals	元 yuan	
大中型铁木农具	Wood and iron farm tools	元 yuan	
农业机械	Machinery of agriculture	元 yuan	
3.牧业	Animal husbandary	元 yuan	1400650.00
#房屋及建筑物	Buildings	元 yuan	500900.00
产品畜	Commodity animals	元 yuan	779800.00
大中型铁木农具	Wood and iron farm tools	元 yuan	1000.00
牧业机械	Machinery of agriculture	元 yuan	46850.00
4.渔业	Fishery	元 yuan	35000.00
#房屋及建筑物	Buildings	元 yuan	35000.00
大中型铁木农具	Wood and iron farm tools	元 yuan	
渔业机械	Machinery of agriculture	元 yuan	
5.采矿业	Mining indusrry	元 yuan	
6.制造业	Manufacturing	元 yuan	5150.00
#房屋及建筑物	Buildings	元 yuan	3500.00
生产设备	Equipment of production	元 yuan	1650.00
7.电力煤气与水的生产及供应	Production and supply of power gas and water	元 yuan	80000.00
8.建筑业	Construction	元 yuan	99000.00
9.交通运输业、仓储和邮政业	Transportation	元 yuan	471800.00
10.批发和零售贸易业	Wholesales, retail trade and catering serices	元 yuan	27300.00
11.住宿和餐饮业	Hotels and catering	元 yuan	
12.居民服务与其他服务业	Resident and other services	元 yuan	20000.00
13.教育	Education	元 yuan	
14.卫生、社会保障和福利业	Health care securities and social welfare		
15.文化、体育和娱乐业	Culture sports and recreation		
16.其他	Others	元 yuan	
二、期末主要生产性固定资产数量	Number of productive fixed assets		
1.房屋及建筑物	Building	平方米 sq.m	17797.00
2.汽车	Automobile	辆 unit	9.00
3.大中型拖拉机	Large and middle tractors	台 unit	31.00
4.小型和手扶拖拉机	Mini－tractors	台 unit	137.50
5.机动脱粒机	Motorized threshing machines	台 unit	24.00
6.收割机	Harvester	台 unit	
7.农用动力机械	Agricultural machinery	台 unit	98.00
8.胶轮大车	Cart with rubber tires	架 unit	117.50
9.水泵	Pump	台 unit	111.00
10.役畜	Draught	头 head	343.00
11.产品畜	Commodity animals	头 head	513.00
三、土地经营情况	Cultivated land		
1.耕地面积	Area of cultivated land	亩 ha	11366.27
#有效灌溉面积	Effective irrigation area	亩 ha	1266.85
2.山地面积	Mountains	亩 ha	96.00
3.园地面积	Garden plot	亩 ha	26.30
4.牧草地面积	Grass land	亩 ha	
5.养殖水面面积	Cultivatable water area	亩 ha	
四、耕地流转情况	Change of cultivated land		
1.年初经营耕地面积	Area of cultivated land at beginning of year	亩 ha	11021.85
2.年内转入耕地面积	Increasing of cultivated land	亩 ha	524.15
3.年内转出耕地面积	Decreasing of cultivated land	亩 ha	57.43
4.年末经营耕地面积	Area of cultivated land at end of year－end	亩 ha	11488.57

PRODUCTIVE FIXED ASSETS, LAND OPERATION AND CHANGE OF CULTIVATED LAND

榆树市 Yu shu	农安县 Nong'an	德惠市 Dehui	九台市 Jiutai	双阳区 Shuangyang	城　区 District
890250.00	787900.00	796600.00	1411300.00	1516040.00	757400.00
578700.00	747900.00	407800.00	1295400.00	669690.00	321100.00
183100.00	192300.00	16000.00	825000.00	202600.00	79500.00
144300.00	168400.00	124500.00	177300.00	182600.00	95500.00
82300.00	63500.00	31000.00	161750.00	9200.00	27450.00
168900.00	323700.00	224600.00	99350.00	191540.00	118650.00
270450.00	25000.00	38200.00	115900.00	733800.00	217300.00
160800.00	16000.00	1000.00	43800.00	222800.00	56500.00
100500.00	7000.00	34200.00	71100.00	441200.00	125800.00
			1000.00		
8550.00	2000.00			1300.00	35000.00
					35000.00
					35000.00
800.00				4350.00	
				3500.00	
800.00				850.00	
					80000.00
1000.00					98000.00
25000.00	15000.00	338600.00		92200.00	1000.00
6300.00				16000.00	5000.00
8000.00		12000.00			
3902.00	1349.00		3805.00	7431.00	1310.00
1.00	2.00	1.00		3.00	2.00
6.00	6.00	3.00	8.00	2.00	6.00
20.00	35.00	27.00	20.00	27.50	8.00
9.00	2.00	3.00	7.00	2.00	1.00
13.00	10.00	23.00	14.00	16.00	22.00
19.00	19.00	27.00	1.00	33.50	18.00
3.00	33.00	33.00	13.00	18.00	11.00
63.00	61.00	45.00	65.00	66.00	43.00
125.00	12.00	12.00	83.00	226.00	55.00
2446.99	1907.60	1994.27	1920.83	1868.78	1227.80
		534.05	362.40	219.55	150.85
					96.00
1.50					24.80
2340.24	1817.20	1826.55	1825.88	1853.78	1235.90
127.58	109.40	167.72	104.45	15.00	
20.83	19.00		9.50		8.10
2446.99	1907.60	1994.27	1920.83	1868.78	1227.80

8－4 农村住房情况

		单 位 Unit	合 计 Total
一、期末住房情况	House at year－end		
(一)住房面积	Floor space of house	平方米 sq·m	50568.00
其中:租用住房面积	Floor space of house rented	平方米 sq·m	
(二)住房价值	Value of house	元 yuan	17025300.00
(三)住房类型	Type of building		
1.楼房面积	Floor space of building	平方米 sq·m	1723.00
2.砖瓦平房面积	Floor space of brick and wood structure	平方米 sq·m	41265.00
3.其他	Others	平方米 sq·m	7580.00
(四)住房结构	Structure of building		
1.钢筋混凝土结构面积	Reinforced concrete structurs	平方米 sq·m	988.00
2.砖木结构面积	Brick and wood structure	平方米 sq·m	42112.00
3.其他	Others	平方米 sq·m	7468.00
二、期内新建(购)住房情况	New house		
(一)新建(购)住房面积	Floor space of new house	平方米 sq·m	1354.00
(二)新建(购)住房价值	Value of new house	元 yuan	565000.00
(三)新建(购)住房类型	Type of new house		
1.楼房面积	Floor space of building	平方米 sq·m	100.00
2.砖瓦平房面积	Floor space of brick and wood structure	平方米 sq·m	1161.00
3.其他	Others	平方米 sq·m	93.00
(四)新建(购)住房结构	Structure of new house		
1.钢筋混凝土结构面积	Reinforced concrete structure	平方米 sq.m	
2.砖木结构面积	Brick and wood structure	平方米 sq.m	1261.00
3.其他	Others	平方米 sq.m	93.00

8－5 主要农作物产量

单位:公斤

		合 计 Total
(一)谷物产量	Grain	6031391.00
其中:1.小麦	Wheat	
2.水稻	Rice	725440.00
3.玉米	Corn	5292651.00
(二)大豆	Soybeans	102806.00
(三)薯类	Tubers	6861.00
(四)棉花产量	Cotton	
(五)油料作物产量	Oil crops	3210.00
(六)糖料作物产量	Sugar crops	
(七)蔬菜产量	Vegetable	1517153.25
(八)水果产量	Fruits	8688.00

BASIC STATISTICS ON RURAL HOUSES

榆树市 Yushu	农安县 Nong'an	德惠市 Dehui	九台市 Jiutai	双阳区 Shuangyang	城 区 District
7086.00	7468.00	7955.00	9039.00	7451.00	11569.00
2046000.00	2205000.00	2396000.00	3355000.00	2205300.00	4818000.00
			944.00	779.00	
4464.00	6480.00	7218.00	6906.00	5250.00	10947.00
2622.00	988.00	737.00	1189.00	1422.00	622.00
176.00	92.00				
4288.00	6730.00	7218.00	7850.00	5909.00	10117.00
2622.00	646.00	737.00	1189.00	1542.00	732.00
168.00	170.00	430.00	199.00	98.00	289.00
104000.00	55000.00	185000.00	66000.00	55000.00	100000.00
					100.00
168.00	170.00	430.00	106.00	98.00	189.00
			93.00		
168.00	170.00	430.00	106.00	98.00	289.00
			93.00		

YIELD OF MAJOR AGRICULTURAL PRODUCTS

unit:kg

榆树市 Yushu	农安县 Nong'an	德惠市 Dehui	九台市 Jiutai	双阳区 Shuangyang	城 区 District
1149560.00	1040118.00	902700.00	898130.00	972423.00	1068460.00
61260.00		256820.00	153830.00	100380.00	153150.00
1075000.00	1040118.00	645880.00	744300.00	872043.00	915310.00
62760.00	1680.00	8005.00	7970.00	20345.00	200.00
	6036.00				825.00
3160.00			50.00		
107667.00	620476.00	124558.25	67680.50	68486.50	528285.00
830.00	900.00	880.00	1960.00	480.00	3638.00

8－6 农村粮食收、支、存情况
BASIC STATISTIC ON RURAL GRAIN

单位：公斤 unit：kg

		合计 Total	榆树市 Yushu	农安县 Nong'an	德惠市 Dehui	九台市 Jiutai	双阳区 Shuangyang	城区 District
一、年初粮食结存	Grain at year beginning	4742299.27	693469.01	847554.60	889478.00	923485.50	848165.00	540147.15
二、年内粮食收入合计	Revenue of grain	6646910.23	1332113.92	1117031.84	972915.96	991843.10	1047564.86	1185440.57
1.生产	Production	6141058.00	1213350.00	1048534.00	910705.00	906216.00	992768.00	1069485.00
2.购入	Purchase	500728.38	118763.92	68497.83	62210.96	85627.09	54796.86	110831.71
3.其他粮食收入	Others	5123.85						5123.85
三、年内粮食支出合计	Expenditure for grain	6556857.50	1068117.93	1157976.44	989381.96	1059868.60	1022479.86	1259032.72
1.主食用粮	Major grain	412178.86	71353.12	68439.23	64714.51	61671.64	61505.36	84494.99
2.其他生活用粮	Other living grain							
3.出售	Sale	5381167.10	803779.00	859907.60	862119.00	909601.50	833593.00	1112167.00
4.种子	Seeds	42248.02	9277.80	6562.60	6304.45	6495.45	6220.50	7387.22
5.饲料	Forage	720253.50	183708.00	223067.00	55244.00	82100.00	121161.00	54973.50
6.借出	Lend							
7.归还借粮	Payable grain							
8.其他粮食支出	Others	1010.00			1000.00			10.00
四、年末粮食结存	Grain storage at year end	4831892.00	957465.00	806610.00	873012.00	855460.00	873250.00	466095.00
#口粮	Food grain	192187.00	33725.00	47680.00	38312.00	18930.00	38815.00	14725.00
饲料	Forage	165950.00	149290.00	270500.00	49510.00	134900.00	173450.00	65370.00
种子	Seeds	843020.00		35770.00		73230.00		56950.00
其他	Others	3630735.00	77450.00	452660.00	785190.00	628400.00	660985.00	329050.00

8－7 农村出售产品情况

BASIC STATISTICS ON RURAL PRODUCTS SALED

（农村住户抽样调查资料） Data are obtained from the sample surveys on rural households

	单 位 Unit	合 计 Total	榆树市 Yushu	农安县 Nong′an	德惠市 Dehui	九台市 Jiutai	双阳区 Shuangyang	城 区 District
1.粮食 Grain	公斤 kg	5297050.50	765311.00	854690.00	854925.50	900192.00	819078.00	1102854.00
金额 Amount	元 yuan	5081052.38	607862.10	716342.20	915237.50	973110.70	764890.95	1103608.93
＃稻谷 Rice	公斤 kg	603135.50	16200.00	2720.00	228760.50	154291.00	64264.00	136900.00
金额 Amount	元 yuan	1028277.00	28635.00	5762.00	370892.50	260963.50	110089.00	251935.00
＃玉米 Corn	公斤 kg	4672954.10	740811.00	847123.10	625859.00	745901.00	753714.00	959546.00
金额 Amount	元 yuan	4032535.88	571698.10	704716.70	543934.00	712147.00	652166.95	847872.93
2.油料 Beans	公斤 kg	17254.00	2993.00	1675.50	12478.00	10.00	27.50	70.00
金额 Amount	元 yuan	62853.00	8512.50	3833.50	50029.00	48.00	110.00	320.00
3.糖料 Beetroots	公斤 kg							
金额 Amount	元 yuan							
4.烟叶 Tobacco leaf	公斤 kg	1500.00			1500.00			
金额 Amount	元 yuan	10240.00			10240.00			
5.蔬菜 Vegetable	公斤 kg	862595.75	14311.00	366202.00	29621.25	4978.00	4310.50	443173.00
金额 Amount	元 yuan	479860.28	6431.50	184730.38	15944.30	9556.00	25615.10	237583.00
6.瓜类 Melon	公斤 kg	226143.50		209990.50	11742.00		3162.00	1249.00
金额 Amount	元 yuan	109567.50		92511.50	10286.00		5300.00	1470.00
7.水果 Fruits	公斤 kg	6814.00	775.00	100.00	705.00	1714.00		3520.00
金额 Amount	元 yuan	15415.00	1134.00	399.00	946.00	3708.00		9228.00
8.木材 Timber	立方米 cu.m	70.20		6.20	29.60		16.90	17.50
金额 Amount	元 yuan	26180.00		2330.00	8950.00		5900.00	9000.00
9.出售牧业产品 Sale meat								
肉猪 Hogs	公斤 kg	219062.40	60378.50	63903.90	7121.00	42519.00	14279.00	30861.00
金额 Amount	元 yuan	1654982.30	418497.00	474595.00	47627.00	334059.00	108682.30	271522.00
肉牛 Cattle	公斤 kg	43092.70	4375.00	3299.20	7455.50	1550.00	1848.00	24565.00
金额 Amount	元 yuan	383758.00	30408.00	21850.00	69800.00	11150.00	20700.00	229850.00
菜羊 Goats	公斤 kg	1587.00		827.00	540.00	20.00	200.00	
金额 Amount	元 yuan	11230.00		4950.00	3350.00	180.00	2750.00	
家禽 Poultry	公斤 kg	15117.00	943.40	1449.80	2855.30	549.50	2407.00	6912.00
金额 Amount	元 yuan	105486.50	9026.50	12482.30	20149.70	5283.00	17056.00	41489.00
10.猪肉 Pork	公斤 kg	4134.25	20.00	396.75	367.00	103.50	2035.00	1212.00
金额 Amount	元 yuan	40144.60	253.00	3959.00	2668.00	1298.00	21049.60	10917.00
11.蛋类 Eggs	公斤 kg	80660.70	166.80	2481.75	17070.60	683.00	7164.55	53094.00
金额 Amount	元 yuan	405090.87	1257.80	16380.32	69845.50	3922.20	37968.50	275716.55
12.羊毛 Wool	公斤 kg							
金额 Amount	元 yuan							

8-8 农村总收入和纯收入

（农村住户抽样调查资料）

单位：元

		合 计 Total
一、全年总收入	Gross income	14165077.27
（一）工资性收入	Basic income	2184690.00
1.在非企业组织中劳动得到的报酬	From collective organization	281042.00
2.在本乡地域内劳动得到的报酬	From local enterprises	515891.00
#在企业中劳动得到的	From township enterprises	289035.50
在国家投资基建项目得到的	From national projects	460.00
提供其他劳务收入	Other services	226395.50
3.外出从业得到的	From other places	1387757.00
在乡外县内从业得到的	From other townhships	196551.00
在县外省内从业得到的	From other counties	406905.00
在省外国内从业得到的	From other provinces	118170.00
在国外从业得到的	From foreign countries	666131.00
（二）家庭经营收入	Income from households business	10900691.06
1.农业收入	Farming	7051035.53
农产品收入	Form products	6852795.53
2.林业收入	Forestery	23947.85
3.牧业收入	Animal husbandry	3362729.18
4.渔业收入	Fishery	2574.00
5.工业收入	Industry	28008.00
6.建筑业收入	Construction	92555.00
7.交通运输和邮电业收入	Transportation, post and telecommunication	152599.50
8.批发和零售贸易餐饮业收入	Wholesale retail trade and catering	
9.社会服务业收入	Social services	21131.50
10.文教卫生业收入	Education, culture and health care	8556.00
11.其他行业收入	Others	58408.00
（三）转移性收入	Transfer income	580346.02
1.家庭非常住人口寄回和带回	Send back from other places	41095.00
2.城市亲友赠送收入	Gift from relative in city	18448.00
3.农村亲友赠送收入	Gift from relative in rural area	62532.00
4.退耕还林还草补贴收入	Subsidy of governmert	8687.00
5.粮食直接补贴收入	Grain income	310492.88
（四）财产性收入	Property income	499350.19
1.利息	Interest	4998.48
2.租金	Dividend Rent	16436.00
3.红利	Dividend	765.50
4.土地征用补偿	Subsidy for use of land	42041.00
5.转让承包土地经营权收入	Transfer of contracted land mangment rights	
6.其他投资收益	Investment	300.00
7.其他	Others	372978.21
二、全年纯收入	Net income	9614272.13
三、全年人均纯收入	Per capita net income	4180.12

GROSS AND NET INCOME OF RURAL HOUSEHOLDS

Data are obtained from the sample surveys on rural households

unit: yuan

榆树市 Yushu	农安县 Nongan	德惠市 Dehui	九台市 Jiutai	双阳区 Shuangyang	城　区 District
2254353.15	2192870.79	1938356.24	1973797.54	1905389.51	3900310.04
260600.50	59112.00	272594.50	214379.50	205220.50	1172783.00
30889.00	14170.00	47655.00	36866.00	33026.00	118436.00
63594.50	26192.00	42029.50	49565.50	115686.50	218823.00
400.00	3007.00	21816.00	22851.00	51998.50	188963.00
		460.00			
63194.50	23185.00	19753.50	26714.50	63688.00	29860.00
166117.00	18750.00	182910.00	127948.00	56508.00	535524.00
3390.00	12950.00	31580.00	19255.00	8879.00	120497.00
71657.00	5800.00	145330.00	64262.00	25829.00	94027.00
91070.00		6000.00	13300.00	7800.00	
			31131.00	14000.00	621000.00
1870335.70	1993673.25	1442168.72	1502521.00	1530346.43	2561645.95
1250870.48	1287186.57	1072199.47	979657.88	1058908.42	1402212.70
1179646.48	1277378.57	1063516.47	952861.88	1018039.42	1361534.70
	2387.50	9154.88	430.00	6310.00	5665.47
540238.92	665295.08	290862.36	494252.02	377159.01	994921.79
	226.00	520.50	227.50		1600.00
18847.00	1255.00	14.00		3752.00	4140.00
2000.00	6965.00	11560.00		1900.00	70130.00
23008.50	1800.00	14614.00	10957.00	58077.00	44143.00
34620.80	720.00	12268.00	14000.60	23970.00	8300.00
750.00	390.00	19866.50			125.00
		8556.00			
	25781.00	2226.00	2996.00	270.00	27135.00
81092.50	105034.00	110131.00	126044.57	122796.64	35247.31
4300.00	500.00	8800.00	23995.00	3500.00	
700.00	300.00	12588.00	1660.00	300.00	2900.00
6666.00	6300.00	15460.00	3770.00	25336.00	5000.00
				6981.00	1706.00
68055.50	62014.00	54229.00	46247.07	61248.89	18698.42
42324.45	35051.54	113462.01	130852.46	47025.95	130633.78
1490.00		300.00			3208.48
50.00		1200.00	600.00	20.00	14566.00
			517.50	248.00	
20045.00					21996.00
3589.00	2122.00	33370.00	3100.00	18650.00	
			300.00		
17150.45	32929.54	78592.01	126334.96	27107.95	90863.30
1388222.91	1287526.36	1310731.25	1245539.93	1161263.93	3220987.75
3514.49	3370.49	3449.29	3321.144	3299.05	7742.76

8-9 农村总支出

单位:元　　　　(农村住户抽样调查资料)

		合 计 Total
全年总支出	Gross expenditures	11669962.62
一、家庭经营费用支出	Expenses of household business	4052954.14
1.农业生产支出	Farming	2232449.19
2.林业生产支出	Forestry	14528.30
3.牧业生产支出	Animal husbandry	1745188.65
4.渔业生产支出	Fishery	234.50
5.工业生产支出	Industry	3276.30
6.建筑业生产支出	Construction	13080.00
7.交通运输和邮电业支出	Transportation, post and telecommunication	32979.10
8.文教卫生业支出	Education culture and health care	20.00
9.批发和零售贸易、餐饮业支出	Wholesale, retail trade and catering	2751.10
10.社会服务业支出	Social services	3439.00
11.其他家庭经营支出	Others	5008.00
二、购置生产性固定资产支出	Expenditures for purchasing fixed assets	673787.90
三、建造生产性固定资产雇工支出	Expenditures for employment	955.00
四、税费支出	Tax expendiures	25301.36
第一产业税金	Primary indusery taxes	773.50
第二产业税金	Secondary industry taxes	
第三产业税金	Tertiary industry taxes	3072.00
其他各种收费	Others	21455.86
五、村提留	Draw down in village	
乡统筹	Overall plan of township	
六、生活消费支出	Living experditure	5938092.31
其中:服务性支出	Services	1685162.19
(一)食品消费支出	Food	2695648.00
A.食品消费品支出	Staple food	2199794.25
(1)谷物	Grain	617694.97
(2)薯类	Tubers	29295.10
(3)豆类	Beans	44204.69
(4)食用油	Edible oil	124461.44
(5)蔬菜及制品	Vegetables and products	271075.67
(6)肉、禽、蛋、奶及制品	Meat、poulty、eggs、milk and milk produets	540107.52
(7)水产品及制品	Aquatic and products	51075.30
(8)烟、酒	Tobacco and liquor	212085.25
(9)茶叶、饮料	Tea and drink	15741.60
(10)其它类食品	Others	294052.71
B.食品消费服务性支出	Services	203754.20
(1)在外饮食	Catering	175823.40
(2)食品加工费	Processing	11207.30
(3)其他服务性支出	Others	16723.50
(二)衣着	Garments	355652.44
(三)居住	Residence	892879.21
#装修生活用房材料	Decorative materials	51463.60
(四)家庭设备、用品及服务	Articles and services of houschold	188875.20
(五)医疗保健	Health care	674242.59
(六)交通和通讯	Transportation and telecommunication	638398.05
(七)文教娱乐用品及服务	Educaton, cultural and recreation services	666231.47
(八)其他商品和服务消费	Other goods and services	118264.90
七、转移性支出	Transfer expenditure	861201.90
1.寄给和带给在外人口	Send to others outside	410000.80
2.赠送农村亲友	Send to rural relatives	350885.00
3.赠送城市亲友	Send to urban relatives	20058.00
八、财产性支出	Property expenditure	117670.00
1.宅基地有偿使用费	Fees of house base used	
2.承包其他农户转让费	Rent fee	115050.00
3.其他	Others	2620.00

EXPENDITURES OF RURAL HOUSEHOLDS

Data are obtained from the sample surveys on rurel households　　　unit:yuan

榆树市 Yushu	农安县 Nongan	德惠市 Dehui	九台市 Jiutai	双阳区 Shuangyang	城　区 District
2180271.48	**1985741.69**	**1886212.10**	**1974996.49**	**1829377.58**	**1813363.28**
783027.24	846517.77	556827.82	627316.95	616313.89	622950.47
371448.79	440614.45	375192.80	349888.85	388873.03	306431.27
673.00	3016.00	2531.50	2162.00	1094.00	5051.80
398822.65	398166.32	169875.42	275013.10	209330.76	293980.40
		232.50	2.00		
2616.30				660.00	
2050.00	1100.00	1200.00			8730.00
7111.50	976.00	3186.60	1.00	15036.00	6668.00
					20.00
181.00				1320.10	1250.00
		3439.00			
124.00	2645.00	1170.00	250.00		819.00
156136.00	176511.90	78633.00	74074.00	127277.00	61156.00
		900.00			55.00
17087.00		2230.50	3699.00	1406.36	878.50
		760.00			13.50
413.00			2247.00	70.00	342.00
16674.00		1470.50	1452.00	1336.36	523.00
945488.75	889327.51	1089715.18	1050178.54	926247.83	1037134.50
218379.50	244947.03	307052.60	330766.17	214109.19	369907.70
390364.90	394985.28	433311.78	390852.72	376912.04	417121.73
353821.00	375866.38	387622.68	341782.82	356052.44	384648.93
112582.50	104865.80	99438.00	98556.30	84388.80	117863.57
1438.50	13188.42	3432.18	3546.90	1191.00	6498.10
3082.40	3057.25	5230.14	5357.20	18516.10	8961.60
24394.20	18228.50	17773.84	22795.80	13765.60	27503.50
40919.45	33697.13	56873.67	31710.02	48551.89	59323.51
74175.00	120707.22	96087.14	94348.52	85279.97	69509.67
7718.00	8310.60	12687.80	8116.20	6044.10	8198.60
35048.10	27999.70	39391.45	30946.10	41470.50	37229.40
2532.45	2086.75	2625.00	2890.50	3067.60	2539.30
51930.40	43725.02	54083.45	43515.28	53776.88	47021.68
36543.90	19118.90	45689.10	49069.90	20859.60	32472.80
36113.40	15377.00	39595.10	35966.50	18801.60	29949.80
405.50	722.40	5427.00	576.40	2058.00	2018.00
5.00	3019.50	667.00	12527.00		505.00
65745.00	41220.50	60665.40	50353.90	60049.24	77618.40
118102.00	127335.10	187002.20	173613.54	121916.50	164909.87
4935.70	3332.50	23418.50	13848.80	4935.70	992.40
30514.30	28289.10	29014.20	43140.00	36974.20	20943.40
120053.84	65191.30	125944.80	111502.70	132070.85	119479.10
121505.10	82176.23	113065.60	123019.68	105173.74	93457.70
81355.40	139544.50	114497.40	133483.40	74747.47	122603.30
17848.20	10585.20	26213.80	24212.60	18403.80	21001.00
238664.50	29361.50	140857.60	208368.00	153481.50	90468.80
227878.00	15520.00	94730.00	3730.00	19694.00	48448.80
250.00	10528.50	30968.00	165599.00	118722.50	24817.00
500.00	400.00	6628.00	3540.00	5230.00	3760.00
39868.00	44023.00	17048.00	11360.00	4651.00	720.00
39748.00	42523.00	17048.00	11360.00	3651.00	720.00
120.00	1500.00			1000.00	

8－10 农村住户食品消费情况

单位:公斤 (农村住户抽样调查资料)

		合计 Total
一、谷物	Grain	388780.34
#小麦	Wheat	55971.53
稻谷	Rice	274298.79
玉米	Corn	51599.50
高粱	Jowar	14.00
谷子	Millet	667.30
其他谷物	Others	6229.22
二、薯类	Tubers	6830.92
#红薯	Pachyrhizus	181.70
马铃薯	Potato	5513.52
其他薯类	Others	1135.70
三、豆类消费量	Beans	16567.60
#大豆	Soybean	12852.00
其他豆类	Others	3715.60
四、消费油脂类	Oil and fat	20055.68
1.植物油	Beaning oil	19551.38
2.动物油	Fat	504.30
五、烟叶消费量	Tobacco leaf	1323.00
六、豆制品	Soybean products	10036.53
七、蔬菜及菜制品消费量	Vegetables	338454.73
1.叶菜类	Celery	152693.46
2.瓜菜类	Cucumber	36318.23
3.块根、块茎类	Root vegetable	60464.68
4.茄果类	Tomato	41306.43
5.葱蒜类	Onion	21667.11
6.菜用豆类	Beans	18880.55
7.水生菜类	Vegetable in water	492.10
8.蘑菇和菌类	Mushroom	504.02
9.其他鲜菜	Other vegetable	6128.15
八、瓜类	Melon	15153.25
1.西瓜	Watermelon	12516.95
2.其他瓜类	Others	2636.30
九、水果类	Fruits	46816.25
十、消费茶叶	Tea	67.83
十一、坚果消费量	Nuts	571.30
十二、消费肉禽及制品	Meat and its product	48476.16
1.猪肉	Pork	33756.05
2.牛肉	Beef	3162.60
3.羊肉	Mutton	284.21
4.家禽	Poultry	9545.00
5.其他肉禽及制品	Other meat and poultry	1728.30
十三、消费鲜蛋及蛋制品	Eggs and its poducts	15151.15
十四、消费鲜奶及奶制品	Milk and products	2295.40
十五、消费水产品	Aquatic	6733.72
1.鱼类	Fish	6410.52
2.虾、贝、蟹类	Shrimps shellfish and crab	119.20
3.藻类	Marine alga	104.50
4.其他	Other aquatic	99.50
十六、消费食糖	Sugar	1558.04
十七、消费酒	Drink and liquor	32594.32
1.白酒	Liquor	12108.60
2.啤酒	Beer	20356.72
3.果酒	Wine	109.00

CONSUMPTION OF MAJOR FOOD IN RURAL HOUSEHOLDS

Data are obtained from the sample surveys on rural households

unit: kg

榆树市 Yushu	农安县 Nong'an	德惠市 Dehui	九台市 Jiutai	双阳区 Shuangyang	城 区 District
69692.52	64003.93	62374.15	59264.87	53362.06	80082.80
8708.67	14555.33	7099.20	8085.67	3926.67	13596.00
54072.86	41210.00	44654.00	42802.86	47115.07	44444.00
6720.00	7750.00	9737.50	4420.00	1826.00	21146.00
10.00				4.00	
69.00	392.60	191.00	5.00		9.70
112.00	96.00	692.45	3951.35	490.32	887.10
446.40	3424.70	598.66	695.62	282.60	1382.94
	6.20	88.80	49.50	3.00	34.20
85.00	3417.20	264.20	398.72	278.60	1069.80
361.40	1.30	245.66	247.40	1.00	278.94
1214.20	1010.60	1741.70	1711.15	7860.70	3029.25
1027.50	318.50	1036.50	769.50	7656.00	2044.00
186.70	692.10	705.20	941.65	204.70	985.25
3911.75	2857.45	2769.12	3587.31	2156.55	4773.50
3825.25	2672.90	2727.87	3544.31	2031.05	4750.00
86.50	184.55	41.25	43.00	125.50	23.50
82.45	110.10	83.20	139.70	145.05	762.50
3711.30	523.00	782.80	882.85	2176.53	1960.05
47744.90	35130.91	77325.15	35589.70	71200.72	71463.35
14086.75	14000.75	30799.16	23092.50	41820.35	28893.95
8693.15	2420.65	6422.98	4871.05	5994.25	7916.15
8321.20	6723.25	19895.75	2799.65	11984.23	10740.60
6683.75	5516.46	9835.65	1263.25	9073.23	8934.10
3071.45	4768.90	4223.21	1782.00	1544.15	6277.40
6677.65	1544.65	5431.50	1508.95	4.30	3713.50
12.00	37.75	91.50	67.75	55.10	228.00
43.45	102.31	141.45	62.25	41.01	113.55
155.50	16.20	483.95	142.30	684.10	4646.10
1967.50	4883.80	2961.85	1293.50	1945.70	2100.90
1491.00	4521.15	2182.70	1040.50	1406.80	1874.80
476.50	362.65	779.15	253.00	538.90	226.10
6720.85	8267.85	10308.20	6365.40	7803.55	7350.40
3.05	7.45	3.43	27.35	2.70	23.85
1.25	138.95	28.90	30.00	12.00	360.20
6580.68	12329.38	8853.14	8456.95	6840.00	5416.01
4522.38	7652.22	7106.89	5881.40	4854.80	3738.36
113.20	1863.35	214.40	283.90	250.00	437.75
14.30	118.56	10.00	9.50	73.15	58.70
1835.90	2554.85	1108.25	1956.90	1143.80	945.30
94.90	140.40	413.60	325.25	518.25	235.90
2451.40	1926.15	2174.30	2920.30	3215.30	2463.70
187.50	337.85	338.75	334.40	582.70	514.20
984.10	1179.53	1691.99	1042.20	746.90	1089.00
941.90	1166.88	1611.19	966.65	678.20	1045.70
5.40	4.35	30.80	28.85	14.85	34.95
25.80	4.00	14.50	31.45	26.50	2.25
11.00	4.30	35.50	15.25	27.35	6.10
266.90	260.90	324.49	293.75	207.90	204.10
5491.60	5235.65	5821.47	5073.46	4872.80	6099.34
2854.60	2541.20	2116.40	1633.85	1450.50	1512.05
2625.00	2690.45	3668.57	3426.61	3382.80	4563.29
7.00		36.50	10.00	31.50	24.00

8－11 农村现金收、支、存

单位:元　　　　(农村住户抽样调查资料)

		合 计 Total
一、年内现金收入合计	Total income	12843982.30
(一)工资性收入	Wages	2170980.00
1.在非企业组织中劳动得到的收入	From Non－enterprises	276632.00
2.在本乡地域内中劳动得到的收入	From enterprises	515891.00
3.外出从业得到的收入	From outside	1378457.00
(二)家庭经营现金收入	Income from household business	9954199.83
1.第一产业的现金收入	First industry	9493795.34
2.工业现金收入	Industry	28008.00
3.建筑业现金收入	Construction	92555.00
4.交通运输、邮电业收入	Transportation post and telecommumication	152599.50
5.批发和零售贸易、餐饮业收入	Wholesale retail trade and catering	93879.40
6.社会服务业收入	Social service	21131.50
7.文教卫生业收入	Education,culture and health care	8556.00
8.其他行业收入	Others	58408.00
(三)转移性收入	Transfer income	579803.49
(四)财产性收入	Property income	138998.98
(五)非收入所得	Non－income ernings	3565566.69
二、年内现金支出合计	Total of expenditures	10616243.61
(一)生产费用现金	Expenses of production	4280811.97
1.家庭经营费用现金支出	Household business	3606069.07
2.购置生产性固定资产现金支出	Purchase of production fixed assets	673787.90
(二)税费支出	Tax expenditure	24522.86
(三)生活消费现金支出	Living expenditure	5332036.88
1.食品	Food	1871839.93
2.衣着	Clothing	355618.00
3.居住	Residence	818566.74
4.家庭设备、用品及服务	Articles and services of household	188875.20
5.医疗保健	Health care	674242.59
6.交通和通讯	Transportation and telecommunication	638398.05
7.文教娱乐用品及服务	Education culture goods and services	666231.47
8.其他商品和服务	Other goods and services	118264.90
(四)转移性支出	Transfer expenditure	861201.90
(五)财产性支出	Property income	117670.00
三、非消费性现金支出	Non consumer expenditure	3602165.55
四、年末手存现金	Cash in hand at year end	4716884.87
五、年末存款余额	Balance of deposits	2172064.00

RURAL CASH INCOME EXPENIDTURE AND SAVING

Data are obtained from the sample surveys on rural households　　unit: yuan

榆树市 Yu shu	农安县 Nong´an	德惠市 Dehui	九台市 Jiutai	双阳区 Shuangyang	城 区 District
1781695.30	1845492.70	1791196.60	1892741.57	1670673.39	3862182.74
260600.50	59112.00	272594.50	214379.50	205220.50	1159073.00
30889.00	14170.00	47655.00	36866.00	33026.00	114026.00
63594.50	26192.00	42029.50	49565.50	115686.50	218823.00
166117.00	18750.00	182910.00	127948.00	56508.00	826224.00
1414732.30	1676624.70	1373556.10	1541692.00	1322738.26	2624856.48
1335506.00	1638046.60	1304124.60	1513738.40	1234769.26	2467610.48
18847.00	1255.00	14.00		3752.00	4140.00
2000.00	6965.00	11560.00		1900.00	70130.00
23008.50	1800.00	14614.00	10957.00	58077.00	44143.00
34620.80	720.00	12268.00	14000.60	23970.00	8300.00
750.00	390.00	19866.50			125.00
		8556.00			
	25781.00	2226.00	2996.00	270.00	27135.00
81092.50	105034.00	110131.00	126044.57	122796.64	34704.78
25270.00	4722.00	34915.00	10625.50	19918.00	43548.48
222016.40	615077.00	843124.40	810925.50	722041.50	352381.89
1984345.94	1696303.60	1730689.81	1859033.17	1617790.58	1728080.51
849810.04	853088.15	593023.22	659469.35	661836.39	663584.82
693674.04	676576.25	513490.22	585395.35	534559.38	602373.82
156136.00	176511.90	78633.00	74074.00	127277.00	61156.00
17087.00		1470.50	3699.00	1406.36	860.00
838916.39	769830.95	978290.49	976136.82	796415.34	972446.89
299362.55	291703.72	335537.09	323498.00	255708.98	366029.59
65745.00	41220.50	60665.40	50353.90	60014.80	77618.40
102532.00	111120.10	173352.20	166926.54	113321.50	151314.40
30514.30	28289.10	29014.20	43140.00	36974.20	20943.40
120053.84	65191.30	125944.80	111502.70	132070.85	119479.10
121505.10	82176.23	113065.60	123019.68	105173.74	93457.70
81355.40	139544.50	114497.40	133483.40	74747.47	122603.30
17848.20	10585.50	26213.80	24212.60	18403.80	21001.00
238664.50	29361.50	140857.60	208368.00	153481.50	90468.80
39868.00	44023.00	17048.00	11360.00	4651.00	720.00
372534.46	438671.45	820096.94	755209.00	539940.90	675712.80
178400.00	500242.03	366044.50	627600.00	132750.00	2911848.34
142000.00	76000.00	300100.00	379500.00	114000.00	1160464.00

8－12 农村购买生活消费品情况

(农村住户抽样调查资料)

		单位 Unit		合计 Total
一、购买生活消费品情况	Purchase food			
(一)食品类	Food	元	Yuan	1668085.73
1.购买谷物数量	Grain	公斤	kg	288136.34
购买谷物金额	Amount	元	Yuan	492116.33
其中:(1)购买小麦	Wheat	公斤	kg	1.00
金额	Amount	元	Yuan	1.00
(2)购买面粉	Flour	公斤	kg	55970.53
金额	Amount	元	Yuan	101269.50
(3)购买稻谷	Rice	公斤	kg	1688.50
金额	Amount	元	Yuan	2639.00
(4)购买大米	Rice	公斤	kg	200420.29
金额	Amount	元	Yuan	351933.10
(5)购买玉米	Corn	公斤	kg	23108.50
金额	Amount	元	Yuan	22566.50
(6)购买玉米面	Corn flour	公斤	kg	37.00
金额	Amount	元	Yuan	69.00
(7)购买高粱	Jowar	公斤	kg	14.00
金额	Amount	元	Yuan	21.80
(8)购买谷子	Millet	公斤	kg	667.30
金额	Amount	元	Yuan	1696.83
2.购买薯类	Tubers	公斤	kg	3562.92
金额	Amount	元	Yuan	16840.30
其中:(1)购买红薯	Pachyrhizus	公斤	kg	181.70
金额	Amount	元	Yuan	929.00
(2)购买马铃薯	Potato	公斤	kg	2309.50
金额	Amount	元	Yuan	9544.30
3.购买豆类	Beans	公斤	kg	8714.60
金额	Amount	元	Yuan	26288.97
其中:购买大豆	Soybeans	公斤	kg	5259.00
金额	Amount	元	Yuan	14211.60
4.购买食用油	Edible oil	公斤	kg	20055.68
金额	Amount	元	Yuan	124461.44
其中:(1)购买植物油	Beaniny oil	公斤	kg	19551.38
金额	Amount	元	Yuan	122095.94
(2)购买动物油	Fat	公斤	kg	504.30
金额	Amount	元	Yuan	2365.50
5.购买蔬菜及制品金额	Vegetable and its products	元	Yuan	122286.18
(1)购买蔬菜	Vegetable	公斤	kg	83834.83
金额	Amount	元	Yuan	120126.53
①购买叶菜类	Celery	公斤	kg	38008.46
金额	Amount	元	Yuan	35681.53
②购买瓜菜类	Cucumber	公斤	kg	9642.23
金额	Amount	元	Yuan	17265.45
③购买块根、块茎类	Root Vegetable	公斤	kg	12357.68
金额	Amount	元	Yuan	15131.40
④购买茄果类	Tomato	公斤	kg	8584.43
金额	Amount	元	Yuan	21018.85
⑤购买葱蒜类	Onion	公斤	kg	7477.61
金额	Amount	元	Yuan	11865.40
⑥购买菜用豆类	Beans	公斤	kg	2054.55
金额	Amount	元	Yuan	4593.40
⑦购买水生菜类	Vegetable in water	公斤	kg	342.10
金额	Amount	元	Yuan	741.70
⑧购买蘑菇和菌类	Mush room	公斤	kg	504.20
金额	Amount	元	Yuan	4464.50

BASIC STATISTICS ON RURAL PURCHASING OF CONSUMER GOODS

Data are obtained from thesample survegs on rural households

榆树市 Yu shu	农安县 Nong'an	德惠市 Dehui	九台市 Jiutai	双阳区 Shuangyang	城 区 District
262818.65	272584.82	289847.99	274428.10	234849.38	333556.79
42482.52	57258.93	46334.15	49804.87	24032.06	68223.80
77962.90	99739.60	78883.60	84933.90	42153.60	108442.73
			1.00		
			1.00		
8708.67	14555.33	7099.20	8084.67	3926.67	13596.00
16072.00	26282.00	13100.00	15035.00	7171.00	23609.50
		504.00	25.00	601.50	558.00
		909.00	60.00	1093.00	577.00
33572.86	41210.00	31850.00	33317.86	17183.57	43286.00
61350.40	71318.20	56853.50	58921.00	30678.50	72811.50
10.00	1000.00	5996.00	4399.00	1823.50	9880.00
10.00	940.00	5873.00	4495.00	1917.00	9331.50
	5.00	1.50	21.00	2.50	7.00
	15.00	3.00	37.00	5.00	9.00
10.00				4.00	
15.00				6.80	
69.00	392.60	191.00	5.00		9.70
184.00	997.40	481.10	11.00		23.33
446.40	960.70	534.66	695.62	282.60	642.94
1438.50	3874.50	3088.50	3546.90	1191.00	3700.90
	6.20	88.80	49.50	3.00	34.20
	32.00	476.00	237.00	30.00	154.00
85.00	953.20	264.20	398.72	278.60	329.80
205.00	3817.50	1088.50	1853.80	1154.00	1425.00
419.20	900.60	1303.70	1691.15	1370.70	3029.25
1164.10	2810.85	4249.02	5312.40	3791.00	8961.60
342.50	208.50	598.50	749.50	1316.00	2044.00
962.10	624.00	1518.00	2164.00	3557.50	5386.00
3911.75	2857.45	2769.12	3587.31	2156.55	4773.50
24394.20	18228.50	17773.84	22795.80	13765.60	27503.50
3825.25	2672.90	2727.87	3544.31	2031.05	4750.00
23975.20	17362.50	17558.84	22571.80	13247.10	27380.50
86.50	184.55	41.25	43.00	125.50	23.50
419.00	866.00	215.00	224.00	518.50	123.00
14051.40	19879.50	21219.48	19597.10	17849.95	29688.75
13656.40	11504.96	13216.85	10706.40	9266.27	25483.95
13804.40	19859.50	20921.33	19034.10	17416.95	29090.25
8916.75	6860.75	6529.16	4387.50	2360.35	8953.95
5806.10	8829.60	6569.53	6623.90	3114.20	4738.20
1513.15	720.65	2746.98	2011.05	839.25	1811.15
2271.90	1591.50	4200.60	3937.50	2306.10	2957.85
1226.20	498.25	335.75	954.65	3169.23	6173.60
834.80	885.10	1324.40	2056.90	4109.00	5921.20
1278.75	796.45	1488.65	1263.25	2113.23	1644.10
2955.90	1878.80	3897.30	2785.40	5536.95	3964.50
451.45	1909.90	1285.71	1369.00	599.15	1862.40
829.00	3845.50	1857.00	2303.30	1264.40	1766.20
142.65	574.65	270.50	578.95	4.30	483.50
494.80	1794.20	749.70	853.10	14.00	687.60
12.00	37.75	91.50	67.75	55.10	78.00
20.00	183.00	182.90	151.00	98.30	106.50
43.45	102.31	141.45	62.25	41.01	113.55
544.50	845.80	1242.40	287.00	738.50	806.30

8-12续表1

		单位 Unit		合计 Total
(2)干菜及蔬菜制品金额	Dried vegetable and vegetable products	元	yuan	2159.65
其中:购买干菜	Dried vegetable	公斤	kg	77.30
金额	Amount	元	yuan	1132.50
6. 购买肉、禽、蛋、奶及其制品金额	Meat, poultry, eggs and milk	元	yuan	319070.37
其中:(1)购买猪肉	Pork	公斤	kg	19490.42
金额	Amount	元	yuan	209638.25
(2)购买牛肉	Beef	公斤	kg	1231.00
金额	Amount	元	yuan	16952.10
(3)购买羊肉	Mutton	公斤	kg	173.35
金额	Amount	元	yuan	2423.00
(4)购买鸡	Chicken	公斤	kg	2909.65
金额	Amount	元	yuan	25148.52
(5)购买鸭	Duck	公斤	kg	20.90
金额	Amount	元	yuan	169.80
(6)购买鹅	Goose	公斤	kg	671.85
金额	Amount	元	yuan	5354.50
(7)购买牲畜下水	Viscera of animal	公斤	kg	489.75
金额	Amount	元	yuan	3990.50
(8)购买禽下水	Viscera of poultry	公斤	kg	385.25
金额	Amount	元	yuan	3014.80
(9)购买鲜鸡蛋	Eggs of hen	公斤	kg	4907.70
金额	Amount	元	yuan	28479.80
(10)购买鲜鸭蛋	Eggs of duck	公斤	kg	353.75
金额	Amount	元	yuan	2115.30
(11)购买鲜奶	Milk	公斤	kg	1520.80
金额	Amount	元	yuan	4042.40
(12)购买酥油	Butter	公斤	kg	
金额	Amount	元	yuan	
7. 购买水产品及制品金额	Aquatic and its products	元	yuan	51075.30
其中:(1)购买海水鱼类	Sea fish	公斤	kg	1149.60
金额	Amount	元	yuan	8540.50
(2)购买海水虾类	Shrimps	公斤	kg	51.10
金额	Amount	元	yuan	788.00
(3)购买海水贝类	Shellfish	公斤	kg	
金额	Amount	元	yuan	
(4)购买海水蟹类	Crab	公斤	kg	3.00
金额	Amount	元	yuan	22.00
(5)购买海水藻类	Marine alga	公斤	kg	104.50
金额	Amount	元	yuan	514.50
(6)购买淡水鱼类	Fresh water fish	公斤	kg	5260.92
金额	Amount	元	yuan	40143.30
(7)购买淡水虾类	Fresh water shrimps	公斤	kg	53.60
金额	Amount	元	yuan	424.00
(8)购买淡水贝类	Fresh water shellfish	公斤	kg	1.00
金额	Amount	元	yuan	5.00
(9)购买淡水蟹类	Fresh water crab	公斤	kg	10.50
金额	Amount	元	yuan	140.00
8. 购买烟、酒金额	Tobacco liquor	元	yuan	212085.25
其中:(1)购买卷烟	Cigarette	盒	case	48387.66
金额	Amount	元	yuan	120624.80
(2)购买烟丝、烟叶	Tobacco	公斤	kg	1323.00
金额	Amount	元	yuan	7315.10
(3)购买啤酒	Beer	公斤	kg	20356.72
金额	Amount	元	yuan	44354.05

continued1

榆树市 Yushu	农安县 Nongan	德惠市 Dehui	九台市 Jiutai	双阳区 Shuangyang	城　区 District
247.00	20.00	298.15	563.00	433.00	598.50
	1.00	2.20	15.10	12.20	46.80
	3.00	18.50	344.00	248.00	519.00
46630.50	49193.12	56969.10	52894.90	52669.85	60712.90
3157.38	3254.32	3531.89	3185.40	2691.91	3669.52
35107.10	32018.40	37576.70	34910.20	31013.05	39012.80
113.20	49.35	214.40	283.90	155.00	415.15
1496.00	609.00	2775.00	4067.50	2295.10	5709.50
14.30	7.70	10.00	9.50	73.15	58.70
228.00	106.00	136.00	153.00	1044.00	756.00
392.90	451.85	473.80	325.10	720.20	545.80
3379.50	3839.92	3909.90	2889.50	6290.40	4839.30
	7.00	2.50	9.40		2.00
	42.00	22.00	79.00		26.80
28.00	502.50	61.45	15.40	28.00	36.50
260.00	3839.00	558.00	153.00	230.00	314.50
29.30	43.40	88.45	77.10	198.65	52.85
230.50	343.60	702.00	447.00	1872.10	395.30
23.75	13.00	140.65		176.85	31.00
266.50	75.00	1203.30		1308.50	161.50
662.70	641.40	1015.95	921.80	725.45	940.40
3894.00	4135.30	5722.30	5243.70	4475.00	5009.50
13.50	12.25	37.50	87.20	36.00	167.30
80.40	133.00	302.90	523.00	222.00	854.00
126.50	169.65	224.95	189.50	477.70	332.50
416.50	503.50	680.00	522.00	1306.00	614.40
7718.00	8310.60	12687.80	8116.20	6044.10	8198.60
77.60	77.55	262.55	166.40	214.65	350.85
591.50	667.00	2124.70	1355.00	1646.80	2155.50
4.10	2.75	2.60	6.85	10.00	24.80
36.00	61.00	41.00	69.00	171.00	410.00
		3.00			
		22.00			
25.80	4.00	14.50	31.45	26.50	2.25
131.50	17.00	62.00	164.50	126.50	13.00
864.30	1089.33	1348.64	800.25	463.55	694.85
6915.50	7520.60	10034.10	6236.20	3918.80	5509.10
1.30	0.60	25.20	12.00	4.85	9.65
8.00	5.00	224.00	74.00	33.00	80.00
	1.00				
	5.00				
			10.00		0.50
			136.00		4.00
35048.10	27999.70	39391.45	30946.10	41470.50	37229.40
9147.50	6643.50	9572.36	6937.70	9947.10	6139.50
20381.40	14806.00	24477.20	17770.50	25933.60	17256.10
82.45	110.10	83.20	139.70	145.05	762.50
616.50	630.50	693.00	1054.50	1390.60	2930.00
2625.00	2690.45	3668.57	3426.61	3382.80	4563.29
5788.40	5630.30	7758.85	6113.10	8196.00	10867.40

8-12续表2

		单位 Unit		合计 Total
(4)购买白酒	Alcohol	公斤	kg	12108.60
金额	Amount	元	yuan	38955.40
(5)购买果酒	Wine	公斤	kg	109.00
金额	Amount	元	yuan	539.90
9. 购买茶叶、饮料金额	Tea, beverage	元	yuan	15741.60
其中:(1)购买茶叶	Tea	公斤	kg	67.83
金额	Amount	元	yuan	1920.80
(2)购买冷饮金额	Cold drink	元	yuan	7031.10
(3)购买碳酸类饮料金额	Soda pop	元	yuan	2930.60
(4)购买果汁类饮料金额	Juice	元	yuan	1876.00
(5)购买瓶(桶)装水金额	Water bottled	元	yuan	319.00
10. 购买其他种类食品金额	Other food	元	yuan	288119.99
其中:(1)购买豆制品	Products of bean	元	yuan	28476.47
(2)购买调味	Seasoning	元	yuan	36431.70
(3)购买食糖	Sugar	公斤	kg	1558.04
金额	Amount	元	yuan	6514.30
(4)购买西瓜	Water melon	公斤	kg	11016.95
金额	Amount	元	yuan	10518.80
(5)购买其他果用瓜	Other melon	公斤	kg	1651.80
金额	Amount	元	yuan	3748.05
(6)购买水果	Fruits	公斤	kg	44906.00
金额	Amount	元	yuan	98172.50
(7)购买坚果、果仁及制品	Nuts and its products	公斤	kg	3585.40
(8)购买糖果	Candy	元	yuan	3730.90
(9)购买糕点	Cake	元	yuan	15376.40
(10)购买营养滋补品	Nourishing food	元	yuan	3877.50
(二)衣着类	Clothing			354706.50
其中:1. 购买服装	Garments	件	piece	5103.90
金额	Amount	元	yuan	239865.90
2. 购买鞋类	Shoes	双	pair	2947.50
金额	Amount	元	yuan	77852.40
(三)居住类	House			632492.20
1. 购买建筑生活用房材料支出	Materials of construction	元	yuan	428467.60
其中:(1)购买水泥	Cement	公斤	kg	151480.00
金额	Amount	元	yuan	41785.00
(2)购买木材	Timber	立方米	cu. m	114.45
金额	Amount	元	yuan	50295.00
(3)购买钢材	Steel	公斤	kg	13872.50
金额	Amount	元	yuan	38873.50
(4)购买水泥预制件	Cement products	件	piece	397.00
金额	Amount	元	yuan	9189.00
(5)购买玻璃	Glass	平方米	sq. m	39.10
金额	Amount	元	yuan	603.00
(6)购买砖	Brick	块	piece	753300.00
金额	Amount	元	yuan	128022.00
(7)购买瓦	Tile	块	piece	135457.00
金额	Amount	元	yuan	32433.50
(8)购买沙石	Sand and stone	立方米	cu. m	1256.90
金额	Amount	元	yuan	28664.00

continued2

榆树市 Yushu	农安县 Nong'an	德惠市 Dehui	九台市 Jiutai	双阳区 Shuangyang	城 区 District
2854.60	2541.20	2116.40	1633.85	1450.50	1512.05
8171.40	6869.90	6179.40	5909.00	5741.80	6083.90
7.00		36.50	10.00	31.50	24.00
30.40		278.00	24.00	135.00	72.00
2532.45	2086.75	2625.00	2890.50	3067.60	2539.30
3.05	7.45	3.43	27.35	2.70	23.85
58.00	147.00	80.20	1056.80	135.30	443.50
1224.75	1128.85	1425.50	891.70	1697.00	663.30
794.00	137.40	181.80	681.50	596.90	539.00
40.00	23.50	593.50	140.00	321.50	757.50
14.00	75.00	139.00	16.00	37.00	38.00
51878.50	40461.70	52960.20	43394.30	52846.18	46579.11
9828.20	1052.20	2772.00	2788.50	7055.47	4980.10
5785.90	5508.60	7341.60	5798.70	5453.30	6543.60
266.90	260.90	324.49	293.75	207.90	204.10
1160.20	1039.00	1288.70	1290.00	864.30	872.10
1491.00	3151.15	2052.70	1040.50	1406.80	1874.80
1418.00	2373.70	1856.10	1209.40	1829.90	1831.70
476.50	153.15	374.15	253.00	238.90	156.10
830.00	297.40	952.50	486.10	713.00	469.05
6663.85	7360.55	10089.20	6283.90	7298.60	7209.90
13814.40	15818.90	21284.90	14196.10	16697.20	16361.00
9.00	984.30	185.60	196.00	135.00	2075.50
742.50	619.00	855.40	558.20	420.40	535.40
3046.30	196.00	3183.80	690.50	5589.10	2670.70
483.00	332.00	882.20	1027.00	314.30	839.00
65534.00	41210.50	60522.40	50094.90	59894.30	77450.40
1157.00	690.00	973.00	568.50	792.00	923.40
47426.40	30299.50	40696.00	32064.00	42021.00	47359.00
498.00	241.00	662.00	461.00	409.00	675.50
12890.80	6199.00	12723.10	9796.10	11494.60	24748.80
77483.00	91370.80	155837.40	147034.40	79232.20	81534.40
56323.50	51394.00	110973.50	114699.60	56315.0	38762.00
16350.00	10160.00	22150.00	70850.00	10000.00	21970.00
5796.00	3210.00	7015.00	16697.50	3000.00	6066.50
5.47	7.11	18.19	22.16	12.00	49.52
5572.00	4220.00	10923.00	12732.00	10165.00	6683.00
1290.00	170.00	7137.00	2903.50	1300.00	1072.00
2897.00	832.00	19945.00	10440.00	2120.00	2639.50
65.00		139.00	92.00	100.00	1.00
674.00		1349.00	2726.00	4430.00	10.00
12.50		10.10	11.50	4.00	1.00
174.00		94.00	223.00	76.00	36.00
151300.00	157100.00	197600.00	167500.00	48000.00	31800.00
26588.00	22167.00	31535.00	33382.00	10160.00	4190.00
4282.00	2364.00	11361.00	96250.00		21200.00
4828.50	4999.00	7221.00	10486.00		4899.00
66.00	73.00	117.00	645.00	186.00	169.90
2405.00	2465.00	3835.00	12413.00	4280.00	3266.00

8-12续表3

		单位 Unit		合计 Total
2.购买生活用房支出	House	元	yuan	13000.00
其中:(1)购买砖木结构房屋间数	Rooms of brick and wood structures	间	room	3.00
面积	Floor space	平方米	sq.m	80.00
金额	Amount	元	yuan	10000.00
(2)购买钢筋混凝土房屋间数	Rooms of reinforced conrete structures	间	room	
面积	Floor space	平方米	sq.m	
金额	Amount	元	yuan	
(3)购买其他结构房屋间数	Other house	间	room	2.00
面积	Floor space	平方米	sq.m	60.00
金额	Amount	元	yuan	3000.00
3.购买生活用燃料	Fuel	元	yuan	85706.00
其中:(1)购买柴	Firewood	公担	quintal	153.00
金额	Amount	元	yuan	1964.00
(2)购买草	Faggot	公担	Faggot	165.00
金额	Amount	元	yuan	855.00
(3)购买煤	Coal	公斤	kg	181848.00
金额	Amount	元	yuan	64242.00
(4)液化气	Liquefied gas	元	yuan	15962.00
4.购买生活用水	Water	吨	ton	1809.20
金额	Amount	元	yuan	3021.00
5.购买生活用电	Electricity	度	degree	178826.00
金额	Amount	元	yuan	94409.84
(四)家用设备和日用品	Daily consumer goods			169231.80
其中:1.购买洗涤及卫生用品	Detergent	元	yuan	33676.40
2.购买厨具、餐具、茶具	Household articles	元	yuan	18016.10
3.购买家具及做家具材料	Furnitures	元	yuan	26176.50
4.购买洗衣机	Washing machine	台	unit	22.00
金额	Amount	元	yuan	10285.00
5.购买缝纫机	Sewing machine	台	unit	2.00
金额	Amount	元	yuan	454.00
6.购买电风扇	Electric fan	台	unit	5.00
金额	Amount	元	yuan	405.00
7.购买电冰箱	Refrigerator	台	unit	7.00
金额	Amount	元	yuan	10170.00
8.购买空调机	Air conditioner	台	unit	
金额	Amount	元	yuan	
9.购买吸尘器	Dust catcher	台	unit	
金额	Amount	元	yuan	
10.购买抽油烟机	Smoke absorber	台	unit	2.00
金额	Amount	元	yuan	92.00
11.购买热水器	Shower	台	unit	2.00
金额	Amount	元	yuan	520.00
12.购买微波炉	Microwave oven	台	unit	3.00
金额	Amount	元	yuan	870.00
13.购买电饭锅	Electric rice cooker	个	unit	31.00
金额	Amount	元	yuan	2526.00
14.购买液化气炉具	Cooking appliances	套	set	22.00
金额	Amount	元	yuan	1767.00

continued3

榆树市 Yushu	农安县 Nong´an	德惠市 Dehui	九台市 Jiutai	双阳区 Shuangyang	城　区 District
	10000.00		3000.00		
	3.00				
	80.00				
	10000.00				
			2.00		
			60.00		
			3000.00		
7048.00	5173.00	19286.00	15456.00	3577.00	35166.00
	10.00				143.50
	40.00				1924.00
50.00	64.00	10.00		41.00	
200.00	245.00	100.00		310.00	
14949.00	8433.00	36045.50	44220.00	5500.00	72700.50
6174.00	3702.00	17170.00	12433.00	1530.00	23233.00
674.00	1123.00	1941.00	3023.00	1677.00	7524.00
1157.00	147.00	462.00	3.00		40.20
2430.00	219.00	250.00	7.00		115.00
29890.00	26931.00	24316.00	28761.00	27046.00	41882.00
15059.00	13455.30	11906.80	14490.14	13510.30	25988.30
30180.30	24265.10	27389.50	31627.30	35844.20	19925.40
5717.10	4093.90	6994.00	3650.00	6402.60	6818.80
5112.30	2636.80	3417.70	1143.00	3281.00	2425.00
3076.00	2137.50	3090.00	7100.00	9865.00	908.00
5.0	2.00	6.00	4.00	4.00	1.00
2650.00	655.00	1990.00	2140.00	2150.00	700.00
	1.00	1.00			
	304.00	150.00			
	1.00	2.00		2.00	
	60.00	165.00		180.00	
	2.00		3.00	2.00	
	2030.00		4660.00	3480.00	
		2.00			
		92.00			
		2.00			
		520.00			
	1.00	1.00		1.00	
	200.00	390.00		280.00	
2.00	3.00	6.00	9.00	6.00	5.00
220.00	220.00	505.00	673.00	465.00	443.00
	3.00	9.00	6.00	2.00	2.00
	600.00	344.00	575.00	160.00	88.00

8－12续表4

		单位 Unit		合 计 Total
(五)交通、通讯工具和用品	Transport and telecommunication	台	unit	320333.45
其中:1.购买自行车	Bicycles	辆	sets	35.00
金额	Amount	元	yuan	8976.00
2.购买电动自行车	Power－bicycle	辆	sets	
金额	Amount	元	yuan	
3.购买摩托车	Motorcycle	辆	sets	41.00
金额	Amount	元	yuan	124490.00
4.购买汽车(生活用)	Family car	辆	sets	
金额	Amount	元	yuan	
5.购买电话	Telephone	部	unit	74.00
金额	Amount	元	yuan	9150.00
6.购买手机	Mobile telephone	部	unit	94.00
金额	Amount	元	yuan	82148.00
7.购买寻呼机	BP	台	unit	
金额	Amount	元	yuan	
(六)文化、教育、体育、娱乐用品	Culture, education, sports and recreation appliances			164178.67
其中:1.购买收录机	Recorder	台	unit	10.00
金额	Amount	元	yuan	700.00
2.购买组合音响	Hi－Fi stereo component players	台	unit	3.00
金额	Amount	元	yuan	1700.00
3.购买电子游戏机	Video game player	台	unit	1.00
金额	Amount	元	yuan	69.00
4.购买黑白电视机	Tv sets	台	unit	
金额	Amount	元	yuan	
5.购买彩色电视机	Colour TV sets	台	unit	56.00
金额	Amount	元	yuan	66152.00
6.购买录放像机	Video recorders	台	unit	1.00
金额	Amount	元	yuan	350.00
7.购买影碟机	Video disc player	台	unit	25.00
金额	Amount	元	yuan	7913.00
8.购买摄像机	Video recorders	台	unit	
金额	Amount	元	yuan	
9.购买照相机	Camera	只	unit	1.00
金额	Amount	元	yuan	700.00
10.购买家用计算机(电脑)	Personal computer	台	unit	1.00
金额	Amount	元	yuan	5000.00
11.购买家用计算机外部设备	Peripheral equipment	元	yuan	
12.购买中高档乐器	High－grade musical instrument	元	yuan	
13.购买体育健身器材	Sport instruments	元	yuan	180.00
14.购买观赏盆栽植物	Planting in pots	盆	pot	10.00
金额	Amount	元	yuan	86.00
15.购买宠物	Pet	只	head	1.00
金额	Amount	元	yuan	120.00
(七)医疗卫生、保健用品	Medical and medical articles			289508.64
其中:1.购买药品	Medicine	元	yuan	285351.24
2.购买医疗卫生器械	Medical articles	元	yuan	664.50
3.购买药品类保健品	Nourishing medicine	元	yuan	1821.60
4.购买保健器材	Sports instrument	元	yuan	935.00
(八)其他杂项商品	Articles			48337.70
其中:1.购买首饰	Jewels	元	yuan	6841.80
2.购买手表	Watch	只	piece	42.00
金额	Amount	元	yuan	872.00
3.购买化妆品	Cosmetics	元	yuan	6344.30
4.购买迷信、宗教用品	Religious articles	元	yuan	8594.20

continued4

榆树市 Yushu	农安县 Nong'an	德惠市 Dehui	九台市 Jiutai	双阳区 Shuangyang	城 区 District
64127.00	43016.00	53931.50	60537.95	60226.00	38495.00
6.00	9.00	7.00	6.00	4.00	3.00
1225.00	2601.00	1530.00	1715.00	1000.00	905.00
12.00	2.00	6.00	5.00	11.00	5.00
34710.00	5100.00	25900.00	16130.00	28100.00	14550.00
17.00	11.00	13.00	18.00	5.00	10.00
1697.00	945.00	1315.00	2597.00	730.00	1866.00
20.00	9.00	12.00	15.00	24.00	14.00
15845.00	8440.00	9568.00	14048.00	19666.00	14581.00
32795.20	22036.10	19542.90	32683.90	36084.37	21036.20
4.00	1.00	1.00			4.00
145.00	30.00	80.00			445.00
			2.00	1.00	
			650.00	1050.00	
		1.00			
		69.00			
10.00	12.00	5.00	10.00	14.00	5.00
13830.00	12970.00	6857.00	13639.00	14406.00	4450.00
	1.00				
	350.00				
4.00	1.00	5.00	7.00	5.00	3.00
1080.00	280.00	1650.00	2319.00	1860.00	724.00
1.00					
700.00					
				1.00	
				5000.00	
					180.00
6.00		1.00	1.00	2.00	
12.00		35.00	10.00	29.00	
	1.00				
	120.00				
77584.84	25945.00	51410.70	41267.00	67939.50	25361.60
77189.34	25945.00	49872.30	39875.00	67645.50	24824.10
9.50		97.00	148.00		410.00
36.00		1046.10	737.00		2.50
350.00		19.00	278.00	288.00	
10013.90	4455.60	12755.50	7697.10	8236.20	5179.40
5005.00		11.50	1286.30	539.00	
6.00	6.00	8.00	5.00	7.00	10.00
192.00	95.00	185.00	58.00	139.00	203.00
1758.90	247.30	979.50	525.20	1143.10	1690.00
1660.50	812.50	2281.00	932.50	1703.70	1204.00

8－12续表5

		单位 Unit		合 计 Total
二、购买生产资料	Productive matericals	元	yuan	3194285.00
(一)购买农业用种籽	Seed	公斤	kg	53185.75
金额	Amount	元	yuan	341375.00
其中:1.购买小麦种籽	Wheat seed	公斤	kg	80.50
金额	Amount	元	yuan	623.00
2.购买稻谷种籽	Rice seed	公斤	kg	6930.50
金额	Amount	元	yuan	28127.20
3.购买玉米种籽	Corn seed	公斤	kg	27665.12
金额	Amount	元	yuan	243036.30
4.购买其他粮食种籽	Other grain seed	公斤	kg	6956.90
金额	Amount	元	yuan	26869.20
5.购买其他种籽	Other seed	公斤	kg	11552.73
金额	Amount	元	yuan	42719.30
(二)购买农业用饲料	Forage	公斤	kg	70004.75
金额	Amount	元	yuan	82569.00
其中:1.购买小麦饲料	Wheat forage	公斤	kg	268.00
金额	Amount	元	yuan	307.50
2.购买稻谷饲料	Rice forage	公斤	kg	955.50
金额	Amount	元	yuan	1156.00
3.购买玉米饲料	Corn forage	公斤	kg	18967.50
金额	Amount	元	yuan	20781.40
4.购买其他生产饲料	Other forage	公斤	kg	49813.75
金额	Amount	元	yuan	60324.10
(三)购买农业用其他生产资料	Other materials	元	yuan	1425613.85
其中:1.购买化肥	Chemical fertilizer	公斤	kg	495967.00
金额	Amount	元	yuan	1030712.60
2.购买微量元素肥	Microelement fertilizer	克	g	5957.00
金额	Amount	元	yuan	8352.50
3.购买饼肥	Cake fertilizer	公斤	kg	
金额	Amount	元	yuan	
4.购买农药	Pesticide	元	yuan	115823.60
5.购买薄膜	Film	公斤	kg	4591.83
金额	Amount	元	yuan	43712.20
6.购买燃料	Fuel	公斤	kg	25309.46
金额	Amount	元	yuan	96461.23
(四)购买林业用饲料	Forestery forage	公斤	kg	40.00
金额	Amount	元	yuan	60.00
其中:1.购买小麦饲料	Wheat forage	公斤	kg	
金额	Amount	元	yuan	
2.购买稻谷饲料	Rice forage	公斤	kg	
金额	Rice forage	元	yuan	
3.购买玉米饲料	Corn forage	公斤	kg	
金额	Amount	元	yuan	
4.购买其他生产饲料	Other forage	公斤	kg	40.00
金额	Amount	元	yuan	60.00
(五)购买林业用其他生产资料	Other forestery forage	元	yuan	12922.30
其中:1.购买树种	Tree seed	公斤	kg	20.00
金额	Amount	元	yuan	138.00
2.购买树苗	Sapling	株	plant	5053.00
金额	Amount	元	yuan	5437.00
3.购买化肥	Chemical fertilizer	公斤	kg	900.00
金额	Amount	元	yuan	1700.00
4.购买微量元素肥	Microelement fertilizer	克	g	
金额	Amount	元	yuan	
5.购买农药	Pesticide	元	yuan	5378.80

continued5

榆树市 Yushu	农安县 Nongan	德惠市 Dehui	九台市 Jiutai	双阳区 Shuangyang	城　区 District
606373.35	624612.20	423165.52	542859.75	454821.83	542452.35
10741.20	10545.99	10532.27	6643.40	6816.80	7906.09
66246.90	71548.80	53249.90	47805.00	51518.90	51005.50
		65.50		1.00	14.00
		570.00		6.00	47.00
541.00		1912.00	1074.00	724.50	2679.00
2356.00		8593.40	4611.00	3150.80	9416.00
4886.50	6112.60	3543.95	4216.45	4989.90	3915.72
43796.60	52743.70	34965.00	38438.50	42196.00	30896.50
3850.30	450.00	783.00	1205.00	505.10	163.50
16501.30	2125.90	1840.00	3050.00	2898.00	454.00
1463.40	3983.39	4227.82	147.95	596.30	1133.87
3593.00	16679.20	7281.50	1705.50	3268.10	10192.00
4160.00	29536.75	3743.00	25751.00	3537.00	3277.00
2148.00	38501.00	5227.90	28951.60	3055.00	4685.50
			50.00		218.00
			40.00		267.50
		865.00			90.50
		1000.00			156.00
1500.00	2815.00	678.50	12004.00		1970.00
1500.00	3035.00	829.40	12957.00		2460.00
2660.00	26721.75	2199.50	13697.00	3537.00	998.50
648.00	35466.00	3398.50	15954.60	3055.00	1802.00
217752.20	277516.50	240758.80	229065.65	263359.95	197160.75
78225.00	76959.50	83405.00	98250.00	84615.50	74512.00
164881.00	173591.00	167589.00	183819.00	197933.40	142899.20
40.00	3080.00	2348.00	289.00	200.00	
90.00	6423.00	1110.00	693.50	36.00	
15839.30	30756.90	16884.70	16479.60	22960.60	12902.50
364.20	1079.30	715.10	255.13	443.10	1735.00
4614.50	9609.00	7202.10	2466.00	6579.25	13241.35
6162.50	2033.44	6940.62	5078.70	2301.70	2782.50
25578.00	8110.50	26518.00	16821.53	10188.00	9245.20
		40.00			
		60.00			
		40.00			
		60.00			
13.00	2528.00	2471.50	2162.00	926.00	4821.80
	15.00		5.00		
	120.00		18.00		
5.00	1008.00	460.00	1930.00	1565.00	85.00
13.00	2183.00	121.00	2124.00	826.00	170.00
	100.00	600.00			200.00
	160.00	1164.00			376.00
			1103.00		4275.80

8-12续表6

		单位 Unit		合 计 Total
6.购买燃料	Fuel	公斤	kg	
金额	Amount	元	yuan	
(六)购买牧业用饲料	Animal husbandry forage	公斤	kg	734777.05
金额	Amount	元	yuan	958424.67
其中:1.购买小麦	Wheat	公斤	kg	130.00
金额	Amount	元	yuan	137.00
2.购买稻谷	Rice	公斤	kg	645.00
金额	Amount	元	yuan	365.00
3.购买玉米	Corn	公斤	kg	137715.50
金额	Amount	元	yuan	126055.62
4.购买其他生产饲料	Other forage	公斤	kg	596286.55
金额	Amount	元	yuan	831867.05
(七)购买牧业用其他生产资料	Other materiol	元	yuan	357626.68
其中:1.购买仔、幼畜	Young animal	头	head	787.45
金额	Amount	元	yuan	156971.00
2.购买育肥周转畜	Livestock	头	head	138.00
金额	Amount	元	yuan	74687.00
3.仔、幼畜	Young animal	元	yuan	22585.50
4.仔、幼小动物	Young animal	元	yuan	13624.50
5.购买种蛋	Eggs	公斤	kg	43.50
金额	Amount	元	yuan	500.50
6.兽药	Beast medicine	元	yuan	62996.70
7.燃料	fuel	元	yuan	2510.68
(八)购买渔业用生产饲料	Fishing forage	公斤	kg	2.00
金额	Amount	元	yuan	2.00
其中:1.购买小麦饲料	Wheat forage	公斤	kg	
金额	Amount	元	yuan	
2.购买稻谷饲料	Rice forage	公斤	kg	
金额	Amount	元	yuan	
3.购买玉米饲料	Corn forage	公斤	kg	
金额	Amount	元	yuan	
4.购买其他生产饲料	Other forage	公斤	kg	2.00
金额	Amount	元	yuan	2.00
(九)购买渔业用生产资料	Fishing material	元	yuan	232.50
其中:1.购买种苗	Fish seed	元	yuan	
2.购买渔用药	Fishing medincine	元	yuan	
3.购买燃料	Fuel	元	yuan	
(十)购买工业生产用原料	Industry material	元	yuan	1855.50
(十一)购买工业用燃料	Fuel	公斤	kg	2030.00
金额	Amount	元	yuan	1115.80
(十二)购买建筑业生产用原料	Construction materials	元	yuan	
(十三)购买建筑业生产用燃料	Constructional fuel	公斤	kg	
金额	Amount	元	yuan	
(十四)购买交通运输业邮电业燃料	Transport fuel	公斤	kg	1812.80
金额	Amount	元	yuan	6883.60
(十五)购买批零贸易业用原料	Wholesale and retail trade materials	元	yuan	134.00
(十六)购买批零贸易业用燃料	Whoesale and retail trade fuel	元	yuan	135.70
金额	Amount	元	yuan	555.10
(十七)购买社会服务业用原料	Social services materials	元	yuan	
(十八)购买社会服务业用燃料	Social services fuel	公斤	kg	709.50
金额	Amount	元	yuan	2394.00
(十九)购买文教卫生业用原料	Clture, education materials	元	yuan	
(二十)购买文教卫生业用燃料	Clture, education fuel	元	yuan	
金额	Amount	元	yuan	
(二十一)购买其他行业用原料	Other industry materials	元	yuan	350.00

continued6

榆树市 Yushu	农安县 Nong'an	德惠市 Dehui	九台市 Jiutai	双阳区 Shuangyang	城　区 District
161041.75	83868.45	79406.55	152271.00	81516.30	176673.00
217522.45	134131.00	92157.80	157672.00	104078.30	252833.10
					130.00
					137.00
		645.00			
		365.00			
64638.00		5545.50	14886.00	22891.00	29755.00
53978.50		4342.72	14205.00	21469.40	32060.00
96403.75	83868.45	73216.05	137385.00	58625.30	146788.00
163573.75	134131.00	87450.10	143467.00	82608.90	220636.10
95350.50	99706.90	24548.50	77201.50	30343.58	30475.70
193.00	350.00	99.25	77.00	30.00	38.20
35952.00	77370.00	12211.00	18653.00	6770.00	6015.00
12.00		8.00	118.00		
27690.00		3877.00	43120.00		
3142.00	1398.50	698.00	2195.00	4685.00	10467.00
4200.00	2041.00	2657.50	150.00	15595.0	3016.50
6.00		19.50	8.00		10.00
67.50		244.00	109.00		80.00
21547.00	10988.40	3263.70	12274.50	8009.90	6913.20
	2073.00	50.00		51.68	336.00
			2.00		
			2.00		
			2.00		
			2.00		
		232.50			
1445.50				410.00	
2030.00					
1115.80					
1021.40	130.00	445.60		25.80	190.00
3861.00	350.00	1802.60		125.00	745.00
134.00					
				135.70	
				555.10	
		709.50			
		2394.00			
120.00		30.00			200.00

8-12续表7

		单位 Unit		合 计 Total
(二十二)购买其他行业用燃料	Other industries fuel	公斤	kg	50.00
金额	Amount	元	yuan	260.00
三、购买生产用电	Electricity in production	元	yuan	6102.00
金额	Amount	元	yuan	4161.50
(1)农业生产用电	Framing production	度	degree	5902.00
金额	Amount	元	yuan	4161.50
(2)林业生产用电	Forestry	度	degree	
金额	Amount	元	yuan	
(3)牧业生产用电	Animal husbandry	度	degree	
金额	Amount	元	yuan	
(4)渔业生产用电	Fishery	度	degree	
金额	Amount	元	yuan	
(5)工业生产用电	Industry	度	degree	200.00
金额	Amount	元	yuan	100.00
(6)建筑业生产用电	Construction	度	degree	
金额	Amount	元	yuan	
(7)交通运输邮电业生产用电	Transport, post and teleconmuncation	度	degree	
金额	Amount	元	yuan	
(8)批零贸易业生产用电	Wholesale and retail trade	度	degree	
金额	Amount	元	yuan	
(9)社会服务业生产用电	Social services	度	degree	
金额	Amount	元	yuan	
(10)文教卫生业生产用电	Culture education and health care	度	degree	
金额	Amount	元	yuan	
(11)其他行业生产用电	Other industries	度	degree	
金额	Amount	元	yuan	
四、购买生产性固定资产情况	Fixed assets			673787.90
(一)购买建筑生产用建筑物材料	Construction materials	元	yuan	55463.40
其中:1. 购买水泥	Cement	公斤	kg	23900.00
金额	Amount	元	yuan	8138.00
2. 购买木材	Timber	立方米	cu·m	20.10
金额	Amount	元	yuan	9789.50
3. 购买钢材	Steel	立方米	cu·m	1526.00
金额	Amount	元	yuan	4685.00
4. 购买水泥预制件	Cement products	件	piece	2.00
金额	Amount	元	yuan	100.00
5. 购买玻璃	Glass	平方米	sq·m	
金额	Amount	元	yuan	

continued7

榆树市 Yushu	农安县 Nong'an	德惠市 Dehui	九台市 Jiutai	双阳区 Shuangyang	城　区 District
	50.00				
	260.00				
		3182.00		2520.00	400.00
		2660.00		1260.00	241.50
		3182.00		2320.00	400.00
		2660.00		1160.00	241.50
				200.00	
				100.00	
156136	176511.90	78633.00	74074.00	127277.00	61156.00
14911.00	9151.40	9248.00	149.00	11830.00	10174.00
4600.00	2950.00	4700.00		9000.00	2650.00
1430.00	888.00	1814.00		3150.00	856.00
2.10	1.40	1.20		5.20	10.20
2554.00	565.00	1230.50		4660.00	780.00
750.00	560.00			125.00	91.00
2301.00	1775.00			400.00	209.00
					2.00
					100.00

8-12续表8

		单位 Unit		合 计 Total
6.购买砖瓦	Brick	块	piece	94507.00
金额	Amount	元	yuan	24072.00
7.购买沙石	Sand and store	立方米	cu·m	136.30
金额	Amount	元	yuan	3969.00
(二)购买生产用房间数	Rooms of building	间	room	1.00
面积	Floor space	平方米	sq·m	10.00
金额	Amount	元	yuan	1000.00
(三)购买役畜	Livestock	头	head	44.00
金额	Amount	元	yuan	102627.00
(四)购买产品畜	Livestock products	头	head	67.00
金额	Amount	元	yuan	72501.50
(五)购买农林牧渔业机械支出	Expenditure of agriculture machinery	元	yuan	278837.00
其中:1. 购买大中型铁木家具	Iron and wooden furniture	元	yuan	23401.00
2. 购买小型拖拉机	Small tractors	台	unit	15.00
金额	Amount	元	yuan	76290.00
3. 购买大中型拖拉机	Large tractors	台	unit	6.00
金额	Amount	元	yuan	72650.00
4. 购买机动脱粒机	Sheller	台	unit	6.50
金额	Amount	元	yuan	16580.00
5. 购买收割机	Harvester	台	unit	
金额	Amount	元	yuan	
6. 购买动力机	Electric power	台	unit	4.00
金额	Amount	元	yuan	6020.00
7. 购买胶轮大车	Truck	辆	catch	1.00
金额	Amount	元	yuan	390.00
8. 购买水泵	Waterpump	台	unit	10.00
金额	Amount	元	yuan	2425.00
9. 购买风力发电机	Wind-mill generator	台	unit	
金额	Amount	元	yuan	
(六)购买工业机械支出	Machines	元	yuan	3720.00
(七)购买运输机械支出	Transport machinery	元	yuan	143465.00
其中:1. 购买大中型拖拉机	Large tractor	辆	catch	
金额	Amount	元	yuan	
2. 购买小型拖拉机	Small tractor	辆	catch	4.00
金额	Amount	元	yuan	30000.00
3. 购买汽车	Vehicle	辆	catch	3.00
金额	Amount	元	yuan	105000.00
4. 购买胶轮大车	Tyre truck	辆	catch	
金额	Amount	元	yuan	
5. 购买机动船	Steam ship	艘	unit	
金额	Amount	元	yuan	

continued8

榆树市 Yushu	农安县 Nong'an	德惠市 Dehui	九台市 Jiutai	双阳区 Shuangyang	城　区 District
18866.00	20000.00	15141.00		7140.00	33360.00
7585.00	3200.00	4612.00		2760.00	5915.00
21.00	20.00	36.00		14.00	45.30
628.00	625.00	1240.00		540.00	936.00
1.00					
10.00					
1000.00					
7.00	8.00	7.00	10.00	10.00	2.00
17440.00	15737.00	20700.00	17550.00	26200.00	5000.00
7.00	8.00	15.00	18.00	15.00	4.00
6862.00	6020.50	13279.00	18940.00	21100.00	6300.00
106298.00	43778.00	34944.00	36745.00	35125.00	21947.00
16861.00	1020.00	1620.00		100.00	3800.00
4.00		2.00	3.00	5.00	1.00
22850.00		10430.00	20310.00	19000.00	3700.00
2.00	1.00	1.00			2.00
41800.00	8850.00	11000.00			11000.00
1.50	1.00		3.00	1.00	
7350.00	150.00		4580.00	4500.00	
3.00		1.00			
4270.00		1750.00			
				1.00	
				390.00	
1.00	2.00	4.00	1.00	2.00	
105.00	300.00	1185.00	255.00	580.00	
	3370.00		350.00		
6280.00	94000.00			26000.00	17185.00
	4.00				
	30000.00				
	1.00			1.00	1.00
	64000.00			26000.00	15000.00

8－13 农村主要耐用物品拥有量

DURABLE CONSUMER GOODS OWNED IN RURAL HOHSEHOLDS

(农村住户抽样调查资料) Data are obtained from the sample surveys on rural households

	单位 Unit	合计 Total	榆树市 Yushu	农安县 Nongan	德惠市 Dehui	九台市 Jiutai	双阳区 Shuangyang	城区 District
1. 大型家具 Large furniture	件 piece	426.00	205.00	10.00	104.00	6.00	54.00	47.00
2. 洗衣机 Washing machine	台 unit	448.00	66.00	59.00	64.00	77.00	75.00	107.00
3. 电风扇 Electric fan	台 unit	144.00	9.00	34.00	13.00	14.00	36.00	38.00
4. 电冰箱 Refrigerator	台 unit	91.00	9.00	15.00	2.00	17.00	15.00	33.00
5. 空调机 Air conditioner	台 unit	4.00		1.00				3.00
6. 抽油烟机 Smoke absorber	台 unit	9.00			2.00	5.00		2.00
7. 吸尘器 Dust absorber	台 unit	2.00					1.00	1.00
8. 微波炉 Microwave	台 unit	12.00		1.00	2.00		2.00	7.00
9. 热水器 Shower	台 unit	10.00			3.00	2.00	1.00	4.00
10. 自行车 Bicycle	辆 unit	495.00	73.00	87.00	65.00	86.00	84.00	100.00
11. 摩托车 Motorcycle	台 unit	241.00	43.00	35.00	52.00	31.00	43.00	37.00
12. 汽车(生活用) Automobile	台 unit	21.00		3.00				18.00
13. 电话机 Telephone	部 sub	407.00	60.00	68.00	83.00	77.00	56.00	63.00
14. 移动电话 Mobile telephone	部 sub	422.00	83.00	47.00	52.00	60.00	83.00	97.00
#接入互联网的 Access to internet	部 sub	1.00			1.00			
15. 寻呼机 Pager	台 unit	1.00					1.00	
16. 彩色电视机 Colour TV set	台 unit	579.00	87.00	85.00	95.00	94.00	94.00	124.00
#接入有线电视网的 Acess to CATV	台 unit	44.00	4.00	4.00	14.00	3.00	17.00	2.00
17. 黑白电视机 TV set	台 unit	106.00	31.00	17.00	9.00	15.00	26.00	8.00
#接入有线电视网的 Acess to CATV	台 unit	4.00					4.00	
18. 录放像机 Video recorders	台 unit	23.00	3.00	2.00		5.00	2.00	11.00
19. 摄像机 Video recording	台 unit	3.00			1.00			2.00
20. 影碟机 Video disc player	台 unit	236.00	34.00	19.00	38.00	38.00	59.00	48.00
21. 组合音响 Hi－Fi stereo component system	台 unit	33.00	2.00	2.00	2.00	9.00	11.00	7.00
22. 收录机 Recorder	台 unit	61.00	12.00	4.00	2.00	8.00	12.00	23.00
23. 照相机 Camera	架 unit	18.00	1.00	1.00	1.00	3.00	4.00	8.00
24. 家用计算机 Computer	台 unit	17.00		2.00		1.00	1.00	13.00
#接入互联网的 Access to internet	台 unit							
25. 中高档乐器 High－degrree musical instruments	件 sets							

8-14 主要年份农民家庭生活基本情况
BASIC CONDITIONS OF RURAL HOUSEHOLDS

		2002	2003	2004	2005
调查户数(户)	Households surveyed	600	630	630	630
平均每户人口(人)	Residents per household(person)	3.83	3.72	3.76	3.65
平均每户劳动力(人)	Laborers per household(person)	2.67	2.71	2.74	2.72
#务工劳动力	Laborers				
平均每一劳动力赡养人口(人)	Persons supported by a laborer(person)	1.43	1.38	1.37	1.34
平均每人年总收入(元)	Per capita annual income(yuan)	4386.61	4708.21	5496.10	6158.73
平均每人年纯收入(元)	Per capita annual net income(yuan)	3147.20	3411.15	3906.18	4180.12
平均每一劳动力年纯收入(元)	Net income for a laborer(yuan)	4513.68	4690.83	5358.27	5619.10
平均每人年总支出(元)	Per capita annual expenditure(yuan)	2937.16	3234.03	3829.12	5073.90
一、人均年生活消费支出(元)	Per capita living expenditures(yuan)	1539.18	1774.28	2003.17	2581.78
1.食品	Food	732.71	820.33	924.00	1045.02
#食品消费支出	Food consumption		779.24	867.35	956.43
食品消费服务性支出	Food consumption services		41.9	56.65	88.59
2.衣着	Garments	91.89	109.87	122.67	154.63
3.生活用品及其他	Daily consumer goods	52.17	53.16	58.22	82.12
4.住房	House	159.11	239.48	242.60	388.21
5.文化、生活服务支出	Expenditure for culture living services	175.76	245.79	233.04	289.67
二、人均年家庭经营支出和纳税(元)	Taxes and expenditures (yuan)	957.61	1127.76	1424.87	1773.15
#牧业生产费用	Cost for animal husbandry	339.28	340.47	556.72	758.78
农业生产费用	Cost for farming	598.89	625.68	822.87	970.63
三、人均年购置生产性固定资产(元)	Per capita purchase fixed assets(yuan)	90.21	202.37	223.50	292.95
四、人均年上交集体的承包任务(元)	Per capita payments to collective(yuan)				
五、人均年其他非借贷性支出(元)	Per capita other expenditures(yuan)	212.47	160.54	215.55	278.34
平均每户年内新建房屋面积(平方米)	Floor space of new building per household(sq·m)	2.72	0.99	1.47	2.15
平均每户年末居住房屋面积(平方米)	Floor space of living per household at year-end(sq·m)	71.34	81.38	80.40	80.27
平均每人年末居住房屋面积(平方米)	Areas of living per capita(sq·m)	18.62	21.85	21.38	21.99

8－15　主要年份平均每百户农民家庭年末耐用消费品拥有量
NUMBER OF DURABLE CONSUMER GOODS OWNED PER 100 RURAL HOUSEHOLDS AT YEAR END

		2002	2003	2004	2005
自行车(辆)	Bicycle(unit)	108	90	90	79
收录机(台)	Recorder(unit)	32	14	13	10
黑白电视机(台)	TV set(unit)	47	28	25	17
彩色电视机(台)	Colour TV set(unit)	62	77	84	92
电风扇(台)	Electric fan(unit)	23	25	26	23
电冰箱(台)	Refrigerator(unit)	9	11	14	14
洗衣机(台)	Washing machine(unit)	64	70	69	71
影碟机(台)	Video disc player(unit)	17	31	37	37
照相机(架)	Camera(unit)	2	4	4	3
空调机(件)	Air conditioner(unit)			1	1

统计资料

STATISTICS

城市建设

GENERAL SURVEY OF CITY

长春统计年鉴

CHANGCHUN STATISTICAL YEARBOOK

2006

9－1 长春市城区用气情况

BASIC STATISTICS ON GAS IN CITY

		单位 Unit	2003	2004	2005
一、人工煤气	Gas				
生产能力	Production capacity of coal gas	万立方米/日 10000cu·m·day	60	75	75
储气能力	Gas storage capcity	万立方米、吨 10000cu·m·ton	25	20	20
供气管道长度	Length of gas pipeline(km)	公里 km	1623	1732	1773
供气总量	Total gas supply(10000cu·m)	万立方米、吨 10000cu·m·ton	18831	10427	11111
其中:家庭用量	Households(10000cu·m)	万立方米、吨 10000cu·m·ton	7159	7075	7535
用气户数	Households access to gas	户 Household	378606	398448	409909
其中:家庭用户	Households	户 Household	385847	396618	408003
用气人口	Population	万人 10000 persen	129.9	124	137
二、天然气	Natural gas				
储气能力	Gas storage capacity	万立方米、吨 10000cu·m·ton	12	12	29
供气管道长度	Length of gas supply	公里 km	1207	1241	1702
供气总量	Total gas supply	万立方米、吨 10000cu·m·ton	14100	15548	12068
其中:家庭用量	Households	万立方米、吨 10000cu·m·ton	1930	1459	1760
用户总数	Households access to gas	户 Household	175528	232035	272943
用气人口	Population	万人 10000 person	57.4	74.5	91.4
三、液化石油气	Liquefied Petroleum gas				
储气能力	Gas storage capacity	万立方米、吨 10000cu·m·ton	4387	4387	4950
供气管道长度	Length of gas pipeline	公里 km	37	37	37
供气总量	Total gas supply	万立方米、吨 10000cu·m·ton	67870	60370	64900
其中:家庭用量	Households	万立方米、吨 10000cu·m·ton	11252	10034	10721
用气户数	Households	户 Household	258264	235877	352688
用气人口	Population	万人 10000person	58.8	56.9	92.6
四、燃气普及率	Percentage of population access to gas	%			

9－2 市政设施情况
BASIC STATISTICS ON PUBLIC UTILITIES

		单 位 unit		2003	2004	2005
道路长度	Length of paved roads	公里	km	1139.23	1156.31	1769
道路面积	Area of paved roads	万平方米	10000sq·m	2179.7	2230.5	3093.7
桥梁数	Bridges	座	set	92	68	135
路灯数	Street lights	盏	unit	42950	51589	64062
排水管道长度	Lengtn of exhaust piping	公里	km	1966.73	1992.5	2169.2
污水排放量	Volume of waste water discharged	万立方米	10000cu·m	22995	21431.8	21832.4
污水处理厂座数	Number of factory for waste water discharged	座	set	3	4	4
污水处理厂污水处理能力	Capacity of wasted water discharged	万立方米/日	10000cu·m/day	59	59	59
污水处理总量	Volume of waste water treatment	万立方米	10000cu·m	18432.5	9534	10003.37

9－3 园林绿化情况
BASIC STATISTICS ON PARKS,GARDENS AND GREEN AREAS

		单位 unit	2003	2004	2005
绿化覆盖面积	Total area of green land	公顷 ha	6669	7083.1	9621.5
其中:建成区	Finished area	公顷 ha	6669	7083.1	9576.5
园林绿地面积	Total area of parks and gardens	公顷 ha	5814	6117.82	7862.5
其中:建成区	Finished area	公顷 ha	5814	6117.82	7842.5
公共绿地面积	Public green areas	公顷 ha	1622.9	1836.69	2755.4
公园个数	Parks	个 unit	12	13	12
公园面积	Area of parks	公顷 ha	554.98	603	587

9－4 集中供热情况
BASIC STATISTICS ON HEATING IN CITY

		单位 unit	2003	2004	2005
供热能力(热水)	Heating capacity (water)	兆瓦 1 billion kw	6399	6310.3	7294.1
供热能力(蒸气)	Heating capacity (steam)	吨/小时 ton/hour	1765	2546.7	2394.6
供热总量(热水)	Volume supplied(water)	万吉焦 10000gigajoules	4211	4176.7	5079.4
供热总量(蒸气)	Volume supplied(steam)	吨/小时 ton/hour	776	976	1210.9
管道长度(热水)	Length of pipeline(water)	公 里 km	1656	1768.5	1755.6
管道长度(蒸气)	Length of pipeline (steam)	公 里 km	167	188	284.7
供热面积	Heated area	万平方米 10000sq·m	5894.9	6191.7	6972.8

9－5 城区自来水供应情况
BASIC STATISTICS ON TAP WATER SUPPLY

		单位 unit	2003	2004	2005
年底自来水生产能力	Production capacity of tap water	万立方米/日 10000cu·m/day	115.6	103	107.44
年末供水管道长度	Length of water supply pipeline	公里 km	1316	1360	1580
供水总量	Volume of water supply	万立方米 10000 cu·m	32307	28339	28259
生产运营用水	For productive use	万立方米 10000 cu·m	6780	7349	7120
居民家庭用水	For residential use	万立方米 10000 cu·m	11150	11749	11954
售水量	Volume of sale	万立方米 10000 cu·m	19884	18153	18680
用水户数	Households access to tap water	户 Household	736836	755907	992358
其中:家庭用户	Households	户 Household	712395	729149	961522
用水人口	Population access to tapwater	万人 10000person	239.2	242.71	323.19
人均日生活用水量	Per capita comsumption of tapwater	升 liter	224.87	226.43	

9－6 公共交通情况
BASIC STATISTICS ON PUBLIC TRANSPORTATION

		单位 unit		2003	2004	2005
一、汽车	Automonbile					
运营车数	Operating automobile	辆	unit	3681	3648	3602
公共汽车	Buses	辆	unit	3681	3648	3602
标准运营车数	Number of standard operating	标台	unit	3447	3456	3964
运营线路网长度	Length of road	公里	km	770	1164	767
客运总量	Passengers traffic	万人次	10000person－times	57799	54750	57376
公共汽车	Buses	万人次	10000person－times	57799	54750	57376
其中:小公共汽车	Mini buses	万人次	10000person－times	13919	21900	22064
从业人数	Employment	人	person	9688	9304	9777
二、出租汽车	Taxi					
出租车数量	Number of taxi	辆	unit	12528	16303	15000
从业人数	Employment	人	person	18074	21815	30000
三、轨道交通	Orbital transport					
运营车数	Number of trolley operating	辆	unit	37	37	37
轻轨	Light trolley	辆	unit	12	12	12
有轨电车	Trolley	辆	unit	25	25	25
标准运营车数	Number of standard operating	标台	unit	86	86	84
运营线路网长度	Length of road	公里	km	21	22	7
客运总量	Passengers traffic	万人次	10000person－time	1231.85	1389	1410
轻轨	Light rail	万人次	10000person－time	432.85	584	730

9-7 主要年份市区房屋情况
BASIC STATISTICS ON BUILDING CONSTRUCTION AND HOUSING

		1999	2000	2001	2002	2003	2004	2005
实有房屋建筑面积(万平方米)	Floor space of building(10000sq·m)	6665	7180	7663.9	8169.5	8711.9	9327.4	9823
#私房(万平方米)	Privat building (10000sq·m)	1571.1	2093.6	2426.4	2861.1	3240.8	3759.1	4242.8
实有住宅建筑面积(万平方米)	Floor space of housing (10000sq·m)	3845.7	4180.5	4500.4	4839.8	5231.4	5705.8	6047.1
#私房(万平方米)	Privat building (10000sq·m)	1504.2	2007.4	2320	2724.8	3071.7	3547.4	3983.7
人均住房使用面积(平方米/人)	Usable floor space per capita	13.65	14.15	14.58	15.28	16.07	17.17	17.73
人均住房建筑面积(平方米/人)	Building areas per capita	18.20	19.26	20.24	21.22	22.31	23.85	24.62

9-8 主要年份全市供电情况
BASIC STATISTICS ON ELECTRICITY SUPPLY

		2000	2001	2002	2003	2004	2005
年底发电设备容量总计(千瓦)	Total of power station production(kw)	647600	678600	681600	699600	7040000	1128000
年底供电设备容量(千伏安)	Total available for supply(1000kwva)	7270582	8074118	8934946	6357300	6662150	6862450
全年供电量(万千瓦小时)	Annual supply electricity(10000kwh)	647939	648079	665744	720432	777283	817502
#自供(万千瓦小时)	By power station (10000kwh)	22537	25944	37116	48667	54015	63020
网供(万千瓦小时)	From electicity net (10000kwh)	625402	622135	628628	720432	777283	817502
全年用电量(万千瓦小时)	Total electricity consumption(10000kwh)	711779	725705	784384	835825	919158	968464
#工业用电(万千瓦小时)	Industry(10000kwh)	461131	422861	443147	439624	489389	515263
农业用电(万千瓦小时)	Agriculture (10000kwh)	13698	17253	16873	20045	21656	24385
城乡人民生活用电(万千瓦小时)	Residential consumption(10000kwh)	129600	159446	160290	177646	183007	183825
送配电线路长度(公里)	Length of electric wire (km)	20561	20833	21621	3119.9	3119.5	3400.45
#输电线路(公里)	Electric wire (km)	2642.9	3142.9	3145.35	3119.9	3119.5	3400.45
配电线路(公里)	Distribution line (km)	17918	17690	18475			

统计资料

STATISTICS

农业

AGRICULTURE

长春统计年鉴

CHANGCHUN STATISTICAL YEARBOOK

2006

第十篇　农　　业

2005年,我市继续加大惠农政策力度,不断加强农村基础设施建设,全面实施“粮转肉”工程,农业生产在受自然灾害的情况下,仍然保持增长。全市实现农林牧渔业增加值161.5亿元,增长7.3%,其中,种植业增加值89.4亿元,增长6.8%,畜牧业增加值69.5亿元,增长6.4%。

全年粮食作物播种面积100.3万公顷,比上年减少0.9%。经济作物播种面积减少1.6%,优质专用玉米、大豆、水稻播种面积达30万公顷,占粮食作物播种面积的29.9%。全年粮食总产量达到798.4万吨,比上年减少2.7万吨。

畜牧业生产继续保持发展势头。主要畜产品产量全面增长,2005年,全市肉类总产量达到167.5万吨,比上年增长6.1%。禽蛋产量38.8万吨,比上年增长5.9%。猪、牛、鸡良种覆盖率分别达到95%、80%和100%。

全市菜田面积发展到11.02万公顷,保护地面积1.64万公顷。无公害蔬菜工程建设快速推进,全市种植无公害蔬菜和绿色食品蔬菜3.95万公顷,比上年增加1.05万公顷,提供无公害蔬菜和绿色食品蔬菜11.9亿公斤,进一步提高了市民的生活质量。

10－1　1991－2005年农林牧渔业总产值(现价)
GROSS OUTPUT VALUE OF AGRICULTURE(at current price)(1991－2005)

单位:亿元　unit:100million yuan

年份 Year	农林牧渔业总产值 Total	农业产值 Farming	林业产值 Forestry	牧业产值 Animal husbandry	渔业产值 Fishery
1991	46.5	32.5	0.3	13.3	0.4
1992	52.2	36.9	0.3	14.6	0.4
1993	64.5	46.1	0.3	17.6	0.5
1994	108.2	71.9	0.5	35.2	0.6
1995	144.5	89	0.7	53.7	1.1
1996	172.9	99.3	0.5	71.9	1.2
1997	176.8	94	0.7	80.8	1.3
1998	198.9	108.2	0.6	88.6	1.5
1999	200.9	92.9	0.5	105.8	1.7
2000	197.6	83.8	1.0	111.7	1.1
2001	223.9	108.0	0.5	114.4	1.0
2002	242.1	115.9	0.6	124.8	0.8
2003	259.2	116.7	1.1	139.2	1.0
2004	281.5	126.6	0.8	152.2	0.7
2005	272.9	130.8	2.1	137.3	1.5

10－2　1991－2005年农作物播种面积
TOTAL SOWN AREAS OF FARM CROPS (1991－2005)

单位:公顷　unit:ha

年份 Year	农作物总播种面积 Total sown area	粮食作物 Grain crops		经济作物 Economic crops		其他作物 Other crops	
		播种面积 Sown area	占总播种面积(%) Percentage	播种面积 Sown area	占总播种面积(%) Percentage	播种面积 Sown area	占总播种面积(%) Percentage
1991	1117924	996342	89.1	40796	3.6	80786	7.3
1992	1121033	978510	87.3	42761	3.8	99762	8.9
1993	1120226	969586	86.6	43151	3.9	107489	9.5
1994	1115798	969219	86.9	36343	3.3	110236	9.8
1995	1120203	977304	87.2	31446	2.8	111453	10
1996	1124429	979061	87.1	32938	2.9	112430	10
1997	1122817	986045	87.8	27594	2.5	109178	9.7
1998	1122996	984485	87.7	21828	1.9	116683	10.4
1999	1121587	965869	86.1	26567	2.3	129151	11.6
2000	1121046	951131	84.8	38134	3.4	131781	11.8
2001	1114286	935373	84.0	42796	3.8	136117	12.2
2002	1109100	914514	82.5	41467	3.7	153119	13.8
2003	1106395	919045	83.1	169589	15.3	17761	1.6
2004	1139211	1012244	88.9	121564	10.7	5403	0.4
2005	1130795	1002871	88.7	119566	10.6	8358	0.74

注:从2003年起经济作物包括:油料、麻类、甜菜、烟叶、药材、蔬菜,2003年以前经济作物不包括蔬菜。
Note:Economic crops includes oil plants fibers、beets、tobaccos、medicine、materials、vegetables since 2003. It didn't include vegetables before 2003.

10－3 农村基本情况及农业生产条件

		单位 Unit		全市 Total
一、农村基层组织情况	Rural grassroots units			
乡(镇)个数	Township governments	个	unit	102
其中:镇个数	Town govennments	个	unit	70
村民委员会个数	Villagers' committees	个	unit	1689
二、农村社会基础设施	Rural social basic facilities			
自来水受益村数	Villages access to tap water	个	unit	217
通汽车村数	Villages access to automobile	个	unit	1643
通电话村数	Villages access to telephone	个	unit	1661
三、乡村人口与从业人员	Number of rural laborers and population			
乡村户数	Number of rural households	户	household	1096966
乡村人口数	Rural popolation	人	person	4259275
乡村劳动力资源数	Rural labourers	人	person	2247619
其中:劳动年龄内	Labor age	人	person	1998596
乡村从业人员数	Rural labourer	人	person	1962280
其中:劳动年龄内	Labor age	个	unit	1827300
(一)按性别分	By sex			
1.男	Male labourer	人	person	1105805
2.女	Female labourer	人	person	856475
(二)按国民经济行业分	By sector	个	unit	
1.农业从业人员	Agriculture	人	person	1346132
2.工业从业人员	Industry	人	person	112128
3.建筑业从业人员	Construction	人	person	184330
4.交通仓储和邮政业从业人员	Transportation, storage, post and telecommunicaton	人	person	65619
5.信息传输、计算机服务和软件业	Information, computer services and software	人	person	6981
6.批发、零售业从业人员	Whatesale, retail trade	人	person	72862
7.住宿和餐饮业从业人员	Hotel and restaurants	人	person	47701
8.其他行业从业人员	Others	人	person	126527
四、农业主要能源及物耗	Energy and material consumption			
1.乡村办水电站	Town and village owned waterpower	个	unit	
装机容量	Installed capdcity	千瓦	kw	
发电量	Energy output	千千瓦小时	kwh	
2.农村用电量	Electricity consumption	千千瓦小时	kwh	721551
3.农用化肥施用量(实物量)	Consumptin of chemical fertilizers	吨	ton	847333
氮肥	Nitrogenous fertilizer	吨	ton	460270
(1)硫酸铵	Sulphuric acid ammonia	吨	ton	21981
(2)硝酸铵	Nitric acid ammonia	吨	ton	95081
(3)尿素	Urea	吨	ton	271652
(4)碳酸氢铵	Carbonic acid hyorrogtn ammonia	吨	ton	59100
(5)氨水	Ammonia water	吨	ton	70
(6)其他	Others	吨	ton	12386
磷肥	Phosphate fertilizer	吨	ton	108483
钾肥	Potash fertilizer	吨	ton	32367
复合肥	Compound fertilizer	吨	ton	246213
4.农用塑料薄膜使用量	Volume of use of plastic film	吨	ton	10562
其中:地膜使用量	Volume of use of mulching film	吨	ton	6768
地膜覆盖面积	Coverage of mulching film	公顷	ha	36926
5.农用柴油使用量	Volume of diesel used	吨	ton	84931
6.农药使用量	Volume of pesticide	吨	ton	6100

BASIC CONDITIONS OF RURAL GRASSROOTS UNITS

市辖区 District		榆树市 Yushu	农安县 Nong'an	九台市 Jiutai	德惠市 Dehui
合计 Total	#双阳区 Shuangyang				
18	4	24	22	15	19
14	3	15	11	13	14
172	134	388	377	310	308
39	13	92	33	29	11
169	134	383	344	307	306
172	132	374	365	310	308
127458	72496	281003	247564	174243	194202
450985	284888	1093284	985576	637336	807206
270271	168533	498131	552276	337441	420967
240185	144743	438796	492274	306883	375715
229548	138747	445266	485449	311244	352026
219120	127372	400273	450436	295778	334321
124969	77270	246220	284483	173450	199413
104579	61477	199046	200966	137794	152613
126550	102010	301002	353144	234416	229010
27895	7097	14570	30551	10177	21838
20149	9106	49035	26779	28991	50270
13282	3800	15779	10308	9009	13441
1292	344	1096	1603	1338	1308
10269	4051	15885	21856	6659	14115
7721	2521	12050	10105	4174	11130
22363	9818	35849	31103	16480	10914
186746	49133	120578	126083	118352	120659
58271	57128	216844	217740	146036	151314
29366	25642	122063	113598	71822	97779
5122	231	5338	2894	3331	5065
8456	4728	15294	33774	14022	18807
12087	11676	80044	74317	37920	55608
487	6994	19531	716	14005	17367
0	0	60	5	0	5
3214	2013	1796	1892	2544	927
4936	5280	29716	38382	15866	14303
3454	1876	8194	8939	5624	4280
20515	24330	56871	56821	52724	34952
3545	743	2200	1424	1009	1641
2770	362	1500	1033	521	582
5428	1561	4227	14520	2525	8665
10299	5462	23631	22205	10981	12423
442	723	1835	915	1499	686

10－3续表1

		单 位 Unit	全 市 Total
五、耕地情况	Cultived land		
(一)年初耕地总资源	Area of land at year begining	公顷 ha	1103908
(二)年内增加耕地面积	Area of increasing land	公顷 ha	10703
其中:新开荒地	Newly open up wasteland	公顷 ha	9656
园地改为耕地	Garden to land	公顷 ha	861
(三)年内减少耕地面积	Area of decreasing land	公顷 ha	4530
其中:国家基建占地	Occupation of construction	公顷 ha	153
其他基建占地	Occupation of other capital constraction	公顷 ha	531
退耕还林还草占地	Occupation of return from cultived land to forest and grass	公顷 ha	3807
耕地改为园地	Land to garden	公顷 ha	
(四)年末耕地总资源	Area of land at year－end	公顷 ha	1110081
1.常用耕地面积	Area of cultived land	公顷 ha	1106565
其中:水田	Paddy fields	公顷 ha	149116
水浇地	Irrigated fields	公顷 ha	6743
2.临时性耕地	Temporary land	公顷 ha	3516
其中:25度以上陡坡耕地	Slope over 25 degree	公顷 ha	2282
沟渠路田埂等占耕地总资源的比重(%)	Corporation of ditch land and ridge of field to cultived land	公顷 ha	
六、农业机械化情况	Agricultural machinery		
农业机械总动力	Power of agricultural machinery	千瓦 kw	2706718
1.柴油发动机动力	Diesel power	千瓦 kw	2352943
2.汽油发动机动力	Gasoline power	千瓦 kw	34268
3.电动机动力	Electric power	千瓦 kw	319507
4.其它机械动力	Other power		
(一)耕作机械	Machinery cultivated		
其中:大中型拖拉机	Large and medium tractors	台/千瓦 unit/kw	96521/1200183
小型拖拉机	Mini tractors	台/千瓦 unit/kw	86796/954573
大中型拖拉机配套农具	Tractor towing farming machinery	部 set	32807
小型拖拉机配套农具	Mini tractor towing farm machinery	部 set	251329
(二)农用排灌动力机械	Irrigating machinery	台/千瓦 unit/kw	107641/595966
其中:柴油机	Diesel machinery	台/千瓦 unit/kw	90721/497816
电动机	Electric machinery	台/千瓦 unit/kw	16920/98150
农用水泵	Pump	台 unit	100550
机动喷雾(粉)机	Sprayer	台/千瓦 unit/kw	243/1570
(三)收获机械	Gathering machinery		
其中:联合收割机	Compound harvesters	台/千瓦 unit/kw	48/2404
机动割晒机	Motoried harvesters	台/千瓦 unit/kw	
机动脱粒机	Motoried sheller	台 unit	33777
(四)农副产品加工作业机械	Farming products proessing machinery	台 unit	24708
粮食加工机械	Grain	台 unit	24148
油料加工机械	Oil plants	台 unit	560
(五)畜牧机械	Animal husbandry mechinery	台 unit	9598/50560
其中:饲料粉碎机	Feed pulverizer	台 unit	9598/50560
铡草机	Grass－remover	台 unit	
(六)渔业机械	Fishery machinery		
其中:渔用机动船	Ship for rishery	艘/吨/千瓦 tank/ton/kw	1/0/17
(七)运输机械	Transportation		
其中:农用载重汽车	Camion	辆/千瓦 coach/kw	1576/160335
农用运输车	Truck	辆/千瓦 coach/kw	33696/431278
(八)其它农业机械	Other agricultural maehinery		
其中:推土机	Bulldozer	辆/千瓦 coach/kw	148/7132
附记:国有农林牧渔场全部从业人员	Appendix:Laborers of farms	人 person	261
其中:农林牧渔业从业人员	Laborers of F FAT	人 person	200

continued1

市辖区 District 合计 Total	市辖区 District #双阳区 Shuanhgang	榆树市 Yushu	农安县 Nongan	九台市 Jiutai	德惠市 Dehui
135858	69694	305601	289301	158808	214340
1686	754	0	1647	2396	4974
6333	477	0	927	2396	4934
141	91	0	720	0	40
4102	392	397	23	8	3595
135	120	5	5	8	7
146	1	385	0	0	7
3782	232	7	18	0	3547
352756	70056	305204	290925	161196	215719
349528	69719	304996	290925	161116	214352
67709	11827	58234	6620	16553	48582
5943	79	0	780	20	0
3228	337	208	0	80	1367
2202	61	0	0	80	850
1	3	2	1	1	2
1119018	143478	618794	654482	314424	740034
949628	108746	529313	594407	279595	663570
21993	4210	5232	3460	3583	1475
143814	30522	84249	56615	34829	74989
10887/114724	5872/60623	19695/248371	23997/327044	12204/146470	29738/363574
10183/100617	5609/51208	17934/182295	21442/267061	9893/96235	27344/308365
872	318	5052	5231	11643	10009
19516	14431	36229	61760	13215	120609
17694/84890	8053/26836	30491/156401	8640/88660	9983/55310	40833/210705
9677/51757	4838/15270	28479/130879	6690/80360	7896/41866	37979/192954
8017/33133	3215/11566	2012/25522	1950/8300	2087/13444	2854/17751
0/14147	7776	30491	7530		48382
9/150			234/1420		
4/183	4/183	4/330	5/353	10/605	22/933
2707	2191	7796	6400	5033	11841
2240	1471	5200	6355	4210	6703
2166	1417	5082	6052	4192	6656
74	54	118	303	18	47
2221/10624	1526/5700		4728/29340		2649/10596
2221/10624	1526/5700		4728/29340		2649/10596
39007					
351/25961	79/5244	575/64544	238/37200	268/21588	144/11042
7469/95875	1820/22852	5979/86044	8170/118142	5318/53015	6760/78112
93/4057	30/1873	47/2634	6/338		2/103
179	93				82
118	67				82

10－4 农作物播种面积
TOTAL SOWN AREAS OF FARM CROPS

单位:公顷 unit:ha

		全 市 Total	市辖区 District 合 计 Total	#双阳区 Shuangyang	榆树市 Yushu	农安县 Nongan	九台市 Jiutai	德惠市 Dehui
农作物总播种面积	Sown area	1130795	143092	71362	303858	299507	161757	222581
一、粮食作物合计	Grain crops	1002871	118691	65604	287405	258105	145482	193188
(一)谷物	Lorn	845649	105190	55358	217569	229113	126668	167109
1.稻谷	Rice	146752	17000	11683	58234	6389	16547	48582
其中:粳稻	Keng rice	146751	16999	11683	58234	6389	16547	48582
糯稻	Glutinous rice	1	1					
中稻和一季晚稻	Mid－season rice and late rice	146752	17000	11683	58234	6389	16547	48582
2.小麦	Wheat	783	0	0	90	89	515	89
其中:硬粒小麦	Crust wheat	783	0	0	90	89	515	89
春小麦	Spring wheat	783	0	0	90	89	515	89
3.玉米	Corn	689273	87428	43464	159147	218290	109148	115260
其中:杂交玉米	Hybrid corn	675712	75261	43150	159147	218290	107754	115260
4.谷子	Millet	1344	157	42	89	485	75	538
5.高粱	Sorghum	6267	443	169	0	2968	283	2573
6.其它谷物	Others	1230	162	0	9	892	100	67
(二)豆类	Beans	124384	11668	9169	59242	17924	14824	20726
其中:大豆	Soybean	116353	11515	9148	59242	14284	13114	18198
绿豆	Mung beans	1022	32	4	0	605	79	306
红小豆	Red beans	6611	121	17	0	3035	1291	2164
(三)薯类	Tubers	32838	1833	1077	10594	11068	3990	5353
其中:马铃薯	Potato	31535	841	235	10594	11068	3798	5234
二、油料作物	Oilbearing crops	17099	528	461	0	11779	211	4581
1.花生	Peanuts	1665	5	0	0	1442	0	218
2.芝麻	Sesame	789	0	0	0	374	6	418
3.葵花子	Sunflower seed	10689	4	1	0	9707	4	974
4.线麻子	Line fiber seed	293	29	0	0	0	24	240
5.蓖麻子	Castor bean	17	5	0	0	0	0	12
6.苏子	Perillaseed	3637	485	460	0	256	177	2719
三、麻类作物	Fiber cropps	51	0	0	26	0	0	25
1.线麻	Line fiber	36	0	0	16	0	0	20
2.亚麻	Flax	15	0	0	10	0	0	5
四、烟叶合计	Tobacco	8733	0	0	1147	5320	1629	637
1.烤烟叶	Fluecured tobacco leaf	1610	0	0	1037	0	0	573
2.晒烟	Suncured tobacco	7123	0	0	110	5320	1629	64
五、药材类合计	Crude drugs	934	93	40	6	800	3	32
其中:当年园参播种面积	Garden ginseng	12	12	0	0	0	0	0
六、蔬菜(含菜用瓜)	Vegetable and melon	76562	19502	4280	13025	15030	10089	18916
七、瓜果类	Melon	16187	1923	528	2249	5701	2331	3983
其中:西瓜	Watermelon	7344	725	203	1092	3154	886	1487
甜瓜	Muskmelon	8576	1046	325	1049	2547	1439	2495
草莓	Strawberry	7	0	0	1	0	5	1
八、其它农作物	Other crops	8358	2355	449	0	2772	2012	1219
其中:青饲料	Forage	2209	1809	439	0	0	351	49

10－5 农作物总产量
YIELD OF MAJOR FARM CROPS

单位:吨 unit:ton

		全 市 Total	市辖区 District 合 计 Total	#双阳区 Shuangyang	榆树市 Yushu	农安县 Nongan	九台市 Jiutan	德惠市 Dehui
一、粮食作物	Grain	7983556	886022	515701	2346800	2290519	946657	1513558
(一)谷物	Corn	7363596	840776	486170	2077920	2155943	886788	1402169
1.稻谷	Rice	1263111	130991	89197	582336	62691	122164	364929
粳稻	Kengrice	1263101	130981	89197	582336	62691	122164	364929
糯稻	Glutinous Rice	10	10					
中稻和一季晚稻	Mid－season rice and late rice	1263101	130991	89197	582336	62691	122164	364929
2.小麦	Wheat	1849	0	0	229	323	1045	252
其中:硬粒小麦	Crust wheat	1849	0	0	229	323	1045	252
春小麦	Spring wheat	1849	0	0	229	323	1045	252
3.玉米	Corn	6045695	706386	396076	1495046	2063133	762126	1019004
其中:杂交玉米	Hybrid corn	5941928	610539	392076	1495046	2063133	754206	1019004
4.谷子	Willet	4751	550	148	259	1834	172	1936
5.高粱	Sorghum	40291	1784	749	0	21736	1025	15746
6.其它谷物	Others	7899	1065	0	50	6226	256	302
(二)豆类合计	Beans	380372	29897	23189	191096	59175	35654	64550
大豆	Soybean	358934	29442	23115	191096	48289	31874	58233
绿豆	Mung beans	2925	69	18	0	1874	188	821
红小豆	Red beans	17518	266	56	0	9039	2717	5496
(三)薯类	Tubers	239588	15349	6342	77784	75401	24215	46839
其中:马铃薯	Potato	236444	13184	6342	77784	75401	24215	45860
二、油料作物	Oil beaning crop	30546	623	516	0	22089	381	7453
1.花生	Peanuts	3990	10	0	0	3433	0	547
2.芝麻	Sesame	1216	0	0	0	688	9	519
3.葵花子	Sunflower seed	18769	8	2	0	17251	14	1496
4.线麻子	Line frber seeds	587	31	0	0	0	48	508
5.蓖麻子	Castor seeds	48	10	0	0	0	0	38
6.苏子	Perillaseeds	5636	564	514	0	417	310	4345
三、麻类作物	Fiber crops	240	0	0	198	0	0	40
线麻	Line fiber	83	0	0	48	0	0	35
亚麻	Flax	157	0	0	150	0	0	7
四、烟叶合计	Tobacco	29730	0	0	2142	23281	3055	1252
1.烤烟叶	Flue cured tobacco leaf	3095	0	0	1956	0	0	1139
2.晒烟	Suncared tobacco	26635	0	0	186	23281	3055	113
五、蔬菜(含菜用瓜)	Vegetable and melon	2687104	824219	121509	694284	405192	194009	569400
六、瓜果类	Melon	453757	54832	15670	99719	144350	30746	124110
其中:西瓜	Watermelon	254210	32268	7376	58205	100943	11364	51430
甜瓜	Muskmelon	194124	17399	7959	41512	43407	19127	72679
草莓	Strawberry	13	0	0	2	0	10	1

10-6 农作物单位面积产量
YIELD OF MAJOR FARM CROPS FOR UNIT AREA

单位:公顷 unit:ton

		全市 Total	市辖区 District 合计 Total	#双阳区 Shuangyang	榆树市 Yushu	农安县 Nong'an	九台市 Jiutan	德惠市 Dehui
一、粮食作物合计	Grain	7961	7465	7861	8165	8874	6507	7835
(一)谷物	Corn	8708	7993	8782	9551	9410	7001	8391
1. 稻谷	Rice	8607	7705	7635	10000	9812	7383	7512
其中:粳稻	Keng rice	8607	7705	7635	10000	9812	7383	7512
糯稻	Glutinous rice	10000	10000					
中稻和一季晚稻	Mid-season rice and late rice	8607	7705	7635	10000	9812	7383	7512
2. 小麦	Wheat	2361			2544	3629	2029	2831
其中:硬粒小麦	Crust wheat	2361			2544	3629	2029	2831
春小麦	Spring	2361			2544	3629	2029	2831
3. 玉米	Corn	8771	8080	9113	9394	9451	6983	8841
其中:杂交玉米	Hybrid corn	8794	8112	9086	9394	9451	6999	8841
4. 谷子	Willet	3535	3503	3524	2910	3781	2293	3599
5. 高粱	Sorghum	6429	4027	4432		7323	3622	6120
6. 其它谷物	Others	6422	6574		5556	6980	2560	4507
(二)豆类合计	Beans	3058	2562	2529	3226	3301	2405	3114
其中:大豆	Soybean	3085	2557	2527	3226	3381	2431	3200
绿豆	Mung beans	2862	2156	4500		3053	2380	2683
红小豆	Red beans	2650	2198	3294		2978	2105	2540
(三)薯类	Tubers	7296	8374	5889	7342	6813	6069	8750
其中:马铃薯	Potato	7498	15677	26987	7342	6813	6376	8762
二、油料合计	Oil beaning crop	1786	1180	1119		1875	1806	1627
1. 花生	Peanuts	2396	2000			2381		2509
2. 芝麻	Sesame	1524				1840	1500	1242
3. 葵花子	Sunflower seed	1756	2000	2000		1777	3500	1536
4. 线麻子	Line fiber seeds	2003	1069					
5. 蓖麻子	Castor seeds	2824	2000				2000	2117
6. 苏子	Perillaseeds	1550	1163	1117				3167
三、麻类合计	Fiber crops	4706			7156	1629	1751	1598
线麻	Line fiber	2306			3000			1680
亚麻	Flax	10467			15000			1750
四、烟叶合计	Tobacco	3404			1867			1400
1. 烤烟叶	Flue cured tobacco leaf	1922	0		1886	4376	1875	1965
2. 晒烟	Suncured tobacco	3739	0		1691			1988
五、蔬菜(含菜用瓜)	Vegetable and melon	35097	42263	28390	53304	4376	1875	1766
六、瓜果类	Melon	28032	28514	29678	44339	26959	19230	30102
其中:西瓜	Watermelon	34615	44508	36335	53301	25320	13190	31160
甜瓜	Muskmelon	22636	16634	24489	39573	32005	12826	34586
草莓	Strawberry	1857			2000	17042	13292	29130

10－7 林业生产情况
BASIC STATISTICS ON FORESTRY

		单位 Unit	全市 Total	市辖区 District		榆树市 Yushu	农安县 Nong'an	九台市 Jiutan	德惠市 Dehui
				合计 Total	#双阳区 Shuangyang				
1.当年造林面积	Areas of afforestation	公顷 ha	7000	3923	2000	611	666	800	1000
2.迹地更新面积	Areas of renewly cutover	公顷 ha	1189	270	78		566	133	220
3.封山育林面积	Areas of closing hillsides to facilitate afforeststion	公顷 ha							
4.零星(四旁)植树	Odd pieces of planting	株 trees	70103	70003				100	
5.育苗面积	Areas of grow seedlings	公顷 ha	210	125	50		40	40	5
6.中幼林抚育实际面积	Areas of young trees	公顷 ha	8821	387	200		6434		2000
7.成林抚育面积	Areas of forest fostered	公顷 ha	15763	1857	200			650	13256
8.木材产量	Timber yield	万立方米 10000cu·m	26.23	3.18	0.5	5.2	9.35	2.3	6.2
9.村及村以下生产的木材	Volume of timber producted by village and below	万立方米 10000cu·m	24.24	2.27		5	9.35	1.62	6

10－8畜牧业主要产品生产及存栏情况

		单位 Unit	全市 Total
一、畜牧出栏数量	Livestock		
1. 出栏肉猪	Slaugter fattened hogs	头 head	8728077
(1)集市上出售	Sale to market	头 head	7923070
(2)自宰自食	For own	头 head	805007
2. 出售和自宰的肉用牛	Sale cattle and butchered for owned	头 head	2122762
(1)集市上出售	Sale to market	头 head	2084647
(2)自宰自食	For own	头 head	38115
3. 出售和自宰的肉用羊	Sale sheep and coats	只 head	651999
(1)集市上出售	Sale to market	只 head	619468
(2)自宰自食	For themselve	只 head	32531
4. 驴	Donkeys	匹 head	11961
5. 骡	Mules	匹 head	16133
6. 马	Horses	匹 head	41520
7. 家禽	Poultry	千只 1000head	259224
其中:肉食鸡	Chicken	千只 1000head	213266
鹅	Goose	千只 1000head	17533
8. 家兔	Shanghtered cats oryctolagus	只 head	569747
二、畜牧产量	Farm products		
1. 出栏肉猪	Shanghtered faittend hogs	吨 head	810427
(1)集市上出售	Sale to market	吨 ton	734712
(2)自宰自食	For themselve	吨 ton	75715
2. 出售和自宰的肉用牛	Sale cattle and buffaloes	吨 ton	290093
(1)集市上出售	Sale to market	吨 ton	285654
(2)自宰自食	For themselve	吨 ton	4439
3. 出售和自宰的肉用羊	Sheep and butchered for owned	吨 ton	9759
(1)集市上出售	Sale to market	吨 ton	9262
(2)自宰自食	For themselve	吨 ton	497
4. 驴	Donkeys	吨 ton	963
5. 骡	Mules	吨 ton	1658
6. 马	Houses	吨 ton	4844
7. 家禽	Poultry	千只 1000head	555086
其中:肉食鸡	Chicken	吨 ton	461099
鹅	Goose	吨 ton	50101
8. 家兔	Oryctolagus	吨 ton	1165
9. 其它	Others	吨 ton	1081
10. 奶类产量	Milk	吨 ton	86791

BASIC STATISTICS ON ANIMAL HUSBANDRY

市辖区 District 合计 Total	♯双阳区 Shuangyang	榆树市 Yushu	农安县 Nong'an	九台市 Jiutai	德惠市 Dehui
1073691	345923	2324621	2405513	1102999	1821253
963422	267435	2108464	2248464	1060009	1542711
110269	78488	216157	157049	42990	278542
342929	161878	578356	508454	239863	453160
338515	161878	544655	508454	239863	453160
4414	0	33701	0	0	0
51610	17863	98233	380682	33275	88199
49420	17691	88203	361646	32000	88199
2190	172	10030	19036	1275	0
1413	783	2240	5443	418	2429
2057	1182	4978	4798	512	3788
4524	3029	15854	8882	721	11539
23176	4461	22798	76163	15968	121119
14878	542	7049	69107	8866	113366
2419	1878	4513	5243	902	4456
100472	3438	4824	414219	19425	30807
99459	32058	209666	216495	104785	180022
89312	24760	190170	202361	100701	152168
10147	7298	19496	14134	4084	27854
47060	21650	65180	81351	34780	61722
46419	21650	61382	81351	34780	61722
641	0	3798	0	0	0
797	255	1465	5710	499	1288
755	253	1315	5424	480	1288
42	2	150	286	19	0
75	41	306	435	16	131
206	114	590	432	52	378
544	355	1956	889	86	1369
43957	9884	45320	158680	31904	275225
26080	886	31974	138210	24384	240451
7344	5700	10825	15598	3091	13243
204	6	9	827	58	67
262		279	482		58
55374	475	16609	3450	3182	8176

10－8续表1

		单位 Unit		全市 Total
其中:出售量	Sale	吨	ton	73600
(1)羊奶产量	Milk of sheep	吨	ton	1350
其中:出售量	Sale	吨	ton	1113
(2)牛奶产量	Milk of cows	吨	ton	85441
其中:出售量	Sale	吨	ton	72487
11. 山羊毛产量	Wool of goat	公斤	kg	75659
其中:出售量	Sale	公斤	kg	75659
12. 绵羊毛产量	Wool of jumbuck	公斤	kg	2376175
其中:细羊毛	Fine wool	公斤	kg	497300
半细羊毛	Semi－fine wool	公斤	kg	1871905
在绵羊毛产量中出售数量	Sale	公斤	kg	2108950
13. 羊绒产量	Cashmere	公斤	kg	4860
14. 蜂密产量	Honey	吨	ton	272
15. 禽蛋产量	Eggs	吨	ton	388407
16. 鹿茸产量	Pilose antler	公斤	kg	49366
附记:肉类总产量	Meat	吨	ton	1675076
猪牛羊肉产量	Pork	吨	ton	1110279
出栏肉猪合计中售往省外的	Pork selled to other provinces	吨	ton	1472393
出栏肉牛合计中售往省外的	Beef selled to other provinces	吨	ton	345261
三、大牲畜存栏情况	Live stock			
(一)大牲畜总头数	Large animals	头	head	2837580
其中:从事农事劳役的	In planting	头	head	795924
1. 牛	Cattle and buffaloes	头	head	2594316
其中:良种及改良奶牛	Improve cow	头	head	53934
2. 马	Horse	匹	head	153209
3. 驴	Donkey	匹	head	33597
4. 骡	Mule	匹	head	56458
(二)猪	Pig	头	head	4267138
(三)羊	Sheep	只	head	971027
1. 山羊	Goat	只	head	182076
其中:奶山羊	Milk goat	只	head	79783
2. 绵羊	Sheep	只	head	788951
其中:细毛羊及改良羊	Fine sheep	只	head	152536
半细毛羊及改良羊	Semi－fine sheep	只	head	557403
(四)鹿	Deer	只	head	193055
(五)养蜂箱数	Bee	箱	case	7489
(六)家禽	Poultry	千只	1000head	94044
1. 鸡	Chicken	千只	1000head	82303
其中:蛋鸡	Eggs	千只	1000head	37931
2. 鸭	Duck	千只	1000head	4116
3. 鹅	Goose	千只	1000head	6205
(七)家兔	Oryctolagus	只	head	271396
补充资料:	Supplementary material			
1. 年末生猪存栏中:能配种的公猪	Hybridization boar	头	head	6631
后备种公猪	Mothball boar	头	head	1763
后备母猪	Mothball sow	头	head	58652

continued1

市辖区 District		榆树市 Yushu	农安县 Nong´an	九台市 Jiutai	德惠市 Dehui
合计 Total	#双阳区 Shuangyang				
42470	475	16589	3374	2991	8176
589	12	372	1	238	150
541	12	370	0	52	150
54785	463	16237	3449	2944	8026
41929	463	16219	3374	2939	8026
59	40	0	4600	0	71000
59	40	0	4600	0	71000
11061	4966	150000	1630114	76000	509000
170	0	0	210800	8330	278000
3921	0	150000	1419314	67670	231000
8636	4966	0	1610114	72200	418000
180	0	0	0	4680	0
70	35	23	106	38	35
128302	38847	98078	51422	42570	68035
47032	39419	973	421	937	3
192564	64363	324771	465301	172180	520260
147316	53963	276311	303556	140064	243032
0	0	1135980	0	36212	300201
0	0	305015	0	5231	35015
330831	203641	668015	728522	345657	764555
83357	66248	293048	158278	82147	179094
314741	199223	608013	647298	330550	693714
28334	1149	18948	1183	1462	4007
8860	2409	41867	49548	4696	48238
2676	780	5798	18683	1429	5011
4554	1229	12337	12993	8982	17592
510731	294343	1089484	1149672	737770	779481
67201	11134	122626	575165	47412	158623
10288	4721	56816	51436	21722	41814
3184	74	56816	28	1545	18210
56913	6413	65810	23729	25690	116809
30	0	0	86775	3240	62491
2017	0	46665	36954	22449	49318
173874	141539	4418	1553	11156	2054
1729	528	762	3087	954	957
20362	5250	13332	25095	10395	24860
17013	4050	10229	22994	8871	22926
9809	3912	8907	5934	3454	9827
530	306	1287	783	614	902
1139	894	1816	1308	910	1032
14726	0	5058	96771	25584	29257
954	719	3476	0	2201	0
261	233	1294	0	208	0
8428	7381	42690	0	7534	0

10－9 水果生产情况
BASIC STATISTICS ON FRUITS

		单位 Unit	全市 Total	市辖区 District 合计 Total	市辖区 District ＃双阳区 Shuangyang	榆树市 Yushu	农安县 Nong'an	九台市 Jiutai	德惠市 Dehui
一、水果产量合计	Output of fruits	吨 ton	65938	11147	782	12870	12495	11842	16802
1.苹果	Apple	吨 ton	9318	136	10	1407	20	6699	1046
其中:国光苹果	Guoguang apple	吨 ton	2966	0	0	0	20	2934	12
2.梨	Pear	吨 ton	2328	451	47	710	8	610	502
其中:苹果梨	Apple pear	吨 ton	185	10	46	0	8	75	46
雪花梨	Snow pear	吨 ton	294	0	0	0	0	74	220
鸭　梨	Ya pear	吨 ton	275	71	1	0	0	0	203
3.葡萄	Grape	吨 ton	36528	7864	257	5596	10050	336	12425
4.山楂	Haw	吨 ton	534	30	0	5	21	478	0
5.桃	Peach	吨 ton	31	0	0	3	10	15	3
6.其它	Others	吨 ton	17199	2666	468	5149	2386	3704	2826
二、水果面积	Area of fruit trees	吨 ton	7939	444	84	2015	1297	1534	2556
1.苹果	Apple	公顷 ha	1163	17	7	301	6	547	285
其中:国光苹果	Guoguang apple	公顷 ha	387	0	0	0	6	257	124
2.梨	Pear	公顷 ha	1156	65	7	609	14	305	156
其中:苹果梨	Applepear	公顷 ha	178	8	0	0	14	36	120
雪花梨	Snowpear	公顷 ha	23	0	0	0	0	23	0
鸭　梨	Ya pear	公顷 ha	58	18	1	0	0	0	39
3.葡萄	Grape	公顷 ha	2989	243	29	356	868	73	1420
4.山楂	Haw	公顷 ha	94	0	0	8	2	84	0
5.桃	Peach	公顷 ha	14	0	0	8	4	2	0
6.其它	Others	公顷 ha	2240	119	41	733	403	532	412

10－10 农林牧渔业总产值(现价)
GROSS OUTPUT VALUE OF FFAF(at current price)

单位:万元　　　　unit:10000yuan

		全　市 Total	市辖区 Distict		榆树市 Yushu	农安县 Nong'an	九台市 Jiutai	德惠市 Dehui
			合　计 Total	#双阳区 Shuangyang				
农林牧渔业总产值	Total	2729418	421044	161175	694414	684946	292657	636357
一、农业产值	Farming	1308203	172865	75134	387595	330804	139255	277684
1.谷物及其他作物	Cereals and others	1066922	109658	65645	340312	284597	120485	211870
(1)谷物	Cereal	859327	96830	57260	263038	223293	100900	175266
(2)薯类	Tubers	83121	4867	2220	27224	26390	8475	16165
(3)油料	Oilbean	9784	238	212		6579	147	2820
(4)豆类	Beans	98539	7633	5931	48825	15889	9286	16906
(5)棉花	Cotton							
(6)麻类	Fiber crop	31			23			8
(7)糖类	Sugar							
(8)烟草	Tobacco	15984			1202	12446	1633	703
(9)其他农作物	Others	136	90	22			44	2
2.蔬菜园艺作物	Vegetables	171882	54542	7309	33175	28547	12919	42699
(1)蔬菜(含菜用瓜)	vegetables and melon	171416	54443	7309	33175	28547	12554	42697
3.水果、坚果、饮料作物	Fruits nuts and beverage crops	69307	8621	2136	14108	17660	5803	23115
4.中药材	Medicinal herbs	92	44	44			48	
二、林业产值	Forestry	21294	3204	651	3703	6784	1914	5689
(一)林木的培育和种植	Plants	2932	977	301	63	239	304	1349
(二)竹木采运	Wood cutting and transport	18362	2227	350	3640	6545	1610	4340
其中:村及村以下	Below village							
(三)林产品	Forest products							
三、牧业产值	Animal husbandry	1373131	239932	83109	297412	340958	147566	347263
(一)牲畜饲养	Animals	293281	54115	20128	64383	82092	32990	59701
1.牛的饲养	Cattle	265932	43532	19789	59888	74297	31783	56432
2.羊的饲养	Sheep and coats	9596	785	251	1441	5614	490	1266
3.奶产品	Milk products	15282	9784	83	2910	614	537	1437
4.毛绒产品	Wool	2471	14	5	144	1567	180	566
5.其他牲畜副产品	Other livestock products							
(二)猪的饲养	Hogs	542663	66799	21466	140192	144965	70164	120543
(三)家禽饲养	Pourltry	522247	105859	29292	92715	113025	44254	166394
(四)其他畜牧业	Other livestock	14940	13439	12223		876		625
四、渔业产值	Fishery	14679	3241	1628	2511	3167	2737	3023
其中:养殖	Artificially cultured	14679	3241	1576	2511	3167	2737	3023
五、农林牧渔服务业	Services	12111	1802	653	3193	3233	185	2698

10－11 农林牧渔业增加值(现价)
ADDED VALUE OF FFAF(at current price)

单位:万元 unit:10000 yuan

		全市 Total	市辖区 District		榆树市 Yushu	农安县 Nong'an	九台市 Jiutai	德惠市 Dehui
			合计 Total	#双阳区 Shuangyang				
一、农林牧渔业总产值	Gross output value of FFAF	2729418	421044	161175	694414	684946	292657	636357
二、中间消耗	Imtermediate consumption	1114462	163899	61142	273504	282175	133242	261642
1.农业	Farming	413771	65169	27587	122808	96569	63275	65950
2.林业	Forsetry	11108	1533	303	1860	3710	936	3069
3.牧业	Animal husbandry	677998	94477	31861	146571	179272	67382	190296
4.渔业	Fishery	6441	1851	1081	970	1244	1099	1277
5.服务业	Service	5144	869	310	1295	1380	550	1050
在中间消耗中:	In intermediate consumption							
1.中间物质消耗	Material consumption	1100316	159575	60462	272126	279608	131709	257298
2.对非物质生产部门的劳务支出	Servicesfor non－material productive department	14146	4324	680	1378	2567	1553	4344
三、农林牧渔业增加值	Added value of FFAF	1614956	257145	100033	420910	402771	159415	374715
1.农业	Farming	894432	107696	47547	264787	234235	75980	211734
2.林业	Forestry	10186	1671	348	1843	3074	978	2620
3.牧业	Animal husbandry	695133	145455	51248	150841	161686	80184	156967
4.渔业	Fishery	8238	1390	547	1541	1923	1638	1746
5.服务业	Service	6967	933	343	1898	1853	635	1648

统计资料

STATISTICS

工业

INDUSTRY

长春统计年鉴

CHANGCHUN STATISTICAL YEARBOOK

2006

第十一篇　工　业

2005 年,全市工业经济由于汽车及零部件制造业的下降,导致全市规模以上工业低速运行。主要情况如下:

1. 工业生产低速运行十多年来首次出现负增长。2005 年全年完成规模以上工业总产值 1728.9 亿元,比上年下降 2.8%。完成工业增加值 455.3 亿元,比上年下降 3.9%,工业增加值率达到 26.3%,比上年下降 0.6 个百分点。在全国 15 个副省级城市中,我市完成的工业总产值位居第 12 位,增速在末位,是负增长。在东北四市中总产值居第三位,增速在末尾。

2005 年,全市 30 种重点产品有 12 种比上年增长,有 18 种下降。增长幅度较大的有:公路客车 5.6 万辆,增长 30.8%;铁路客车 975 辆,增长 20.1%;摩托车 15.5 万辆,增长 22.3%;电动工具 9.6 万台,增长 40.3%,子午线轮胎 200.4 万条,增长 59.3%;水泥 555.8 万吨,增长 20.7%;原煤 247 万吨,增长 26.9%;淀粉 108.6 万吨,增长 13.2%。下降幅度较大的有:汽车 52.2 万辆,下降 19.1%;其中:载货汽车 16.3 万辆,下降 29.1%;内燃机 2202 万千瓦,下降 40.9%;彩色电视机 50 万部,下降 39.4%;录放音机 0.92 万部,下降 47%;房间空气调节器 110 台,下降 97.8%;成品钢材 11.7 万吨,下降 14.1%;配混合饲料 105.3 万吨,下降 15.1%;服装 696.7 万件,下降17.6%;自动化仪表 302 台,下降 37.1%;液晶显示块 11.7 万块,下降 29.5 %。

2. 新产品产值率下降。全市 2005 年完成新产品产值 797.6 亿元,下降 13.4%(按现价计算),新产品产值率为 46.1%,下降 5.7 个百分点。其主要原因是受汽车及零部件行业的下降影响。

3.2005 年,全市出口交货值率继续提高。全市完成出口交货值 44.1 亿元(人民币),增长 31.8%,出口交货值率 2.55%,同比增长 0.7 个百分点。这说明我市工业品出口形势有所改善。

4.2005 年,全市六大重点行业除汽车、光电子外,继续保持快速增长,其中:汽车零部件工业完成产值 1216.4 亿元,下降 9.9%;农副产品加工业高速增长,成为 2005 年全市经济增长的亮点,完成产值 218 亿元,增长 35.8%;生物及医药工业完成产值 32.8 亿元,增长 15.4%;光电子信息工业完成产值 30.7 亿元,下降 7.03%;建材工业小幅增长,完成产值 32.8 亿元,增长 8.3%;能源工业增长较快,完成产值 60.3 亿元,增长 21.3%。

5.2005 年,全市规模以上工业整体经济效益下降。经济效益综合指数为 152.2%,下降 1.5 个百分点。在各项效益指标中,总资产贡献率下降 4.9 个百分点;资产保值率下降 0.4 个百分点;实现利税总额 133.2 亿元,同比下降 23.2%,其中实现利润 42.5 亿元,下降 43.5%。

11－1 工业企业主要经济指标(一)

单位:万元

		企业单位数(个) Enterprises	亏损企业 Loss－suffeing enterprises	工业总产值(当年价格) Gross industrial output value (current price)	新产品产值 New products
总　计	Total	814	196	17289653.10	7976432.80
煤炭开采和洗选业	Coal mining and dressing	13	2	61516.70	
石油和天然气开采业	Extraction of petroleum and natural gas	1		11373.60	
黑色金属矿采选业	Minging and dressing of ferrous metals				
有色金属矿采选业	Mining and dressing of nonferrous metals				
非金属矿采选业	Mining and dressing of nonmetal mineral products	4		2910.10	
其他采矿业	Others				
农副食品加工业	Food processing	75	7	1885375.20	3942.80
食品制造业	Food manufacturing	17	4	75043.60	
饮料制造业	Beverage manufacturing	26	5	147321.30	
烟草制品业	Tobacco processing	1		116088.20	902.30
纺织业	Textile industry	6	2	24429.40	3692.50
纺织服装、鞋、帽制造业	Garments, shoes and hats	17	2	54387.30	529.30
皮革、毛皮、羽毛(绒)及其制品业	Leather, furs, down and related products	3		8543.30	
木材加工及木、竹、藤、棕、草制品业	Timber, bamboo, cane, palm and straw products	11	2	59533.90	2339.40
家具制造业	Funiture	7	1	7014.50	
造纸及纸制品业	Paper making and paper products	13	4	28630.20	
印刷业和记录媒介的复制	Printing and record medium reproduction	19	4	37314.40	
文教体育用品制造业	Culture education and sport manufacturing	1			
石油加工、炼焦及核燃料加工业	Petroleum processing coking and nuclear processing	5	2	43640.10	
化学原料及化学制品制造业	Raw chemical material and chemical products	38	4	137900.80	
医药制造业	Medical and pharmacutical products	57	20	338602.20	45694.30
化学纤维制造业	Chemical fiber manufacturing	1	1	1070.00	
橡胶制品业	Rubber products	5		49495.10	2319.60
塑料制品业	Plastic products	28	4	67794.20	2461.90
非金属矿物制品业	Nonmetal mineral products	53	16	304505.40	7412.20
黑色金属冶炼及压延加工业	Smelting and pressing of ferrous metals	9	1	72278.70	24038.70
有色金属冶炼及压延加工业	Smelting and pressing of non－ferrous metals	5	1	18849.00	3278.70
金属制品业	Metal products	29	7	67696.30	2170.60
通用设备制造业	Ordinery machinery	50	11	155013.30	2058.70
专用设备制造业	Special purpose equipment	23	5	54471.40	3350.90
交通运输设备制造业	Transport equipment	207	63	12634590.10	7837784.30
电气机械及器材制造业	Electric equipmert and machinery	23	5	144067.60	16739.10
通信设备、计算机及其他电子设备制造业	Telecommunication equipment, computer and other electronic equipment	14	5	110834.50	10747.40
仪器仪表及文化、办公用机械制造业	Instruments, meters, cultural and office machinery	8	1	16864.80	1562.80
工艺品及其他制造业	Art and other manufacture	8	1	25038.60	5407.30
废弃资源和废旧材料回收加工业	Discard resoures and materials processing				
电力、热力的生产和供应业	Production and supply of electric power and heat power	25	8	353943.30	
燃气生产和供应业	Production and supply of gas	6	2	120900.80	
水的生产和供应业	Production and supply of tap water	6	6	52615.20	

MAIN ECONOMIC INDICATORS OF INDUSTRIAL ENTERPRISES(Ⅰ)

unit:10000yuan

工业销售产值（当年价格） Sale revenue (current price)	出口交货值 Export enterprises	工业中间投入合计 Intermediat input	直接材料 Direct materials	制造费用中的中间投入 Fabricating cost	管理费用中的中间投入 Management expenses	营业费用中的中间投入 Operating expenses	工业增加值（当年价格） Added value (current price)
17029270.10	440963.70	13317829.90	11981986.00	518610.10	533424.90	142573.50	4553401.80
61649.00		34990.70	27304.30	3270.60	3598.90	762.50	32211.70
11373.60		8806.90	7312.20	96.90	807.10	279.40	3375.40
2680.30		1660.20	1212.10	222.40	105.40	95.80	1314.50
1827952.30	131839.60	1364885.60	1260632.70	49106.90	13295.40	14356.30	557832.60
73768.60		63104.90	50302.70	5497.20	3647.30	3074.10	14355.40
137661.90		92621.90	71520.80	8895.60	4189.10	6211.30	61038.50
115009.50		50390.10	43189.70	836.70	4192.10	2377.90	79415.00
22984.70	1634.40	12330.40	10653.10	959.10	499.90	58.70	12280.90
45902.40	7322.70	39343.10	31958.60	4041.50	2052.90	856.10	16247.90
8323.50		6305.00	6176.50	29.00	41.50	49.80	2389.00
61447.10	28457.00	52035.10	41757.60	4767.20	2117.80	1238.70	12489.20
7980.80	1727.50	8209.60	5075.90	587.30	307.60	2019.90	-1126.10
27865.30		20167.70	13038.50	4935.70	1827.20	261.00	8955.40
36424.60		27133.20	18700.90	5602.80	2183.70	225.90	12998.50
43230.80		11061.80	9838.10	607.60	450.60	137.40	32778.40
137003.40	1885.60	106098.00	85568.20	10963.70	7030.60	2738.90	38995.40
279873.90	34.90	233808.90	170795.80	16961.20	18421.30	23441.40	119367.20
760.00		707.00	375.00	292.30	39.70		371.20
47693.80		45622.20	36456.60	5790.20	869.20	1126.50	4483.00
67824.30		47674.70	33517.80	10566.80	2668.40	367.00	22191.30
303085.10	6026.30	196075.20	132792.50	35642.20	8332.30	12749.20	125746.30
70771.20	3593.20	61664.30	58526.70	1822.60	704.90	282.60	10991.30
18285.60	4925.60	14560.20	9989.40	3000.50	846.20	484.10	4761.50
68377.70		56951.40	44110.50	6148.00	4580.90	1660.30	13372.40
146690.20	451.00	86473.40	64026.20	13691.90	5882.40	2078.20	72103.50
53499.50	2161.50	38693.30	24395.00	5555.40	4741.20	1965.40	17406.60
12614070.70	230700.00	10027289.20	9213336.30	279062.80	415774.30	54642.10	3021437.80
92421.60		97254.70	85875.40	4349.30	3891.50	2202.30	49456.40
86724.20	19084.60	92343.90	66832.40	12648.90	5710.20	2073.80	19693.80
16558.00	159.10	11075.70	7203.10	612.50	2773.60	118.00	7149.20
24841.50	960.70	19498.40	14163.10	2849.10	1886.50	261.30	6380.30
353691.50		262312.00	228301.20	10587.20	4701.90	1403.50	117659.10
110657.40		98893.10	89398.90	4144.00	2286.20	2438.90	27177.90
52186.10		27788.10	17648.20	4465.00	2967.10	535.20	28101.30

11－2 工业企业主要经济指标(二)

单位:万元

		资产总计 Assets	流动资产合计 Current assets	短期投资 Short－term investment	应收帐款净额 Net value of account receiveabre
总 计	Total	19055692.30	8388609.90	29052.60	2044377.80
煤炭开采和洗选业	Coal mining and dressing	68074.00	27348.10	566.10	6790.50
石油和天然气开采业	Extraction of petroleum and natural gas	22648.90	6175.10		3494.40
黑色金属矿采选业	Minging and dressing of ferrous metals				
有色金属矿采选业	Mining and dressing of nonferrous metals				
非金属矿采选业	Mining and dressing of nonmetal mineral products	2593.70	887.00		434.10
其他采矿业	Others				
农副食品加工业	Food processing	1155093.20	385106.60	10075.70	87054.40
食品制造业	Food manufacturing	244103.50	73311.50	80.00	17980.80
饮料制造业	Beverage manufacturing	139133.40	54493.50	70.00	6147.10
烟草制品业	Tobacco processing	113934.70	82637.30		11033.90
纺织业	Textile industry	18661.30	10004.30	16.50	2800.90
纺织服装、鞋、帽制造业	Garments, shoes and hats	67309.00	38493.90	1356.80	6493.80
皮革、毛皮、羽毛(绒)及其制品业	Leather, furs, down and related products	1624.50	925.20	10.00	110.00
木材加工及木、竹、藤、棕、草制品业	Timber, bamboo, cane, palm and straw products	258627.70	82204.30		11185.40
家具制造业	Funiture	12676.10	8871.20		1780.20
造纸及纸制品业	Paper making and paper products	18792.50	6572.00	60.20	2520.00
印刷业和记录媒介的复制	Printing and record medium reproduction	44930.10	21700.10	270.00	5756.00
文教体育用品制造业	Culture education and sport manufacturing	1000.00	215.00		
石油加工、炼焦及核燃料加工业	Petroleum processing coking and nuclear processing	15931.00	5148.60		1916.60
化学原料及化学制品制造业	Raw chemical material and chemical products	153941.20	89849.40	1429.40	20596.30
医药制造业	Medical and pharmacutical products	517780.80	288735.00	127.00	88144.10
化学纤维制造业	Chemical fiber manufacturing	3645.40	2531.70		102.90
橡胶制品业	Rubber products	97121.60	67148.80	89.50	12830.50
塑料制品业	Plastic products	79933.50	45312.80	12.00	15754.10
非金属矿物制品业	Nonmetal mineral products	577422.70	212561.80		56378.40
黑色金属冶炼及压延加工业	Smelting and pressing of ferrous metals	50579.80	26517.80		7834.90
有色金属冶炼及压延加工业	Smelting and pressing of non－ferrous metals	23475.50	10064.40		5222.00
金属制品业	Metal products	96301.70	54481.20	104.00	19919.90
通用设备制造业	Ordinery machinery	162362.60	84534.60	15.40	25449.70
专用设备制造业	Special purpose equipment	149367.20	64889.20	785.00	15962.50
交通运输设备制造业	Transport equipment	12912010.60	6086293.50	12618.00	1472255.90
电气机械及器材制造业	Electric equipmert and machinery	107569.60	72479.00	1367.00	22539.30
通信设备、计算机及其他电子设备制造业	Telecommunication equipment, computer and other electronic equipment	305530.60	115780.40		29286.80
仪器仪表及文化、办公用机械制造业	Instruments, meters, cultural and office machinery	28777.00	15401.20		6065.90
工艺品及其他制造业	Art and other manufacture	16011.90	7756.50		1119.10
废弃资源和废旧材料回收加工业	Discard resoures and materials processing				
电力、热力的生产和供应业	Production and supply of electric power and heat power	1066591.40	226664.50		48611.20
燃气生产和供应业	Production and supply of gas	246988.40	77920.10		22018.50
水的生产和供应业	Production and supply of tap water	275147.20	35594.30		8787.70

MAIN ECONOMIC INDICATORS OF INDUSTRIAL ENTERPRISES(Ⅱ)

unit: 10000yuan

存货 Inventory		流动资产年平均余额 Annua laverage balance of curret assets	长期投资 Long-term investment	固定资产合计 Fixed assets	固定资产原价 Original value of fixed assets		累计折旧 Accumulated depreciation
	产成品 Finished goods					生产经营用 For production	
2620489.20	656827.20	8518961.00	2652441.90	7068295.90	10176046.60	9203157.40	3944778.50
2351.90	1161.60	20295.30	2233.30	33704.30	38560.30	24583.60	6553.50
292.20		6060.40	400.00	15189.70	20841.20	20841.20	12811.10
88.50	48.00	965.00		1561.90	1890.50	1323.00	382.60
141700.80	76130.50	373791.90	57732.00	640719.10	841156.20	715767.40	248163.70
23788.20	5250.40	68050.00	1285.40	159534.70	156287.60	137807.30	14479.00
21850.20	7076.20	51830.30		65074.70	102080.50	71282.20	40291.30
36206.60	634.80	9650.10	20.00	31009.40	55848.10	52794.40	24936.30
5389.00	3588.00	11152.20		7783.20	8728.00	3481.80	2772.30
13266.30	5713.00	36361.50	389.70	22564.20	26870.20	20606.20	6674.30
759.50	720.50	881.20		644.30	677.00	667.00	38.00
54468.80	14800.80	94186.70	12356.60	135476.10	189655.70	184395.30	71589.60
4551.50	2163.40	8470.30	197.00	3494.40	4894.20	3703.20	1515.20
2033.70	1422.40	6280.20		10648.90	13184.70	9445.80	2885.60
5713.70	3296.30	18013.10	3.00	22054.30	32389.00	25299.30	11984.30
		215.00		785.00	785.00	700.00	
1665.70	660.70	4597.00	519.60	10162.30	11874.50	7441.40	2761.30
38628.80	13236.90	85966.00	5427.80	52735.80	66728.80	60317.60	16125.30
80450.30	37178.60	249130.20	1842.30	185172.60	225619.00	176265.10	60632.50
2068.80	1103.50	2326.10		756.00	1267.70	1267.70	511.70
7283.70	3499.30	75937.50	50.00	29150.70	27516.00	26830.70	6838.50
10539.20	5996.50	42650.00	2165.00	30320.10	43728.90	24860.60	14281.30
42099.70	18075.90	206591.80	44325.70	304361.90	382857.60	328920.90	86427.70
15110.30	1172.20	27832.20	43.80	21758.30	24422.90	23874.10	3032.20
2265.80	311.40	10238.80	105.50	11887.70	16305.20	16196.20	4417.50
20755.80	12240.80	54974.50	3297.00	27553.50	40025.80	32872.80	12629.50
31335.90	13715.50	79226.40	3271.50	56627.30	74334.30	43497.90	25719.00
15277.40	4906.20	61652.00	10939.60	65953.70	74804.90	43591.30	16263.60
1930925.90	376718.70	6369494.10	2413249.50	3863023.70	6025226.20	5628384.90	2664183.50
22075.30	12094.20	77899.10	7232.80	20881.20	26425.60	21152.60	7464.60
45072.30	22061.90	114183.40	7957.30	148955.20	186298.00	170719.60	66219.70
4036.90	1781.50	19047.40	1587.90	7401.70	15922.50	13080.20	8598.40
4164.40	2573.90	8077.70		7864.90	8407.60	8266.40	2480.30
20833.80		213504.40	52300.50	696001.40	998492.60	874728.00	354043.70
11866.70	7482.90	73649.70	22993.60	139377.70	172668.60	169347.30	42799.00
1571.60	10.70	35779.50	515.50	238106.30	259271.70	258844.40	104272.400

11－3　工业企业主要经济指标(三)

单位:万元

		资产总计 Assets			
		累计折旧 Accumulated depreciation 本年折旧 This year	固定资产净值 Net value of fixed assets	固定资产净值年平均余额 Annual average balance	无形资产 Intangible assets
总　计	Total	592094.70	6231268.10	5679312.30	360917.00
煤炭开采和洗选业	Coal mining and dressing	1508.20	32006.80	28366.30	4577.90
石油和天然气开采业	Extraction of petroleum and natural gas	1422.90	8030.10	11756.90	873.10
黑色金属矿采选业	Minging and dressing of ferrous metals				
有色金属矿采选业	Mining and dressing of nonferrous metals				
非金属矿采选业	Mining and dressing of nonmetal mineral products	27.50	1507.90	1537.50	
其他采矿业	Others				
农副食品加工业	Food processing	28213.10	592992.50	586723.80	39515.50
食品制造业	Food manufacturing	6383.00	141808.60	120210.90	9520.50
饮料制造业	Beverage manufacturing	6895.70	61789.20	79837.20	15027.80
烟草制品业	Tobacco processing	4454.70	30911.80	32358.60	179.90
纺织业	Textile industry	359.10	5955.70	6484.20	12.10
纺织服装、鞋、帽制造业	Garments, shoes and hats	953.30	20195.90	19163.50	1809.00
皮革、毛皮、羽毛(绒)及其制品业	Leather furs down and related products	26.30	639.00	644.30	50.00
木材加工及木、竹、藤、棕、草制品业	Timber, bamboo, cane, palm and straw products	8888.70	118066.10	118872.10	9172.40
家具制造业	Funiture	227.90	3379.00	3559.80	9.70
造纸及纸制品业	Paper making and paper products	732.30	10299.10	11406.80	249.30
印刷业和记录媒介的复制	Printing and record medium reproduction	242.10	20404.70	19851.70	517.40
文教体育用品制造业	Culture education and sport manufacturing		785.00	785.00	
石油加工、炼焦及核燃料加工业	Petroleum processing coking and nuclear processing	390.00	9113.20	6684.40	100.50
化学原料及化学制品制造业	Raw chemical material and chemical products	3402.00	50603.50	50357.30	4807.50
医药制造业	Medical and pharmaceutical products	31438.60	164986.50	154264.60	25513.00
化学纤维制造业	Chemical fiber manufacturing	133.50	756.00	778.10	357.60
橡胶制品业	Rubber products	531.70	20677.50	20290.70	772.00
塑料制品业	Plastic products	1767.80	29447.60	27575.80	1136.10
非金属矿物制品业	Nonmetal mineral products	17808.30	296429.90	272847.60	13444.40
黑色金属冶炼及压延加工业	Smelting and pressing of ferrous metals	967.60	21390.70	13734.90	1999.60
有色金属冶炼及压延加工业	Smelting and pressing of Non－ferrous metals	723.50	11887.70	2597.30	438.90
金属制品业	Metal products	1757.80	27396.30	26752.40	9233.20
通用设备制造业	Ordinery machinery	3008.70	48615.30	51812.50	14631.60
专用设备制造业	Special purpose equipment	4486.80	58541.30	54761.40	6011.40
交通运输设备制造业	Transport equipment	384548.90	3361042.70	2850605.10	150510.20
电气机械及器材制造业	Electric equipment and machinery	1705.70	18961.00	18729.30	6138.30
通信设备、计算机及其他电子设备制造业	Telecommunication equipment, computer and other electronic equipment	18393.70	120078.30	129244.40	24568.50
仪器仪表及文化、办公用机械制造业	Instruments, meters, cultural and office machinery	1926.40	7324.10	8699.70	866.30
工艺品及其他制造业	Art and other manufacture	445.80	5927.30	5919.10	133.10
废弃资源和废旧材料回收加工业	Discard resoures and materials processing				
电力、热力的生产和供应业	Production and supply of electric power and heat power	41020.90	644448.90	586668.30	13223.80
燃气生产和供应业	Production and supply of gas	4497.20	129869.60	119910.20	5516.40
水的生产和供应业	Production and supply of tap water	10805.00	154999.30	235520.60	

MAIN ECONOMIC INDICATORS OF INDUSTRIAL ENTERPRISES(Ⅲ)

unit:10000yuan

负债合计 Liabilities	流动负债合计 Current liabilites	应付账款 Account payable	长期负债合计 Long－term liabilities	所有者权益合计 Owership interests	实收资本 Paicl－up capital	国家资本 State	集体资本 Collective
11634502.90	10025113.60	3453127.70	1366996.10	7421189.40	3904574.30	1564841.60	81262.30
43726.60	40568.20	5230.60	3157.40	24347.40	13247.20	2556.00	
10337.00	5392.50	149.90	4944.50	12311.90	3131.60	3131.60	
1277.50	808.30	56.90		1316.20	698.40		
698692.00	550515.00	105321.90	146965.90	456401.20	256967.50	7415.70	10057.00
145388.90	86628.10	52628.70	57860.40	98714.60	54824.50		
115853.60	84986.60	22006.90	29769.00	23279.80	47026.50	1620.00	227.50
87720.70	87720.60	16077.70		26214.00	13806.80	13806.80	
13746.50	13646.50	5937.50	100.00	4914.80	4938.00	461.30	50.00
38506.70	35704.70	12354.30	2277.30	28802.30	16666.50	5580.60	743.70
779.80	774.80	699.50	5.00	844.70	490.00		
83650.90	58038.60	5871.80	21245.00	174976.80	70418.50	23769.40	
12445.00	10428.20	1221.20	74.50	231.10	2737.50		1057.00
9003.00	7494.90	2800.10	481.50	9789.50	2737.80	69.00	298.00
27112.00	22456.50	8379.40	3395.90	17818.10	7569.30	3413.00	571.10
420.00	420.00			580.00	580.00		
15700.50	11120.00	3169.80		230.50	4350.10	390.70	2577.20
112172.40	103848.90	15496.90	2180.70	41768.80	41738.70		1569.00
289439.20	230376.70	80036.10	37275.30	228341.60	142579.60	20188.40	9709.40
1890.30	1890.30	230.50		1755.10	1700.00		
76549.90	60836.00	5364.00	15713.90	20751.70	23256.70	19932.70	1750.00
37887.80	30192.80	8749.60	6736.00	42045.70	25031.80	867.90	3958.70
303746.10	266001.00	59999.50	37352.60	273676.60	218594.40	17815.70	7878.40
33865.30	28673.50	23443.70	5010.00	16714.50	16854.20	1381.60	
9085.00	8018.80	2702.70	1066.20	14390.50	12872.00	5374.60	684.70
57725.90	52022.60	19442.70	5430.50	38575.80	23304.00	685.80	959.40
126035.00	111986.50	29324.20	5793.60	36327.60	42285.70	5933.40	3469.60
100277.40	94917.00	15273.20	1913.40	49089.80	43237.80	8879.30	3461.80
7840503.70	7061196.50	2764291.10	629962.60	5071506.90	2203478.00	1063846.60	26019.00
61212.80	57362.80	20350.50	3086.40	46356.80	14360.80	634.00	1021.50
219162.60	184995.90	43353.10	34060.90	86368.00	138086.10	70638.80	
15667.20	10902.20	2216.90	4415.00	13109.80	9231.90	2120.00	3977.60
11176.00	6765.80	2079.00	3830.90	4835.90	2840.90	720.00	881.60
829247.00	587745.90	74407.90	240859.80	237344.40	203620.50	83002.80	340.10
130949.70	85776.00	39802.60	14673.90	116038.70	99015.20	58312.10	
73548.90	24900.90	4657.30	47358.00	201598.30	142293.80	142293.80	

11－4 工业企业主要经济指标(四)

单位:万元

		所有者权益合计			
		实收资本 Paicl－up capital			
		法人资本 Corporation	个人资本 Private	港澳台资本 Prom HongKong Macao and Taiwan	外商资本 Foreign
总　计	Total	1063429.20	318239.00	83899.90	792902.30
煤炭开采和洗选业	Coal mining and dressing	6904.30	3786.90		
石油和天然气开采业	Extraction of petroleum and natural gas				
黑色金属矿采选业	Minging and dressing of ferrous metals				
有色金属矿采选业	Mining and dressing of nonferrous metals				
非金属矿采选业	Mining and dressing of nonmetal mineral products	397.40	301.00		
其他采矿业	Others				
农副食品加工业	Food processing	57788.40	36815.60	11367.80	133523.00
食品制造业	Food manufacturing	33047.70	9326.80	12450.00	
饮料制造业	Beverage manufacturing	12376.60	4431.10	6042.10	22329.20
烟草制品业	Tobacco processing				
纺织业	Textile industry	1220.00	680.00	2526.70	
纺织服装、鞋、帽制造业	Garments shoes and hats	5811.70	2870.50	1660.00	
皮革、毛皮、羽毛(绒)及其制品业	Leather furs down and related products	100.00	390.00		
木材加工及木、竹、藤、棕、草制品业	Timber, bamboo, cane, palm and straw products	770.10	18851.30		27027.70
家具制造业	Funiture	614.00	485.00	262.50	319.00
造纸及纸制品业	Paper making and paper products	2209.30	161.50		
印刷业和记录媒介的复制	Printing and record medium reproduction	1942.30	1642.90		
文教体育用品制造业	Culture education and sport manufacturing	580.00			
石油加工、炼焦及核燃料加工业	Petroleum processing coking and nuclear processing	687.00			697.20
化学原料及化学制品制造业	Raw chemical material and chemical products	15868.20	7216.60	1793.90	15291.00
医药制造业	Medical and pharmacutical products	56244.50	39991.90	6491.00	9954.40
化学纤维制造业	Chemical fiber manufacturing	1700.00			
橡胶制品业	Rubber products	30.00	794.00		750.00
塑料制品业	Plastic products	8325.30	5190.40	750.00	5939.50
非金属矿物制品业	Nonmetal mineral products	170502.50	6528.60	7500.00	8369.20
黑色金属冶炼及压延加工业	Smelting and pressing of ferrous metals	9481.50	1186.40		4804.70
有色金属冶炼及压延加工业	Smelting and pressing of non－ferrous metals	293.80	100.00		6418.90
金属制品业	Metal products	15168.30	3973.80		2516.70
通用设备制造业	Ordinery machinery	25359.20	4798.50		2725.00
专用设备制造业	Special purpose equipment	5554.60	10393.50	10000.00	4948.60
交通运输设备制造业	Transport equipment	456564.60	111716.30	23055.90	522275.60
电气机械及器材制造业	Electric equipmert and machinery	2949.70	6445.60		3310.00
通信设备、计算机及其他电子设备制造业	Telecommunication equipment、computer and other electronic equipment	45913.80	11102.30		10431.20
仪器仪表及文化、办公用机械制造业	Instruments, meters, cultural and office machinery	2719.10	295.40		119.80
工艺品及其他制造业	Art and other manufacture	1005.00	150.00		84.30
废弃资源和废旧材料回收加工业	Discard resoures and materials processing				
电力、热力的生产和供应业	Production and supply of electric power and heat power	96770.30	12440.00		11067.30
燃气生产和供应业	Production and supply of gas	24530.00	16173.10		
水的生产和供应业	Production and supply of tap water				

MAIN ECONOMIC INDICATORS OF INDUSTRIAL ENTERPRISES(Ⅳ)

unit:10000yuan

主营业务收入 Main business revenue	主营业务成本 Cost	主营业务税金及附加 Taxes and extra charges	其他业务收入 Other business revenue	其他业务利润 Other business profit	营业费用 Operating expenses	管理费用 Management expenses	税金 Tax
16273653.70	14283947.30	374301.60	614744.90	294210.70	444889.70	1037605.90	30777.60
62619.50	34697.10	561.50		-36.80	1539.40	6871.90	107.80
11373.60	8730.70	102.50	1436.20	376.30	329.70	1303.00	22.00
2659.30	2052.00	72.30	7.60	7.60	98.30	202.10	0.80
1961472.40	1764551.90	1897.30	3225.60	1113.20	30642.20	38726.00	766.60
118453.60	96895.20	309.50	8325.20	4623.50	7814.50	5902.70	197.50
135588.00	101251.90	7029.70	960.80	913.50	21888.30	6942.20	438.60
114760.00	47748.70	40959.20	499.20	-326.20	3093.10	13049.10	235.90
10896.60	9428.70	31.00	4.00	-1.90	186.50	578.00	14.70
51306.80	42206.00	111.80	160.30	133.40	1250.20	3544.80	166.10
8922.60	8639.50	24.70			65.50	59.60	0.60
56626.00	36017.20	379.00	4829.60	239.80	2287.70	3499.70	403.90
8104.40	7246.30	13.70	2.40	0.30	254.50	351.00	7.00
26926.40	24545.00	133.20	104.60	8.10	402.70	900.80	30.50
38075.80	28613.40	246.10	353.30	235.50	292.60	4479.50	160.90
12278.30	11415.50	138.80	370.70	341.50	139.90	1279.70	41.40
136141.50	116813.90	913.00	266.60	86.70	5044.80	8804.60	348.30
217540.40	114518.70	937.80	1568.80	421.60	31749.50	33058.60	1512.40
818.20	760.10	0.30				58.10	
47163.80	40458.30	873.60	15.20	15.10	1363.60	1280.80	87.80
63765.10	52996.30	160.40	225.00	-203.60	965.20	3912.60	169.00
304411.20	239186.90	6861.80	2734.40	565.90	14884.20	17933.10	426.10
63622.70	59319.30	463.00	13.60	13.60	547.00	1451.90	74.70
18484.40	16130.00	55.50	352.20	319.40	566.20	1178.80	59.90
71033.30	60741.40	537.80	459.80	-350.30	1892.60	5518.00	281.00
124036.30	107093.60	918.40	12955.30	1539.40	1786.50	13583.60	734.80
48699.20	39415.20	392.20	2231.40	1052.40	1877.50	8200.30	381.30
11834950.10	10570337.20	305758.20	556166.10	276747.60	296079.50	777092.50	21273.90
72352.70	61723.60	316.20	530.20	525.60	1472.00	6797.10	316.80
82737.80	66738.60	259.60	2819.40	1122.80	6234.10	31529.50	1352.60
15528.00	9642.70	136.20	718.00	94.40	324.70	4088.20	100.90
22841.30	19818.40	400.80	1204.90	1204.90	380.60	1549.30	64.10
365685.40	347934.00	2450.20	10958.70	4810.30	708.70	16780.20	243.80
113377.30	99003.70	543.40	560.80	-412.00	8405.40	9627.20	210.30
50401.70	37276.30	312.90	685.00	-970.90	322.50	7471.80	545.60

11－5 工业企业主要经济指标(五)

单位:万元

行业名称		管理费用 Cost of management			财务费用 Financial cost
		财产保险费 Property insurance	办公费 Administrative expenses	职工教育费 Education of staff	
总计	Total	11793.40	23475.70	16001.30	140126.80
煤炭开采和洗选业	Coal mining and dressing	54.50	143.50	46.80	54.40
石油和天然气开采业	Extraction of petroleum and natural gas		69.20	12.70	311.30
黑色金属矿采选业	Minging and dressing of ferrous metals				
有色金属冶炼及压延加工业	Smelting and pressing of non－ferrous metals				
非金属矿采选业	Mining and dressing of nonmetal mineral products	0.50	8.50	6.60	24.50
其他采矿业	Others				
农副食品加工业	Food processing	571.00	1084.20	117.70	27494.30
食品制造业	Food manufacturing	63.10	223.30	41.50	583.60
饮料制造业	Beverage manufacturing	152.80	379.20	66.40	1805.10
烟草制品业	Tobacco processing	88.50	71.60	71.30	－206.30
纺织业	Textile industry	1.30	63.60	4.80	159.60
纺织服装、鞋、帽制造业	Garments shoes and hats	94.60	479.30	22.20	434.00
皮革、毛皮、羽毛(绒)及其制品业	Leather, furs, down and related products	10.50	14.40		8.20
木材加工及木、竹、藤、棕、草制品业	Timber, bamboo, cane, palm and straw products	235.50	439.20	17.00	2153.80
家具制造业	Funiture	5.30	17.10	0.70	218.90
造纸及纸制品业	Paper making and paper products	8.00	51.30	14.10	105.30
印刷业和记录媒介的复制	Printing and record medium reproduction	58.60	119.40	9.20	419.90
文教体育用品制造业	Culture education and sport manufacturing				
石油加工、炼焦及核燃料加工业	Petroleum processing coking and nuclear processing	19.70	52.60	4.70	28.10
化学原料及化学制品制造业	Raw chemical material and chemical products	254.30	394.60	85.00	－203.40
医药制造业	Medical and pharmacutical products	3708.70	1600.60	351.40	4189.20
化学纤维制造业	Chemical fiber manufacturing		1.60		
橡胶制品业	Rubber products	46.20	47.80		1379.70
塑料制品业	Plastic products	86.70	247.80	23.70	554.70
非金属矿物制品业	Nonmetal mineral products	135.10	417.20	119.50	6559.00
黑色金属冶炼及压延加工业	Smelting and pressing of ferrous metals	50.80	124.90	39.30	327.50
有色金属冶炼及压延加工业	Smelting and pressing of non－ferrous metals	19.40	20.10	11.00	240.00
金属制品业	Metal products	140.50	605.50	66.00	451.70
通用设备制造业	Ordinery machinery	41.60	469.80	53.40	794.70
专用设备制造业	Special purpose equipment	20.80	496.30	38.50	2036.30
交通运输设备制造业	Transport equipment	5067.60	10482.20	4382.20	63365.10
电气机械及器材制造业	Electric equipmert and machinery	147.70	430.10	37.90	936.20
通信设备、计算机及其他电子设备制造业	Telecommunication equipment、computer and other electronic equipment	104.90	3883.70	8765.50	5078.60
仪器仪表及文化、办公用机械制造业	Instruments, meters, cultural and office machinery	9.60	88.80	16.70	368.50
工艺品及其他制造业	Art and other manufacture	25.20	114.80	18.50	338.40
废弃资源和废旧材料回收加工业	Discard resoures and materials processing				
电力、热力的生产和供应业	Production and supply of electric power and heat power	402.50	350.20	107.70	17318.20
燃气生产和供应业	Production and supply of gas	54.50	153.20	107.10	625.10
水的生产和供应业	Production and supply of tap water	113.40	330.10	1342.20	2172.60

MAIN ECONOMIC INDICATORS OF INDUSTRIAL ENTERPRISES(Ⅴ)

unit:10000yuan

利息支出 Interest expenditure	营业利润 Operating profit	投资收益 Yield	补贴收入 Subsidies revenue	营业外收入 Norbusiness revenue	利润总额 Profit	应交所得税 Income tax payable	亏损企业亏损总额 Total loss of loss-suffering enterprises
160911.60	265377.20	194884.00	30956.40	37059.90	447401.30	43133.70	150619.30
59.20	18858.10		100.00	7.80	18642.00	3798.40	534.90
311.30	972.70	-22.00		7.60	886.50	132.80	
24.50	217.70				161.80	33.30	
24435.60	96943.20	764.80	1466.00	125.80	98613.40	2811.10	10234.20
195.60	7976.60		332.40	160.90	7011.40	245.10	796.70
1454.80	-2724.40	28.60	15.20	1065.20	-1860.60	708.80	8122.20
	9790.00	-0.40	210.00	481.70	9422.30	4056.80	
70.70	360.30			1.50	359.30	130.80	112.90
414.50	3741.40	193.00	352.60	53.70	4264.80	246.10	165.20
1.20	124.00			2.20	116.40	16.50	
1972.50	12065.90	360.40	296.60	303.40	12096.70	405.90	172.10
141.40	20.20	0.40		57.90	73.70	1.80	74.20
80.60	427.00		59.40	143.20	597.20	340.30	259.30
372.10	4137.10		8.90	121.00	4045.50	203.60	274.80
18.30	-464.70			23.20	-513.20	45.80	626.60
1584.30	4441.80	-7.90	130.30	445.40	4399.40	811.80	3759.60
4596.90	33150.30	1316.20	243.10	1356.60	27260.70	2755.30	6345.90
	-0.30				-0.30		0.30
1367.70	1822.90			115.00	1716.30	57.50	
261.80	4771.40			72.50	4195.20	684.30	152.20
6201.80	23026.90	-323.70	7041.10	8129.00	29748.60	1604.90	2938.80
277.40	1361.90				404.20	89.60	541.00
210.70	631.80		67.90	6.40	706.10	80.10	62.30
782.90	1449.70		23.70	16.30	1035.10	170.90	923.90
760.30	-1877.60	203.30	554.20	526.70	-1672.20	209.40	4023.70
675.80	-2430.20	122.80	41.80	876.70	-2493.40	313.60	5527.40
86264.90	92305.70	180641.30	8736.30	16680.30	256387.20	17857.50	45188.70
804.20	941.90	401.50	183.50	244.30	1754.60	256.50	423.80
4817.90	-26703.80	-1413.10	561.60	218.40	-27811.90	1109.80	36410.30
353.90	1062.00	-97.80	61.10	62.40	1071.40	568.10	656.00
292.60	1558.40	1.70	105.30	7.80	330.10	130.80	93.80
19318.40	-15805.30	9294.50	5148.10	2854.30	-5437.30	1906.70	15223.10
615.20	-5240.10	3448.90	4800.00	2796.00	3198.90	1349.90	5666.80
2172.60	-1535.30	-28.50	417.30	96.70	-1308.60	-0.10	1308.60

11－6 工业企业主要经济指标(六)

单位:万元

		利税总额 Pre－tax profits	广告费 Expenses of Ad.	研究开发费 Expenses of research and develping	劳动、失业保险费 Insurance expenses of labor and umployment
总　计	Total	1403281.50	46375.50	114870.70	39371.90
煤炭开采和洗选业	Coal mining and dressing	24889.20			539.80
石油和天然气开采业	Extraction of petroleum and natural gas	1797.70			13.10
黑色金属矿采选业	Minging and dressing of ferrous metals				
有色金属矿采选业	Mining and dressing of nonferrous metals				
非金属矿采选业	Mining and dressing of nonmetal mineral products	298.70			
其他采矿业	Others				
农副食品加工业	Food processing	137853.70	283.80	100.40	87.30
食品制造业	Food manufacturing	9737.60	401.60	355.20	291.80
饮料制造业	Beverage manufacturing	11508.20	3469.20	53.90	171.10
烟草制品业	Tobacco processing	64098.40	993.30	6.20	2178.00
纺织业	Textile industry	572.20		19.00	4.50
纺织服装、鞋、帽制造业	Garments, shoes and hats	5580.30	120.90	9.60	327.90
皮革、毛皮、羽毛(绒)及其制品业	Leather, furs, down and related products	291.80			
木材加工及木、竹、藤、棕、草制品业	Timber, bamboo, cane, palm and straw products	17466.10	153.70	46.30	2496.70
家具制造业	Funiture	156.40	11.00		6.20
造纸及纸制品业	Paper making and paper products	1223.30			13.40
印刷业和记录媒介的复制	Printing and record medium reproduction	7108.90	1.60	57.60	311.20
文教体育用品制造业	Culture education and sport manufacturing				
石油加工、炼焦及核燃料加工业	Petroleum processing coking and nuclear processing	－174.30		0.10	304.00
化学原料及化学制品制造业	Raw chemical material and chemical products	12505.00	217.20	444.80	104.80
医药制造业	Medical and pharmacutical products	42772.40	14914.80	4295.70	978.50
化学纤维制造业	Chemical fiber manufacturing	8.20			
橡胶制品业	Rubber products	3200.00			65.80
塑料制品业	Plastic products	6427.40	0.30	11.20	29.70
非金属矿物制品业	Nonmetal mineral products	53926.50	58.90	88.20	913.50
黑色金属冶炼及压延加工业	Smelting and pressing of ferrous metals	1244.10	2.30		12.60
有色金属冶炼及压延加工业	Smelting and pressing of non－ferrous metals	1234.30		28.70	12.50
金属制品业	Metal products	4200.40	109.00	26.00	628.40
通用设备制造业	Ordinery machinery	2809.80	27.80	182.70	244.60
专用设备制造业	Special purpose equipment	－472.70	3.90	445.10	49.70
交通运输设备制造业	Transport equipment	976282.30	25491.50	105082.50	25400.50
电气机械及器材制造业	Electric equipmert and machinery	4714.30	1.00	24.00	58.60
通信设备、计算机及其他电子设备制造业	Telecommunication equipment, computer and other electronic equipment	－26349.10	82.80	3024.10	669.90
仪器仪表及文化、办公用机械制造业	Instruments, meters, cultural and office machinery	2567.70		337.70	162.30
工艺品及其他制造业	Art and other manufacture	1571.00	0.30		17.30
废弃资源和废旧材料回收加工业	Discard resoures and materials processing				
电力、热力的生产和供应业	Production and supply of electric power and heat power	23040.70			2326.80
燃气生产和供应业	Production and supply of gas	8912.50	30.60	231.70	815.80
水的生产和供应业	Production and supply of tap water	2278.50			135.60

MAIN ECONOMIC INDICATORS OF INDUSTRIAL ENTERPRISES(Ⅵ)

unit: 10000yuan

养老保险和医疗保险费 Expenses of endowment and medical insurance	住房公积金和住房补贴 Public accumulation fund for housing construction	本年应付工资总额 Wages payable	主营业务应付工资总额 In main business	本年应付福利费总额 Welfarism payable	主营业务应付福利费总额 In main business	本年应交增值税 Value added taxes payable	本年进项税额 VAT payable − input
135874.20	84910.10	615960.50	503873.50	76770.60	61799.70	581578.60	2276261.50
694.30	388.30	12759.80	10337.20	1230.80	1184.30	5685.70	2534.20
191.90	136.40	836.50	836.50	117.00	117.00	808.70	859.10
		364.70	364.70	16.00	16.00	64.60	64.40
964.10	250.50	29051.00	25584.90	1152.70	828.80	37343.00	59685.70
341.60	56.50	5466.20	4908.20	617.20	563.60	2416.70	9674.80
678.80	138.20	19416.50	18225.10	956.60	914.40	6339.10	15055.50
1471.20	737.50	5996.20		710.10		13716.90	6351.40
80.20	12.70	2066.20	1917.00	37.10	18.60	181.90	1421.50
634.30	55.70	5557.30	5390.80	1007.50	929.20	1203.70	3475.30
		113.20	102.20	4.90	4.90	150.70	1512.70
1971.80	128.20	12858.20	2310.90	1970.10	201.70	4990.40	23955.60
5.10	104.00	2024.10	2024.10	10.20	10.20	69.00	843.90
101.60	6.60	1039.20	831.70	179.60	79.30	492.90	2111.80
305.30	95.90	3857.70	3133.20	518.80	490.90	2817.30	7683.40
		36.50					
149.10	19.00	796.10	792.70	54.90	54.90	200.10	2223.80
757.50	193.10	5702.20	4773.80	775.10	653.90	7192.60	14268.10
1783.10	473.10	13573.20	10157.70	1450.70	1209.70	14573.90	20118.60
		88.80	88.80	3.90	3.90	8.20	33.00
268.90	62.90	1847.20	1649.60	67.50	67.50	610.10	4282.00
284.10	74.00	2211.70	1916.60	266.90	138.30	2071.80	6271.60
1623.00	327.30	14854.40	10395.80	992.20	734.70	17316.10	21537.30
162.70	82.90	1176.30	929.70	50.90	50.80	376.90	6941.00
202.40	74.80	692.90	679.50	55.30	55.30	472.70	1459.60
663.00	93.90	4422.50	4157.80	619.20	595.50	2627.50	7452.40
922.60	263.10	8742.70	6745.20	1260.40	649.40	3563.60	10548.00
555.40	150.60	6053.60	5727.50	589.90	519.30	1628.50	3964.70
111064.30	77286.80	384205.20	317279.80	52306.70	43160.60	414136.90	1980223.50
607.30	116.20	6522.70	5957.60	783.20	747.10	2643.50	10522.50
1271.80	261.70	7563.30	4044.00	1164.00	879.40	1203.20	9522.10
721.00	49.30	2087.10	1319.80	283.30	191.30	1360.10	918.50
185.10	34.30	1404.40	916.60	161.90	88.30	840.10	1594.90
4519.10	2747.40	34899.50	32960.80	4976.80	4382.50	26027.80	26099.20
577.10	265.40	7269.40	7269.40	1007.50	1007.50	5170.20	13051.40
2116.50	223.80	10404.00	10144.30	1371.70	1250.90	3274.20	

11－7　工业企业主要经济指标(七)

单位:万元

		本年销项税额 VAT payable export	经营活动产生的现金流入 Cash inflows of operating	经营活动产生的现金流出 Cash outflows of operating
总　计	Total	2821313.30	14286965.80	15764551.10
煤炭开采和洗选业	Coal mining and dressing	8058.00	41536.70	31710.80
石油和天然气开采业	Extraction of petroleum and natural gas	1665.20	11389.50	8566.60
黑色金属矿采选业	Minging and dressing of ferrous metals			
有色金属矿采选业	Mining and dressing of nonferrous metals			
非金属矿采选业	Mining and dressing of nonmetal mineral products	138.70	291.10	281.00
其他采矿业	Others			
农副食品加工业	Farm sideline food processing	132819.00	565266.80	532873.90
食品制造业	Food manufacturing	11006.10	73873.20	61388.30
饮料制造业	Beverage manufacturing	21169.40	127870.80	114250.60
烟草制品业	Tobacco processing	19946.40	132862.30	123430.20
纺织业	Textile industry	1589.20	5373.80	5686.00
纺织服装、鞋、帽制造业	Garments, shoes and hats	4680.20	44995.90	54717.40
皮革、毛皮、羽毛(绒)及其制品业	Leather, furs, down and related products	1490.60	9667.20	9246.80
木材加工及木、竹、藤、棕、草制品业	Timber, bamboo, cane, palm and straw products	33552.80	166301.40	159527.60
家具制造业	Funiture	443.30	3429.80	3082.70
造纸及纸制品业	Paper making and paper products	2137.60	22474.90	20498.30
印刷业和记录媒介的复制	Printing and record medium reproduction	10581.00	25897.90	29224.30
文教体育用品制造业	Culture education and sport manufacturing			
石油加工、炼焦及核燃料加工业	Petroleum processing coking and nuclear processing	2417.10	13503.70	11215.30
化学原料及化学制品制造业	Raw chemical material and chemical products	20234.50	85787.30	77957.10
医药制造业	Medical and pharmacutical products	27366.80	227826.60	185764.40
化学纤维制造业	Chemical fiber manufacturing	41.20	713.30	684.10
橡胶制品业	Rubber products	4254.40	45667.00	45682.40
塑料制品业	Plastic products	8485.90	33453.40	42349.80
非金属矿物制品业	Nonmetal mineral products	37004.10	333803.70	320227.60
黑色金属冶炼及压延加工业	Smelting and pressing of ferrous metals	8788.40	13525.60	9636.90
有色金属冶炼及压延加工业	Smelting and pressing of non－ferrous metals	1626.20	18654.10	19441.70
金属制品业	Metal products	13121.10	56333.10	54458.50
通用设备制造业	Ordinery machinery	11807.50	66182.70	71527.40
专用设备制造业	Special purpose equipment	5443.80	51068.20	44363.50
交通运输设备制造业	Transport equipment	2332479.60	11244740.00	12915417.70
电气机械及器材制造业	Electric equipmert and machinery	12006.40	75029.20	74272.20
通信设备、计算机及其他电子设备制造业	Telecommunication equipment, computer and other electronic equipment	9867.40	65019.80	65195.50
仪器仪表及文化、办公用机械制造业	Instruments, meters, cultural and office machinery	2156.90	9585.70	9528.40
工艺品及其他制造业	Art and other manufacture	1996.40	16476.40	15177.10
废弃资源和废旧材料回收加工业	Discard resoures and materials processing			
电力、热力的生产和供应业	Production and supply of electric power and heat power	51615.40	504870.20	474403.40
燃气生产和供应业	Production and supply of gas	18094.70	125789.10	116367.10
水的生产和供应业	Production and supply of tap water	3228.00	67705.40	56378.50

MAIN ECONOMIC INDICATORS OF INDUSTRIAL ENTERPRISES(Ⅶ)

unit: 10000yuan

投资活动产生的现金流入 Cash inflows of investment	投资活动产生的现金流出 Cash outflows of investment	筹资活动产生的现金流入 Cash inflows of raising funds	筹资活动产生的现金流出 Cash out flows of raising funds	全部从业人员年平均人数(人) Annual average of employment
157356.50	1032087.90	2270549.40	2299686.90	339542
1101.20	4769.30	316.00	767.80	8863
	756.20	2700.00	3676.60	257
				552
6930.90	11217.80	229712.30	9088.00	26562
116.60	13784.10	23488.10	15650.30	4890
3167.40	6544.40	10762.40	12529.10	5587
446.70	1622.10	10.00	9.70	1147
	54.90	29.00		3033
10.40	691.50	1470.70	1330.80	4956
				147
5278.50	17361.80	54120.70	52345.60	12209
336.70	398.30	78.50	99.40	734
365.70	379.30	498.10	398.90	1292
4131.70	1063.20	3551.20	3626.90	2679
765.00	925.00			67
	2125.20	319.50	398.80	1137
	1235.60	9206.00	13672.00	4548
3255.20	19919.80	24719.80	31816.20	9727
10.10	92.50			165
	344.20	390.00	19.20	1343
724.90	5691.40	2239.60	1618.10	1948
2475.20	8210.60	74830.10	72320.30	9907
687.10	5707.30	15249.30	11004.00	690
1775.20	1390.70	800.00	108.90	455
5804.00	6539.90	8355.00	2537.20	3202
3187.00	3722.40	4650.70	5329.00	8478
258.60	1452.80	2112.50	2431.80	7435
73069.20	784995.80	1575907.80	1888179.60	176064
907.60	3590.60		3557.30	5835
1094.90	988.00	11401.70	10263.80	6245
1.30	546.00	203.90	184.40	2020
19.60	348.90		198.20	1112
39108.70	119634.10	187802.80	143166.90	15984
2159.90	4224.40	19527.70	13029.20	4779
167.20	1759.80	6096.00	328.90	5493

统计资料

STATISTICS

交通运输、邮电通信业

TRANSPORTATION，POST AND TELECOMMUNICATION

长春统计年鉴

CHANGCHUN STATISTICAL YEARBOOK

2006

第十二篇　交通运输邮电和通信业

2005 年公路完成货物周转量 35.7 亿吨/公里，比上年增长 2.4%；民航 30945.5 吨/公里，比上年下降 3.47%。

2005 年公路完成旅客周转量为 26 亿人/公里，比上年增长 3.2%；民航 175.1 万人/公里，比上年下降 16.73%。

2005 年全年完成邮电业务收入 41.44 亿元，比上年增长 13.2%，全年邮政收入完成 31271 万元，比上年增长 8.9%。邮政特快专递大幅度增长，完成 179.8 万件，比上年增长 51.7%。市话、农话及移动电话增长比较明显，分别为 24.8%、48.4%、26%。由于 ADSL 宽带的高速增长，促使互联网比上年增长了 103.3%。

12-1 2005年长春市邮电通信行业基本情况
BASIC STATISTICS ON POST AND TELECOMMUNICA TION (2005)

		计量单位 Unit		2005
一、局所及通信网络	Post office and telecommunication network			
邮政局所	Post office	处	Unit	259
信筒信箱	Mailbox	处	Unit	606
邮路总长度	Length of postal routes	公里	Kilometre	2147
其中:汽车邮路	Thereinto: Highway	公里	Kilometre	2147
铁路邮路	Railway	公里	Kilometre	
农村投递线路总长度	Length of postal routes in rural	公里	Kilometre	22739
长途业务电路	Long distence traffic circuit	等效 2M		5203
长途电话业务电路	Long distence telephone circuit	等效 2M		2114
数据通信网长途电路	Date telecommunication net circuit and telecomunications	DDN 等效 2M		552
二、通信业务量	Volume of communications			
邮电业务总量(2000年不变价)	Volume of post and telecommunications (Fixed Price 2000)	万元	10000yuan	53415
邮政业务总量	Post	万元	10000yuan	37094
电信业务总量	Telecommunications	万元	10000yuan	16321
函件	Letters	万件	10000 pieces	3420.6
特快专递	EMS	万件	10000 pieces	179.8
订销报刊期发数	Number of newspapers	万份	10000 pieces	1.2
订销报刊累计数	Accmulated number of newspapers	万份	10000 pieces	4494.9
集邮业务	Philately	亿枚	10000 pieces	0.0739
长途电话通话量	Volume of long distence telephone	万次	10000 times	11213
长途电话通话时长	Time of long distence telephone	万分钟	10000 minutes	37314
无线寻呼年末用户	Subscribers of paging set pager	万户	10000households	
移动电话年末用户	Subscribers of cell phone	万户	10000households	
本地电话年末用户	Subscribers of local telephone	万户	10000households	212
城市电话用户	Urban	万户	10000households	166
乡村电话用户	Rural	万户	10000households	46
住宅电话年末用户	Residential telephone	万户	10000households	183
城市电话用户	Urban	万户	10000households	137
乡村电话用户	Rural	万户	10000households	46
公用电话	Pay station	万户	10000households	14
分组交换用户	Packet switching	户	per household	739
数字数据用户	Digital	户	per household	4322
电子信箱用户	E-mail	户	per household	
国际互联网络用户	Internet	户	per household	
三、电信主要通信能力	Capacity of post and telecommunication			
长途电话交换机容量	Capacity of long distance telephaone exchange	2M		3756
局用电话交换机容量	Capacity of local telephone exchange	万门	10000piece	192
用户交换机容量	Capacity of exchage	万门	10000piece	7
移动电话交换机容量	Mobile phone exchange	万户	10000households	
接入局用电话交换机话机部数	Number of telephone connected with local exchange	万部	10000pieces	
接入用户交换机电话机部数	Number of telephone connect with subscriber kilometre			
四、长途电信线路	Length of telecommunication circuit			
长途光缆线路长度	Optical cable	公里	kilometre	819
数字微波线路长度	Digital wavelet	公里	kilometre	

12-2 2005年长春市民用车辆拥有量

单位:辆

		总 计 Total	营 运 Operating
合计	**Total**	**562826**	**101592**
一、汽车	Vehicles	252711	87580
1.载客汽车	Buses and cars	186194	26036
其中:大型	Large	7479	5441
中型	Mudium	2798	738
小型	Smaller	154703	19084
微型	Smaller	21214	773
其中:轿车	Cars	118384	17988
2.载货汽车	Truck	49640	46868
其中:重型	Heavy	10265	10112
中型	Mudium	9834	9322
轻型	Light	28022	26151
微型	Small	1519	1283
其中:普通载货	Ordinary truck	37922	35843
3.其他汽车	Others	16877	14676
其中:三轮汽车	Tricar	5839	5377
低速货车	Low-speed truck	7945	6819
二、电车	Electric car	29	27
1.无轨	Railless car	4	2
2.有轨	Trolley car	25	25
三、摩托车	Motorcycle	306855	10787
1.普通	Ordinary	287106	10174
2.轻便	Light	19749	613
四、拖拉机	Tractors	9	9
1.大中型	Large and Medium	2	2
2.小型方向盘式	Small	7	7
五、挂车	Trailer	3177	3154
六、其他类型车	Others	45	35
补充资料:机动车驾驶员(人)	Note:The driver of motor-driven vehicle	1052942	
其中:汽车驾驶员(人)	Wheelman	793469	
农机部门补充指标	Supplement specification of agricultural department		
一、拖拉机	Tractors	96521	
1.大中型	Large and Medium	9725	
2.小型方向盘式	Small	66910	
二、农用运输车	Vehicle for agricultural use	33696	
1.三轮	Tricar	24100	
2.四轮	Quadricyle	9596	

NUMBER OF CIVIL MOTOR VEHICLE OWNED （2005）

unit:coach

	总计中:In which:			
非营运 Non－operating	进口 Import	个人 Individual	新注册 New register	报　废 Abandened
461234	**15126**	**445850**	**92377**	**426**
165131	13940	145359	42475	400
160158	12425	118212	35929	92
2038	80	940	883	26
2060	52	970	351	
135619	12282	98751	31163	66
20441	11	17551	3532	
100396	8614	81476	24805	7
2772	1442	13840	4125	308
153	104	2583	681	39
512	311	2368	485	260
1871	1026	8083	2807	9
236	1	806	152	
2079	1169	10872	2539	267
2201	73	13307	2421	
462		5755	1194	
1126		7319	919	
2		3		
2		3		
296068	1162	300253	49768	10
276932	1151	280741	48383	8
19136	11	19152	1385	2
23	21	224	134	16
10	3	11		

建筑业
CONSTUCTION

第十三篇　建筑业

2005年全市建筑业企业完成施工产值281.44亿元，比2004年(对比基期为经济普查数据，以下同)增长5.28%；竣工产值完成197.95亿元，增长28.98%。虽然增速不高，但企业经济效益较好。2005年全年工程结算利润为17.84亿元，同期增长9.58%；营业利润为1.46亿元，增长6.95%；全年应付工资总额28.13亿元，增长15.04%；全年应付福利费总额4.18亿元；增长24.28%；全员劳动生产率由2004年的11.05万元/人提高到现在的12.92万元/人，增长16.83%。

13－1　长春市建筑业生产情况

		计量单位 Unit		总 计 Total	内资企业 Domestic funds
建筑业总产值	Output value of construction	千元	1000yuan	28144592	27744347
1.建筑工程	Installation	千元	1000yuan	25636953	25333359
2.安装工程	Decoration	千元	1000yuan	2283997	2187346
3.其他产值	Others	千元	1000yuan	223642	223642
竣工产值	Completed	千元	1000yuan	19774972	19471807
房屋建筑施工面积	Floor space under constructior	平方米	sq·m	18680421	18242796
#:本年新开工面积	Newly started area	平方米	sq·m	11625853	11188228
#:投标承包面积	Contracted By bid	平方米	sq·m	17718592	17280967
#:本年新开工	New stared this year	平方米	sq·m	11418995	10981370
房屋建筑竣工面积	Completed area	平方米	sq·m	9815418	9568563
自有机械设备净值	Net value of own machinery	千元	1000yuan	1865565	1851550
自有机械设备年末总台数	Number of own machinery	台	unit	48807	47891
#:总功率	Aggreate capacity	千瓦	1000W	1037521	1031728
计算建筑业全员劳动生产率的平均人数	Average of employment for productivity	人	preson	218441	213635

13－1续表1

		计量单位 Unit		
				房　屋
建筑业总产值	Output value of construction	千元	1000yuan	11032240
1.建筑工程	Installation	千元	1000yuan	10824858
2.安装工程	Decoration	千元	1000yuan	89623
3.其他产值	Others	千元	1000yuan	117759
竣工产值	Completed	千元	1000yuan	7820019
房屋建筑施工面积	Floor space under constructior	平方米	sq·m	17716027
#:本年新开工面积	New started area	平方米	sq·m	11217465
#:投标承包面积	Contracted by bid	平方米	sq·m	16754198
#:本年新开工	New stared this year	平方米	sq·m	11010607
房屋建筑竣工面积	Completed area	平方米	sq·m	9100729
自有机械设备净值	Net value of own machinery	千元	1000yuan	541213
自有机械设备年末总台数	Number of own machinery	台	unit	21709
#:总功率	Aggreate capacity	千瓦	1000W	261247
计算建筑业全员劳动生产率的平均人数		人	preson	126911

BASIC CONDITIONS OF CONSTRUCTION

登记注册类型 By register						港澳台商投资企业 Fund from Hongkong、Macao and Taiwan		外商投资企业 Foreign investment	
国有企业 State owned	集体企业 Collective owned	股份合作企业 Cooperative	有限责任公司 Limited liability company	股份有限公司 Share holding	私营企业 Private enterprises		合资经营企业 Joint－venture		合资企业 Joint－venture
10818889	532391	21070	13377410	1998815	995772	141825	56585	258420	258420
9286912	425073	21070	12895316	1965119	739869	45174	45174	258420	258420
1418842	85410		396516	33379	253469		11411		
113135	22178		85578	317	2434				
7418342	448205	21070	8906023	1730505	947662	141825	56585	161340	161340
6533788	204995		8535631	2732630	235752			437625	437625
3627365	204995		5126363	1993753	235752			437625	437625
6232952	204995		8209733	2417023	216264			437625	437625
3554243	204995		5116363	1889505	216264			437625	437625
3590810	143528		3967767	1731727	134731				246885
1020270	15787	2165	447363	57592	166123	4855	2244	9164	9164
20612	5261	290	15926	3453	2349	661	286	255	255
467440	21623	2068	438839	44964	56794	4080	1980	1713	1713
80990	8096	29105	82914	29105	11557	1096	739	3710	3710

continued1

行业类型 By sector					装修装饰业 Decoration
土木工程建筑业 Civil engineering	铁路道路和隧道桥梁 Railway and tunnel	水利和港口 Water conservancy	其他土木工程 Others	架线和管道工程建筑业	
15133561	11621863	1699740	145649	1666309	528072
13807293	11468826	1603279		140115	517227
1265847	98150	96461			10845
60421	54887			5534	
10099377	8389460	601981		145649	521155
878274	637665				
322268	198785				
878274	637665				
322268	198785				
661889	421280			240609	
1197765	763335	194977		31686	30182
21266	12104	5452		580	1568
704998	482772	123510		16797	12643
68419	47033	14100	2408	4878	7785

13－2 长春市建筑业财务情况

单位:千元

		总 计 Total	内资企业 Domestic funds
一、年末资产负债	Assets and liabilities		
流动资产合计	Lurrent assets	22577850	22275907
年初存货	Inventory at year beginning	4789842	3824770
#:在建工程	Project under corstruction	124816	124816
固定资产合计	Total fixed assets	5356891	5279019
固定资产原价	Original value of fixed assets	7672757	7571068
#:生产经营用	For operation	4906859	4878786
累计折旧	Accumulated depreciation	2488773	2464951
#:本年折旧	Depreciation this year	508450	504421
无形及递延资产合计	Intangible and deferred assets	634941	629001
#:无形资产	Intangible assets	532312	526372
资产合计	Total assets	29488836	29102781
流动负债合计	Total current Liability	20951832	20741323
长期负债合计	Total long－term liability	701482	701482
负债合计	Total liability	21653314	21442805
所有者权益合计	Total owners eguity	7835522	7659976
#:实收资本	Paicl－up capital	6068038	5948332
二、损益及分配	Profitand loss distribution		
工程结算收入	Of settlement	27676366	27185908
工程结算成本	Lost of settle ment	24903492	24501962
工程结算税金及附加	Tax and extra charges of settlement	932887	91729
其他业务利润	Others	33717	33717
管理费用	Management expenses	1636637	1607742
#:税金	Tax	44148	42285
#:劳动、待业保险费	Insurance of labor and unemployment	390663	387250
营业利润	Operating profit	146492	103726
利润总额	Total profit	164032	121381
应交所得税	Income tax pagable	96775	74179
应付利润	Profit payable	214417	192519
三、工资、福利费	Wages and welfare expenses		
本年应付工资总额	Total wages payable	2813194	2756073
本年应付福利费总额	Welfare expenses payable	417788	409220

FINANCE CONDITIONS OF CONSTRUCTION

unit:1000yuan

登记注册类型 By registered						港澳台商投资企业 Funded from Hongkong, Macao and Taiwan		外商投资企业 Foreign investment
国有企业 State owned	集体企业 Collective owned	股份合作企业 Cooperative	有限责任公司 Limited liability company	股份有限公司 Share holding	私营企业 Private enterprises		合资经营企业 Jonit－venture	
8286936	408135	10564	10121336	2579823	869113	219845	49614	82098
3093950	229950	4345	1244316	98756	67007	9106	9106	42412
78793	0	0	36481	0	9542	0	0	0
8286936	226228	4315	1767039	250523	388780	18926	12278	58946
3858099	289805	9307	2513234	348432	552191	27623	19358	74066
2643591	176190	6947	1632318	161001	258739	4633	2022	23440
1322503	65035	4992	801132	97909	173380	8702	7085	15120
178866	24348	1218	214888	23016	62085	2368	1303	1661
110976	6304	0	464584	36530	10607	5940	5940	0
71721	6296	0	409669	35726	2960	5940	5940	0
11542752	226228	14879	12654550	2911575	1321765	245011	68132	141044
8759048	381459	2119	9610396	1462474	525827	140725	25621	69784
238818	835	0	427168	7974	26687	0	0	0
8997866	382294	2119	10037564	1470448	552514	140725	25621	69784
2544886	274966	12760	2616986	1441127	769251	104286	42511	71260
2431113	252187	12091	2246084	398145	608712	51966	31966	67740
10414551	523497	21070	13239432	1984766	1002592	231814	56585	258644
9288405	437754	16408	12037331	1870385	851679	162710	43592	238820
351788	20150	702	438980	65911	39598	6751	1495	9007
12551	112	0	21038	－1056	1072	0	0	0
774473	48362	2088	659028	48863	74928	17077	8147	11818
20343	2938	202	11763	1116	5923	483	463	1380
181001	11145	0	136919	46543	11642	2513	51	900
－8304	13725	1861	79202	－9491	26733	44412	3352	－1646
7384	12530	1860	97295	－22583	24895	44297	3349	－1646
28144	4408	862	26312	3882	10571	22546	1598	50
89218	12687	1008	60489	6015	23102	21788	1788	110
1178474	71226	7245	1065969	298724	134435	15622	8347	41499
178568	9886	1086	155637	44502	19541	2344	1253	6224

统计资料
STATISTICS

批发零售贸易和餐饮业
WHOLESALE RETAIL TRADES AND CATERING

长春统计年鉴
CHANGCHUN STATISTICAL YEARBOOK
2006

第十四篇　批发零售贸易和餐饮业

2005年,我市实现社会消费品零售总额600.1亿元,比上年增长10.2%。

分行业看:批发零售贸易业零售额仍占主体地位,全年实现零售额531.5亿元,占社会消费品零售总额的88.6%,比上年增长6.3%。其中:限额以上批发零售贸易业全年实现零售额205.0亿元,比上年增长9.9%。限额以下及个体实现零售额326.5亿元,比上年增长4.1%;住宿和餐饮业拉动作用强劲,全年实现零售额68.2亿元,比上年增长56.2%;其他行业实现零售额0.4亿元,下降30.8%。

从社会消费品零售总额实现的地域上看:城市实现的零售额增长较快,全年实现零售额562.6亿元,比上年增长10.3%;县及县以下实现零售额37.5亿元,比上年增长9.1%。

14－1 社会消费品零售总额
TOTAL RETAIL SALES OF CONSUMER GOODS

单位:万元 unit:10000 yuan

		2005
社会消费品零售总额	Total	6000678.2
(一)按销售单位所在地分组	Grouped by region	
(1)市的零售额	Total of district	5625808.8
(2)县的零售额	Total of county	120720.6
(3)县以下零售额	Below county	254148.8
(二)按行业分组	Grouped by sector	
批发、零售贸易业	Wholesale and retair trade	5315043.8
限额以上	Above designated size	2049968.3
限额以下及个体	Under designated size	3265075.5
市场内	Inside market	
市场外	Outside market	
住宿和餐饮业	Hotels and catering	682220.5
星级(限额以上)企业	Star enterprises(above designated size)	168632.3
星级(限额以下)企业和个体户	Star enterprises(below designated size)	513588.2
其他	Others	3413.9
(三)按用途分组	Grouped by use	
吃的商品	Food	
穿的商品	Clothing	
用的商品	Daily consumer goods	

14－2 限额以上批发和零售业商品购进、销售、库存总额

计量单位:万元

		法人企业(个) Corpordte (units)	产业活动单位(个) Industrial activity (units)	年末从业人数(人) Employment (person)
总 计	**Total**	**291**	**490**	**41036**
一、批发业	Wholesale	149	166	14287
其中:国有及国有控股	State owned and state proprietary	58	66	9847
1. 按登记注册类型分组	Grouped by type registered			
内资企业	Domestic funds	147	162	13426
国有企业	State owned	43	50	7214
集体企业	Collective owned	3	6	163
股份合作企业	Cooperative	1	1	46
联营企业	Joint			
国有联营企业	State joint owned			
集体联营企业	Collective joint owned			
国有与集体联营企业	State－collective joint owned			
其他联营企业	Other joint owned			
有限责任公司	Limited liability corporations	38	39	3064
国有独资企业	State owned solely	8	8	1258
其他有限责任公司	Other	30	31	1806
股份有限公司	Share holding	8	10	840
私营企业	Private	54	56	2099
私营独资企业	Private funded	1	1	14
私营合伙企业	Private partner	1	1	25
私营有限责任公司	Private limited company	50	52	1970
私营股份有限公司	Private share holding	2	2	90
其他企业	Others			
港、澳、台商投资企业	Funded from Hongkong,Macao and Taiwan	1	2	111
与港澳台商合资经营	Joint ventune		1	11
与港澳台商合作经营	Cooperative	1	1	100
港澳台商独资	Solefunds			
港澳台商独资股份有限公司	Share holding			
外商投资企业	Foreign funds	1	2	750
中外合资经营企业	Joint venture			
中外合作经营企业	Cooperative	1	1	644
外资企业	Foreign funded		1	106
外商投资股份有限公司	Share holding			
2. 按国民经济行业分组	Grouped by sector			
农畜产品批发业	Agricultural products	29	29	3951
食品、饮料及烟草制品批发业	Food,drink and tobaccoes	9	13	1399
米、面制品及食用油批发业	Grain and edible oil	2	2	383
烟草制品批发业	Wholesale of tobaccos	3	7	692
纺织、服装及日用品批发业	Textile,garment and daily articles	5	6	334
服装批发业	Garment	1	1	15
文化、体育用品及器材批发业	Cultural and sport goods	7	8	669
医药及医疗器材批发业	Medicine and medical appliance	14	14	1675
矿产品、建材及化工产品批发业	Minerals and construction materials	39	45	1933
煤炭及制品批发业	Coal and related products	4	7	286
石油及制品批发业	Petroleum and related products	9	9	885
金属及金属矿批发业	Metal materials	11	11	269
建材批发业	Construction materials	4	4	78
化肥批发业	Chemical fertilizers	6	9	336
机械设备、五金交电及电子产品批发业	Machinery,hardwane and electrohic equipment	41	46	3890
汽车、摩托车及零配件批发业	Motor vehicles, motorcycle and parts	12	13	2472
家用电器批发业	Electrical household appliances	2	4	354
计算机、软件及辅助设备批发业	Computer software and accessories	11	12	303
贸易经纪与代理	Agency and brokerage	2	2	43
其他批发业	Other wholesale	3	3	393

TOTAL PURCHASE, SALES AND INVENTORY IN WHOLESALE AND RETAIL TRADE ABOVE DESIGNATED SIZE

unit: 10000yuan

购进总额 Total purchase	进口 Imports	销售总额 Total sales 合计 Total	批发 Wholesale	出口 Exports	零售 Retail trade	年末库存总额 Inventory	年末零售营业面积(万平方米) Business areas ($10000m^2$)
11886639.4	**998266.9**	**11914057.3**	**9930943.1**	**405245.5**	**1983114.2**	**891138.9**	**143.1**
10293782.5	998102.0	9845216.2	9818311.9	405245.5	26904.3	744933.6	3.2
8859949.1	951383.3	8384305.4	8368825.6	385018.6	15479.8	646171.3	0.4
5206564.3	998102.0	4604892.1	4577987.8	405245.5	26904.3	727149.4	3.2
2840843.3	820036.9	2180991.9	2173435.6	170268.2	7556.3	526243.2	0.4
8666.4		8690.1	8690.1			384.7	
13578.4	12975.6	13904.2	13904.2			866.7	
1658707.8	131346.4	1675321.7	1671538.7	233393.8	3783.0	105630.3	1.8
603046.6	122854.1	587044.9	587044.9	214750.4		67508.4	
1055661.2	8492.3	1088276.8	1084493.8	18643.4	3783.0	38121.9	
368560.5	7211.7	405554.0	394664.6		10889.4	38996.0	
316207.9	26531.4	320430.2	315754.6	1583.5	4675.6	55028.5	1.0
3792.8		3919.9	3919.9			327.4	
11009.4		9737.2	9737.2			1407.8	
284115.1	26531.4	289251.2	284575.6	1583.5	4675.6	51516.0	1.0
17290.6		17521.9	17521.9			1777.3	
8972.0		8960.5	8960.5			368.7	
2851.1		2964.4	2964.4			40.8	
6120.9		5996.1	5996.1			327.9	
5078246.2		5231363.6	5231363.6			17415.5	
5065446.3		5217468.9	5217468.9			17321.9	
12799.9		13894.7	13894.7			93.6	
653804.7	122768.5	553659.1	553659.1	213845.4		174818.7	
293404.7	265.2	377491.2	376369.1	10799.1	1122.1	45418.2	
60297.9		75069.6	75069.6			6595.8	
224738.9	265.2	283259.7	282137.6		1122.1	37103.2	
18385.2	618.6	23359.0	23359.0	7302.0		8802.6	0.1
11460.4		7834.6	7834.6			8019.2	
83974.1		83819.2	78647.7		5171.5	61936.1	0.7
160410.4	12975.6	155266.6	155045.0		221.6	33807.3	0.6
992256.5	15233.0	996455.5	995870.4	22058.7	585.1	20828.2	0.7
11517.1		14625.2	14625.2			2493.2	0.1
71537.1		77563.7	76978.6		585.1	3783.6	0.4
798895.5		798500.9	798500.9	125.0		2441.5	0.2
31270.1	8021.3	32508.6	32508.6	19210.5		191.1	
62517.1	7211.7	56305.8	56305.8			10908.9	
8017893.2	837748.8	7580227.3	7560423.3	119926.2	19804.0	391847.0	0.8
7767382.6	819238.7	7321411.1	7306521.2	118342.7	14889.9	369438.2	0.2
105847.3		96008.0	93226.0		2782.0	8242.0	0.1
47229.1		48304.4	46287.5	1398.5	2016.9	5519.4	0.1
35844.2	8492.3	40155.3	40155.3	4996.1		4357.4	0.1
37809.5		34783.0	34783.0	26318.0		3118.1	0.1

14－2续表1

单位:万元

指标名称		法人企业(个) Corporatie (units)	产业活动单位(个) Industrial activity (unit)	年末从业人数(人) Employment (person)
二、零售业	Retail trade	142	324	26749
其中:国有及国有控股	State owned and state proprietary	26	123	7339
1. 按登记注册类型分组	Grouped by type registered			
内资企业	Domestic funds	139	319	22823
国有企业	State owned	13	14	5472
集体企业	Collective owned	3	3	507
股份合作企业	Cooperative	1	1	146
联营企业	Joint			
国有联营企业	State joint owned			
集体联营企业	Collective joine owned			
国有与集体联营企业	State－collective joint owned			
其他联营企业	Other joint owned			
有限责任公司	Limited liability corporations	46	80	4957
国有独资企业	State owned solely	4	8	534
其他有限责任公司	Other	42	72	4423
股份有限公司	Share holding	10	115	7218
私营企业	Private	66	106	4523
私营独资企业	Private funded	3	3	115
私营合伙企业	Private partner	1	18	227
私营有限责任公司	Private limited company	60	83	4154
私营股份有限公司	Private share holding	2	2	27
其他企业	Others			
港澳台商投资企业	Funded from Hongkong, Macao and Taiwan	2	2	3501
合资经营企业	Joint ventune	2	2	3501
合作经营企业	Cooperative			
独资经营企业	Solefunds			
独资股份有限公司	Share holding			
外商投资企业	Foreign funds	1	3	425
中外合资经营企业	Joint venture	1	2	391
中外合作经营企业	Cooperative		1	34
外资企业	Foreign funded			
外商投资股份有限公司	Share holding			
2. 按国民经济行业分组	Grouped by sector			
综合零售业	Retail trade	32	53	15482
百货零售业	Consumer goods	20	25	11795
超级市场零售业	Supmarket	12	28	3687
食品、饮料及烟草制品专门零售业	Food, beverage and tobaccos	2	36	368
纺织、服装及日用品专门零售业	Textile, garment and daily articles	9	10	517
服装零售业	Garments	5	5	334
文化、体育用品及器材专门零售业	Cultural and sports goods	11	16	4008
体育用品零售业	Cultural and sports goods	2	2	18
图书零售业	Books	8	12	742
医药及医疗器材专门零售业	Medicine and medical appliarce	6	46	1033
药品零售业	Medicine	6	46	1033
汽车、摩托车、燃料及零配件专门零售业	Vehicles, motorcycle and part	64	142	4474
汽车零售业	Vehicles	50	54	2812
机动车燃料零售业	Fuel	11	85	1613
家用电器及电子产品专门零售业	Electrical household equipment	12	15	711
家用电器零售业	Electrical household equipment	3	3	433
计算机、软件及辅助设备零售业	Computer software and accessories	6	7	164
通讯设备零售业	Teleconmmunicational equipment	2	4	94
五金、家具及室内装修材料专门零售业	Hardware funiture and indoor hareware fitting	2	2	89
无店铺及其他零售业	Other retait trade	4	4	67
邮购及电子销售业	Electronic sales			

continued1

unit:10000yuan

购进总额 Total purchases	进口 Imports	销售总额 Total sales 合计 Total	批发 Wholesale	出口 Exports	零售 Retail trade	年末库存总额 Inventory	年末零售营业面积(万平方米) Business areas ($10000m^2$)
1592856.9	164.9	2068841.1	112631.2		1956209.9	146205.3	139.9
697332.6		94997.7	62719.6		882278.1	58183.4	80.0
1530792.7	164.9	1909959.4	112631.2		1797328.2	139204.2	135.9
74956.4		94452.0	485.2		93966.8	15388.9	7.8
1815.3		1959.9			1959.9	246.7	0.2
		9804.4			9804.4	8.4	6.0
368498.9		390543.3	12348.4		378194.9	41711.9	19.1
17857.2		14657.6	135.2		14522.4	4559.6	1.2
350641.7		375885.7	12213.2		363672.5	37152.3	17.9
715495.6		990257.4	62449.2		927808.2	42215.8	80.0
370026.5	164.9	422942.4	37348.4		385594.0	39632.5	22.8
5455.1		5459.9			5459.9	4593.6	0.9
1432.0		1942.2			1942.2	70.9	0.2
360165.0	164.9	411085.9	36206.4		374879.5	33240.2	21.6
2974.4		4454.4	1142.0		3312.4	1727.8	0.1
2403.9		88592.8			88592.8	1515.9	3.4
2403.9		88592.8			88592.8	1515.9	3.4
59660.3		70288.9			70288.9	5485.2	0.7
41674.5		47597.9			47597.9	4424.5	0.6
17985.8		22691.0			22691.0	1060.7	0.1
679007.7		1043155.3	8836.3		1034319.0	52117.9	114.4
546861.4		895471.6	4230.5		891241.1	31152.4	99.0
132146.3		147683.7	4605.8		143077.9	20965.5	15.4
16113.3		18562.7			18562.7	4973.9	0.4
38463.1		43464.2			43464.2	4942.7	2.7
10832.9		12025.8			12025.8	527.3	2.6
31833.7		39402.7	1213.7		38189.0	9552.4	2.3
4894.5		4852.4	728.5		4123.9	126.8	0.1
23093.2		29830.5	135.2		29695.3	8316.9	2.0
22141.2		27460.3	575.2		26885.1	5712.3	2.5
22141.2		27460.3	575.2		26885.1	5712.3	2.5
722256.7	164.9	802029.8	96521.7		705508.1	60897.3	14.2
412383.1	164.9	474337.5	36492.5		437845.0	32590.7	11.3
303979.8		322144.1	60029.2		262114.9	27676.4	2.9
76496.7		88147.6	5484.3		82663.3	7240.6	2.8
37058.2		47304.8	5184.3		42120.5	5549.8	2.4
27043.5		27257.1			27257.1	1312.1	0.2
11883.0		12885.5	300.0		12585.5	328.0	0.1
3584.5		3494.1			3494.1	318.2	0.5
2960.0		3124.4			3124.4	450.0	0.1

14－3 星级住宿业和限额以上餐饮业经营情况

		法人企业（个） Lorporate (unit)	产业活动单位(个) Industrial activity (unit)	从业人数（人） Employment (person)
总 计	**Total**	**99**	**111**	**18738**
一、住宿业	Hotels	43	47	10549
其中:国有及国有控股	State owned and state proprietary	25	25	5712
1.按登记注册类型分组	Grouped by type registered			
内资企业	Domestic funds	33	37	7485
国有企业	State owned	21	24	4444
集体企业	Collective owned	2	2	442
股份合作企业	Cooperative			
联营企业	Joint			
国有联营企业	State joint owned			
集体联营企业	Collective joint owned			
国有与集体联营企业	State－collective joint owned			
其他联营企业	Other joint owned			
有限责任公司	Limited liability corporations	7	8	2086
国有独资企业	State owned soely	2	2	730
其他有限责任公司	Others	5	6	1356
股份有限公司	Share holding	2	2	471
私营企业	Private	1	1	42
私营独资企业	Private funded			
私营合伙企业	Private partner			
私营有限责任公司	Private limited company			
私营股份有限公司	Private share holding	1	1	42
其他企业	Others			
港、澳、台商投资企业	Funded from Hongkong, Macao and Taiwan	5	5	948
与港澳台商合资经营	Joint ventune	3	3	583
与港澳台商合作经营	Cooperative	1	1	305
港澳台商独资	Solefunds	1	1	60
港澳台商独资股份有限公司	Share holding			
外商投资企业	Foreign funded	5	5	2116
中外合资经营企业	Joint venture	4	4	1627
中外合作经营企业	Cooperative	1	1	489
外资企业	Foreign funds			
外商投资股份有限公司	Share holding			
2.按国民经济行业分组	Grouped by sector			
旅游饭店	Tourism restaurant	43	47	10549
一般旅馆	Hotels			
其他住宿服务	Other accomomodation services			

BASIC STATISTICS ON HOTELS AND CATERING ABOVE DESIGNATED SIZE

营业额(万元) Turnover (10000yuan)					年末餐饮营业面积（万平方米） Business areas (10000m²)	年末住宿和餐饮企业拥有床位数(万个) Beds (10000units)	年末住宿和餐饮企业拥有餐位数(万位) Seats (10000units)
	客房收入 Guest room income	餐费收入 Food bill	商品销售收入 Goods sale income	其他收入 Other income			
159667.7	50920.4	94711.8	3471.0	10564.5	27.4	1.5	4.2
87523.5	40738.9	35477.5	2200.2	9106.9	11.9	1.1	1.7
44445.2	19903.2	19236.8	1830.1	3475.1	7.0	0.7	0.6
52285.5	22586.9	23329.4	1983.2	4386.0	8.8	0.8	1.1
31635.2	13909.4	13839.2	1820.5	2066.1	5.1	0.6	0.7
2065.4	538.5	1174.4	5.0	347.5	0.3		0.2
16468.5	7132.5	7288.9	157.7	1889.4	3.2	0.2	0.2
5844.9	2624.8	3063.3		156.8	1.6	0.1	
10623.6	4507.7	4225.6	157.7	1732.6	1.7	0.1	0.1
2077.4	975.5	1018.9		83.0	0.3	0.1	0.1
39.0	31.0	8.0					
39.0	31.0	8.0					
7678.4	3918.9	3242.4	32.9	484.2	0.8	0.1	0.2
5498.7	2846.9	2151.9	25.7	474.2	0.4	0.1	0.1
1929.7	933.8	978.7	7.2	10.0	0.3		0.1
250.0	138.2	111.8			0.1		
27559.6	14233.1	8905.7	184.1	4236.7	2.2	0.2	0.3
25164.6	13658.0	7430.5	174.3	3901.8	2.0	0.1	0.3
2395.0	575.1	1475.2	9.8	334.9	0.2		
87523.5	40738.9	35477.5	2200.2	9106.9	11.9	1.1	1.7

14－3续表1

		法人企业（个）Corporate (units)	产业活动单位（个）Indutrial activity (unit)	从业人数（人）Employment (person)
二、餐饮业	Catering	56	64	8189
其中:国有及国有控股	State owned and state proprietary	6	6	1353
1.按登记注册类型分组	Grouped by type registered			
内资企业	Domestic funds	52	58	6572
国有企业	State owned	5	5	1190
集体企业	Collective owned	3	3	360
股份合作企业	Cooperative			
联营企业	Joint			
国有联营企业	State joint owned			
集体联营企业	Collective joine owned			
国有与集体联营企业	State－collective joint owned			
其他联营企业	Other joint owned			
有限责任公司	Limited liability corporations	2	2	422
国有独资企业	State owned sdely			
其他有限责任公司	Other	2	2	422
股份有限公司	Share holding	1	1	163
私营企业	Private	41	47	4437
私营独资企业	Private funded	7	7	491
私营合伙企业	Private partner	1	1	103
私营有限责任公司	Private limited company	31	37	3640
私营股份有限公司	Private share holding	2	2	203
其他企业	Others			
港、澳、台商投资企业	Funded from Hongkong, Macao and Taiwan	1	1	40
与港澳台商合资经营	Joint ventune	1	1	40
与港澳台商合作经营	Cooperative			
港澳台商独资	Solefunds			
港澳台商独资股份有限公司	Share holding			
外商投资企业	Foreign funded	3	5	1577
中外合资经营企业	Joint venture	2	2	312
中外合作经营企业	Cooperative		1	465
外资企业	Foreign funds	1	2	800
外商投资股份有限公司	Share holding			
2.按国民经济行业分组	Grouped by sector			
正餐服务业	Dinner	55	61	6879
快餐服务业	Fast food		2	1215
饮料及冷饮服务业	Beverage and cold drink			
其他餐饮服务业	Others	1	1	95

continued1

营业额(万元) Turnover	客房收入 Guest room income	餐费收入 Food bill income	商品销售收入 Goods sale income	其他收入 Other income	年末餐饮营业面积(万平方米) Business areas ($10000m^2$)	年末住宿和餐饮企业拥有床位数(万个) Beds(10000 unit)	年末住宿和餐饮企业拥有餐位数(万位) Seats(10000 units)
72144.2	10181.5	59234.3	1270.8	1457.6	15.6	0.3	2.5
11127.6	5380.3	3973.3	341.4	1432.6	1.4	0.1	0.4
51942.7	9744.8	39019.5	1270.8	1457.6	14.5	0.3	2.1
10000.0	4996.8	3393.2	341.4	1268.6	0.7	0.1	0.2
1009.8		990.6		19.2	1.1		
1821.1	426.5	1394.6			3.2		0.2
1821.1	426.5	1394.6			3.2		0.2
1127.6	383.5	580.1		164.0	0.6		0.2
37534.2	3938.0	32661.0	929.4	5.8	8.9	0.2	1.4
4165.5		4162.0	3.5		1.4		0.2
1000.0		1000.0			0.2		
31358.6	3660.5	26772.2	925.9		6.9	0.2	1.2
1010.1	277.5	726.8		5.8	0.4		0.1
168.7		168.7			0.1		
168.7		168.7			0.1		
20482.8	436.7	20046.1			1.0		0.4
1113.7	436.7	677.0			0.3		0.1
4134.9		4134.9			0.2		0.1
15234.2		15234.2			0.4		0.2
52525.1	10181.5	39615.2	1270.8	1457.6	14.7	0.3	2.2
18855.9		18855.9			0.6		0.3
763.2		763.2			0.3		

14－4 限额以上批发和零售业企业财务状况

单位:万元

		企业数（个）Enterprises	亏损企业数（个）Loss－making enterprises	流动资产合计 Circulating funds
总 计	**Total**	**291**	**120**	**2780897.3**
一、批发业	Whole sale enterprises	149	63	2380986.7
其中:国有及国有控股	State owned and state proprietary	58	38	1981571.4
1.按登记注册类型分组	Grouped by type registered			
内资企业	Domestic funds	147	62	1688274.9
国有企业	State owned	43	32	1048459.9
集体企业	Collective owned	3	1	1845.5
股份合作企业	Cooperative	1		5522.5
联营企业	Joint ownership			
国有联营企业	State joint			
集体联营企业	Collective joint			
国有与集体联营企业	State and collective joint			
其他联营企业	Others			
有限责任公司	Limited liability company	38	10	371802.8
国有独资企业	State owned solely	8	3	161726.1
其他有限责任公司	Others	30	7	210076.7
股份有限公司	Share holding	8	4	113404.4
私营企业	Private	54	15	147239.8
私营独资企业	Private funded	1		327.4
私营合伙企业	Private partner	1	1	9391.6
私营有限责任公司	Private limited company	50	13	133692.2
私营股份有限公司	Private share holding	2	1	3828.6
其他企业	Others			
港、澳、台商投资企业	Funded from HongKong, Macao and Taiwan	1		4219.4
与港澳台商合资经营	Joint venture			
与港澳台商合作经营	Cooperative	1		4219.4
港澳台商独资	Sole funds			
港澳台商独资股份有限公司	Share holding			
外商投资企业	Foreign funded	1	1	688492.4
中外合资经营企业	Joint venture			
中外合作经营企业	Cooperative	1	1	688492.4
外资企业	Foreign funded			
外商投资股份有限公司	Share holding			

MAIN FINANCIAL INDICATORS OF ENTERPRISES ABOVE DESIGNATED SIZE IN WHOLESALE AND RETAIL TRADE

unit:10000 yuan

存 货 Inventory	固定资产原价 Original value of fixed assets	累计折旧 Total depreciation	本年折旧 Depreciation in this year	资产合计 Total assets	负债合计 Total liabilities
803469.7	**631086.9**	**182200.9**	**26055.9**	**3484122.0**	**3213119.5**
663086.0	227153.0	80302.4	11586.6	2616910.8	2538004.0
535651.0	201915.5	72991.5	9730.2	2194639.4	2176744.2
645436.2	224483.5	78975.4	11199.2	1922835.0	1844486.6
444122.8	153824.6	61654.5	7984.2	1202151.8	1225794.9
397.4	676.7	237.6	5.0	2350.4	3837.4
866.7	217.3	112.2	34.9	5627.7	5527.7
80156.8	40972.8	9181.2	1198.3	415811.9	339984.0
44934.0	28991.8	6282.3	480.9	203290.6	164740.2
35222.8	11981.0	2898.9	717.4	212521.3	175243.8
73813.6	16598.6	4511.2	962.7	130835.7	123400.0
46078.9	12193.5	3278.7	1014.1	166057.5	145942.6
30.1	25.0	14.1	1.3	352.4	332.0
1409.2	695.5	78.6	49.3	10008.5	9476.4
42858.0	10017.3	2596.8	882.5	150974.3	135326.9
1781.6	1455.7	589.2	81.0	4722.3	807.3
327.9	63.3	13.1	6.5	4283.9	4181.1
327.9	63.3	13.1	6.5	4283.9	4181.1
17321.9	2606.2	1313.9	380.9	689791.9	689336.3
17321.9	2606.2	1313.9	380.9	689791.9	689336.3

14-4续表1

单位:万元

指标名称	Item	年末资产负债 Assets and liabilities 所有者权益合计 Creditors' equity	实收资本 Paicl-up capital
总 计	Total	267417.1	575519.6
一、批发业	Wholesale enterprises	81281.2	431508.4
其中:国有及国有控股	State owned and state proprietary	20269.6	376047.6
1.按登记注册类型分组	Grouped by type registered		
内资企业	Domestic	80722.8	411258.4
国有企业	State owned	-23643.1	305861.2
集体企业	Collective owned	-1487.0	247.7
股份合作企业	Cooperative	100.0	100.0
联营企业	Joint ownership		
国有联营企业	State joint		
集体联营企业	Collective joint		
国有与集体联营企业	State collective joint		
其他联营企业	Others		
有限责任公司	Limited liability company	75827.9	63981.7
国有独资企业	State owned solely	38550.4	30824.6
其他有限责任公司	Others	37277.5	33157.1
股份有限公司	Share holding	9810.1	22846.4
私营企业	Private	20114.9	18221.4
私营独资企业	Private funded	20.4	100.0
私营合伙企业	Private partner	532.1	500.0
私营有限责任公司	Private limited company	15647.4	14704.4
私营股份有限公司	Private share holding	3915.0	2917.0
其他企业	Others		
港、澳、台商投资企业	Funded from HongKong, Macao and Taiwan	102.8	250.0
与港澳台商合资经营	Joint venture		
与港澳台商合作经营	Cooperative	102.8	250.0
港澳台商独资	Sole funds		
港澳台商独资股份有限公司	Share holding		
外商投资企业	Foreign funded	455.6	20000.0
中外合资经营企业	Joint venture		
中外合作经营企业	Cooperative	455.6	20000.0
外资企业	Foreign funds		
外商投资股份有限公司	Share holding		

continued1

unit:10000 yuan

国家资本 State owned	集体资本 Collective	法人资本 Corporate	个人资本 Private	港澳台资本 Funded from Hongkong, Macao and Taiwan	外商资本 Foreign funds
314133.2	**11438.6**	**122988.5**	**103277.5**	**15588.8**	**8093.0**
295891.7	10171.6	68347.7	48887.4	210.0	8000.0
281373.1	94.7	49531.8	37048.0		8000.0
295891.7	10171.6	56314.2	48864.9	16.0	
253297.7	84.7	16300.8	36178.0		
	247.7				
		100.0			
42594.0	645.0	19851.7	891.0		
20965.4		9859.2			
21628.6	645.0	9992.5	891.0		
	8154.2	12671.3	2020.9		
	1040.0	7390.4	9775.0	16.0	
			100.0		
	30.0		470.0		
	1010.0	7390.4	6288.0	16.0	
			291.70		
		33.5	22.5	194.0	
	.	33.5	22.5	194.0	
		12000.0			8000.0
		12000.0			8000.0

14－4续表2

单位:万元

		营业收入合计 Total businers revenue	主营业务收入 Operating revenue	主营业务成本 Operating cost
总　　计	**Total**	**11192088.9**	**11169284.4**	**10762270.8**
一、批发业	Wholesale enterprises	9636060.4	9625169.8	9349166.0
其中:国有及国有控股	State owned and state proprietary	8252653.5	8249675.2	8021447.0
1.按登记注册类型分组	Grouped by type registered			
内资企业	Domestic funds	5170032.4	5159550.4	4933636.8
国有企业	State owned	2871659.7	2871486.9	2718876.8
集体企业	Collective owned	8696.7	8691.9	8714.1
股份合作企业	Cooperative	13904.2	13904.2	13303.3
联营企业	Joint ownership			
国有联营企业	State joint			
集体联营企业	Collective joint			
国有与集体联营企业	State collective joint			
其他联营企业	Others			
有限责任公司	Limited liability company	1624048.2	1614513.7	1580992.8
国有独资企业	State owned solely	574771.1	573536.0	568039.9
其他有限责任公司	Others	1049277.1	1040977.7	1012952.9
股份有限公司	Share holding	337143.2	336414.1	316432.6
私营企业	Private	314580.4	314539.6	295317.2
私营独资企业	Private funded	3350.3	3350.3	2936.8
私营合伙企业	Private partner	9737.2	9737.2	9532.2
私营有限责任公司	Private limited company	285380.8	285340.0	267090.3
私营股份有限公司	Private share holding	16112.1	16112.1	15757.9
其他企业	Others			
港、澳、台商投资企业	Funded from HongKong, Macao and Taiwan	6244.3	6244.3	5996.1
与港澳台商合资经营	Joint venture			
与港澳台商合作经营	Cooperative	6244.3	6244.3	5996.1
港澳台商独资	Sole funds			
港澳台商独资股份有限公司	Share holding			
外商投资企业	Foreign funded	4459783.7	4459375.1	4409533.1
中外合资经营企业	Joint venture			
中外合作经营企业	Cooperative	4459783.7	4459375.1	4409533.1
外资企业	Foreign funds			
外商投资股份有限公司	Share holding			

contiuned2

unit:10000 yuan

损益及分配 Profit and loss distribution							
主营业务税金及附加 Operating taxes and extra harges	主营业务利润 Operating profits	其他业务利润 Other profits	营业费用 Busines expenses	管理费用 Management expenses	税金 Taxes	差旅费 Travel expenses	工会经费 Trade union Outlays
7502.7	381373.5	44738.9	319428.9	153851.1	5572.5	3710.2	665.1
4526.8	268307.6	11671.1	249162.3	88589.3	3460.2	2508.5	460.1
3082.5	222307.2	11064.8	222489.0	76955.7	2846.5	1586.9	401.1
4526.8	218217.4	11278.9	174977.5	85132.5	2375.0	2502.7	460.1
2383.6	147388.0	7642.7	106044.7	55367.3	1444.0	1019.3	329.1
	−22.2	6.1	86.7	63.1		2.6	
	600.9		135.5	413.8		52.3	
830.6	32689.3	2489.1	33727.0	17584.5	725.2	847.8	67.9
94.1	5402.0	1934.4	20164.8	11493.3	219.6	522.2	48.1
736.5	27287.3	554.7	13562.2	6091.2	505.6	325.6	19.8
614.6	19366.9	1041.4	22248.4	7608.3	122.8	115.4	31.6
698.0	18194.5	99.6	12735.2	4095.5	83.0	465.3	31.5
1.9	411.6		41.8	47.7	1.3	46.4	
	205.0	−14.7	158.1	48.8	5.0	2.7	
690.2	17229.6	114.3	12330.8	3755.4	74.5	402.1	31.5
5.9	348.3		204.5	243.6	2.2	14.1	
	248.2		109.0	129.4		5.8	
	248.2		109.0	129.4		5.8	
	49842.0	392.2	74075.8	3327.4	1085.2		
	49842.0	392.2	74075.8	3327.4	1085.2		

14－4续表3

单位:万元

		财务费用 Financial expenses	利息支出 Interest expenditure	营业利润 Business profits
总　计	Total	**31032.5**	**24959.0**	**－73264.8**
一.批发业	Wholesale enterprises	20007.6	15444.8	－73825.7
其中:国有及国有控股	State owned and state proprietary	18782.4	14829.1	－81230.2
1.按登记注册类型分组	Grouped by type registered			
内资企业	Domestic funds	25043.1	20487.9	－51702.0
国有企业	State owned	19510.4	16052.4	－22266.8
集体企业	Collective owned			－165.9
股份合作企业	Cooperative	1.0		50.6
联营企业	Joint ownership			
国有联营企业	State joint			
集体联营企业	Collective joint			
国有与集体联营企业	State－collective joint			
其他联营企业	Others			
有限责任公司	Limited liability company	4979.6	4537.5	－21112.7
国有独资企业	State owned solely	3846.4	3839.4	－28168.1
其他有限责任公司	Others	1133.2	698.1	7055.4
股份有限公司	Share holding	465.4	－88.6	－9913.8
私营企业	Private	86.7	－13.4	1706.6
私营独资企业	Private funded	0.2		321.9
私营合伙企业	Private partner	7.2	7.1	－23.8
私营有限责任公司	Private limited company	82.6	－16.7	1505.0
私营股份有限公司	Private share holding	－3.3	－3.8	－96.5
其他企业	Others			
港、澳、台商投资企业	Funded from HongKong, Macao and Taiwan	0.4	－0.3	9.4
与港澳台商合资经营	Joint venture			
与港澳台商合作经营	Cooperative	0.4	－0.3	9.4
港澳台商独资	Sole funds			
港澳台商独资股份有限公司	Share holding			
外商投资企业	Foreign funded	－5035.9	－5042.8	－22133.1
中外合资经营企业	Joint venture			
中外合作经营企业	Cooperative	－5035.9	－5042.8	－22133.1
外资企业	Foreign funds			
外商投资股份有限公司	Share holding			

continued3

unit:10000 yuan

损益及分配 Profits and loss distribution				工资、福利、增值税 Wages, welfare, value-added tax			
利润总额 Total profits	应交所得税 Income taxes payable	劳动、失业保险费 Labor and unemployment insurance	住房公积金和住房补贴 Public accommodation fund and subsidies	本年应付工资总额 Wages payable	本年应付福利费总额 Total welfare	本年应交增值税 VAT payable	全部从业人员年平均人数(人) Employmert
-21766.8	**17882.2**	**10373.4**	**5246.4**	**61659.6**	**13707.8**	**52254.6**	**41678.0**
-21190.2	15061.3	5583.4	3032.4	35542.7	8939.7	41897.9	14959.0
-29109.6	12633.0	5139.1	2911.4	29040.5	8112.8	37135.8	9775.0
934.1	15058.5	5583.4	3032.4	30674.3	6702.5	22439.7	14200.0
-2688.9	10529.7	4288.4	2117.3	18809.2	5278.7	11485.6	7501.0
-166.1				62.0	4.8	1.9	149.0
	16.7			84.9	11.9	111.0	47.0
11712.3	3074.2	1105.6	415.7	7108.9	843.4	2077.0	3210.0
4928.1	1245.5	858.9	370.9	3924.6	415.3	489.2	934.0
6784.2	1828.7	246.7	44.8	3184.3	428.1	1587.8	2276.0
-9768.4	700.4	73.4	492.5	1726.3	193.3	6073.5	682.0
1845.2	737.5	116.0	6.9	2883.0	370.4	2690.7	2611.0
321.9				1.3	0.2	18.4	14.0
-23.8				39.1	5.5		41.0
1590.3	737.0	109.0	6.3	2709.2	361.6	2669.9	2462.0
-43.2	0.5	7.0	0.6	133.4	3.1	2.4	94.0
8.8	2.8			131.8		22.5	95.0
8.8	2.8			131.8		22.5	95.0
-22133.1				4736.6	2237.2	19435.7	664.0
-22133.1				4736.6	2237.2	19435.7	664.0

14－4续表4

单位:万元

		企业数(个) Enterprises	亏损企业数(个) Loss－making enterprises
2. 按国民经济行业分组	Grouped by sector		
农畜产品批发业	Agricultural products	29	27
食品、饮料及烟草制品批发业	Wholesale of food, beverage and tobaccos	9	
米、面制品及食用油批发业	Grain and edible oil	2	
烟草制品批发业	Tobaccoes	3	
纺织、服装及日用品批发业	Textiles, garments and daity articles	5	3
服装批发业	Garments	1	1
文化、体育用品及器材批发业	Cultural and sports goods	7	2
医药及医疗器材批发业	Medicines and medical appliances	14	5
矿产品、建材及化工产品批发业	Minerals and construction materials	39	9
煤炭及制品批发业	Coal and related products	4	1
石油及制品批发业	Petroleum and related products	9	
金属及金属矿批发业	Metal materials	11	3
建材批发业	Constructional materials	4	
化肥批发业	Chemical fertilizes	6	3
机械设备、五金交电及电子产品批发业	Machinery, hardware and electric equipment	41	16
汽车、摩托车及零配件批发业	Motor vehicles, motorcycle and parts	12	8
家用电器批发业	Electrical household appliances	2	1
计算机、软件及辅助设备批发业	Computer software and accessories	11	3
贸易经纪与代理	Agency and brokerage	2	
其他批发业	Other wholesale	3	1

continued4

unit:10000 yuan

年末资产负债 Assets and liabilities						
流动资产合计 Circulating assets	存 货 Inventory	固定资产原价 Original value of fixed assets	累计折旧 Total depreciation	本年折旧 Depreciation in this year	资产合计 Total assets	负债合计 Total liabilities
430039.4	159762.4	76242.2	32834.8	3452.4	477348.8	520428.6
83791.4	22474.7	33969.1	11205.3	2623.9	117464.9	52196.4
22666.0	6614.2	6908.5	3615.2	3.9	28225.6	25305.9
55808.2	14209.1	25715.2	7138.5	2544.8	82968.0	23111.1
30625	2939.3	6572.9	1597.7	64.3	38253.8	36750.2
2318.7	2247.9	22.5	21.8	0.7	2319.4	2636.1
57751.5	37915.2	15175.5	1668.7	320.8	88290.0	60100.7
97819.8	32040.7	9809.9	2529.5	690.7	108255.4	102001.8
212870.9	57598.3	20335.5	7071.4	806.9	257473.8	196273.8
4962.9	308.0	1399.0	366.0	114.2	6383.1	3505.9
11759.3	3363.9	12273.2	4346.6	271.7	43045.9	22519.8
94011.9	2409.2	3416.9	1366.0	235.9	104059.3	75372.5
5606.6	191.1	191.7	75.4	25.3	5039.2	5737.9
83750.0	48615.8	2526.8	793.7	152.0	85762.2	76941.6
1365102.2	345378.9	54389.3	18410.3	2776.4	1421612.2	1419385.2
1315702.7	323541.4	49680.5	16610.5	2335.8	1358983.5	1368671.0
11024.7	7161.6	396.1	97.0	25.2	11373.8	11882.9
12246.7	5689.4	231.7	132.8	30.5	12748.5	10336.2
47609.0	4357.4	2018.1	63.5	24.0	37164.9	35070.3
55377.5	619.1	8640.5	4921.2	827.2	71047.0	115797.0

14-4续表5　　单位:万元

		年末资产负债 Assets and liability	
		所有者权益合计 Creditors equity	实收资本 Paicl-up capital
2. 按国民经济行业分组	Grouped by sector		
农畜产品批发业	Agricultural products	-43079.8	23827.4
食品、饮料及烟草制品批发业	Wholesale of food, beverage and tobaccos	65268.5	8343.3
米、面制品及食用油批发业	Grain and edible oil	2919.7	4760.2
烟草制品批发业	Tobaccoes	59856.9	3297.4
纺织、服装及日用品批发业	Textiles, garments and daily articles	1503.6	5850.1
服装批发业	Garments	-316.7	100.0
文化、体育用品及器材批发业	Cultural and sports goods	28189.3	18680.8
医药及医疗器材批发业	Medicines and medical appliances	6253.6	7792.6
矿产品、建材及化工产品批发业	Minerals and construction materials	61200.0	61171.8
煤炭及制品批发业	Coal and related products	2877.2	1910.4
石油及制品批发业	Petroleum and related products	20526.1	18088.3
金属及金属矿批发业	Metal materials	28686.8	28369.0
建材批发业	Constructional materials	-698.7	2762.7
化肥批发业	Chemical fertilizes	8820.6	9115.4
机械设备、五金交电及电子产品批发业	Machinery, hard ware and electric equipnent	4601.4	253076.4
汽车、摩托车及零配件批发业	Motor vehicles, motorcycle and parts	-7313.1	245944.6
家用电器批发业	Electrical household appliance	-509.1	200.0
计算机、软件及辅助设备批发业	Computer software and accessories	2412.3	1900.0
贸易经纪与代理	Agercy and brokerage	2094.6	2001.0
其他批发业	Other wholesale	-44750.0	50765.0

continued5

unit:10000 yuan

年末资产负债 Assets and liabilities at year-end					
国家资本 State owned	集体资本 Collective	法人资本 Corporate	个人资本 Private	港澳台资本 Funded from Hongkong Macao and Taiwan	外商资本 Foreign
17642.7	84.7	5390.0	710.0		
3224.0		5018.3	101.0		
		4759.2	1.0		
3197.4		100.0			
5690.1		160.0			
		100.0			
15966.8	10.0	1390.0	1314.0		
124.6	1211.8	3251.5	3010.7	194.0	
34202.5	8712.1	12784.5	5472.7		
1622.9		287.5			
16488.3		1300.0	300.0		
14205.0		10977.0	3187.0		
1572.7	960.0	200.0	30.0		
	7417.1	20.0	1678.3		
209994.0	153.0	32812.4	2101.0	16.0	8000.0
209994.0		27100.6	850.0		8000.0
	100.0	100.0			
		1650.0	234.0	16.0	
2000.0		1.0			
7047.0		7540.0	36178.00		

14-4续表6 单位:万元

		营业收入合计 Business revenus	主营业务收入 Operating revenues	主营业务成本 Operating cost
2. 按国民经济行业分组	Grouped by sector			
农畜产品批发业	Agricultural products	558360.0	558355.2	563455.5
食品、饮料及烟草制品批发业	Wholesale of food, beverage and tobaccos	378303.9	377068.8	317065.4
米、面制品及食用油批发业	Grain and edible oil	74261.6	74261.6	66435.0
烟草制品批发业	Tobaccos	283259.7	283259.7	233750.8
纺织、服装及日用品批发业	Textiles, garments and daily articles	72985.2	72985.2	69043.8
服装批发业	Garments	6687.4	6687.4	6310.5
文化、体育用品及器材批发业	Cultural and sports goods	63045.4	63045.4	56250.4
医药及医疗器材批发业	Medicines and medical appliances	151722.7	151722.7	142810.5
矿产品、建材及化工产品批发业	Minerals and construction materials	988451.6	987656.4	966236.7
煤炭及制品批发业	Coal and related products	14739.3	14739.3	12781.7
石油及制品批发业	Petroleum and related products	75740.7	75731.0	68873.0
金属及金属矿批发业	Metal materials	800667.1	799998.3	792089.4
建材批发业	Constructional materials	32508.6	32508.6	31283.1
化肥批发业	Chemical fertilizes	47844.6	47727.9	45587.4
机械设备、五金交电及电子产品批发业	Machinery, hardware and electric equipnent	7351532.7	7343221.8	7171663.0
汽车、摩托车及零配件批发业	Motor vehicles, motorcycle and parts	7127015.4	7126500.1	6970007.1
家用电器批发业	Electrical household appliances	69305.7	61691.7	55691.3
计算机、软件及辅助设备批发业	Computer software and accessories	48599.1	48556.9	46752.5
贸易经纪与代理	Agercy and brokerage	40699.9	40155.3	35495.2
其他批发业	Other wholesale	30959.0	30959.0	27145.5

continued6 unit:10000 yuan

损益及分配 Profits and loss distribution							
主营业务税金及附加 Operatin taxes and extra charges	主营业务利润 Operating profits	其他业务利润 Other profits	营业费用 Business expenses	管理费用 Manogement epenses	税金 Taxes	差旅费 Travel expenses	工会经费 Trade union outlays
3.6	-5694.9	1550.7	27043.4	20098.8	207.5	564.1	65.7
1025.7	58386.9	781.0	13575.5	17353.0	225.3	283.7	141.9
0.2	7826.4	187.1	6991.6	1949.7	0.2	2.2	0.1
988.8	47929.3	104.9	4745.2	14539.8	211.3	268.4	132.2
30.9	3910.5	8.5	1974.6	1160.0	58.9	124.3	18.7
6.4	370.5		466.9	176.9	4.3	24.1	
69.3	6724.7	157.7	2161.2	3291.6	124.9	45.7	18.5
152.6	8759.6	55.1	6628.7	1842.2	41.4	278.8	33.6
329.1	19433.9	658.5	7825.1	6525.0	368.1	374.1	27.2
36.2	1921.4	26.0	689.7	927.7	6.6	35.1	
75.7	5125.6	28.5	2537.9	2163.8	16.7	97.4	11.2
203.9	7705.0	507.7	2191.3	1636.6	307.1	120.1	5.1
10.1	1215.4	-7.0	790.2	306.9	4.0	7.5	
	2140.5	103.3	1121.4	1125.9	28.7	67.0	10.7
2296.2	168932.7	8229.9	185846.8	32346.5	2157.3	485.5	117.4
1692.2	154800.8	7811.7	176498.2	28268.3	2117.3	317.8	110.9
87.4	5913.0	44.2	5342.2	996.6			
412.7	1391.7	47.1	259.6	1140.0	2.5	69.9	
	4660.1	221.7	3153.0	610.2	29.4	33.9	1.1
619.4	3194.1	8.0	954.0	5362.0	247.4	318.4	36.0

14－4续表7

单位:万元

指标名称	Item	财务费用 Financial expenses	利息支出 Inerests expenses	营业利润 Business profits
2. 按国民经济行业分组	Grouped by sector			
农畜产品批发业	Agricultural products	22579.5	20404.4	－72488.5
食品、饮料及烟草制品批发业	Wholesale of food, beverage and tobaccos	－73.3	－78.8	28903.5
米、面制品及食用油批发业	Grain and edible oil	838.7	838.7	－1766.5
烟草制品批发业	Tobaccos	－897.7	－902.9	30237.7
纺织、服装及日用品批发业	Textiles, garments and daiy articles	1383.9	133.4	－599.5
服装批发业	Garments	－1.1	－1.1	－272.2
文化、体育用品及器材批发业	Cultural and sports goods	13.2	39.5	1386.4
医药及医疗器材批发业	Medicine and medical appliances	84.3	77.5	259.5
矿产品、建材及化工产品批发业	Minerials and construction materials	1027.7	578.3	6371.3
煤炭及制品批发业	Coal and related products	14.4	－0.5	315.6
石油及制品批发业	Petroleum and related products	11.9	12.5	2097.2
金属及金属矿批发业	Metal materials	840.6	544.1	3544.2
建材批发业	Constructional materials	－10.8	－12.4	122.1
化肥批发业	Chemical fertilizes	96.1	31.5	－99.6
机械设备、五金交电及电子产品批发业	Machinery, hardware and electric equipment	－6770.7	－7357.8	－33930.1
汽车、摩托车及零配件批发业	Motor vehicles, motorcycle and parts	－6875.2	－7356.8	－35278.8
家用电器批发业	Electrical household appliances	5.3	－4.7	－386.9
计算机、软件及辅助设备批发业	Computer software and accessories	6.0	－1.3	33.2
贸易经纪与代理	Agency and brokerage	200.0	137.6	918.6
其他批发业	Other wholesale	1533.0	1510.7	－4646.9

continued7 unit:10000 yuan

损益及分配 Profits and loss distribution				工资、福利、增值税 Wages, welfare and VAT			全部从业人员年平均人数(人) Employment
利润总额 Total profits	应交所得税 Income tax Payable	劳动、失业保险费 Labour and unemployment insurave	住房公积金和住房补贴 Public accumulation fund for housing and subsidies	本年应付工资总额 Wages payable	本年应付福利费总额 Total wetfare	本年应交增值税 VAT payable	
−25567.8	622.3	1420.7	70.5	5586.8	1023.2	−628.0	3432.0
32758.3	9985.8	1175.6	916.2	7620.5	1121.9	10296.6	1918.0
1668.3				865.8	135.6	1.6	31.0
30641.8	9850.9	1043.1	888.1	6123.7	905.1	9946.7	1285.0
−609.6	15.3	98.8	3.2	697.5	98.4	294.0	247.0
−272.2				13.9	1.9	59.6	20.0
1928.7	574.3	497.4	254.5	1338.6	31.8	153.7	696.0
336.4	108.7	85.6	18.6	2045.8	238.9	1609.7	1917.0
6976.3	2059.5	285.3	179.5	3050.3	369.6	1193.1	1941.0
260.0	387.9	54.2	3.3	256.2	31.7	180.1	158.0
2149.6	288.9	156.0	105.6	1620.6	216.5	675.2	898.0
3700.6	1289.8	31.8	25.8	576.2	68.9	274.0	433.0
108.2	1.0	15.4	20.6	145.5	18.8	40.8	88.0
366.1	82.9	17.6	22.6	369.9	26.9		301.0
−32518.2	1524.0	1727.8	1558.5	13303.4	5793.1	28915.3	4147.0
−33859.1	1135.0	1440.7	1494.2	10885.4	5434.3	27339.2	2406.0
−384.0	12.4	111.1	2.4	852.8	145.6	1008.7	581.0
82.1	11.3	9.7		366.5	58.8	162.7	312.0
858.6	157.6	1.5	2.7	63.1	8.8	−480.3	44.0
−5352.9	13.8	290.7	28.7	1836.7	254.0	543.8	617.0

14－4续表8 单位:万元

指标名称	Item	企业数(个) Enterprises	亏损企业数(个) Loss－making enterprises	流动资产合计 Circulating funds
二、零售业	Retail trade	142	57	399910.6
其中:国有及国有控股	State owned and state proprietary	26	9	110823.0
1.按登记注册类型分组	Grouped by type registered			
内资企业	Domestic funds	139	55	384876.5
国有企业	State owned	13	3	19890.0
集体企业	Collective owned	3	2	565.0
股份合作企业	Cooperative	1	1	11726.4
联营企业	Joint ownership			
国有联营企业	State joint			
集体联营企业	Collective joint			
国有与集体联营企业	State collective joint			
其他联营企业	Others			
有限责任公司	Limited liability company	46	21	127562.1
国有独资企业	State owned	4		6298.0
其他有限责任公司	Others	42	21	121264.1
股份有限公司	Share holding	10	5	93685.9
私营企业	Private	66	23	131447.1
私营独资企业	Private funded	3		6438.6
私营合伙企业	Private partner	1	1	419.0
私营有限责任公司	Private limited company	60	21	122563.0
私营股份有限公司	Private share holding	2	1	2026.5
其他企业	Others			
港、澳、台商投资企业	Funded from HongKong, Macao and Taiwan	2	2	14359.3
与港澳台商合资经营	Joint venture	2	2	14359.3
与港澳台商合作经营	Cooperative			
港澳台商独资	Sole funds			
港澳台商独资股份有限公司	Share holding			
外商投资企业	Foreign funded	1		674.8
中外合资经营企业	Joint venture	1		674.8
中外合作经营企业	Cooperative			
外资企业	Foreign funds			
外商投资股份有限公司	Share holding			

continued8

unit:10000 yuan

年末资产负债 Assets and liabilities at year-end					
存 货 Inventory	固定资产原价 Original value of fixed assets	累计折旧 Depreciation	本年折旧 Depreciation in this year	资产合计 Total assets	负债合计 Liabilities
140383.7	403933.9	101898.5	14469.3	867211.2	675115.5
53849.7	183487.6	44205.5	4299.5	328078.6	273614.2
138663.5	342200.8	76965.5	10445.5	781402.8	595573.1
14270.6	16205.8	7452.5	664.6	32134.1	30890.8
203.5	566.5	528.8	11.5	898.5	1664.3
8.4	460.8	209.5	66.1	11983.6	12652.9
41422.1	66533.1	18788.9	2980.8	188796.8	165004.8
3057.9	5107.8	1151.4	260.9	11940.9	9273.0
38364.2	61425.3	17637.5	2719.9	176855.9	155731.8
38965.9	177771.2	36087.5	3546.6	339365.4	235010.4
43973.0	80663.4	13898.3	3175.9	208224.4	150349.9
4479.8	791.8	208.2	87.8	8044.7	4555.9
70.9	328.2	136.1	41.4	752.3	513.1
37514.5	79270.9	13515.9	3041.7	197169.3	143115.5
1727.8	272.5	38.1	5.0	2258.1	2165.4
1521.4	60775.2	24706.4	4019.4	84175.7	79529.8
1521.4	60775.2	24706.4	4019.4	84175.7	79529.8
198.8	957.9	226.6	4.4	1632.7	12.6
198.8	957.9	226.6	4.4	1632.7	12.6

14-4续表9 单位:万元

指标名称		所有者权益合计 Creditors' equity	实收资本 Paicl-up Capital
二、零售业	Retail trade	186135.9	144011.2
其中:国有及国有控股	State owned and state proprietary	48504.6	36835.3
1.按登记注册类型分组	Grouped by type registered		
内资企业	Domestic	179869.9	126759.5
国有企业	State owned	1243.3	3659.9
集体企业	Collective owned	-765.8	100.0
股份合作企业	Cooperative	-669.3	1167.0
联营企业	Joint ownership		
国有联营企业	State joint		
集体联营企业	Collective joint		
国有与集体联营企业	State and collective joint		
其他联营企业	Others		
有限责任公司	Limited liability company	23792.0	40099.3
国有独资企业	State owned solely	2667.9	2006.9
其他有限责任公司	Others	21124.1	38092.4
股份有限公司	Share holding	98395.2	46809.5
私营企业	Private	57874.5	34923.8
私营独资企业	Private funded	3488.8	690.0
私营合伙企业	Private partner	239.2	200.0
私营有限责任公司	Private limited company	54053.8	33973.8
私营股份有限公司	Private share holding	92.7	60.0
其他企业	Others		
港、澳、台商投资企业	Funded from HongKong, Macao and Taiwan	4645.9	15378.8
与港澳台商合资经营	Joint venture	4645.9	15378.8
与港澳台商合作经营	Cooperative		
港澳台商独资	Sole funds		
港澳台商独资股份有限公司	Share holding		
外商投资企业	Foreign funded	1620.1	1872.9
中外合资经营企业	Joint venture	1620.1	1872.9
中外合作经营企业	Cooperative		
外资企业	Foreign funds		
外商投资股份有限公司	Share holding		

continued9 unit: 10000 yuan

年末资产负债 Assets and liability					
国家资本 State owned	集体资本 Collective	法人资本 Corporate	个人资本 Private	港澳台资本 Funded from Hongkong, Macao and Taiwan	外商资本 Foreign funds
18241.5	1267.0	54640.8	54390.1	15378.8	93.0
16281.7	10.0	8689.9	11853.7		
18241.5	1267.0	52860.9	54390.1		
1732.1		1457.8	470.0		
	100.0				
	1167.0				
5460.0		14871.7	19767.6		
		2006.9			
5460.0		12864.8	19767.6		
11049.4		15471.6	20288.5		
		21059.8	13864.0		
			690.0		
		200.0			
		20819.8	13154.0		
		40.0	20.0		
				15378.8	
				15378.8	
		1779.9			93.0
		1779.9			93.0

14－4续表10 单位:万元

		营业收入合计 Total income	主营业务收入 income	主营业务成本 Operating cost
二、零售业	Retail trade	1556028.5	1544114.6	1413104.8
其中:国有及国有控股	State owned and state proprietary	628798.1	625217.6	566665.7
1.按登记注册类型分组	Grouped by type registered			
内资企业	Domestic	1465864.5	1453950.6	1332449.0
国有企业	State owned	77473.9	77214.6	68894.0
集体企业	Collective owned	2126.5	2126.5	2020.6
股份合作企业	Cooperative	10310.7	9894.4	9981.4
联营企业	Joint ownership			
国有联营企业	State joint			
集体联营企业	Collective joint			
国有与集体联营企业	State collective joint			
其他联营企业	Others			
有限责任公司	Limited liability company	393309.2	387646.2	361079.7
国有独资企业	State owned solely	13027.5	12804.0	9632.2
其他有限责任公司	Others	380281.7	374842.2	351447.5
股份有限公司	Share holding	593036.9	589456.2	527549.8
私营企业	Private	389607.3	387612.7	362924.4
私营独资企业	Private funded	5523.1	5523.1	4979.1
私营合伙企业	Private partner	1942.2	1942.2	1317.3
私营有限责任公司	Private limited company	377687.6	375693.0	352486.5
私营股份有限公司	Private share holding	4454.4	4454.4	4141.5
其他企业	Others			
港、澳、台商投资企业	Funded from HongKong, Macao and Taiwan	88592.7	88592.7	79309.2
与港澳台商合资经营	Joint venture	88592.7	88592.7	79309.2
与港澳台商合作经营	Cooperative			
港澳台商独资	Sole funds			
港澳台商独资股份有限公司	Share holding			
外商投资企业	Foreign funded	1571.3	1571.3	1345.7
中外合资经营企业	Joint venture	1571.3	1571.3	1345.7
中外合作经营企业	Cooperative			
外资企业	Foreign funds			
外商投资股份有限公司	Share holding			

continued10 unit:10000 yuan

损益及分配 Profits and loss distribution							
主营业务税金及附加 Operating taxes and extra charges	主营业务利润 Operating profits	其他业务利润 Other profits	营业费用 Operation expenses	管理费用 Management expenses	税金 Taxes	差旅费 Travel expenses	工会经费 Trade union outlays
2975.9	113065.9	33067.8	70266.8	65261.8	2112.3	1201.7	205.0
1435.2	57116.7	5968.2	30104.7	25879.3	1071.2	248.0	117.5
2606.6	103926.1	27415.8	61190.0	58045.7	2108.5	1045.6	205.0
293.9	8026.7	752.9	4130.0	4057.7	278.3	51.1	23.8
29.6	76.3	281.0	187.5	433.4	1.2	1.9	
8.7	−185.7	479.4		834.2	30.7	27.6	
583.2	23825.2	10365.4	14545.5	18953.8	538.8	382.4	48.7
41.6	3130.2	109.4	975.1	2183.9	50.5	63.5	23.0
541.6	20695.0	10256.0	13570.4	16769.9	488.3	318.9	25.7
1145.0	49773.1	7378.2	28030.2	21829.4	799.6	198.2	98.4
546.2	22410.5	8158.9	14296.8	11937.2	459.9	384.4	34.1
111.1	432.9		194.4	163.8	82.0	12.0	0.8
16.0	608.9		326.9	308.3	1.2	3.1	
418.2	21056.7	8158.9	13671.6	11309.3	376.5	349.5	33.3
0.9	312.0		103.9	155.8	0.2	19.8	
348.0	8935.5	5652.0	9076.6	7213.2	1.3	155.8	
348.0	8935.5	5652.0	9076.6	7213.2	1.3	155.8	
21.3	204.3			2.9	2.5	0.3	
21.3	204.3			2.9	2.5	0.3	

14－4续表11

单位:万元

		财务费用 Financial expenses	利息支出 Interest expenditure	营业利润 Business profits
二、零售业	Retail trade	11024.9	9514.2	560.9
其中:国有及国有控股	State owned and state proprietary	3460.3	3265.1	3640.9
1.按登记注册类型分组	Grouped by type registered			
内资企业	Domestic funds	8356.9	6876.4	4729.8
国有企业	State owned	323.1	267.4	268.8
集体企业	Collective owned	2.0		-265.6
股份合作企业	Cooperative	61.5	30.3	-602.0
联营企业	Joint ownership			
国有联营企业	State joint			
集体联营企业	Collective joint			
国有与集体联营企业	State collective joint			
其他联营企业	Others			
有限责任公司	Limited liability company	3341.9	2626.6	-2650.5
国有独资企业	State owned solely	23.7	22.7	56.9
其他有限责任公司	Others	3318.2	2603.9	-2707.5
股份有限公司	Share holding	2719.3	2481.4	4572.4
私营企业	Private	1909.1	1470.7	3406.8
私营独资企业	Private funded	21.9	21.9	52.8
私营合伙企业	Private partner	0.2		-26.5
私营有限责任公司	Private limited company	1870.5	1432.5	3344.7
私营股份有限公司	Private share holding	16.5	16.3	35.8
其他企业	Others			
港、澳、台商投资企业	Funded from HongKong, Macao and Taiwan	2667.2	2637.0	-4369.5
与港澳台商合资经营	Joint venture	2667.2	2637.0	-4369.5
与港澳台商合作经营	Cooperative			
港澳台商独资	Sole funds			
港澳台商独资股份有限公司	Share holding			
外商投资企业	Foreign funded	0.8	0.8	200.6
中外合资经营企业	Joint venture	0.8	0.8	200.6
中外合作经营企业	Cooperative			
外资企业	Foreign funds			
外商投资股份有限公司	Share holding			

continued11 unit:10000 yuan

损益及分配 Profits and loss distribution				工资、福利、增值税 Wages, welfare, VAT			全部从业人员年平均人数(人) Average number of employment
利润总额 Total profits	应交所得税 Income tax payable	劳动、失业保险费 unemployment insurante	住房公积金和住房补贴 Public accumulation fund for housing and subsidies	本年应付工资总额 Wages payable	本年应付福利费总额 Welfare payable	本年应交增值税 VAT payable	
-576.6	2820.9	4790.0	2214.0	26116.9	4678.1	10356.7	26719.0
2372.0	1878.9	1656.7	1486.0	13138.7	1595.8	3429.1	9869.0
3152.5	2820.6	4593.7	2174.8	24965.3	3190.7	8721.6	25811.0
-45.8	128.4	237.6	157.6	1847.0	176.4	845.0	2409.0
-265.7	1.7	439.2	16.7	286.0	39.9	11.7	495.0
-606.7		21.9	0.7	156.8	21.9	48.5	130.0
-2961.9	501.9	2933.6	378.4	6199.6	781.9	2851.7	6574.0
88.8	29.2	355.1	14.2	1155.8	148.2	371.7	921.0
-3050.7	472.7	2578.5	364.2	5043.8	633.7	2480.0	5653.0
3462.1	1701.2	650.6	1351.2	10984.1	1334.2	2394.5	8011.0
3570.5	487.4	355.8	270.2	5491.8	836.4	2570.2	8192.0
35.8	29.8			95.1	12.3	46.0	115.0
-26.3			3.9	335.5	158.1	22.1	150.0
3525.2	457.6	354.3	266.3	5037.7	664.1	2479.6	7900
35.8		1.5		23.5	1.9	4.5	27.0
-3929.7		196.0	39.0	1148.2	1577.4	1613.8	887.0
-3929.7		196.0	39.0	1148.2	1577.4	1613.8	887.0
200.6	0.3	0.3	0.2	3.4		21.3	21.0
200.6	0.3	0.3	0.2	3.4		21.3	21.0

14－4续表12

单位:万元

指标名称	Item	企业数（个）Enterprises	亏损企业数（个）Loss－making enterprises
2．按国民经济行业分组	Grouped by sector		
综合零售业	Retail trade	32	14
百货零售业	Consumer goods	20	9
超级市场零售业	Supermarket	12	5
食品、饮料、烟草制品专门零售业	Wholesale of food, beverage and Tobaccos	2	1
纺织、服装及日用品专门零售业	Textile, garment and daily articles	9	4
服装零售业	Garments	5	2
文化、体育用品及器材专门零售业	Cultural and sport goods and equipment	11	1
体育用品零售业	Cultural and sports goods	2	
图书零售业	Books	8	1
医药及医疗器材专门零售业	Medicines and medical equipment	6	2
药品零售业	Medicines	6	2
汽车、摩托车、燃料及零配件专门	Vehicles, motercycle and parts	64	32
汽车零售业	Vehicles	50	24
机动车燃料零售业	Fuels	11	5
家用电器及电子产品专门零售业	Electrical household applicances and electronic products	12	3
家用电器零售业	Electric household appliance	3	1
计算机、软件及辅助设备零售业	Computer, software and accessories	6	2
通讯设备零售业	Telecommunication equipment	2	
五金、家具及室内装修材料专门零售业	Hardware、funiture and indoor hardware fitting	2	
无店铺及其他零售业	Other retail trade	4	
邮购及电子销售业	Mail order and electronic sales		

continued12

unit:10000 yuan

年末资产负债 Assets and abilities						
流动资产合计 Circulating funds	存货 Inventory	固定资产原价 Original value of fixed assets	累计折旧 Total depreciation	本年折旧 Depreciation this year	资产合计 Total assets	负债合计 Total Liabilities
174507.0	51521.5	296659.3	74125.3	10600.1	508531.7	375369.7
134737.9	31608.5	249716.7	63263.1	8358.2	429989.0	314657.4
39769.1	19913.0	46942.6	10862.2	2241.9	78542.7	60712.3
5477.1	4261.5	1400.3	209.2	95.8	8499.1	5571.2
5339.4	3418.0	3747.9	815.4	164.6	7488.8	6204.2
1674.3	429.8	3350.2	689.7	144.9	3550.4	2673.8
13370.1	7240.7	7032.6	2117.0	425.5	20866.9	17629.0
425.8	311.3	324.7	175.6	67.0	877.4	755.5
11951.7	6210.3	6697.2	1938.0	357.3	18988.0	16045.5
13092.7	6698.0	7300.6	1461.1	296.8	20300.1	17818.8
13092.7	6698.0	7300.6	1461.1	296.8	20300.1	17818.8
172984.6	58596.9	83320.6	21990.6	2773.7	279223.0	239881.7
136120.0	33268.3	37146.1	7427.4	2145.7	181548.1	129172.5
35511.5	24507.2	45731.2	14507.1	605.8	95706.7	109610.3
10604.6	7581.6	1538.2	368.3	81.3	15322.7	10648.8
2672.6	5515.7	690.8	255.7	47.9	3867.6	2062.1
6985.6	1690.9	588.7	50.9	25.8	9894.1	8458.5
873.6	328.2	60.7	8.6		930.1	21.0
2981.9	518.2	820.9	37.5	6.8	3763.2	640.5
1553.2	547.3	2113.5	774.1	24.7	3215.7	1351.6

14－4续表13 单位:万元

		所有者权益合计 Creditors′equity	实收资本 Paicl－up capital
2. 按国民经济行业分组	Grouped by sector		
综合零售业	Retail trade	121299.7	78127.9
百货零售业	Consumer goods	103469.3	68662.4
超级市场零售业	Supermarket	17830.4	9465.5
食品、饮料、烟草制品专门零售业	Wholesale of food, beverage and Tobaccos	2927.9	1870.0
纺织、服装及日用品专门零售业	Textile, garment and daily articles	1284.6	1232.6
服装零售业	Garments	876.6	937.8
文化、体育用品及器材专门零售业	Cultural and sport goods and equipment	3237.9	2834.8
体育用品零售业	Cultural and sports goods	121.9	105.0
图书零售业	Books	2942.5	2629.8
医药及医疗器材专门零售业	Medicines and medical equipment	2481.3	4329.7
药品零售业	Medicines	2481.3	4329.7
汽车、摩托车、燃料及零配件专门	Vehicles, motorcycle and parts	45243.8	45828.5
汽车零售业	Vehicles	52375.6	39968.5
机动车燃料零售业	Fuels	－8001.1	4900.0
家用电器及电子产品专门零售业	Electrical household applicances	4673.9	4463.0
家用电器零售业	Electric household appliance and electronic products	1805.5	1400.0
计算机、软件及辅助设备零售业	Computer, software and accessories	1435.6	1610.0
通讯设备零售业	Telecommunication equipment	909.1	953.0
五金、家具及室内装修材料专门零售业	Hardware funiture indoor hardware fitting	3122.7	3121.8
无店铺及其他零售业	Other retail trade	1864.1	2202.9
邮购及电子销售业	Mail order and electronic sales		

continued13 unit:10000 yuan

年末资产负债 Assets and liability					
国家资本 State owned	集体资本 Collective	法人资本 Corporate	个人资本 Private	港澳台资本 Funded from Hongkong Macao and Taiwan	外商资本 Foreign funds
10553.4	1167.0	20123.5	31005.2	15278.8	
7763.4	1167.0	14318.0	30315.2	15278.8	
2790.0		5985.5	690.0		
1670.0		200.0			
540.2		234.8	357.6	100.0	
540.2			297.6	100.0	
122.9		2498.9	213.0		
			105.0		
122.9		2498.9	8.0		
		1751.4	2578.3		
		1751.4	2578.3		
5355.0	70.0	26032.5	14371.0		
4855.0		22342.5	12771.0		
500.0	70.0	3510.0	820.0		
		1970.0	2493.0		
		500.0	900.0		
		70.0	1540.0		
		900.0	53.0		
		49.8	3072.0		
	30.0	1779.9	300.0		93.0

14-4续表14

单位:万元

		营业收入合计 Total income	主营业务收入 Operating revenme	主营业务成本 Operating cost
2. 按国民经济行业分组	Grouped by sector			
综合零售业	Retail trade	615783.6	605356.1	549107.4
百货零售业	Consumer goods	515536.3	507056.1	461132.6
超级市场零售业	Supmarket	100247.3	98300.0	87974.8
食品、饮料、烟草制品专门零售业	Wholesale of food, beverage and Tobaccos	14083.8	14083.8	11179.4
纺织、服装及日用品专门零售业	Textile, garment and daily articles	15984.9	15929.7	13830.9
服装零售业	Garments	8183.7	8183.7	6713.8
文化、体育用品及器材专门零售业	Cultural and sport goods and equipment	25061.0	24836.5	18172.7
体育用品零售业	Cultural and sports goods	4852.4	4852.4	3246.2
图书零售业	Books	18945.8	18721.3	13871.0
医药及医疗器材专门零售业	Medicines and medical equipment	26538.6	26537.9	11719.0
药品零售业	Medicines	26538.6	26537.9	11719.0
汽车、摩托车、燃料及零配件专门	Vehicles, motorcycle and parts	771534.3	770712.7	727877.1
汽车零售业	Vehicles	489878.2	489056.6	469653.3
机动车燃料零售业	Fuels	276710.9	276710.9	253399.1
家用电器及电子产品专门零售业	Electrical household applicances	80682.4	80298.0	76215.9
家用电器零售业	Electric household appliance	41126.4	41108.5	38672.1
计算机、软件及辅助设备零售业	Computer, software	25970.3	25917.4	24951.6
通讯设备零售业	Telecommunication equipment	12885.5	12571.9	11996.6
五金、家具及室内装修材料专门零售业	Hardware and funiture	3494.1	3494.1	2518.5
无店铺及其他零售业	Other retail trade	2865.8	2865.8	2483.9
邮购及电子销售业	Mail order and electronic sales			

continued14　　unit:10000 yuan

损益及分配 Profits and loss distribution							
主营业务税金及附加 Operating taxes and extra charges	主营业务利润 Operating profits	其他业务利润 Other profits	营业费用 Operating cost	管理费用 Management expenses	税金 Taxes	差旅费 Travel expenses	工会经费 Trade union outlays
1988.3	51463.5	28934.2	31822.7	44681.6	1652.6	496.9	141.6
1751.0	41375.6	22242.3	21293.6	38847.8	1406.1	449.3	100.1
237.3	10087.9	6691.9	10529.1	5833.8	246.5	47.6	41.5
16.0	2888.4		549.6	1567.4	22.4	30.4	11.2
46.4	2052.4	249.4	986.5	1375.4	25.6	59.4	1.0
41.7	1428.2	244.0	865.0	955.6	22.4	21.1	1.0
93.6	5819.1	119.3	1666.5	2803.1	85.7	90.9	25.2
4.0	1602.2		106.3	92.5	4.5	17.1	
62.3	4036.9	119.3	1560.2	2540.5	81.2	73.8	25.2
69.4	4749.5	114.4	2911.3	1538.9	65.5	71.9	9.3
69.4	4749.5	114.4	2911.3	1538.9	65.5	71.9	9.3
593.9	41696.7	1377.0	28278.3	10871.0	235.1	356.3	8.7
368.2	18490.1	1017.4	5609.8	9798.2	217.1	327.3	4.7
225.0	23086.8	359.6	22649.5	924.4	13.8	19.7	4.0
98.3	3108.8	2271.8	3876.9	2120.1	14.7	60.7	
21.6	2414.8	1880.7	2933.3	772.9	9.4	24.6	
3.6	87.2	53.8	907.6	541.3	5.3	10.5	
23.4	551.9	337.3	36.0	795.6		25.6	
20.1	955.5		124.4	247.5	8.0	31.0	8.0
49.9	332.0	1.7	50.4	56.8	2.7	4.2	

14-4续表15

单位:万元

指标名称	Item	财务费用 Financial expenses	利息支出 Interent expenditure	营业利润 Business
2. 按国民经济行业分组	Grouped by sector			
综合零售业	Retail trade	8301.5	7719.2	-4408.1
百货零售业	Consumer goods	7244.9	6669.5	-3768.4
超级市场零售业	Supermarket	1056.6	1049.7	-639.7
食品、饮料、烟草制品专门零售业	Wholesale of food, beverage and Tobaccos	14.0	13.5	757.4
纺织、服装及日用品专门零售业	Textile, garment and daily articles	116.2	61.8	-176.3
服装零售业	Garments	44.4	44.4	-192.8
文化、体育用品及器材专门零售业	Cultural and sport goods and equipment	31.4	22.5	1437.4
体育用品零售业	Cultural and sports goods			1403.4
图书零售业	Books	25.0	22.5	30.5
医药及医疗器材专门零售业	Medicines and medical equipment	167.7	165.6	246.0
药品零售业	Medicines	167.7	165.6	246.0
汽车、摩托车、燃料及零配件专门	Vehicles, motercycle and parts	2357.3	1676.7	1672.6
汽车零售业	Vehicles	1242.8	623.8	2962.2
机动车燃料零售业	Fuels	1114.7	1053.2	-1242.2
家用电器及电子产品专门零售业	Electrical household appliances and electronic products	13.0	-28.3	245.6
家用电器零售业	Electric household appliance	31.4	-4.8	557.9
计算机、软件及辅助设备零售业	Computer, software and accessories	-22.7	-23.5	-410.2
通讯设备零售业	Telecommunication equipment	0.5		57.1
五金、家具及室内装修材料专门零售业	Hardware funiture and indoor hardware fitting	21.0	11.0	562.6
无店铺及其他零售业	Other retail trade	2.8	-127.8	223.7
邮购及电子销售业	Mail order and electronic sales			

continued15

unit:10000 yuan

损益及分配 Profits and loss distribution				工资、福利、增值税 Wages wdfare VAT			全部从业人员年平均人数(人) Average number of employment
利润总额 Total profits	应交所得税 Income tax payable	劳动、失业保险费 Labor unemployment insurance	住房公积金和住房补贴 Public accumulated fund for housing and subsidies	本年应付工资总额 Wages payable	本年应付福利费总额 Welfare payable	本年应交增值税 VAT payable	
-4136.3	1866.8	774.2	1123.2	11156.8	2868.9	3764.5	13134.0
-3486.0	1825.6	558.3	796.2	7594.7	2394.5	3273.1	10157.0
-650.3	41.2	215.9	327.0	3562.1	474.4	491.4	2977.0
742.1	19.8	57.3	54.3	919.7	225.8	234.1	347.0
-181.6	10.9	68.7	0.4	492.4	33.2	194.5	450.0
-186.6	5.5	60.8	0.4	332.4	15.0	146.3	299.0
1490.8	61.2	408.1	19.2	1497.2	181.1	853.8	1216.0
1403.4	6.1			31.4	5.5	218.2	20.0
84.2	55.1	408.1	19.2	1409.3	175.6	635.6	1162.0
231.4	-1.3	130.3	5.6	1046.2	128.9	623.9	1376.0
231.4	-1.3	130.3	5.6	1046.2	128.9	623.9	1376.0
114.3	822.2	3185.1	997.7	9881.0	1173.2	4161.4	5425.0
2807.0	786.2	60.5	9.2	3330.2	315.0	2115.9	2635.0
-2660.3	35.8	3123.1	988.5	6494.6	850.1	2041.0	2741.0
378.6	27.3	165.8	13.4	1011.5	133.3	297.3	4615.0
557.9	3.4	82.9	12.3	673.3	98.5	211.0	4314.0
-236.4	5.3	8.9	1.1	202.4	19.5	20.1	192.0
57.1	18.6	74.0		110.0	15.3	66.2	89.0
561.2	12.0			60.5	21.1	192.6	89.0
222.9	2.0	0.5	0.2	51.6	2.6	34.6	67.0

14-5 限额以上餐饮企业财务状况

单位:万元

		企业数(个) Enterprises	亏损企业数(个) Loss-making enterprises	流动资产合计 Total of current assets
一、餐饮业合计	Total	56	25	20455.1
其中:国有及国有控股	State owned and state proprietry	6	6	7839.4
1.按登记注册类型分组	Grouped by type registered			
内资企业	Domestic funds	52	23	19719.5
国有企业	State owned	5	5	6152.7
集体企业	Collective owned	3	1	152.1
股份合作企业	Cooperative			
联营企业	Joint ownership			
国有联营企业	State joint			
集体联营企业	Collective joint			
国有与集体联营企业	State collective joint			
其他联营企业	Others			
有限责任公司	Limited liability company	2	1	621.6
国有独资企业	State owned solely			
其他有限责任公司	Others	2	1	621.6
股份有限公司	Share holding	1	1	1686.7
私营企业	Private	41	15	11106.4
私营独资企业	Private funded	7	2	1078.0
私营合伙企业	Private partner	1		17.0
私营有限责任公司	Private limited company	31	13	9642.8
私营股份有限公司	Private share holding	2		368.6
其他企业	Others			
港、澳、台商投资企业	Funded from HongKong, Macao and Taiwan	1		106.2
与港澳台商合资经营	Joint venture	1		106.2
与港澳台商合作经营	Cooperative			
港澳台商独资	Sole funds			
港澳台商独资股份有限公司	Share holding			
外商投资企业	Foreign funded	3	2	629.4
中外合资经营企业	Joint venture	2	2	491.9
中外合作经营企业	Cooperative			
外资企业	Foreign funds	1		137.5
外商投资股份有限公司	Share holding			
2.按国民经济行业分组	Grouped by sector			
正餐服务业	Dinner	55	24	20406.7
快餐服务业	Snack			
饮料及冷饮服务业	Beverage and cold drink services			
其他餐饮服务业	Other	1	1	48.4

FINANCIAL CONDITIONS OF CATERING ENTERPRISES ABOVE DESIGNATED SIZE

unit:10000 yuan

存 货 Inventory	固定资产原价 Original value of fixed assets	累计折旧 Depreciation	本年折旧 Depreciation this year	资产合计 Total assets	负债合计 liabilities
3914.8	58470.5	15146.9	2217.9	91463.8	46302.1
538.4	37740.3	10034.1	1198.6	51715.6	17668.0
3783.2	58311.5	15065.5	2212.1	90448.0	45643.6
289.4	28746.7	7909.4	935.8	43311.2	17213.7
95.3	2008.4	1086.0	45.7	1000.8	231.6
146.9	3.4	0.1		655.1	602.2
146.9	3.4	0.1		655.1	602.2
249.0	8993.6	2124.7	262.8	8404.4	454.3
3002.6	18559.4	3945.3	967.8	37076.5	27141.8
287.5	2551.5	187.5	7.6	3448.0	2051.6
7.8	8.0	2.5	1.5	22.6	3.8
2438.2	13702.7	3467.3	877.5	28467.4	22618.9
268.9	2297.2	288.0	81.2	5138.5	2467.5
0.8	32.5	20.0	5.8	118.7	38.2
0.8	32.5	20.0	5.8	118.7	38.2
130.8	126.5	61.4		897.1	620.3
117.5	70.0	22.4		742.1	580.5
13.3	56.5	39.0		155.0	39.8
3881.8	58432.2	15146.9	2217.9	91050.4	45992.0
33.0	38.3			413.4	310.10

14－5续表 1 单位:万元

指标名称	Item	所有者权益合计 Creditors' equity	实收资本 Paicl－up capital
一、餐饮业合计	Total	45161.7	41708.7
其中:国有及国有控股	State owned and state owned	34047.6	28326.2
1.按登记注册类型分组	Grouped by type registered		
内资企业	Domestic funds	44804.4	40995.7
国有企业	State owned	26097.5	20376.1
集体企业	Collective owned	769.2	450.0
股份合作企业	Cooperative		
联营企业	Joint ownership		
国有联营企业	State joint		
集体联营企业	Collective joint		
国有与集体联营企业	State collective joint		
其他联营企业	Others		
有限责任公司	Limited liability company	52.9	230.0
国有独资企业	State owned solely		
其他有限责任公司	Others	52.9	230.0
股份有限公司	Share holding	7950.1	7950.1
私营企业	Private	9934.7	11989.5
私营独资企业	Private funded	1396.4	1195.4
私营合伙企业	Private partner	18.8	
私营有限责任公司	Private limited company	5848.5	8148.3
私营股份有限公司	Private share holding	2671.0	2645.8
其他企业	Others		
港、澳、台商投资企业	Funded from HongKong, Macao and Taiwan	80.5	83.0
与港澳台商合资经营	Joint venture	80.5	83.0
与港澳台商合作经营	Cooperative		
港澳台商独资	Sole funds		
港澳台商独资股份有限公司	Share holding		
外商投资企业	Foreign funded	276.8	630.0
中外合资经营企业	Joint venture	161.6	130.0
中外合作经营企业	Cooperative		
外资企业	Foreign funds	115.2	500.0
外商投资股份有限公司	Share holding funded from foreigh		
2.按国民经济行业分组	Grouped by sector		
正餐服务业	Dinner	45058.4	41518.7
快餐服务业	Snack		
饮料及冷饮服务业	Beverage and cold drink services		
其他餐饮服务业	Other	103.3	190.0

contiuned1 unit:10000 yuan

国家资本 State owned	集体资本 Collective	法人资本 Corporate	个人资本 Private	港澳台资本 Funded from Hongkong, Macao and Taiwan	外商资本 Foreign funds
20486.7	460.0	14953.8	5136.7	41.5	630.0
20186.7		8139.5			
20486.7	460.0	14912.3	5136.7		
20186.7		189.4			
	450.0				
200.0		30.0			
200.0		30.0			
		7950.1			
100.0	10.0	6742.8	5136.7		
		584.0	611.4		
	10.0	3613.0	4525.3		
100.0		2545.8			
		41.5		41.5	
		41.5		41.5	
					630.0
					130.0
					500.0
20486.7	460.0	14763.8	5136.7	41.5	630.0
		190.0			

14-5续表2

单位:万元

		营业收入合计 Business revenue	营业务收入 Operating revenue	主营业务成本 Operating cost
一、餐饮业合计	Total	53734.8	53410.4	27376.9
其中:国有及国有控股	State owned and state proprietary	11127.6	10816.5	3404.4
1.按登记注册类型分组	Grouped by type registered			
内资企业	Domestic funds	51939.2	51614.8	26460.3
国有企业	State owned	10000.0	9698.0	2893.4
集体企业	Collective owned	1009.8	1009.8	429.6
股份合作企业	Cooperative			
联营企业	Joint ownership			
国有联营企业	State joint			
集体联营企业	Collective joint			
国有与集体联营企业	State and collective joint			
其他联营企业	Others			
有限责任公司	Limited liability company	1976.5	1976.5	662.0
国有独资企业	State owned solely			
其他有限责任公司	Others	1976.5	1976.5	662.0
股份有限公司	Share holding	1127.6	1118.5	511.0
私营企业	Private	37825.3	37812.0	21964.3
私营独资企业	Private funded	4918.5	4907.6	3221.2
私营合伙企业	Private partner	1080.7	1080.7	734.5
私营有限责任公司	Private limited company	30916.0	30913.6	17608.6
私营股份有限公司	Private share holding	910.1	910.0	400.0
其他企业	Others			
港、澳、台商投资企业	Funded from HongKong, Macao and Taiwan	168.7	168.7	77.3
与港澳台商合资经营	Joint venture	168.7	168.7	77.3
与港澳台商合作经营	Cooperative			
港澳台商独资	Sole funds			
港澳台商独资股份有限公司	Share holding			
外商投资企业	Foreign funded	1626.9	1626.9	839.3
中外合资经营企业	Joint venture	1113.7	1113.7	693.6
中外合作经营企业	Cooperative			
外资企业	Foreign funds	513.2	513.2	145.7
外商投资股份有限公司	Share holding			
2.按国民经济行业分组	Grouped by sector			
正餐服务业	Dinner	52971.6	52647.2	26898.1
快餐服务业	Snack			
饮料及冷饮服务业	Beverage and cold drink services			
其他餐饮服务业	Other	763.2	763.2	478.8

continued2 unit:10000 yuan

损益及分配 Profits and loss distribution							
主营业务税金及附加 Operating taxes and extra charges	主营业务利润 Operating profits	其他业务利润 Other profits	营业费用 Business expenses	管理费用 Management expenses			
					税金 Taxes	差旅费 Travel expenses	工会经费 Travel union outlays
2957.3	23076.2	283.0	13149.7	11120.7	252.3	222.2	59.7
652.0	6760.1	5.9	1526.0	6178.0	75.2	70.9	49.9
2860.2	22294.3	283.0	12483.7	11005.3	246.6	221.9	59.7
590.5	6214.1		870.2	5720.2	3.2	68.9	48.2
57.9	522.3		536.3	43.1			8.1
69.0	1245.5		980.0	492.4		4.1	1.5
69.0	1245.5		980.0	492.4		4.1	1.5
61.5	546.0	5.9	655.8	457.8	72.0	2.0	1.7
2081.3	13766.4	277.1	9441.4	4291.8	171.4	146.9	0.2
223.6	1462.8	0.3	861.5	233.7	22.0	51.9	
14.4	331.8	211.0	422.0	101.1			
1803.5	11501.5	65.8	8038.0	3861.4	129.3	73.2	
39.8	470.3		119.9	95.6	20.1	21.8	0.2
8.4	83.0		54.5	23.7		0.3	
8.4	83.0		54.5	23.7		0.3	
88.7	698.9		611.5	91.7	5.7		
63.1	357.0		409.2	5.7	5.7		
25.6	341.9		202.3	86.0			
2894.9	22854.2	283.0	12877.6	11072.4	252.3	222.2	59.7
62.4	222.0		272.1	48.3			

14－5续表3　　　　　　　　　　　　　　　　　　　　　　　　　　　　　　　　　　　单位:万元

指标名称	Item	财务费用 Financial expenses	利息支出 Interest expenditure	营业利润 Business profits
一、餐饮业合计	Total	816.8	248.2	－1728.0
其中:国有及国有控股	State owned and state proprietary	498.4	120.0	－1436.4
1.按登记注册类型分组	Grouped by type registered			
内资企业	Domestic funds	807.5	248.2	－1719.2
国有企业	State owned	498.5	120.2	－874.8
集体企业	Collective owned	0.1	0.1	－57.2
股份合作企业	Cooperative			
联营企业	Joint ownership			
国有联营企业	State joint			
集体联营企业	Collective joint			
国有与集体联营企业	State and collective joint			
其他联营企业	Others			
有限责任公司	Limited liability company			－226.9
国有独资企业	State owned solely			
其他有限责任公司	Others			－226.9
股份有限公司	Share holding	－0.1	－0.2	－561.6
私营企业	Private	309.0	128.1	1.3
私营独资企业	Private funded	36.9	0.8	331.0
私营合伙企业	Private partner	0.3		19.4
私营有限责任公司	Private limited company	271.6	127.3	－603.7
私营股份有限公司	Private share holding	0.2		254.6
其他企业	Others			
港、澳、台商投资企业	Funded from HongKong, Macao and Taiwan			4.8
与港澳台商合资经营	Joint venture			4.8
与港澳台商合作经营	Cooperative			
港澳台商独资	Sole funds			
港澳台商独资股份有限公司	Share holding			
外商投资企业	Foreign funded	9.3		－13.6
中外合资经营企业	Joint venture	9.3		－67.2
中外合作经营企业	Cooperative			
外资企业	Foreign funds			53.6
外商投资股份有限公司	Share halding funded from foreigh			
2.按国民经济行业分组	Grouped by sector			
正餐服务业	Dinner	816.8	248.2	－1629.6
快餐服务业	Snack			
饮料及冷饮服务业	Beverage and cold drink services			
其他餐饮服务业	Other			－98.4

continued3

unit: 10000 yuan

损益及分配 Profits and loss distribution				工资、福利费 Wages and welfare		全部从业人员年平均人数(人) Average number of employment
利润总额 Total profits	应交所得税 Income tax payable	劳动、失业保险费 Labor unemployment insurance	住房公积金和住房补贴 Public accumulated fund for housing and subsidies	本年应付工资总额 Wages payable	本年应付福利费总额 Wages payable	
-1739.8	385.1	360.4	60.0	6792.4	496.1	6227
-1456.8		327.1	58.0	1952.0	74.0	1522
-1730.7	376.8	360.4	60.0	6475.3	475.0	5950
-874.4		310.4	39.5	1770.0	59.5	1365
18.6	5.8			98.6	5.0	242
-183.8			1.1	298.7	32.7	360
-183.8			1.1	298.7	32.7	360
-582.4		16.7	18.5	182.0	14.5	157
-108.7	371.0	33.3	0.9	4126.0	363.3	3826
329.9	104.3	2.6		479.3	14.7	399
19.4				74.5		
-712.6	247.2	30.7	0.9	3442.8	336.4	3115
254.6	19.5			129.4	12.2	209
4.5	0.8			28.3		40
4.5	0.8			28.3		40
-13.6	7.5			288.8	21.1	237
-67.2	7.5			181.5	21.1	187
53.6				107.3		50
-1641.4	385.1	360.4	59.9			
6174					6664.2	496.1
-98.4			0.1	128.2		63

统计资料
STATISTICS

对外经济贸易和旅游业
FOREIGN TRADE AND TOURISM

长春统计年鉴
CHANGCHUN STATISTICAL YEARBOOK
2006

第十五篇　对外经济贸易和旅游业

2005年长春市实现进出口总额45.4亿美元,比上年下降14.6%。

其中,进口32.8亿美元,下降27.1%;出口12.6亿美元,增长53%。在出口中,国有企业出口8.5亿美元,比上年增长60.8%;外商投资企业出口2.9亿美元,增长26.1%;一般贸易出口10.8亿美元, 增长54.5%。

招商引资成效显著。全年新批三资项目139个,其中投资总额超千万美元项目22个。全年实际利用外资11.7亿美元,比上年增长29.8%。其中,直接利用外资4.1亿美元,增长35.3%。

对外承包工程与劳务合作继续展开。全年对外承包和劳务合作完成营业额1.7亿美元,外派劳务人员1.4万人。

15－1 对外经济贸易指标
FOREIGN TRADE AND ECONOMIC COOPERATION

		单位 Unit	2004	2005
进出口总额(一)	Total import and export(Ⅰ)	万美元 $ 10000	531773	454139
其中:进口	Imports	万美元 $ 10000	449185	327566
出口	Exports	万美元 $ 10000	82588	126573
1. 国有企业	State owned	万美元 $ 10000	211482	211133
其中:进口	Imports	万美元 $ 10000	158693	126239
出口	Exports	万美元 $ 10000	52789	84894
2. 集体企业	Collective owned	万美元 $ 10000	895	768
其中:进口	Imports	万美元 $ 10000	11	17
出口	Exports	万美元 $ 10000	884	751
3. 三资企业	Foreign funded	万美元 $ 10000	309030	225037
其中:进口	Imports	万美元 $ 10000	285933	195900
出口	Exports	万美元 $ 10000	23097	29137
4. 私营企业	Private	万美元 $ 10000	10494	17158
其中:进口	Imports	万美元 $ 10000	4544	5401
出口	Exports	万美元 $ 10000	5950	11757
进出口总额(二)	Total import and export(Ⅱ)	万美元 $ 10000	498815	399028
其中:进口	Imports	万美元 $ 10000	441192	310849
出口	Exports	万美元 $ 10000	57623	88179
新批项目(企业)数	Number of new registered enterprises	个 unit	132	139
投资总额	Total investment	万美元 $ 10000	355851	129140
合同利用外资额	Contract foreign investment	万美元 $ 10000	131662	50597
其中:直接利用外资额	Direct foreign investments	万美元 $ 10000	129581	50597
实际利用外资额	Total of foreign funds actually used	万美元 $ 10000	90196	117060
其中:直接利用外资额	Direct foreign investment	万美元 $ 10000	30162	40799

注:进出口总额(一)中进出口总额是指在长春行政区域内工商注册、并在长春海关登记、赋予代码为“2201”的全部有外贸经营权的企业(公司)进出口总额。它是衡量我市有外贸经营权的企业(公司)经营规模和总体水平的标志。

进出口总额(二)中进出口总额是指在全国各地工商注册,并在当地海关登记的赋予相应代码的有外贸经营权的企业(公司),进口商品目的地为长春市、出口产品货源地产自长春市的进出口总额。它是衡量我市进口市场需求(包括项目)及出口生产质量、能力的标志。

* lmport－export value(Ⅰ) by changchun foreign trade managing units refer to actul value of imports and exports carried out by corporation which have been registered by changchun customhouse and vested with right to run import, export business. It is a measure of trade rights to the city and the overall level of the enterprise size.

** lmport value of commodities by the places of their destination and export value of commodities by the place of their origin in china: The places of their consumption, utilization or the place of their final destination. The latter indicator refers to the value of export commodities of the places of their origin or the place of the commodities dispatched, changchun.

15－2　2005年新批外商项目(企业)分类表
NEW REGISTERED FOREIGN PROJECTS (ENTERPRISES) BY CATEGORY(2005)

		户 数 (个) Enterprises (unit)	外商投资 (万美元) Investment ($10000)	比重 (%) Percentage (%)
总　计	Total	139	39165	100
1. 按行业类别分	Grouped by sector			
农林牧渔业	Farming forestry animal husbandry and fishery	2	1215	3.1
制造业	Manufacturing	93	23056	58.9
建筑业	Construction	4	1301	3.3
批发零售贸易餐饮业	Wholesale, retail trade and catering services	13	914	2.3
房地产业	Real estate	8	7631	19.5
电力燃气生产及供应业	Telecommunication service	2	3035	7.7
仓储业	Storage	1	1000	2.6
租赁与商务服务业	Leasing and business services	14	901	2.3
娱乐业	Recreation	2	112	0.3
2. 按国别、地区分	Grouped by country or region			
维尔京群岛(英属)	Virgin islands	5	2019	5.2
香　　港	Hongkong	29	19090	48.7
美　　国	United states	20	6082	15.5
日　　本	Japan	22	4516	11.5
韩　　国	Korea	40	2901	7.4
荷　　兰	Netherland	1	10	0.0
台　　湾	Taiwan	1	10	0.0
澳　　门	Macao	2	57	0.1
瑞　　典	Sweden	1	224	0.60
德　　国	Germany	4	1340	3.4
法　　国	France	1	240	0.6
毛里求斯	Mauritius	1	15	0.0
新 加 坡	Singapore	3	1593	4.1
萨 摩 亚	Samoa	2	214	0.5
澳大利亚	Australia	1	544	1.40
斯洛文尼亚	Slovenia	1	60	0.2
马来西亚	Malaysia	1	207	0.5
加 拿 大	Canada	4	43	0.1
3. 按经济类型分	Grouped by ownership			
外资企业	Foreign funds	78	17470	44.6
合资经营	Joint venture	56	17542	44.8
合作经营	Cooperative	5	4153	10.6

15－3 主要出口商品情况
MAIN EXPORT GOODS

商品名称 Item		出口金额 (万美元) Export($10000)	占出口额比重(%) Proportion(%)
1. 玉米	Corn	46726	36.9
2. 服装及衣着附件	Garments and auessories	10936	0.9
3. 汽车及汽车底盘	Vehicles and its chassis	8952	7.1
4. 汽车零件	Vehicle parts	2700	2.1
5. 电线和电缆	Wire and cable	1520	1.2
6. 家具	Funiture	1411	1.1
7. 鲜冻牛肉	Fresh frozen beef	1308	1.0
8. 纺织纱线、织物及制品	Textile	1046	0.8
9. 锯材	Timeber	986	0.8
10. 钢材	Steel	864	0.7
11. 食用油籽	Oil－bearing seed	770	0.6
12. 家用或装饰用木制品	Timber products for household or decoration	652	0.5
13. 塑料制品	Plastics products	597	0.5
14. 药材	Medicine materials	525	0.4
15. 冻鸡	Poultry	505	0.4
16. 大米	Rice	449	0.4
17. 硅铁	Ferrosillicon	393	0.3
18. 黏土及其他耐火矿物	Refractory clay and mineral	382	0.3
19. 蔬菜	Vegetables	264	0.2
20. 金属加工机床	Machine tools	211	0.2
合　计	Total	126573	100

15－4 主要进口商品情况
MAIN IMPORT GOODS

商品名称	Item	进口金额（万美元）Import（$10000）	占进口额比重（%）Proportion（%）
合　　计	Total	449185	100
其中：1. 汽车零件	Vehicles parts	77386	23.6
2. 汽车和汽车底盘	Vehicles and its chassis	26877	8.2
3. 金属加工机床	Metal－cutling machine tools	23110	7.1
4. 计量检测分析自控仪器及器具	Analysis of measurement control equipment and appliance	18228	5.6
5. 活塞式内燃机的零件	Parts of piston eagine	16370	5
6. 钢材	Steel products	7158	2.2
7. 型模及金属铸造用型箱	Mould and box for metal casting	3550	1.1
8. 通断及保护电路装置及零件	Hardware	2286	0.7
9. 电线和电缆	Wire and cable	1842	0.6
10. 初级形状的塑料	Initial shape plastics	1790	0.5
11. 橡胶或塑料加工机械	Rubber plastics machine tools	1646	0.5
12. 医疗仪器及器械	Health care machine tools	1635	0.5
13. 液泵及液体提升机	Pump and liquid elevator	1225	0.4
14. 自动数据处理设备及其部件	High－precision machine tools	833	0.3
15. 机械提升搬运装卸设备及零件	Hoist and its parts	789	0.2
16. 塑料制品	Plastic products	755	0.2
17. 电动机和发电机	Electric motor	699	0.2
18. 食品加工机械	Food processing machery	698	0.2
19. 阀门	Valve	623	0.2
20. 集成电路及微电子组件	Integrated circuit and microelectronics components	552	0.2

15－5 外贸进出口总值分国别(地区)出口情况
BASIC CONDITIONS OF FOREIGN TRADE BY COUNTRY

国家(地区)	Country or region	出口额(万美元) Exports($10000)		
		2003	2004	2005
总　　值	Total	155183	82588	126573
1.韩　　国	Korea	56058	36326	
2.日　　本	Japan	22989	20973	20763
3.伊　　朗	Iran			8482
4.美　　国	United States	4354	6238	7481
5.马来西亚	Malaysia	18517	3207	5361
6.俄罗斯	Russia	1317	962	3957
7.荷　　兰	Netherland	928	1870	3311
8.朝鲜民主主义人民共和国	Democratic People's Repulic of Korea	1714	822	3184
9.德　　国	Germany	1151	14720	2422
10.香　　港	HongKong	1444	2588	2256
11.越　　南	Vietnam	3744	1359	2134
12.英　　国	United Kingdom	2058	2883	2079
13.南　　非	South Africa	2931	999	1714
14.叙利亚	Syria	69	1731	1673
15.比利时	France	296	534	1417
16.加拿大	Canada	630	1046	1212
17.意大利	Italy	512	729	1179
18.西班牙	Spain	777	794	1158
19.台湾省	Taiwan	657	1794	1076
20.乌克兰	Ukraine		15	882
21.埃塞俄比亚	Ethiopia		452	842
22.法　　国	France	412	617	822
23.澳大利亚	Australia	204	402	724
24.丹　　麦	Denmark	182	327	708
25.阿拉伯联合酋长国	United Arab Emirates	531	637	704
26.约　　旦	Jordan	103	105	670
27.哈萨克斯坦	Kazakhstan		5170	660
28.柬埔寨	Cambodia	445	893	650
29.尼日利亚	Nigeria	232	1043	607
30.阿尔及利亚	Algeria	33	40	553
31.挪　　威	Norway	543	919	552

15-5续表1 continuedl

国家(地区)	Country or territory	出口额(万美元) Exports($10000)		
		2003	2004	2005
32.印　　度	India		317	514
33.泰　　国	Thailand	199	581	495
34.新 加 坡	Singapore	322	643	486
35.科 威 特	Kuwait	253	372	448
36.加　　纳	Ghana		247	447
37.菲 律 宾	Philippines	475	386	444
38.智　　利	Chile		2	415
39.巴　　西	Brazil	346	242	408
40.墨 西 哥	Mexico	200	398	398
41.沙特阿拉伯	Saudi Arabia	571	311	361
42.缅　　甸	Myanmar		211	329
43.津巴布维	Zinbabwe			318
44.巴基斯坦	Pakistan	105	103	308
45.波　　兰	Poland	462	262	291
46.苏　　丹	Sudan	63	300	284
47.埃　　及	Egypt	1227	125	270
48.以 色 列	Israel	76	1310	220
49.哥伦比亚	Colombia		86	217
50.爱 尔 兰	Ireland	151	158	205
51.委内瑞拉	Venezuela		271	177
52.也门共和国	Republic of Yemen		199	170
53.拉脱维亚	Latvia	29	85	165
54.罗马尼亚	Romania		2	165
55.孟加拉国	Bangladesh	318	160	163
56.印度尼西亚	Indonesia	10514	412	155
57.瑞　　典	Sweden	176	128	153
58.土 耳 其	Turkey	376	116	147
59.立 陶 宛	Lithuania	65	150	146
60.秘　　鲁	Peru	31	65	139
61.希　　腊	Greece	79	1180	133
62.巴 拿 马	Panama	274	134	121
63.厄瓜多尔	Ecuador	72	39	117
64.斯里兰卡	Sri Lanka			109

15-6 外贸进出口总值分国别(地区)进口情况
BASIC CONDITIONS OF IMPORT IN FOREIGN TRADE BY COUNTRY

国家(地区)	Country or region	进口额(万美元) Total($10000)		
		2003	2004	2005
总　值	Total	366643	449185	327566
1.德　国	Germany	249834	274920	183355
2.日　本	Japan	52899	101039	79563
3.美　国	United States	7547	6430	13213
4.韩　国	Korea	7167	8265	7732
5.匈牙利	Hungary	10188	12524	5620
6.巴　西	Brazil	93	6813	5336
7.阿根廷	Argentina	194	2320	5320
8.意大利	Italy	2524	3614	3940
9.法　国	France	2057	3907	3330
10.墨西哥	Mexico	6441	5791	2282
11.瑞　典	Sweden	1667	2548	2067
12.英　国	Britain	1529	2540	1862
13.台湾省	Taiwan	1654	2402	1770
14.印度尼西亚	Indonesia	706	1077	1553
15.捷　克	Czech	306	882	1263
16.荷　兰	Netherlands	1587	754	1164
17.俄罗斯联邦	Russia	351	413	1023
18.新加坡	Singapore	342	837	936
19.奥地利	Austria			870
20.瑞　士	Switzerland	1294	1283	740
21.西班牙	Spain	649	1447	620
22.泰　国	Thailand	1521	678	489
23.香　港	HongKong	361	329	461
24.比利时	Belgium	4807	880	452
25.马来西亚	Malaysia	404	577	335
26.朝鲜民主主义人民共和国	Democratic People's Republic of Korea		354	278
27.澳大利亚	Australia	356	139	264
28.加拿大	Canada	231	189	263
29.波　兰	Poland		787	248
30.菲律宾	Philippines	114	331	199
31.挪　威	Norway	134	133	158
32.土耳其	Turkey	41	2	109

15－7　1996－2005 年长春市旅游经济情况

		1996	1997	1998
海外旅游者(人次)	International tourists(person－time)	33193	35346	34323
外国人(人次)	Foreigners(person－time)	27077	26562	28171
华侨(人次)	Overseas Chinese(person－time)	37	87	82
港澳同胞(人次)	Compatriots from Hongkong and Macao(person－time)	3032	4440	3031
台湾同胞(人次)	Compatriots from Taiwan(person－time)	3049	4251	3039
海外旅游者(人天)	International tourists(person－day)	127370	92209	89627
外国人(人天)	Foreigners(person－day)	114178	77176	77465
华侨(人天)	Overseas Chinese(person－day)	88	213	106
港澳同胞(人天)	Compatriots from Hongkong and Macao(person－day)	6639	78	6747
台湾同胞(人天)	Compatriots from Taiwan(person－day)	6465	7001	5309
国内旅游者(万人次)	Domestic tourists(10000person－time)	570	590	6980
旅游外汇收入(万美元)	Foreign exchange earnings from tourism($10000)	1501	1554	1527
旅游业总收入(亿元)	Revenue of tourism(100 millon yuan)	6.5	10	12

DEVELOPMENT OF TOURISM(1996－2005)

1999	2000	2001	2002	2003	2004	2005
44887	55734	66583	76146	68877	87201	110000
35874	38277	45720	55064	51523	70249	87100
114						
3892	6831	7280	5861	8546	8378	12100
5007	10626	13853	1522	8808	8574	10700
121242	135065	193350	246356	215277	258627	33
106694	107131	153382	196813	178884	220862	27.6
242						
6981	11296	17327	15691	18188	20187	2.87
7314	16638	22641	33852	18205	17578	2.48
674	819	1001	1085.51	1031	1100	1218.38
1992.7	2261	3072	4204	3671	4295	5103.28
18	28.9	48	67	83	96.7	120.2

15－8 三个黄金周旅游接待数据
DATA OF THREE GOLDEN WEEKS' TOURIST CONDITION

	旅游总人数（万人次）Number of tourists（10000 person－time）	1、一日游游客（万人次）Day－trippers tourists（10000 person time）	2、过夜游客（万人次）Overnigh visitors（10000persor－time）	旅游总收入（亿元）Tourism revenue（Billion yuan）	景区门票收入（万元）Tickets income（10000 yuan）	旅行社接待人数（万人次）Number of travel agents reception（10000 person time）
2001	138.47	102.3	36.17	4.099	457.3	4.96
2002	150.6	109.77	40.83	5.96	882	4.54
2003	109	80.63	28.37	4.2	503	3.15
2004	159.2	114.71	44.49	6.86	904	4.19
2005	172.8	122.62	50.18	8	941	3.03

金融保险业
BANKING AND INSURANCE

第十六篇　金融、保险篇

2005年，全市金融运行总体上呈现健康、良性的发展势头。各项存款稳定增长，储蓄存款增长刚性不减，各项贷款适度增长，信贷结构进一步优化，有力地促进了全市经济结构的调整和健康发展。保险事业进一步发展。

一、各项存款稳定增长，储蓄存款增长刚性不减。2005年末，全市金融机构本外币各项存款余额2065.8亿元，按可比口径计算，比年初增加247.9亿元，增长13.4%。其中，人民币各项存款余额为2007.6亿元，按可比口径计算，比年初增加258.2亿元，增长14.6%。

受储蓄存款利率上调的影响和居民收入的持续提高，储蓄存款的增长速度不断提高，2005年末，全市金融机构本外币储蓄存款余额为1060.7亿元，比年初增加141.6亿元，增长14.7%。其中，人民币储蓄存款余额为1059.3亿元，比年初增加148.9亿元，增长16.4%。

二、各项贷款适度增长，信贷结构进一步优化。2005年末，全市金融机构本外币各项贷款余额为1893.5亿元，按可比口径计算，比年初增加166.3亿元，增长8.8%，其中，人民币各项贷款余额为1846.2亿元，比年初增加213.1亿元，增长11.9%。

从人民币信贷投向上看，资金投向日趋合理，信贷结构进一步优化。一是支农力度不断加大。2005年末农业贷款余额为51.9亿元，比年初增加6.8亿元，增长15.1%。二是工业贷款持续增加。为支持我省老工业基地调整改造，全年全市金融机构新增加工业贷款47.1亿元，同比多增52.1亿元。三是支持全市固定资产建设，年末中长期基本建设贷款余额为498.8亿元，比年初增加11.1亿元，增长2.3%。四是支持全市重点项目建设。其中国家开发银行向长春市融兴公司的引松入长等项目贷款25.8亿元；向吉林省债务管理服务中心的国有企业改制项目贷款56.7亿元。

各项贷款的适度增长，为促进全市经济持续发展提供了资金支持。

三、保险事业进一步发展。2005年，全市各保险公司承保总额2413.1亿元，比上年下降9.9%，其中，财产险保额2227.3亿元，下降11.9%；人寿险保额185.8亿元，增长23.3%。保费收入29.9亿元，比上年下降7.0%，其中，财产险保费收入6.7亿元，增长15.5%，人寿险保费收入23.2亿元，下降12.0%。赔款支出总额6.7亿元，比上年增长14.7%，其中，财产险赔款支出3.8亿元，增长23.1%；人身险赔款支出2.9亿元，增长5.4%

16-1 主要年份城乡居民储蓄存款
DEPOSITS OF URBAN AND RURAL RESIDENTS

单位:万元 unit:10000yuan

		2000	2001	2002	2003	2004	2005
年末储蓄存款余额	Balance of deposits at year-end	5336997	6080769	7138522	8313564	9103685	10593043
一、按对象分	Grouped by object						
城镇储蓄	Urban deposits	4956592	5664812	6654240	7773358	8530992	9911222
农户储蓄	Rural deposits	380405	415957	484282	540206	572693	681821
二、按地区分	Grouped by region						
市辖区	District	4370015	5064461	6082025	7160952	7856406	9125248
榆树市	Yushu	228764	249948	251187	282725	315601	354235
农安县	Nong'an	256946	264189	268832	288796	304466	393671
德惠市	Dehui	284029	286622	302290	327308	352121	405081
九台市	Jiutai	197243	215549	234188	253783	275091	314808

16-2 1991-2005年保险费收入和赔款支出
PREMIUM AND CLAIM OF INSURANCE(1991-2005)

单位:千元 unit:1000yuan

年份 Year	保险费收入 Premium	赔款支出 Claim	赔付率(%) Payment rate
1991	164200	103320	62.9
1992	226790	134070	59.1
1993	225929	130248	57.6
1994	208195	132679	63.7
1995	242880	156920	64.6
1996	243165	27898	11.5
1997	834330	216260	25.9
1998	467423	288599	61.7
1999	840370	234360	27.9
2000	897800	284490	31.7
2001	1203345	404926	33.7
2002	1870688	484611	25.9
2003	2871260	562650	19.6
2004	3212130	579940	18.1
2005	2986980	665300	22.3

16－3 全市金融机构信贷收支(人民币)
CREDIT FUNDS BALANCE SHEET OF FINANCIAL INSTITUTIONS (RMB)

单位:万元 unit:10000yuan

来源项目名称 Item of soures	金额 Amount	运用项目名称 Item of uses	金额 Amount
一、各项存款 Deposits	20076313	一、各项贷款 Loans	18461720
1. 企业存款 Deposits of enterprises	5664821	1. 短期贷款 Short term loans	8098534
(1)活期存款 Current deposits	4660025	(1)工业贷款 Industrial loans	1837245
(2)定期存款 Fixed deposits	1004796	(2)商业贷款 Commercial loans	3308502
2. 财政存款 Treasury deposits	912056	(3)建筑业贷款 Construction loans	119682
3. 机关团体存款 Government and organization	1387067	(4)农业贷款 Agricultural loans	518965
4. 储蓄存款 Saving deposits	10593043	(5)乡镇企业贷款 Loans to township enterprises	59347
(1)活期储蓄 Current deposits	3615746	(6)三资企业贷款 Loans to foreign funded enterprise	92158
(2)定期储蓄 Fixed deposits	6977297	(7)私营企业及个体贷款 Loans to individuals	79963
5. 农业存款 Agricultural deposits	179994	(8)其他短期贷款 Other short－term loans	2082672
6. 信托存款 Intrusted deposits		2. 中长期贷款 Medium and long－term loans	9346450
7. 委托存款 Precative deposits	146574	(1)基本建设贷款 Construction loans	4988163
8. 其他存款 Others	1192762	(2)技术改造贷款 Innovation loans	429593
二、金融债券 Ronds		(3)其他中长期贷款 Others	3928694
三、应付及暂收款 Payable	313811	其中:个人中长期消费贷款 Individual consumer loans	936644
四、同业往来 Interbank loan	187077	3. 信托贷款 Credit loans	
五、行内资金往来 Pooling currency		4. 融资租赁 Lease	20
六、各项准备 Creditor's equity	270476	5. 委托贷款 Precative loans	103262
七、所有者权益 Creditor's equity	294634	6. 票据融资 Papercredit	900545
八、其　他 Others	2497270	7. 各项垫款 Delay loans	12909
		二、有价证券及投资 Portfolio loans	1124876
		三、应收及预付款 Receivable and payable	225995
		四、同业往来 Interbank account	7579
		五、二级准备金 Secondary reserve	2933198
		六、行内资金往来 Within account	274614
		七、委托投资 Precative investment	
		八、金银占款 Gold and silver	
		九、外汇占款 Purchase foreigh exchanges	8074
		十、固定资产 Fixed assets	485571
		十一、库存现金 Stock of cash	117958
资金来源总计 Total of sources	23639585	资金运用总计 Total of uses	23639585

16－4 全市金融机构现金收支
CASH INCOME AND EXPENDITURES OF FINANCIAL INSTITUTIONS

单位:万元 unit:10000yuan

	金 额 Amount		金 额 Amount
一、商品销售收入 Commodity sales	5141304	一、工资性支出 Wages	1982274
二、服务业收入 Service revenue	2009019	二、农副产品采购支出 Purchases products	1764089
三、税款收入 Taxes revenue	134437	三、工矿及其他产品采购支出 Purchases of industrail and mineral products	589044
四、城乡个体经营收入 Individual business revenue	533969	四、行政企事业管理费支出 Expenditure for government and enterprises	2952290
五、储蓄存款收入 Saving depostes	36470705	五、城乡个体经营支出 Expenditure for individual business	950486
六、其他金融机构收入 Other financial instirutions	664811	六、储蓄存款支出 Expenditure for saving deposits	35594604
七、居民归还贷款收入 Repayment of residents loands	841670	七、其他金融机构支出 Expenditure for other financial instituions	787069
八、汇兑收入 Remittances	320362	八、居民提取贷款支出 Expenditure for loans by residents	830110
九、有价证券收入 Securities	90731	九、汇兑支出 Expenditure for exchange	209667
十、其他收入 Others	5211845	十、有价证券支出 Expenditure for securities	109405
其中:兑换外币收入 Income for exchange of foreign currencies	81176	十一、其他支出 Other expenditure	4907144
		其中:兑换外币支出 Expenditure for exchange of foreign currencies	91255
收入合计 Total	51418853	支出合计 Total	50676182
		投放(＋)、回笼(－) Currency issuance(＋), withdrawn(－)	－742670

16－5　2005年全市金融机构年末储蓄存款余额(人民币)
DEPOSITS BALANCE SHEET OF FINANCE INSTITUTIONS IN 2005(RMB)

单位:万元　　　　unit:10000yuan

		金　额 Amount
全市金融机构年末储蓄存款余额	**Total**	**10593043**
一、按期限划分	Grouped by objects	
活期储蓄	Demand	3615746
定期储蓄	Time	6977297
二、按对象划分	Grouped term	
城镇居民储蓄	Urban deposits	9911222
农村居民储蓄	Rural deposits	681821
三、按地区划分	Grouped by object	
市 辖 区	District	9125248
榆　树	Yushu	354235
农　安	Nong'an	393671
德　惠	Dehui	405081
九　台	Jutai	314808

16－6　2005年全市保险业务状况
BASIC STATISTICS ON INSURANCE (2005)

单位:万元　　　　unit:10000yuan

		保　额 Amount	保费收入 Premium	赔款支出 Claim
总　计	**Total**	**24131268**	**298698**	**66530**
一、财产险合计	Property	22273498	67066	37577
家财险	Family property insurance	375330	1398	363
企财险	Enterprises property insurance	10949941	12062	5526
运输工具险	Motorvehicle insruance	5581371	45141	27571
货物运输险	Freight stansport insurance	3541187	3316	1417
工程责任险	Construcion liability insurance	417447	2153	1568
农业险	Agriculture insurance	52678	387	289
航空航天险	Avigation insurance	109798	263	28
其他财产险	Other property insurance	1245746	2346	815
二、人寿险合计	Life insurance	1857770	231632	28953
健康险	Healty insurance	305918	16380	5324
人寿险	Life insurance	608241	165154	18405
养老年金险	Pension insurance	19328	20964	3796
短期意外险	Accidente insurance	891302	5276	1311
其他寿险	Other life insurance	32981	23858	117

统计资料
STATISTICS

教育、科技及文化事业
EDUCATION，SCIENCE AND CULTURE

长春统计年鉴
CHANGCHUN STATISTICAL YEARBOOK
2006

第十七篇　教育及文化事业

2005年教育整体水平得到进一步提升。年末全市普通全日制高等院校28所，共招收本、专科学生9.2万人，年底在校生29.1万人。各类成人高等学校10所，共招收本、专科学生3.87万人，年底在校生9.1万人。年末中等职业技术学校52所。其中：普通中专13所，成人中专13所，职业高中26所。年底在校生5.7万人。其中普通中专在校生2.7万人，成人中专在校生0.8万人，职业高中在校生2.2万人。普通中学374所，在校生44.6万人，其中初中298所，在校生29.9万人，小学1730所，年底在校生47.6万人，小学适龄儿童入学率达99.96%。

2005年，电影事业机构23个，艺术表演团体14个，剧场、影剧院15个，公共图书馆12个，总藏量570.8万册，其中少儿图书馆1个。群众文化事业机构120个，其中乡镇文化站107个。文物事业机构8个，其中博物馆1个。

17－1 长春市各级各类学校基本情况
BASIC STATISTICS ON EDUCATION

		校 数 (所) Schools	在校学生数 (人) Student enrollment (person)	毕业生数 (人) Graduates	教职工数(人) Teacher and staff	
					合 计 Total	#:专职教师 Full time teacher
普通高等学校	Institutions of higher education	28	291293	61352	39222	19876
成人高校	Adult education schools	10	90707	29397	3681	2001
中等专业学校	Technical secondary schools	52	56573	17117	5732	3763
其中:普通中专	Specialized secondary schools	13	26876	9060	1963	1264
成人中专	Specialized secondary schools for adults	13	8087	2074	2241	1565
职业高中	Vocational senior middle school	26	21610	5983	1528	934
职业初中	Volational middle school	4	2052	787	163	119
普通中学	Regular secondary schools	374	445584	147358	33120	25087
其中:初中	Junior secondary schools	298	298580	107239	21767	18554
高中	Senior secondary schools	76	147004	40119	11353	6533
小学	Primary schools	1730	476008	89674	44191	37891
工读学校	Approved schools	1	150	16	51	39
特殊教育学校	Special education schools	9	1364	142	447	322
幼儿园	Kindergartens	833	96542	40656	7394	4576

17－2 平均每万人口中学生数
SECONDARY STUDENT ENROLLMENT PER 10000 POPULATION

单位:人 unit:person

		全市 Total	市区 District	九台市 Jiutai	榆树市 Yushu	农安县 Nong'an	德惠市 Dehui
普通高等学校	Higher education	400	870				
成人高等	Adult higher education	125	271				
中等职业学校	Specializde secondany schools	78	128	57	39	13	39
高中	Senior schools	202	197	223	162	272	169
初中	Junior schools	410	320	554	394	476	581
小学	Primary schools	654	577	611	651	753	879

17－3 中学概况
BASIC STATISTICS ON SECONDARY SCHOOLS

		校数(所) Schools	班数(个) Classes	在校学生数(人) Student enrollment (person)	毕业生数(人) Graduates	教职工数(人) Teacher and staff (person)	
						合计 Total	#:专职教师 Full time teacher
长春市	Changchun	374	8048	445584	147358	33120	25087
城区	District	153	3495	173239	57211	14841	11424
市辖区	District	28	946	50573	14187	3645	2597
南关区	Nanguan	13	210	9066	4039	1148	961
宽城区	Kuancheng	16	304	14023	5437	1402	1084
朝阳区	Chaoyang	21	443	21757	7071	1956	1575
二道区	Erdao	14	333	16510	6425	1326	960
绿园区	Luyuan	17	430	19267	6270	1850	1554
高新开发区	High－technical developing area	2	20	903	393	90	78
经济开发区	Economic technical developing area	4	56	2435	700	290	246
净月开发区	Jingyue developing area	4	46	2103	721	230	188
省直	Directly under province	4	298	16422	4940	1042	846
双阳区	Shuangyang	30	409	20180	7028	1826	1335
四县(市)区	Four counties(cities)	221	4553	272345	90147	18279	13663
农安县	Nong'an	73	1312	83999	30192	5758	4078
九台市	Jiutai	39	1009	58832	21384	4645	3359
榆树市	Yushu	60	1197	68876	18717	4319	3313
德惠市	Dehui	49	1035	60638	19854	3557	2913

17-4 小 学 概 况
BASIC STATISTICS ON PRIMARY SCHOOLS

		校数(所) Schools	班数(个) Class	在校学生数(人) Student enrollment (person)	毕业生数(人) Graduates	教职工数(人) Teacher and staff	
						合计 Total	#:专职教师 Full time teacher
长春市	Changchun	1730	16746	476008	89674	44191	37891
城　区	District	399	5458	193340	32285	16053	13727
市辖区	District	2	168	8948	1204	423	365
南关区	Nanguan	31	589	21694	3601	1853	1657
宽城区	Kuancheng	42	667	26655	4612	2184	1845
朝阳区	Chaoyang	50	819	31428	5643	2506	2185
二道区	Erdao	49	707	26671	4418	1830	1553
绿园区	Luyuan	44	819	32104	5247	2377	2113
高新开发区	Economic technical developing area	4	32	862	135	80	66
经济开发区	Economic developing area	16	230	8438	1269	635	564
净月开发区	Jingyue developing area	27	228	6196	1040	597	511
省直	Directly under province	3	206	10864	1265	503	432
双阳区	Shuangyang	131	993	19480	3851	3065	2436
四县(市)区	Four counties(cities)	1331	11288	282668	57389	28138	24164
农安县	Nong'an	383	2975	84570	16824	7697	6083
九台市	Jiutai	286	2146	46265	10940	7782	6866
榆树市	Yushu	383	3469	80800	15200	7044	6429
德惠市	Dehui	279	2698	71033	14425	5615	4786

17-5 幼　儿　园
BASIC STATISTICS ON KINDERGARTENS

		园数(所) Kindergartens	在园幼儿数(人) Children (person)	教职工数(人) Teacher and staff	
				合计 Total	#:专职教师 Full time teacher
长春市	Changchun	833	96542	7349	4576
城　区	Distric	463	45969	5284	2949
市辖区	District	1	888	68	37
南关区	Nanguan	50	5499	709	425
宽城区	Kuancheng	110	7160	924	527
朝阳区	Chaoyang	77	7600	1168	611
二道区	Erdao	98	8674	598	356
绿园区	Luyuan	99	10617	1467	757
高新开发区	Economic technical developing area				
经济开发区	Developing area	13	1164	130	66
净月开发区	Jingyue developing area		312		
双阳区	Shuangyang	15	4055	220	170
四县(市)区	Four counties(cities)	370	50573	2110	1627
农安县	Nong'an	74	12567	621	552
九台市	Jiutai	70	7485	382	269
榆树市	Yushu	152	19660	618	449
德惠市	Dehui	74	10861	489	357

17－6 小学学龄人口入学情况

BASIC STATISTICS ON SCHOOL－AGE CHILDREN ENROLLED

单位:人 unit: person

		校内外学龄人口 School－age children		在校学龄人口 School－age children enrolled		入 学 率(%) Enrollment rate	
		合计 Total	#:女 Female	合计 Total	#:女 Female	合计 Total	#:女 Female
总计	Total	40749	191992	407327	191892	99.96	99.95
城市	Urban area	13146	62645	130141	62645	100	100
县镇	Town	78492	36894	78428	36847	99.92	99.87
农村	Rural area	198856	92453	198758	92400	99.95	99.94

17－7 初中学龄人口入学情况

BASIC STATISTICS ON MIDDLE SCHOOL STUDENTS ENROLLED

单位:人 unit: person

		校内外学龄人口 School－age children		在校学龄人口 School－age children enrolled		入 学 率(%) Enrollment rate	
		合计 Total	#:女 Female	合计 Total	#:女 Female	合计 Total	#:女 Female
总计	Total	272009	130937	271388	130673	99.77	99.8
城市	Urban area	80827	39292	80787	39273	99.95	99.95
县镇	Town	96667	45896	96529	45852	99.86	99.9
农村	Rural area	94515	45749	94072	45548	99.53	99.56

17-8 大中型工业企业技术改造、技术获取及减免税情况 BASIC STATISTICS ON INNOVATION, TECHNOLOGY DEVELOPING AND TAX-FREE

单位:千元 unit:1000 yuan

		技术改造经费支出 Innovation	引进国外技术经费支出 Technology introduce	引进技术的消化吸收经费支出 Training	购买国内技术经费支出 Technology developing	享受各级政府对技术开发的减免税 Tax-free
总　计	Total	1249357	341453	21296	5771	15960
总计中:国有控股企业	State proprietary	1181207	332953	21296	5771	15960
一、按企业规模分组:	Grouped by size of enterprises					
大型企业	Large-scale enterprises	1181207	332953	21296	5771	15960
中型企业	Middle-scale	239622	13676	3996	1271	0
二、按登记注册类型分组	Grouped by status of registration					
内资企业	Domestic funds	1220959	336453	21296	5771	15960
国有企业	State-owned	640642	313043	520	1231	0
有限责任公司	Limited liability company	169265	4910	203	40	0
国有独资公司	Sole state-funded	100435	4910	0	40	0
其他有限责任公司	Other limited liability company	68830	0	203	0	0
股份有限公司	Share holding limited	386052	18500	20573	4500	15960
其他企业	Other enterprises	25000	0	0	0	0
港澳台商投资企业	Funded from HongKong, Mocao and Taiwan	22000	0	0	0	0
与港澳台商合资经营	Joint owned	22000	0	0	0	0
外商投资企业	Foreign funded	6938	5000	0	0	0
中外合资经营企业	Loint venture	6938	5000	0	0	0
三、按工业行业大类分组	Grouped by sector					
制造业	Manafacturing	1182514	341453	20806	5771	15960
农副食品加工业	Farm sideline food processing	20000	8500	0	0	0
屠宰及肉类加工	Slaughter and meat-packing	20000	8500	0	0	0
饮料制造业	Beverage manufacturing	22000	0	0	0	0
酒的制造	Wine processing	22000	0	0	0	0
木材加工及木、竹、藤、棕、草制品业	Timber, bamboo, cane, palm and straw products	18545	0	3273	0	0
人造板制造	Arificial board making	18545	0	3273	0	0
医药制造业	Medical and pharmacautical products	19750	1514	520	1231	0
化学药品制剂制造	Chemicals processing	10000	0	0	0	0
生物、生化制品的制造	Biological agent prolessing	9750	1514	520	1231	0
非金属矿物制品业	Nonmetal mineral products	7540	5000	0	0	0
水泥、石灰和石膏的制造	Cement calcareousness and gesso products	1300	0	0	0	0
玻璃及玻璃制品制造	Glass and related produds	6240	5000	0	0	0
专用设备制造业	Special purpose equipment	150	0	0	0	0
矿山、冶金、建筑专用设备制造	Mine metallurgy and construction	150	0	0	0	0
交通运输设备制造业	Transport equipment	1039579	326439	17013	4540	15960
铁路运输以备制造	Railway transport equipment	220625	10000	16810	4540	15960
汽车制造	Vehicle manufacturing	806090	316439	203	0	0
航空航天器制造	Spacecraft manufacturing	12864	0	0	0	0
通信设备、计算机及其他电子设备制造业	Telecommunication computer and other electronic equipment	25000	0	0	0	0
电子计算机制造	Electronic computer	25000	0	0	0	0
仪器仪表及文化、办公用机械制造业	instruments, meters, cultural and office	29950	0	0	0	0
光学仪器及眼镜制造	Optical instrument and glasses manufacturing	29950	0	0	0	0
电力、燃气及水的生产和供应业	Production and supply of heat power gas and water	66843	0	490	0	0
电力、热力的生产和供应业	Heat power	56331	0	490	0	0
电力生产	Production of power	56331	0	490	0	0
燃气生产和供应业	Production and supply of gas	4742	0	0	0	0
水的生产和供应业	Production and supply of tap water	5770	0	0	0	0
自来水的生产和供应	Production and supply of tap water	5770	0	0	0	0
四、按隶属关系分组	Grouped by ministration					
中央	Central	689685	309277	0	40	0
省(自治区、直辖市)	Province	63397	15662	3273	0	0
地(区、市、州、盟)	Prefeture	200582	5000	203	0	0
县(区、市、旗)	County	22000	0	0	0	0
其他	Others	273693	11514	17820	5731	15960

17－9 大中型工业企业科技活动情况(一)

		企业数(个) Enterprises	有科技活动 With S.T. activities	科技活动人员(人) Staff of S.T. activities	#科学家工程师 Scientists and engineers
总计	Total	121	32	16174	12439
一、按登记注册类型分组	Grouped by register				
内资企业	Domestic funds	88	28	15671	12045
国有企业	State－owned	21	7	10001	8356
集体企业	Collective－owned	9	1	128	59
股份合作企业	Share holding	1	0	0	0
有限责任公司	Limited liability company	35	11	1429	1099
国有独资公司	Sole state－funded	13	6	1071	765
其他有限责任公司	Other limited liability company	22	5	358	334
股份有限公司	Share holding limited	12	8	3753	2171
私营企业	Drivate enterprises	9	0	0	0
私营有限责任公司	Private limited company	8	0	0	0
私营股份有限公司	Private share holding	1	0	0	0
其他企业	Other enterprises	1	1	360	360
港、澳、台商投资企业	Funded from HongKong, Moaco and Taiwan	10	1	59	32
合资经营企业(港或澳、台资)	Joint owned	8	1	59	32
港、澳、台商独资经营企业	Sole operation	1	0	0	0
港、澳、台商股份有限公司	Share holding limited	1	0	0	0
外商投资企业	Foreign funded	23	3	444	362
中外合资经营企业	Joint venture	15	3	444	362
外资企业	Foreign enterprises	7	0	0	0
外商投资股份有限公司	Share holding	1	0	0	0
二、按工业行业大类分组	Grouped by sector				
制造业	Manafacturing	105	27	15748	12038
农副食品加工业	Farm sideline food processing	6	1	215	133
食品制造业	Food manufacturing	7	0	0	0
饮料制造业	Beverage manufacturing	4	1	59	32
烟草制品业	Tobacco processing	2	0	0	0
纺织服装、鞋、帽制造业	Clothigng shoes and hats	3	1	10	1
木材加工及木、竹、藤、棕、草制品业	Timber, bamboo, cane, palm and straw products	4	1	2238	824
印刷业和记录媒介的复制	Printing and record medium reproduction	1	0	0	0
化学原料及化学制品制造业	Raw chemical material and chemical products	1	0	0	0
医药制造业	Medical and pharmacutical products	6	5	327	239
橡胶制品业	Rubber products	1	0	0	0
非金属矿物制品业	Nonmetal Mineral products	7	1	158	158
金属制品业	Metal products	3	0	0	0
通用设备制造业	Ordinary machinery	4	0	0	0
专用设备制造业	Special purpose equipment	3	1	35	18
交通运输设备制造业	Transport equipment	46	14	11753	9938
电气机械及器材制造业	Electric equipmert and machinery	1	0	0	0
通信设备、计算机及其他电子设备制造业	Telecommunication computer and other electronic equipment	5	1	360	360
仪器仪表及文化、办公用机械制造业	instruments, meters, cultural and office machinary	1	1	593	335
电力、燃气及水的生产和供应业	Production and supply of heat power gas and water	13	5	426	401
电力、热力的生产和供应业	Heat power	10	3	364	364
燃气生产和供应业	Production and supply of gas	2	2	62	37
水的生产和供应业	Water	1	0	0	0

S&T ACTIVITES OF INDUSTRY ENTREPRISES OF LARGE AND MEDIUM SIZE(Ⅰ)

#R&D人员 Staff of R&D	#机构人员 Staff of institution	R&D人员折合全时当量(人年) Full-time equivalent of R&D staff (person year)	科技活动经费筹集总额(千元) Fund raised of R&D(1000 yuan)	1、企业资金 Enterprises	2、金融机构贷款 Loans of financa, institutions	3、政府资金 Grovernment	技术引进经费支出(千元) Expenses of tech-nology intruduced (1000yuan)	科技活动经费内部支出(千元) Self-expenses of R&D(1000yuan)
5683	4920	4134.50	3911379	3835159	15000	57420	341453	3798333
5683	4910	4134.50	2952881	2876661	15000	57420	336453	2841425
5249	2567	3892.66	2428592	2406272	0	22320	313043	2301262
0	0	0	7200	7200	0	0	0	5700
0	0	0	0	0	0	0	0	0
225	1028	78.34	207863	200463	6600	6600	4910	209871
166	792	72.44	99516	92116	0	6600	4910	95498
59	236	5.90	108347	108347	0	0	0	114373
209	955	163.50	274226	242726	0	28500	18500	289592
0	0	0	0	0	0	0	0	0
0	0	0	0	0	0	0	0	0
0	0	0	0	0	0	0	0	0
0	360	0	35000	20000	15000	0	350000	0
0	10	0	30300	30300	0	0	0	35000
0	10	0	30300	30300	0	0	0	30350
0	0	0	0	0	0	0	0	30350
0	0	0	0	0	0	0	0	0
0	0	0	928198	928198	0	0	5000	926558
0	0	0	928198	928198	0	0	5000	926558
0	0	0	0	0	0	0	0	0
0	0	0	0	0	0	0	0	0
5683	4873	4134.50	3865981	3789761	15000	57420	341453	3703715
94	106	94.00	11040	9140	0	1900	8500	9030
0	0	0	0	0	0	0	0	0
0	10	0	30300	30300	0	0	0	30350
0	0	0	0	0	0	0	0	0
0	0	0	315	315	0	0	0	315
0	205	0	68000	68000	0	0	0	80074
0	0	0	0	0	0	0	0	0
0	0	0	0	0	0	0	0	0
190	36	162.00	31942	20772	0	10570	1514	47622
0	0	0	0	0	0	0	0	0
59	82	5.90	19866	19866	0	0	5000	21666
0	0	0	0	0	0	0	0	0
0	0	0	0	0	0	0	0	0
0	34	0	3000	2950	0	50	0	2880
5242	3588	3845.16	3623521	3581821	0	38500	326439	3435380
0	0	0	0	0	0	0	0	0
0	360	0	35000	20000	15000	0	0	35000
98	452	27.44	42997	36597	0	6400	0	41398
0	47	0	45398	45398	0	0	0	94618
0	47	0	40656	40656	0	0	0	40656
0	0	0	4742	4742	0	0	0	53962
0	0	0	0	0	0	0	0	0

17－10 大中型工业企业科技活动情况(二)

		1. 经常费用支出 Regular expenses	2. 科研基建支出 Copital construction expenses	＃R&D经费 R&D outlays	＃新产品开发经费支出 New produds developing epenses
总计	Total	3705437	92896	933667	3352426
一、按登记注册类型分组	Grouped by register				
内资企业	Domestic funds	2748579	92846	933667	2425868
国有企业	State－owned	2280262	21000	904415	2098285
集体企业	Collective－owned	5700	0	0	2600
股份合作企业	Share holding	0	0	0	0
有限责任公司	Limited liability company	200695	9176	13143	162030
国有独资公司	Sole state－funded	95198	300	8429	72825
其他有限责任公司	Other limited liability company	105497	8876	4714	89205
股份有限公司	Share holding limited	226922	62670	16109	127953
私营企业	Private enterprises	0	0	0	0
私营有限责任公司	Private limited company	0	0	0	0
私营股份有限公司	Private share holding	0	0	0	0
其他企业	Other enterprises	35000	0	0	35000
港、澳、台商投资企业	Funded from HongKong, Moaco and Taiwan	30300	50	0	0
合资经营企业(港或澳、台资)	Joint owned	30300	50	0	0
港、澳、台商独资经营企业	Sole operation	0	0	0	0
港、澳、台商投资股份有限公司	Share holding limited	0	0	0	0
外商投资企业	Foreign funded	926558	0	0	926558
中外合资经营企业	Joint venture	926558	0	0	926558
外资企业	Foreign enterprises	0	0	0	0
外商投资股份有限公司	Share holding	0	0	0	0
二、按工业行业大类分组	Grouped by sector				
制造业	Manafacturing	3660039	43676	933667	3352426
农副食品加工业	Farm sideline food processing	9030	0	8600	8900
食品制造业	Food manufacturing	0	0	0	0
饮料制造业	Beverage manufacturing	30300	50	0	0
烟草制品业	Tobacco processing	0	0	0	0
纺织服装、鞋、帽制造业	Clothing shoes and hats	315	0	0	315
木材加工及木、竹、藤、棕、草制品业	Timber, bamboo, cane, palm and straw products	66624	13450	0	37000
印刷业和记录媒介的复制	Printing and record medium reproduction	0	0	0	0
化学原料及化学制品制造业	Raw chemical material and chemical products	0	0	0	0
医药制造业	Medical and pharmacutical products	25652	21970	13578	17534
橡胶制品业	Rubber products	0	0	0	0
非金属矿物制品业	Nonmetal Mineral products	19866	1800	4714	4672
金属制品业	Metal products	0	0	0	0
通用设备制造业	Ordinary machinery	0	0	0	0
专用设备制造业	Special purpose equipment	2880	0	0	0
交通运输设备制造业	Transport equipment	3428974	6406	902721	3209005
电气机械及器材制造业	Electric equipmert and machinery	0	0	0	0
通信设备、计算机及其他电子设备制造业	Telecommunication computer and other electronic equipment	35000	0	0	35000
仪器仪表及文化、办公用机械制造业	Instruments, meters, culturae and office machinery	41398	0	4054	40000
电力、燃气及水的生产和供应业	Production and supply of heat power gas and water	45398	49220	0	0
电力、热力的生产和供应业	Heat power	40656	0	0	0
燃气生产和供应业	Production and supply of gas	4742	49220	0	0
水的生产和供应业	Water	0	0	0	0

S&T ACTIVITIES OF INDUSTRY ENTREPRISES OF LARGE AND MEDIUM SIZE(Ⅱ)

企业办科技机构(个) S.T. institutions of enterprises	科技项目数(项) Number of S.T. projects	新产品项目(项) New products project	项目经费(千元) Project outlays (1000yuan)	新产品产值(千元) Value of new products (1000yuan)	专利申请数(件) Patent application	发明专利 Inventions	技术改造经费支出(千元) Innovaton (1000yuan)	消化吸收经费支出(千元) Innovatin (1000yuan)	购买国内技术经费支出(千元) Expense of purchasing domestic technic (1000yuan)
38	797	536	2363882	78249051	215	61	1249357	21296	5771
37	777	517	2161514	30127310	211	57	1220959	21296	5771
6	350	223	1785445	26365090	105	41	640642	520	1231
0	30	17	3273	16000	0	0	0	0	0
0	0	0	0	0	0	0	0	0	0
15	254	194	165110	1068851	47	10	169265	203	40
8	224	176	66844	546592	33	3	100435	0	40
7	30	18	98266	522259	14	7	68830	203	0
10	138	78	172686	2677369	14	1	386052	20573	4500
0	0	0	0	0	0	0	0	0	0
0	0	0	0	0	0	0	0	0	0
0	0	0	0	0	0	0	0	0	0
6	5	5	35000	0	45	5	25000	0	0
1	1	0	29250	7781	0	0	22000	0	0
1	1	0	29250	7781	0	0	22000	0	0
0	0	0	0	0	0	0	0	0	0
0	0	0	0	0	0	0	0	0	0
0	19	19	173118	48113960	4	4	6398	0	0
0	19	19	173118	48113960	4	4	6398	0	0
0	0	0	0	0	0	0	0	0	0
0	0	0	0	0	0	0	0	0	0
36	762	536	2344772	78249051	215	61	1182514	20806	5771
3	15	11	9000	15920	2	0	20000	0	0
0	0	0	0	0	0	0	0	0	0
1	1	0	29250	7781	0	0	22000	0	0
0	0	0	0	0	0	0	0	0	0
0	1	1	97	0	0	0	0	0	0
3	26	20	37882	27854	4	4	18545	3273	0
0	0	0	0	0	0	0	0	0	0
0	0	0	0	0	0	0	0	0	0
3	47	45	17410	199122	40	33	19750	520	1231
0	0	0	0	0	0	0	0	0	0
4	8	1	13432	347931	0	0	7540	0	0
0	0	0	0	0	0	0	0	0	0
0	0	0	0	0	0	0	0	0	0
2	5	0	800	3500	0	0	150	0	0
12	545	358	2160503	77538366	113	17	1039579	17013	4540
0	0	0	0	0	0	0	0	0	0
6	5	5	35000	0	45	5	25000	0	0
2	109	95	41398	108577	11	2	29950	0	0
2	35	0	19110	0	0	0	66843	490	0
2	32	0	14368	0	0	0	56331	490	0
0	3	0	4742	0	0	0	4742	0	0
0	0	0	0	0	0	0	5770	0	0

17－11　大中型工业企业基本情况表

		企业数（个） Enterprises	#有科技活动 With S&T activites	#有R&D活动 With R&D activities	#有新产品开发 With new production	#有科技机构 With S&T institutions
总　计	Total	**121**	**32**	**9**	**25**	**22**
总计中:国有控股企业	State proprietary	59	24	7	18	17
一、按企业规模分组:	Grouped by size					
大型企业	Large－scale	14	8	4	7	7
中型企业	Middle－scale	100	24	5	18	15
二、按登记注册类型分组	Grouped by status of registration					
内资企业	Domestic funds	88	28	9	22	21
国有企业	State－owned	21	7	2	5	4
集体企业	Collective－owned	9	1	0	1	0
股份合作企业	Share holding	1	0	0	0	0
有限责任公司	Limited liability company	35	11	4	9	10
国有独资公司	Sole state－funded	13	6	3	5	6
其他有限责任公司	Other limited liability company	22	5	1	4	4
股份有限公司	Share holding limited	12	8	3	6	6
私营企业	Drivate enterprises	9	0	0	0	0
私营有限责任公司	Private limited liability company	8	0	0	0	0
私营股份有限公司	Private share holding	1	0	0	0	0
其他企业	Other enterprises	1	1	0	1	1
港、澳、台商投资企业	Funded from HongKong, Moaco and Taiwan	10	1	0	0	1
合资经营企业(港或澳台资)	Joint owned	8	1	0	0	1
港澳台商独资经营企业	Sole operation	1	0	0	0	0
港澳台商投资股份有限公司	Funded from HongKong, Moaco and Taiwan	1	0	0	0	0
外商投资企业	Foreign funded	23	3	0	3	0
中外合资经营企业	Joint venture	15	3	0	3	0
外资企业	Foreign enterprises	7	0	0	0	0
外商投资股份有限公司	Share holding	1	0	0	0	0
三、按工业行业大类分组	Grouped by sector					
制造业	Manafacturing	105	27	9	25	20
农副食品加工业	Farm sideline food processing	6	1	1	1	1
屠宰及肉类加工	Slaughter and meat－packing	4	1	1	1	1
其他农副食品加工	Other farm sideline food processing	2	0	0	0	0
食品制造业	Food manufacturing	7	0	0	0	0
焙烤食品制造	Baking food processing	1	0	0	0	0
方便食品制造	Convenience food processing	3	0	0	0	0
液体乳及乳制品制造	Diary products processing	1	0	0	0	0
调味品、发酵制品制造	Condiment and ferment processing	1	0	0	0	0
其他食品制造	Other food processing	1	0	0	0	0
饮料制造业	Beverage manufacturing	4	1	0	0	1
酒的制造	Wine processing	2	1	0	0	1
软饮料制造	Soft drink processing	2	0	0	0	0
烟草制品业	Tobacco processing	2	0	0	0	0
烟叶复烤	Tobacoo leaf redrying	1	0	0	0	0
卷烟制造	Cigarette production	1	0	0	0	0
纺织服装、鞋、帽制造业	Clothing shoes and hats	3	1	0	1	0
纺织服装制造	Textiles	3	1	0	1	0
木材加工及木、竹、藤、棕、草制品业	Timber, bamboo, cane, palm and straw products	4	1	0	1	1
人造板制造	Artificial board making	3	1	0	1	1
木制品制造	Woodwork production	1	0	0	0	0
印刷业和记录媒介的复制	Printing and record medium reproduction	1	0	0	0	0

BASIC CONDITIONS OF INDUSTRIAL ENTERPRISES

从业人员年平均人数(人) Average number of emplcyment	工程技术人员(人) Technican	工业总产值(千元) Gross output Value of industry (1000yuan)	主营业务收入(千元) Operating revenue (1000yuan)	利润总额(千元) Total profit (1000yuan)	年末固定资产原价(千元) Original vale of fixed assets at year-end (1000yuan)	生产经营用机器设备原价(千元) For operating (1000yuan)	微电子控制(千元) Micro-electronics control(1000yuan)
241971	22302	151308575	143624579	3920355	86494887	40837645	726413
189138	19022	123104157	114171987	2332138	723072797	34401365	529328
156115	14960	126093219	117584512	2636561	62364032	29756602	242999
84367	7243	24143574	24872000	1278687	23624656	10742664	483414
199000	19962	78857214	84719768	2338237	56215887	24145493	546020
111906	11814	57067703	63236345	1684268	33806925	13050428	193076
4655	272	462894	910485	-34138	377462	156137	4398
476	13	56067	49999	-4333	70910	29261	0
37937	3225	9393699	8857027	115867	11418616	5797538	298964
16611	1706	2933254	3388917	52257	5731133	3822779	183453
21326	1519	6460445	5468110	63610	5687483	1974759	115511
38808	4016	10949969	10664003	423057	9851957	4768720	48082
4738	142	826882	912249	129516	556041	310707	0
3071	107	722242	810768	82848	447304	224137	0
1667	35	104640	101484	46668	108737	86570	0
480	480	100000	89660	24000	133958	32702	1500
7290	475	1417278	2610676	37969	2737154	1419466	7000
4166	389	1238965	1184641	-54910	1062350	472152	7000
1151	28	158957	366539	43888	884456	564800	0
1973	58	19356	1059496	48991	790348	382514	0
35681	1865	71034083	56294135	1544149	27541846	15272686	173393
29638	1591	57901485	43027549	615595	22776749	13632945	105893
5682	253	13024455	13144638	929090	4631829	1629683	67500
361	21	108143	121948	-536	133268	10058	0
218282	18988	146432185	138786871	3862250	73455468	33666712	552943
22140	992	16119146	17050902	912574	7394060	2777381	24930
17467	812	5353882	5446963	44283	2706712	1181867	2430
4673	180	10765264	11603939	868291	4687348	1595514	22500
4152	108	685073	1017083	63976	1441791	804553	0
810	35	74476	75536	2724	28473	16280	0
1293	20	254424	383860	15925	353155	118526	0
422	12	141149	14119	5772	104797	75686	0
476	13	56067	49999	-4333	70910	29261	0
1151	28	158957	366539	43888	884456	564800	0
2601	338	1021083	915358	-34057	707849	446524	138594
1473	305	275491	240262	-75578	389756	203508	7000
1128	33	745592	675096	41521	318093	243016	131594
2735	126	1306563	1308440	157494	656101	390691	2897
1592	38	145681	160840	63271	97620	54000	0
1143	88	1160882	1147600	94223	558481	336691	2897
1995	59	286939	271114	28520	153487	119508	0
1995	59	286939	271114	28520	153487	119508	0
11508	586	516939	488256	117433	1841320	306273	6122
10738	573	358748	305120	105640	1575888	102632	6122
770	13	158191	183136	11793	265432	203641	0
782	44	54091	52437	3225	103821	59453	0

17-11 续表1

		企业数（个） Enterprises	#有科技活动 With S&T activities	#有R&D活动 With R&D activities	#有新产品开发 With new products	#有科技机构 With S&T institutions
印刷	Printing	1	0	0	0	0
化学原料及化学制品制造业	Raw chemical material and chemical products	1	0	0	0	0
涂料、油墨、颜料及类似产品制造	Dope, printing ink, paint and related products	1	0	0	0	0
医药制造业	Medical and pharmaceutical products	6	5	2	5	2
化学药品制剂制造	Chemicals processing	3	2	0	2	1
生物、生化制品的制造	Biological agent prolessing	3	3	2	3	1
橡胶制品业	Rubber products	1	0	0	0	0
轮胎制造	Tyre products	1	0	0	0	0
非金属矿物制品业	Nonmetal mineral products	7	1	1	1	1
水泥、石灰和石膏的制造	Cement calcareousness and gesso products	2	1	1	1	1
水泥及石膏制品制造	Cement and gesso products	2	0	0	0	0
玻璃及玻璃制品制造	Glass and glass products	3	0	0	0	0
金属制品业	Metal products	3	0	0	0	0
结构性金属制品制造	Structural metal products	3	0	0	0	0
通用设备制造业	Ordinary machinery	4	0	0	0	0
锅炉及原动机制造	Boiler and prime mover making	1	0	0	0	0
金属加工机械制造	Mented working machine making	1	0	0	0	0
起重运输设备制造	Weight handlling equipment making	1	0	0	0	0
金属铸、锻加工	Mental casting and forging	1	0	0	0	0
专用设备制造业	Special purpose equipment	3	1	0	0	1
矿山、冶金、建筑专用设备制造	Mine metallurgy and construction	1	1	0	0	1
印刷、制药、日化生产专用设备制造	Printing edical and daily chemicals	1	0	0	0	0
医疗仪器设备及器械制造	Medical apparatus and instrument	1	0	0	0	0
交通运输设备制造业	Transport equipment	46	14	4	14	11
铁路运输设备制造	Raiway transport equipment	6	3	0	3	2
汽车制造	Vehicle manufactoring	38	9	2	9	7
摩托车制造	Motorcocle manufactoring	1	1	1	1	1
航空航天器制造	Spacecraff manufacting	1	1	1	1	1
电气机械及器材制造业	Electric equipment and machinery	1	0	0	0	0
输配电及控制设备制造	Tranmission distribution and control equipment	1	0	0	0	0
通信设备、计算机及其他电子设备制造业	Telecommunication computer and other electronic equipment	5	1	0	1	1
电子计算机制造	Electronic computer	2	1	0	1	1
电子器件制造	Electron device	1	0	0	0	0
电子元件制造	Electronic conponent	1	0	0	0	0
家用视听设备制造	Family andiovisual	1	0	0	0	0
仪器仪表及文化、办公用机械制造业	instruments, meters, culturae and office	1	1	1	1	1
光学仪器及眼镜制造	Optical instrument and glasses manufacturing	1	1	1	1	1
电力、燃气及水的生产和供应业	Production and supply of heat power gas and water	13	5	0	0	2
电力、热力的生产和供应业	Electricity and heatpower	10	3	0	0	2
电力生产	Production of power	4	3	0	0	2
电力供应	Suply of power	1	0	0	0	0
热力生产和供应	Product and supply of heat power	5	0	0	0	0
燃气生产和供应业	Production and supply of gas	2	2	0	0	0
水的生产和供应业	Water procluetionn and supply	1	0	0	0	0
自来水的生产和供应	Tapwater	1	0	0	0	0
四、按隶属关系分组	Grouped by administration					
中央属	Central	13	8	4	7	6
省(自治区、直辖市)	Province	15	5	1	4	5

continued1

从业人员年平均人数(人) Average number of employment (person)	工程技术人员(人) Technican (person)	工业总产值(千元) Gross industrial output value (1000yuan)	主营业务收入(千元) Operating revenue (1000yuan)	利润总额(千元) Total profit (1000yuan)	年末固定资产原价(千元) Original value of fixed assets at year-end (1000yuan)	生产经营用机器设备原价 For operating	微电子控制 Micro-elecronics control
782	44	54091	52437	3225	103821	59453	0
326	16	189542	185524	-33012	263342	124420	0
326	16	189542	185524	-33012	263342	124420	0
3891	1145	1194607	842484	191166	931029	461434	27570
1210	65	631440	356348	102555	194752	76399	0
2681	1080	563167	486136	88611	736277	385035	27570
942	10	371253	339934	8124	227730	227730	0
942	10	371253	339934	8124	227730	227730	0
4694	241	2453126	2464643	251161	3167874	799532	3688
2294	151	1607966	1632962	155417	2369733	410230	3688
625	41	269144	264735	11580	116045	78458	0
1775	49	576016	566946	84164	682096	310844	0
970	25	339700	409235	2481	176606	79706	0
970	25	339700	409235	2481	176606	79706	0
3156	201	834369	590053	-9868	265936	151462	0
1360	121	80784	86490	240	16820	12100	0
407	12	41633	50630	4092	1850	1150	0
984	54	679209	420190	21	106443	89702	0
405	14	32743	32743	-14221	140823	48510	0
1940	89	170954	134279	-14939	121776	23937	120
990	35	101998	59894	-25097	72405	3690	120
547	37	21005	30228	680	21721	10127	0
403	17	47951	44157	9478	27650	10120	0
149140	13936	118773025	111075129	2238751	54442844	26112035	301414
14292	1530	4236197	4400147	90145	2622495	1386036	42858
132141	11802	113878433	105991745	2110677	51536684	24525153	212876
2038	367	556545	582074	2120	110416	106416	0
669	237	101850	101163	35629	173249	94430	45680
105	8	471733	188767	3940	24366	9897	0
105	8	471733	188767	3940	24366	9897	0
2988	722	902532	637852	-25592	676180	419433	3828
780	502	155603	212660	59390	138163	33725	1500
943	145	357959	258486	-74816	400773	336150	2328
449	25	67227	36270	-12966	70535	29470	0
816	50	321743	130436	2800	66709	20121	0
4217	342	741510	815381	1053	859356	352710	43780
4217	342	741510	815381	1053	859356	352710	43780
19535	3242	4568562	4525183	-56162	12835294	7044210	173470
13899	2704	2990949	3078294	-80193	8706695	6398727	117515
8260	2067	2320532	2320533	-87557	6831037	5575578	115683
1010	129	122130	122130	27	109693	13689	966
4629	508	548287	635631	7337	1765965	809460	866
1786	344	1083034	970833	30602	1638841	195759	0
3850	194	494597	476056	-6571	2489758	449724	55955
3850	194	494597	476056	-6571	2489758	449724	55955
120947	11578	107894553	99214960	1946887	52709391	26081271	259240
40583	2005	6465428	6982040	154138	5644370	1879020	59582

17－12 大中型工业企业科技活动人员情况

单位:人

		科技活动人员合计 Personnel
总 计	Total	**16174**
总计中:国有控股企业	State proprietary	15248
一、按企业规模分组	Grouped by size	
大型企业	Large－scale	12284
中型企业	Middle－scale	3890
二、按登记注册类型分组	Grouped by status of registration	
内资企业	Domestic funds	15671
国有企业	State－owned	1001
集体企业	Collective－owned	128
有限责任公司	Limited liability company	1429
国有独资公司	Sole state－funded	1071
其他有限责任公司	Other limited liability company	358
股份有限公司	Share holding	3753
其他企业	Other enterprises	360
港澳台商投资企业	Funded from HongKong, Macao and Taiwan	59
合资经营企业(港或澳、台资)	Joint owned	59
外商投资企业	Foreign funds	444
中外合资经营企业	Joint venture	444
三、按工业行业大类分组	Grouped by sector	
制造业	Manafacturing	15748
农副食品加工业	Farm sideline food processing	215
屠宰及肉类加工	Slaughter and meat－packing	215
饮料制造业	Beverage manufacturing	59
酒的制造	Wine processing	59
纺织服装、鞋、帽制造业	Clothing, shoes and hats	10
纺服装制造	Textiles	10
木材加工及木、竹、藤、棕、草制品业	Timber, bamboo, cane, palm and straw products	2238
人造板制造	Artificial board making	2238
医药制造业	Medical and pharmacutical products	327
化学药品制剂制造	Chemicals processing	18
生物、生化制品的制造	Biological agent processing	309
非金属矿物制品业	Nonmetal mineral products	158
水泥、石灰和石膏的制造	Cement calcareousness and gesso products	158
专用设备制造业	Special purpose equipment	35
矿山、冶金、建筑专用设备制造	Mine、metallurgy and construction	35
交通运输设备制造业	Transport equipment	11753
铁路运输设备制造	Railway transport equipment	891
汽车制造	Vehicle manufacturing	10463
摩托车制造	Motorcycle manufacturing	367
航空航天器制造	Spacecraft manufactring	32
通信设备、计算机及其他电子设备制造业	Telecommunication, computer and other electronic equipment	360
电子计算机制造	Electronic computer	360
仪器仪表及文化、办公用机械制造业	instruments, meters, cultural and office machinery	593
光学仪器及眼镜制造	Optical instrument and glasses manufacturing	593
电力、燃气及水的生产和供应业	Production and supply of heat power gas and water	426
电力、热力的生产和供应业	Electricity and heatpower	364
电力生产	Production of power	364
燃气生产和供应业	Production and supply of gas	62
四、按隶属关系分组	Grouped by administration	
中央	Central	10747
省(自治区、直辖市)	Province	2616
地(区、市、州、盟)	Prefeture	1030
县(区、市、旗)	County	59
其他	Others	1722

BASIC STATISTICS ON S&T PERSONNEL OF LARGE AND MEDIUM SIZE ENTERPRISE

unit: person

#1. 参加科技项目人员 Personel in S&T project	2. 科技管理和服务人员 S&t Management and service pesonnel	#1. 全时人员 Full－time	2. 非全时人员 Part－time	#科学家和工程师 Scientists and engineers	高中级技术职称 Senior amd medium titles	#R&D人员 Personnel of R&D
8874	**7290**	**9567**	**6607**	**12439**	**9007**	**5683**
8138	7100	8872	6376	11717	8721	5539
5617	6657	7536	4748	10345	7640	5337
3257	633	2031	1859	2094	1367	346
8390	7271	9474	6197	12045	8830	5683
3493	6508	6249	3752	8356	6444	5249
59	69	55	73	59	37	0
1250	169	841	588	1099	783	225
950	111	660	411	765	552	166
300	58	181	177	334	231	
3228	525	1969	1784	2171	1454	209
360	0	360	0	360	112	0
59	0	18	41	32	31	0
59	0	18	41	32	31	0
425	19	75	369	362	146	0
425	19	75	369	362	146	0
8496	7247	9498	6250	12038	8764	5683
125	90	188	27	133	43	94
125	90	188	27	133	43	94
59	0	18	41	32	31	0
59	0	18	41	32	31	0
3	7	0	10	1	1	0
3	7	0	10	1	1	0
1860	378	1100	1138	824	619	0
1860	378	1100	1138	824	619	0
244	83	169	158	239	164	190
13	5	9	9	13	4	0
231	78	160	149	226	160	190
126	32	31	127	158	131	59
126	32	31	127	158	131	59
35	0	18	17	18	10	0
35	0	18	17	18	10	0
5165	6588	7204	4549	9938	7445	5242
812	79	573	318	781	552	0
3983	6480	6402	4061	8770	6589	5174
356	11	209	158	367	286	36
14	18	20	12	20	18	32
360	0	360	0	360	112	0
360	0	360	0	360	112	0
519	64	410	183	335	208	98
519	64	410	183	335	208	98
378	48	69	357	401	243	0
316	48	65	299	364	216	0
316	48	65	299	364	216	0
62	0	4	58	37	27	0
4180	6557	6535	4212	8854	6667	5304
2144	472	1406	1210	1051	727	94
885	145	553	477	878	633	95
59	0	18	41	32	31	0
1606	116	1055	667	1624	949	190

17-13 大中型工业企业科技活动经费筹集情况

单位:千元

		科技活动经费筹集总额 Personnel
总 计	Total	**3911379**
总计中:国有控股企业	State propriatary	3803599
一、按企业规模分组	Grouped by size of enterprises	
大型企业	Large-scale enterprises	3601534
中型企业	Middle-scale	309845
二、按登记注册类型分组	Grouped by status of registration	
内资企业	Domestic funds	2952881
国有企业	State-owned	2428592
集体企业	Collective-owned	7200
有限责任公司	Limited liability company	207863
国有独资公司	Sole state-funded	99516
其他有限责任公司	Other limited liability company	108347
股份有限公司	Share holding limited	274226
其他企业	Other enterprises	35000
港澳台商投资企业	Funded from HongKong, Macao and Taiwan	30300
合资经营企业(港或澳台资)	Joint owned	30300
外商投资企业	Foreign funded	928198
中外合资经营企业	Joint venture	928198
三、按工业行业大类分组	Grouped by sector	
制造业	Manafacturing	3865981
农副食品加工业	Farm sideline food processing	11040
屠宰及肉类加工	Slaughter and meat-packing	11040
饮料制造业	Beverage manufacturing	30300
酒的制造	Wine processing	30300
纺织服装、鞋、帽制造业	Clothing, shoes and hats	315
纺织服装制造	Textiles	315
木材加工及木、竹、藤、棕、草制品业	Timber, bamboo, cane, palm and straw products	68000
人造板制造	Arificial board marking	68000
医药制造业	Medical and pharmacutical products	31942
化学药品制剂制造	Chemicals prolessing	5240
生物、生化制品的制造	Biological agent prolessing	26702
非金属矿物制品业	Nonmetal mineral products	19866
水泥、石灰和石膏的制造	Cement calcareousness and gesso products	19866
专用设备制造业	Special purpose equipment	3000
矿山、冶金、建筑专用设备制造	Mine metallurgy and construction	3000
交通运输设备制造业	Transport equipment	3623521
铁路运输设备制造	Raiway transport equipment	146436
汽车制造	Vehicle manufactoring	3431824
摩托车制造	Motorcocle manufactoring	41781
航空航天器制造	Spacecraff manufacting	3480
通信设备、计算机及其他电子设备制造业	Telecommunication computer and other electronic equipment	35000
电子计算机制造	Electronic computer	35000
仪器仪表及文化、办公用机械制造业	instruments, meters, culturae and office	42997
光学仪器及眼镜制造	Optical instrument and glasses manufacturing	42997
电力、燃气及水的生产和供应业	Production and supply of heat power gas and water	45398
电力、热力的生产和供应业	Heat power	40656
电力生产	Production of power	40656
燃气生产和供应业	Production and supply of gas	4742
四、按隶属关系分组	Grouped by ministration	
中央	Central	3382938
省(自治区、直辖市)	Province	96235
地(区、市、州、盟)	Prefeture	179310
县(区、市、旗)	County	30300
其他	Others	222596

FONDRAISING OF S&T ACTIVITY OF LARGE AND MEDIUM SIZE ENTERPRISES

unit: 1000yuan

企业资金 Enterprises funds	金融机构贷款 Loans of financial intitutes	政府资金 Government funds	国外资金 Foreign funds	其他资金 Other funds
3835159	15000	57420	0	3800
3744279	0	55520	0	3800
3551934	0	46600	0	3000
283225	15000	10820	0	800
2876661	15000	57420	0	3800
2406272	0	22320	0	0
7200	0	0	0	0
200463	0	6600	0	800
92116	0	6600	0	800
108347	0	0	0	0
242726	0	28500	0	3000
20000	15000	0	0	0
30300	0	0	0	0
30300	0	0	0	0
928198	0	0	0	0
928198	0	0	0	0
3789761	15000	57420	0	3800
9140	0	1900	0	0
9140	0	1900	0	0
30300	0	0	0	0
30300	0	0	0	0
315	0	0	0	0
315	0	0	0	0
68000	0	0	0	0
68000	0	0	0	0
20772	0	10570	0	600
4640	0	0	0	600
16132	0	10570	0	0
19866	0	0	0	0
19866	0	0	0	0
2950	0	50	0	0
2950	0	50	0	0
3581821	0	38500	0	3200
116836	0	26400	0	3200
3419924	0	11900	0	0
41581	0	200	0	0
3480	0	0	0	0
20000	15000	0	0	0
20000	15000	0	0	0
36597	0	6400	0	0
36597	0	6400	0	0
45398	0	0	0	0
40656	0	0	0	0
40656	0	0	0	0
4742	0	0	0	0
4742	0	0	0	0
3364438	0	18300	0	200
94285	0	1950	0	0
178510	0	200	0	600
30300	0	0	0	0
167626	15000	36970	0	300

17－14 大中型工业企业科技活动经费支出情况(一)

单位:千元

		科技活动经费支出总额 Total	内部经费支出 Domesties expeniture
总　计	Total	**3842908**	**3798333**
总计中:国有控股企业	State proprietary	3731813	3692427
一、按企业规模分组	Grouped by size of enterprises		
大型企业	Large－scale enterprises	3445143	3406907
中型企业	Middle－scale	397765	391426
二、按登记注册类型分组	Grouped by status of registration		
内资企业	Domestic funds	2884360	2841425
国有企业	State－owned	2301382	2301262
集体企业	Collective－owned	5700	5700
有限责任公司	Limited liability company	213450	209871
国有独资公司	Sole state－funded	96528	95498
其他有限责任公司	Other limited liability company	116922	114373
股份有限公司	Share holding limited	328828	289592
其他企业	Other enterprises	35000	35000
港澳台商投资企业	Funded from HongKong, Macaoand Taiwan	30350	30350
与港澳台商合资经营	Joint owned	30350	30350
外商投资	Foreign funded	928198	926558
中外合资经营	Joint venture	928198	926558
三、按工业行业大类分组	Grouped by sector		
制造业	Manafacturing	3748290	3703715
农副食品加工业	Farm sideline food processing	9030	9030
屠宰及肉类加工	Slaughter and meat－packing	9030	9030
饮料制造业	Beverage manufacturing	30350	30350
酒的制造	Wine processing	30350	30350
纺织服装、鞋、帽制造业	Clothing, shoes and hats	315	315
纺服装制造	Textiles	315	315
木材加工及木、竹、藤、棕、草制品业	Timber, bamboo, cane, palm and straw products	80074	80074
人造板制造	Arificial board marking	80074	80074
医药制造业	Medical and pharmacutical products	53411	47622
化学药品制剂制造	Chemicals prolessing	5040	2800
生物、生化制品的制造	Biological agent prolessing	48371	44822
非金属矿物制品业	Nonmetal mineral products	21666	21666
水泥、石灰和石膏的制造	Cement calcareousness and gesso products	21666	21666
专用设备制造业	Special purpose equipment	3000	2880
矿山、冶金、建筑专用设备制造	Mine metallurgy and construction	3000	2880
交通运输设备制造业	Transport equipment	3474046	3435380
铁路运输设备制造	Railway transport equipment	145236	106570
汽车制造	Vehicle manufactoring	3285038	3285038
摩托车制造	Motorcocle manufactoring	40292	40292
航空航天器制造	Spacecraff manufacting	3480	3480
通信设备、计算机及其他电子设备制造业	Telecommunication computer and other electronic equipment	35000	35000
电子计算机制造	Electronic computer	35000	35000
仪器仪表及文化、办公用机械制造业	instruments, meters, culturae and office	41398	41398
光学仪器及眼镜制造	Optical instrument and glasses manufacturing	41398	41398
电力、燃气及水的生产和供应业	Production and supply of heat power gas and water	94618	94618
电力、热力的生产和供应业	Heat power	40656	40656
电力生产	Production of power	40656	40656
燃气生产和供应业	Production and supply of gas	53962	53962
四、按隶属关系分组	Grouped by ministration		
中央	Central	3231830	3231400
省(自治区、直辖市)	Province	106299	106179
地(区、市、州、盟)	Prefeture	230833	226044
县(区、市、旗)	County	30350	30350
其他	Others	243596	204360

EXPENDITURE FOR S&T FUNDS IN INDUSTRIAL ENTERPRISES(Ⅰ)

unit: 1000 yuan

#1. 经常费支出 Regular expenses	劳务费 Service charge	原材料 Raw material	购买和自制设备 Purchase and home equipment	其他 Others	2. 科研基建支出 Expenses of S&T Capital construction
3705437	**369705**	**740695**	**267955**	**2327082**	**92896**
3606657	342843	721159	261950	2280705	85770
3406907	299901	695333	168724	2242949	0
298530	69804	45362	99231	84133	92896
2748579	347589	739300	255405	1406285	92846
2280262	225508	600949	139731	1314074	21000
5700	1920	2800	500	480	0
200695	24836	32670	93009	50180	9176
95198	16382	19672	24568	34576	300
105497	8454	12998	68441	15604	8876
226922	79125	95881	22165	29751	62670
35000	16200	7000	0	11800	0
30300	850	0	200	29250	50
30300	850	0	200	29250	50
926558	21266	1395	12350	891547	0
926558	21266	1395	12350	891547	0
3660039	351455	716887	265759	2325938	43676
9030	3480	600	2950	2000	0
9030	3480	600	2950	2000	0
30300	850	0	200	29250	50
30300	850	0	200	29250	50
315	100	80	50	85	0
315	100	80	50	85	0
66624	29094	4900	13736	18894	13450
66624	29094	4900	13736	18894	13450
25652	6116	12962	1425	5149	21970
2800	280	120	50	2350	0
22852	5836	12842	1375	2799	21970
19866	2890	1860	14816	300	1800
19866	2890	1860	14816	300	1800
2880	504	1728	576	72	0
2880	504	1728	576	72	0
3428974	285885	672178	215452	2255459	6406
106270	26859	66574	5559	7278	300
3278932	250952	602071	206365	2219544	6106
40292	7306	3533	3228	26225	0
3480	768	0	300	2412	0
35000	16200	7000	0	11800	0
35000	16200	7000	0	11800	0
41398	6336	15579	16554	2929	0
41398	6336	15579	16554	2929	0
45398	18250	23808	2196	1144	49220
40656	17134	21262	1516	744	0
40656	17134	21262	1516	744	0
4742	1116	2546	680	400	49220
3231100	249372	608007	162593	2211128	300
92729	35614	8786	27024	21305	13450
167948	22356	24597	75599	45396	58096
30300	850	0	200	29250	50
183360	61513	99305	2539	20003	21000

17－15 大中型工业企业科技活动经费支出情况(二)

单位:千元

		#固定资产购建 Purchase of fixed assets
总　计	Total	360851
总计中:国有控股企业	State proprietary	347720
一、按企业规模分组	Grouped by size of enterprises	
大型企业	Large－scale enterprises	168724
中型企业	Middle－scale	192127
二、按登记注册类型分组	Grouped by status of registration	
内资企业	Domestic funds	348251
国有企业	State－owned	160731
集体企业	Collective－owned	500
有限责任公司	Limited liability company	102185
国有独资公司	Sole state－funded	24868
其他有限责任公司	Other limited liability company	77317
股份有限公司	Share holding limited	84835
其他企业	Other enterprises	0
港澳台商投资企业	Funded from HongKong, Macao and Taiwan	250
合资经营企业(港或澳、台资)	Joint owned	250
外商投资企业	Foreign funded	12350
中外合资经营企业	Joint venture	12350
三、按工业行业大类分组	Grouped by sector	
制造业	Manafacturing	309435
农副食品加工业	Farm sideline food processing	2950
屠宰及肉类加工	Slaughter and meat－packing	2950
饮料制造业	Beverage manufacturing	250
酒的制造	Wine processing	250
纺织服装、鞋、帽制造业	Clothing, shoes and hats	50
纺服装制造	Textiles	50
木材加工及木、竹、藤、棕、草制品业	Timber, bamboo, cane, palm and straw products	27186
人造板制造	Arificial board marking	27186
医药制造业	Medical and pharmaceutical products	23395
化学药品制剂制造	Chemicals prolessing	50
生物、生化制品的制造	Biological agent processing	23345
非金属矿物制品业	Nonmetal mineral products	16616
水泥、石灰和石膏的制造	Cement calcareousness and gesso products	16616
专用设备制造业	Special purpose equipment	576
矿山、冶金、建筑专用设备制造	Mine metallurgy and construction	576
交通运输设备制造业	Transport equipment	221858
铁路运输设备制造	Raiway transport equipment	5859
汽车制造	Vehicle manufactoring	212471
摩托车制造	Motorcocle manufactoring	3228
航空航天器制造	Spacecraft manufactring	300
通信设备、计算机及其他电子设备制造业	Telecommunication computer and other electronic equipment	0
电子计算机制造	Electronic computer	0
仪器仪表及文化、办公用机械制造业	instruments, meters, culturae and office	16554
光学仪器及眼镜制造	Optical instrument and glasses manufacturing	16554
电力、燃气及水的生产和供应业	Production and supply of heat power gas and water	51416
电力、热力的生产和供应业	Heat power	1516
电力生产	Production of power	1516
燃气生产和供应业	Production and supply of gas	49900
四、按隶属关系分组	Grouped by administration	
中央	Central	162893
省(自治区、直辖市)	Province	40474
地(区、市、州、盟)	Prefeture	133695
县(区、市、旗)	County	250
其他	Others	23539

EXPENDITURE FOR S&T FUNDS IN INDUSTRIAL ENTERPRISES(Ⅱ)

unit: 1000 yuan

设备购置 Purchase of equipment	#新产品开发经费支出 New products developing	2. 外部经费支出 Epenses of exterior outlays	对研究院所及高等学校支出 Epenses to research institutions and higher schools	对其他企业支出 Expenses to other enterprises
337161	**3352426**	**44575**	**9442**	**35133**
325670	3287176	39386	6840	32546
168724	3152010	38236	6290	31946
168437	200416	6339	3152	3187
324611	2425868	42935	9242	33693
147731	2098285	120	120	0
500	2600	0	0	0
99775	162030	3579	1832	1747
24568	72825	1030	430	600
75207	89205	2549	1402	1147
76605	127953	39236	7290	31946
0	35000	0	0	0
200	0	0	0	0
200	0	0	0	0
12350	926558	1640	200	1440
12350	926558	1640	200	1440
285745	3352426	44575	9442	35133
2950	8900	0	0	0
2950	8900	0	0	0
200	0	0	0	0
200	0	0	0	0
50	315	0	0	0
50	315	0	0	0
18956	37000	0	0	0
18956	37000	0	0	0
10395	17534	5789	2602	3187
50	2800	2240	200	2040
10345	14734	3549	2402	1147
16096	4672	0	0	0
16096	4672	0	0	0
576	0	120	120	0
576	0	120	120	0
219968	3209005	38666	6720	31946
5559	74370	38666	6720	31946
210881	3108780	0	0	0
3228	22375	0	0	0
300	3480	0	0	0
0	35000	0	0	0
0	35000	0	0	0
16554	40000	0	0	0
16554	40000	0	0	0
51416	0	0	0	0
1516	0	0	0	0
1516	0	0	0	0
49900	0	0	0	0
162593	3058065	430	430	0
32244	60095	120	120	0
131585	124324	4789	1602	3187
200	0	0	0	0
10539	109942	39236	7290	31946

17－16 大中型工业企业研究与试验发展(R&D)情况(一)

单位:千元

		R&D人员折合全时当量(人年) Full－time equivalent of R&D staff
总 计	Total	4135
总计中:国有控股企业	State proprietary	3991
一、按企业规模分组	Grouped by size of enterprises	
大型企业	Large－scale enterprises	3921
中型企业	Middle－scale	213
二、按登记注册类型分组	Grouped by status of registration	
内资企业	Domestic funds	4135
国有企业	State－owned	3893
有限责任公司	Limited liability company	78
国有独资公司	Sole state－funded	72
其他有限责任公司	Other limited liability company	6
股份有限公司	Share holding limited	164
三、按工业行业大类分组	Grouped by sector	
制造业	Manafacturing	4135
农副食品加工业	Farm sideline food processing	94
屠宰及肉类加工	Slaughter and meat－packing	94
医药制造业	Medical and pharmacutical products	162
生物、生化制品的制造	Biological agent processing	162
非金属矿物制品业	Nonmetal mineral products	6
水泥、石灰和石膏的制造	Cement calcareousness and gesso products	6
交通运输设备制造业	Transport equipment	3845
汽车制造	Vehicle manufacturing	3800
摩托车制造	Motorcycle manufacturing	19
航空航天器制造	Spacecraff manufacting	26
仪器仪表及文化、办公用机械制造业	instruments, meters, culturae and office	27
光学仪器及眼镜制造	Optical instrument and glasses manufacturing	27
四、按隶属关系分组	Grouped by administration	
中央属	Central	3854
省(自治区、直辖市)	Province	94
地(区、市、州、盟)	Prefeture	25
其他	Other	162

BASIC CONDITIONS OF RESEARCH AND EXPERIMENT DEVELOPING OF LARGE AND MEDIUM SIZE ENTERPRISES(Ⅰ)

unit:1000 yuan

#科学家和工程师 Scietist and engineers	#全时人员 Full-time staff	基础研究 fundamental research	应用研究 Application research	试验发展 Experimental developing	R&D经费内部支出 Interal expenses of R&D	1.经常费支出 Regular expenses	其中:人员劳务费 Personnel
3875	**3077**	**0**	**50**	**4085**	**933667**	**932168**	**97393**
3731	2933	0	0	3991	921067	919568	92499
3678	2909	0	0	3921	908386	908386	91012
197	167	0	50	163	25281	23782	6381
3875	3077	0	50	4085	933667	932168	97393
3651	2887	0	0	3893	904415	902958	89403
66	39	0	0	78	13143	13101	2230
60	39	0	0	72	8429	8429	1550
6	1	0	0	6	4714	4672	680
159	150	0	50	114	16109	16109	5760
3875	3077	0	50	4085	933667	932168	97393
94	94	0	0	94	8600	8600	3314
94	94	0	0	94	8600	8600	3314
162	140	0	50	112	13578	12121	4067
162	140	0	50	112	13578	12121	4067
6	1	0	0	6	4714	4672	680
6	1	0	0	6	4714	4672	680
3587	2835	0	0	3845	902721	902721	88712
3553	2804	0	0	3800	898346	898346	87782
19	10	0	0	19	895	895	162
15	21	0	0	26	3480	3480	768
26	8	0	0	27	4054	4054	620
26	8	0	0	27	4054	4054	620
3594	2832	0	0	3854	905880	905880	89170
94	94	0	0	94	8600	8600	3314
25	11	0	0	25	5609	5567	842
162	140	0	50	112	13578	12121	4067

17－17 大中型工业企业研究与试验发展(R&D)情况(二)

单位:千元

		经常费支出中:Regular expenses		
		基础研究 Tundamental research	应用研究 Application research	试验发展 Experimental developing
总 计	Total	0	4000	928168
总计中:国有控股企业	State proprietary	0	0	919568
一、按企业规模分组	Grouped by size of enterprises			
大型企业	Large－scale enterprises	0	0	908386
中型企业	Middle－scale	0	4000	19782
二、按登记注册类型分组	Grouped by status of registration			
内资企业	Domestic funds	0	4000	928168
国有企业	State－owned	0	0	902958
有限责任公司	Limited liability company	0	0	13101
国有独资公司	Sole state－funded	0	0	8429
其他有限责任公司	Other limited liability company	0	0	4672
股份有限公司	Share holding limited	0	4000	12109
三、按工业行业大类分组	Grouped by sector			
制造业	Manafacturing	0	4000	928168
农副食品加工业	Farm sideline food processing	0	0	8600
屠宰及肉类加工	Slaughter and meat－packing	0	0	8600
医药制造业	Medical and pharmacutical products	0	4000	8121
生物、生化制品的制造	Biological agent processing	0	4000	8121
非金属矿物制品业	Nonmetal mineral products	0	0	4672
水泥、石灰和石膏的制造	Cement calcareousness and gesso products	0	0	4672
交通运输设备制造业	Transport equipment	0	0	902721
汽车制造	Vehicle manufacturing	0	0	898346
摩托车制造	Motorcocle manufacturing	0	0	895
航空航天器制造	Spacecraft manufacturing	0	0	3480
仪器仪表及文化、办公用机械制造业	Instruments, meters, culturae and office	0	0	4054
光学仪器及眼镜制造	Optical instrument and glasses manufacturing	0	0	4054
四、按隶属关系分组	Grouped by administration			
中央	Central	0	0	905880
省(自治区、直辖市)	Province	0	0	8600
地(区、市、州、盟)	Prefeture	0	0	5567
其他		0	4000	8121

BASIC CONDITIONS OF RESEARCH AND EXPERIMENT DEVELOPING OF LARGE AND MEDIOM SIZE ENTERPRISES(Ⅱ)

unit: 1000 yuan

2.R&D科研基建支出 Captial construction expenses of R&D	内部支出中:固定资产购建支出 Purchases of equipment		内部经费支出中:Interior expense				R&D经费外部支出 Exterior outlays of R&D
		设备购置 Purchases of equipment	政府资金 Government funds	企业资金 Enterprises funds	国外资金 Foreign funds	其他资金 Other funds	
1499	**61397**	**60482**	**15244**	**918424**	**0**	**0**	**1000**
1499	58577	57662	13764	907304	0	0	0
0	55797	55796	6455	901931	0	0	0
1499	5600	4686	8789	16493	0	0	1000
1499	61397	60482	15244	918424	0	0	1000
1457	53057	52154	13020	891396	0	0	0
42	5520	5508	607	12536	0	0	0
0	1993	1993	607	7822	0	0	0
42	3527	3515	0	4714	0	0	0
0	2820	2820	1617	14492	0	0	1000
1499	61397	60482	15244	918424	0	0	1000
0	2810	2810	1480	7120	0	0	0
0	2810	2810	1480	7120	0	0	0
1457	1773	871	8652	4927	0	0	1000
1457	1773	871	8652	4927	0	0	1000
42	3527	3515	0	4714	0	0	0
42	3527	3515	0	4714	0	0	0
0	51666	51665	4509	898212	0	0	0
0	51294	51293	4505	893841	0	0	0
0	72	72	4	891	0	0	0
0	300	300	0	3480	0	0	0
0	1621	1621	603	3451	0	0	0
0	1621	1621	603	3451	0	0	0
0	53215	53214	5108	900772	0	0	0
0	2810	2810	1480	7120	0	0	0
42	3599	3587	4	5605	0	0	0
1457	1773	871	8652	4927	0	0	1000

17－18 大中型工业企业办科技机构情况

		企业办科技机构数合计(个) Institutions
总 计	Total	38
总计中:国有控股企业	State proprietary	26
一、按企业规模分组	Grouped by size of enterprises	
大型企业	Large－scale enterprises	11
中型企业	Middle－scale	27
二、按登记注册类型分组	Grouped by status of registration	
内资企业	Domestic funds	37
国有企业	State－owned	6
有限责任公司	Limited liability company	15
国有独资公司	Sole state－funded	8
其他有限责任公司	Other limited liability company	7
股份有限公司	Share holding limited	10
其他企业	Other enterprises	6
港澳台商投资企业	Funded from HongKong, Macao and Taiwan	1
合资经营企业(港或澳台资)	Joint owned	1
三、按工业行业大类分组	Grouped by sector	
制造业	Manafacturing	36
农副食品加工业	Farm sideline food processing	3
屠宰及肉类加工	Slaughter and meat－packing	3
饮料制造业	Beverage manufacturing	1
酒的制造	Wine orocessing	1
木材加工及木、竹、藤、棕、草制品业	Timber, bamboo, cane, palm and straw products	3
人造板制造	Arificial board marking	3
医药制造业	Medical and pharmacautical products	3
化学药品制剂制造	Chemicals prolessing	2
生物、生化制品的制造	Biological agent processing	1
非金属矿物制品业	Nonmetal mineral products	4
水泥、石灰和石膏的制造	Cement calcareousness and gesso products	4
专用设备制造业	Special purpose equipment	2
矿山、冶金、建筑专用设备制造	Mine metallurgy and construction	2
交通运输设备制造业	Transport equipment	12
铁路运输设备制造	Raiway transport equipment	2
汽车制造	Vehicle manufacturing	8
摩托车制造	Motorcycle manufacturing	1
航空航天器制造	Spacecraft manufacting	1
通信设备、计算机及其他电子设备制造业	Telecommunication computer and other electronic equipment	6
电子计算机制造	Electronic computer	6
仪器仪表及文化、办公用机械制造业	instruments, meters, culturae and office	2
光学仪器及眼镜制造	Optical instrument and glasses manufacturing	2
电力、燃气及水的生产和供应业	Production and supply of heat power gas and water	2
电力、热力的生产和供应业	Heat power	2
电力生产	Production of power	2
四、按隶属关系分组	Grouped by administration	
中央	Central	8
省(自治区、直辖市)	Province	10
地(区、市、州、盟)	Prefeture	11
县(区、市、旗)	County	1
其他	Others	8

BASIC CONDITIONS OF S&T INSTITDTIONS OF LARGE AND MEDIUM SIZE ENTERPRISES

科技活动人员(人) Personnel of S&T activities (person)	博士毕业 Doctors	硕士毕业 Postgraduates	机构科技经费内部支出(千元) Inner expense of S&T(1000yuan)	仪器设备(千元) Instruments and equipment(1000yuan)
4920	**72**	**289**	**1886064**	**773973**
4350	34	191	1801609	744862
3884	40	186	1731264	722894
1036	32	103	154800	51079
4910	72	289	1856814	772913
2567	13	97	1540267	613528
1028	12	28	128303	97271
792	11	13	92176	76160
236	1	15	36127	21111
955	17	112	153244	45414
360	30	52	35000	16700
10	0	0	29250	1060
10	0	0	29250	1060
4873	72	288	1874983	773567
106	7	31	8800	500
106	7	31	8800	500
10	0	0	29250	1060
10	0	0	29250	1060
205	0	31	26020	5000
205	0	31	26020	5000
36	2	16	6605	10498
8	1	1	2400	2000
28	1	15	4205	8498
82	0	0	19866	8260
82	0	0	19866	8260
34	0	0	800	90
34	0	0	800	90
3588	33	155	1707244	703353
510	4	25	100250	36350
2786	19	122	1563722	621505
270	10	8	40092	45398
22	0	0	3180	100
360	30	52	35000	16700
360	30	52	35000	16700
452	0	3	41398	28106
452	0	3	41398	28106
47	0	1	11081	406
47	0	1	11081	406
47	0	1	11081	406
2990	13	98	1578798	644302
434	7	65	49255	6770
609	18	49	87536	68941
10	0	0	29250	1060
877	34	77	141225	529000

17－19　大中型工业企业新产品产出和专利情况

单位：千元

		新产品产值 Output of new products
总　计	Total	**78249051**
总计中：国有控股企业	State proprietary	78051882
一、按企业规模分组	Grouped by size of enterprises	
大型企业	Large－scale enterprises	77301403
中型企业	Middle－scale	947648
二、按登记注册类型分组	Grouped by status of registration	
内资企业	Domestic funds	30127310
国有企业	State－owned	26365090
集体企业	Collective－owned	16000
有限责任公司	Limited liability company	1068851
国有独资公司	Sole state－funded	546592
其他有限责任公司	Other limited liability company	522259
股份有限公司	Share holding limited	2677369
其他企业	Other enterprise	0
港澳台商投资企业	Funded from HongKong, Macao and Taiwan	7781
合资经营企业(港或澳、台资)	Joint owned	7781
外商投资企业	Foreign funded	48113960
中外合资经营企业	Joint venture	48113960
三、按工业行业大类分组	Grouped by sector	
制造业	Manafacturing	78249051
农副食品加工业	Farm sideline food processing	15920
屠宰及肉类加工	Slaughter and meat－packing	15920
饮料制造业	Beverage manufacturing	7781
酒的制造	Wine orocessing	7781
木材加工及木、竹、藤、棕、草制品业	Timber, bamboo, cane, palm and straw products	27854
人造板制造	Arificial board marking	27854
木制品制造	Woodwork manufacturing	0
医药制造业	Medical and pharmacutical products	199122
化学药品制剂制造	Chemicals processing	0
生物、生化制品的制造	Biological agent processing	199122
非金属矿物制品业	Nonmetal mineral products	347931
水泥、石灰和石膏的制造	Cement calcareousness and gesso products	347931
专用设备制造业	Special purpose equipment	3500
矿山、冶金、建筑专用设备制造	Mine metallurgy and construction	3500
交通运输设备制造业	Transport equipment	77538366
铁路运输设备制造	Raiway transport equipment	2412489
汽车制造	Vehicle manufacturing	74687862
摩托车制造	Motorcycle manufacture	434105
航空航天器制造	Spacecraft manufacting	3910
通信设备、计算机及其他电子设备制造业	Telecommunication computer and other electronic equipment	0
电子计算机制造	Electronic computer	0
仪器仪表及文化、办公用机械制造业	instruments, meters, cultural and office	108577
光学仪器及眼镜制造	Optical instrument and glasses manufacturing	108577
四、按隶属关系分组	Grouped by ministration	
中央	Central	74387105
省(自治区、直辖市)	Province	139472
地(区、市、州、盟)	Prefeture	1125324
县(区、市、旗)	County	7781
其他	Others	2589369

OUTPUT OF NEW PRODUCTS AND PATENT OF LARGE AND MEDIUM ENTERPRISES

unit:1000yuan

新产品销售收入 Sales	出口 Export	专利申请数(件) Patent application (piece)	发明专利 Inventions	拥有发明专利数(件) Invention patent owned(piece)
36178781	641380	215	61	32
35932163	636380	149	44	20
35298674	635180	124	19	8
880107	6200	91	42	24
33365501	641380	211	57	26
29518464	1200	105	41	13
13000	5000	0	0	0
1128347	0	47	10	2
557739	0	33	3	1
570608	0	14	7	1
2705690	635180	14	1	6
0	0	45	5	5
8050	0	0	0	0
8050	0	0	0	0
2805230	0	4	4	6
2805230	0	4	4	6
36178781	641380	215	61	32
13750	0	2	0	0
13750	0	2	0	0
8050	0	0	0	0
8050	0	0	0	0
26543	0	4	4	5
26543	0	0	0	1
0	0	4	4	4
95732	1200	40	33	11
0	0	1	1	1
95732	1200	39	32	10
386590	0	0	0	0
386590	0	0	0	0
500	0	0	0	0
500	0	0	0	0
35551397	640180	113	17	11
2409489	640180	7	0	1
32680388	0	85	17	10
458320	0	21	0	0
3200	0	0	0	0
0	0	45	5	5
0	0	45	5	5
96219	0	11	2	0
96219	0	11	2	0
32357941	0	94	19	5
131462	0	2	0	2
1190299	5000	38	8	6
8050	0	0	0	0
2491029	636380	81	34	19

17－20 大中型工业企业科技项目情况

单位:千元

		科技项目数(项) Projects	#新产品开发项目数 New products	#R&D项目数 R&D projects
总 计	Total	**363**	**275**	**140**
总计中:国有控股企业	State proprietary	337	250	137
一、按企业规模分组	Grouped by size of enterprises			
大型企业	Large－scale enterprises	277	210	126
中型企业	Middle－scale	86	65	14
二、按登记注册类型分组	Grouped by status of registration			
内资企业	Domestic funds	353	266	140
国有企业	State－owned	228	190	116
集体企业	Collective－owned	3	3	0
有限责任公司	Limited liability company	47	32	13
国有独资公司	Sole state－funded	22	19	12
其他有限责任公司	Other limited liability company	25	13	1
股份有限公司	Share holding limited	70	36	11
其他企业	Other enterprises	5	5	0
港澳台商投资企业	Funded from HongKong, Macao and Taiwan	1	0	0
合资经营企业(港或澳台资)	Joint owned	1	0	0
外商投资企业	Foreign funded	9	9	0
中外合资经营企业	Ioing venture	9	9	0
三、按工业行业大类分组	Grouped by sector			
制造业	Manafacturing	345	275	140
农副食品加工业	Farm sideline food processing	2	2	2
屠宰及肉类加工	Slaughter and meat－packing	2	2	2
饮料制造业	Beverage manufacturing	1	0	0
酒的制造	Wine orocessing	1	0	0
木材加工及木、竹、藤、棕、草制品业	Timber, bamboo, cane, palm and straw products	8	8	0
人造板制造	Arificial board marking	8	8	0
医药制造业	Medical and pharmacutical products	18	18	2
化学药品制剂制造	Chemicals processing	4	4	0
生物、生化制品的制造	Biological agent prolessing	14	14	2
非金属矿物制品业	Nonmetal mineral products	8	1	1
水泥、石灰和石膏的制造	Cement calcareousness and gesso products	8	1	1
专用设备制造业	Special purpose equipment	3	0	0
矿山、冶金、建筑专用设备制造	Mine metallurgy and construction	3	0	0
交通运输设备制造业	Transport equipment	289	230	127
铁路运输以备制造	Railway transport equipment	44	21	0
汽车制造	Vehicle manufacturing	238	203	123
摩托车制造	Motorcocle manufacturing	4	3	1
航空航天器制造	Spacecraff manufacturing	3	3	3
通信设备、计算机及其他电子设备制造业	Telecommunication computer and other electronic equipment	5	5	0
电子计算机制造	Electronic computer	5	5	0
仪器仪表及文化、办公用机械制造业	instruments, meters, cultural and office	11	11	8

S&T PROJECTS OF LARGE AND MEDIUM SIZE ENTEEPRISES

unit: 1000yuan

参加项目人员合计(人) Personnel	科学家和工程师 Scientists and egineers	高中级技术人员 Senior and medium title	参加项目人员实际工作时间(人年) Actucal work time	项目经费内部支出(千元) Inner expenses	#R&D项目支出 R&D projects expenses	#新产品项目支出 New products evpenses
6119	**5308**	**3864**	**4822**	**2335344**	**498119**	**2149652**
5457	4684	3609	4137	2244481	485619	2088039
4305	3866	2935	3280	2110354	487000	1971139
1814	1442	929	1542	224990	11119	178513
5670	4954	3697	4708	2133134	498119	1976692
2405	2198	1843	1849	1774555	476868	1690735
16	16	10	10	600	0	600
1017	749	555	826	156338	7449	133255
751	502	376	634	58512	2777	45287
266	247	179	192	97826	4672	87968
1872	1631	1177	1591	166641	13802	117102
360	360	112	432	35000	0	35000
59	32	31	24	29250	0	0
59	32	31	24	29250	0	0
390	322	136	91	172960	0	172960
390	322	136	91	172960	0	172960
5833	5050	3656	4758	2318017	498119	2149652
94	94	43	100	8500	8500	8500
94	94	43	100	8500	8500	8500
59	32	31	24	29250	0	0
59	32	31	24	29250	0	0
640	455	364	562	36100	0	36100
640	455	364	562	36100	0	36100
155	153	104	134	14575	4565	14575
13	13	4	10	2210	0	2210
142	140	100	125	12365	4565	12365
92	92	88	24	13432	4672	4672
92	92	88	24	13432	4672	4672
29	13	8	20	620	0	0
29	13	8	20	620	0	0
3921	3580	2721	3003	2146457	479080	2016722
769	738	525	730	98650	0	69850
2945	2641	2032	2128	2029245	477605	1939528
193	193	158	134	17982	895	6764
14	8	6	11	580	580	580
360	360	112	432	35000	0	35000
360	360	112	432	35000	0	35000
483	271	185	458	34083	1302	34083

17－20续表 1

单位:千元

		科技项目数(项) Projects	#新产品开发项目数 New products developing	#R&D项目数 R&D projects
光学仪器及眼镜制造	Optical instrument and glasses manufacturing	11	11	8
电力、燃气及水的生产和供应业	Production and supply of heat power gas and water	18	0	0
电力、热力的生产和供应业	Heat power	15	0	0
电力生产	Production of power	15	0	0
燃气生产和供应业	Production and supply of gas	3	0	0
四、按隶属关系分组	Grouped by administration			
中央	Central	236	200	134
省(自治区、直辖市)	Province	26	23	2
地(区、市、州、盟)	Prefeture	40	23	2
县(区、市、旗)	County	1	0	0
其他	Others	60	29	2
五、按项目来源分组	Grouped by projects			
国家科技项目	National at projects	26	23	5
地方科技项目	Local projects	6	2	1
其他企业委托科技项目	Other enterprises projects	14	14	1
本企业自选科技项目	Enterprises prjects	314	233	133
来自国外的科技项目	Foreign project	1	1	0
其他科技项目	Others	2	2	0
六、按项目合作形式分组	Grouped by cooperation type			
与境外机构合作	With foreign conutries	4	4	0
与国内高校合作	With higher education	23	1	0
与国内独立研究院所合作	With institution	13	12	3
与境内注册的外商独资企业合作	With foreign sole enterprises registend in China	6	6	0
与境内注册的其他企业合作	With other enterprises registered in China	17	16	0
以本企业所办科技机构为主完成	With home institutions	163	115	118
由本企业有关部门组成联合攻关小组协作完成	With own tackling key problem group	135	120	19
其他	Others	2	1	0
七、按项目活动类型分组	Grouped by active type			
应用研究	Applpied research	1	1	1
试验发展	Experimental development	139	105	139
研究与试验发展成果应用	Results applied	223	169	0
八、按项目技术经济目标分组	Grouped by gools			
开发全新产品	New products	183	183	27
增加已有产品的功能	Increasing products functions	6	6	0
提高产品性能	Improving products functions	86	86	79
提高劳动生产率	Raising prodcictivity	4	0	0
减少能源消耗	Saving energy consumption	7	0	0
节省原材料	Saving material	2	0	0
减少环境污染	Reducing environment waste	3	0	0
其他	Others	72	0	34

continued1 unit：1000yuan

参加项目人员合计(人) Personnel	科学家和工程师 Scientists and engineers	高中级技术 High and midde title	参加项目人员实际工作时间(人年) Actual work time	项目经费内部支出(千元) Inner expenses	#R&D项目支出 R&D projects expenses	#新产品项目支出 New products expenses
483	271	185	458	34083	1302	34083
286	258	208	64	17327	0	0
224	221	181	58	12585	0	0
224	221	181	58	12585	0	0
62	37	27	6	4742	0	0
3138	2680	2076	2240	1975414	479487	1892607
887	637	469	809	51471	8500	50851
645	574	426	465	132277	5567	97542
59	32	31	24	29250	0	0
1390	1385	862	1284	146932	4565	108652
605	591	437	611	96591	23580	63591
49	49	33	43	1651	565	951
609	563	239	708	115179	4000	115179
4852	4101	3153	3456	2119771	469974	1967779
1	1	1	1	1180	0	1180
3	3	1	4	972	0	972
331	311	249	378	33080	0	33080
191	191	140	199	41600	0	1300
227	216	148	212	34790	580	33790
380	312	135	82	172560	0	172560
191	142	78	180	15780	0	14568
2284	2085	1436	1835	258570	161300	145930
2405	2013	1643	1818	1771565	336239	1729724
110	38	35	119	7399	0	7000
50	50	30	50	4000	4000	4000
1118	1046	795	769	494119	494119	413319
4951	4212	3039	4003	1837225	0	1732333
4055	3466	2446	3394	2042278	354886	2042278
159	108	52	56	16316	0	16316
828	777	624	619	91058	62433	91058
114	114	104	33	11560	0	0
42	42	34	24	3571	0	0
40	29	17	11	2630	0	0
12	12	9	2	1760	0	0
869	760	578	683	166171	80800	0

体育、卫生及其他事业
SPORTS, PUBLIC HEALTH AND OTHERS

第十八篇　体育、卫生及其他事业

2005年卫生事业快速发展，初步建立起覆盖城乡、功能完善、反应灵敏、运转协调的疾病预防控制体系、医疗救治体系、卫生执法监督体系和突发公共卫生事件应急机制。2005年末，全市卫生医疗机构发展到1659个，其中医院、卫生院288所，拥有医疗、疗养床位2.4万张，比上年增长4.3%。卫生技术人员为3.3万人，比上年下降5.7%。农村设村卫生室2082个。每千人拥有执业医师和执业助理医师2.02人。

大力推进社区卫生服务，已建立社区卫生服务站150个，社区卫生服务覆盖人口达到95%以上，建立家庭病床1.5张。

体育事业蓬勃发展，群众体育取得新进展。2005年底全市行政区域内共有体育场馆39个，70%的社区都拥有健身地和健身设施，36%的街道办事处具备了对居民开展体质监测和进行数据统计的能力。全年成功承办了世界杯自由式滑雪、瓦萨越野滑雪短距离赛、全国公路自行车锦标赛、全国冰雪短道汽车拉力赛等国际国内大型体育赛事17项次，其它各类体育赛事250余项次。竞技体育取得可喜成绩。在全国年度比赛中，获得金牌71枚、银牌61枚、铜牌62枚。在全省比赛中共获金牌301枚。

一年来，开展各类群体活动140项次参与人次达100余万次。成功地举办了全国男篮甲A联赛，获得良好的社会效益和经济效益。全年共销售体育彩票2.8亿元，同比增长77%。

18－1 公共体育场
STADIUMS AND GYMNASIUMS

		实际数（个）Number			实际数（个）Number			实际数（个）Number
体育场	Stadium	20	体育馆	Gymnasiums	22	室内游泳池	Swimming pool	7
室外游泳池	Out door swimming pools	6	运动场	Stadiums	75	足球场	Football court	45
室内游泳馆	Swimming pools	16	室内网球场	Tennis court	7	保龄球房	Bowling ball room	5

18－2 2005年长春市大中小学校《国家体育锻炼标准》达标情况
PERSONS WHO HAVE COME UP TO THE STATE PHYSICAL TRAINING STANDARDS (2005)

单位:人 unit: person

		小 学 Primary schools			中 学 Middle schools			中专中技 Specilized middle schols		
		应参加达标学校数 Proper schools	应参加达标活动学生数 Proper students	达标学生数 Students standard	应参加达标学校数 Proper schools	应参加达标活动学生数 Proper students	达标学生数 Students standard	应参加达标学校数 Proper schools	应参加达标活动学生数 Proper students	达标学生数 Students standard
合 计	Total	1740	515408	507525	323	302737	294210	46	49144	47429
市区合计	Total	351	182977	178350	127	115564	110423	36	27509	26829
南关区	Nanguan	32	14532	13687	16	12145	11980	3	3025	2958
宽城区	Kuancheng	54	32529	31789	20	16258	14302			
朝阳区	Chaoyuang	61	33812	33346	31	23478	22916	11	11461	11182
二道区	Erdao	21	14725	14003	12	13962	13653			
绿园区	Luyuan	53	36010	35256	19	15023	14987			
双阳区	Shuangyang	130	51369	50269	29	34698	32585	22	13023	12689
农安县	Nong′an	385	67985	66286	59	54613	53128	6	16589	15898
九台市	Jiutai	286	71864	71156	35	29687	28967	4	5046	4702
榆树市	Yushu	410	116620	115832	56	41023	39862			
德惠市	Dehui	308	75962	75901	46	61850	61830			

18－3 卫生机构床位、人员数
BEDS AND PERSONNEL IN HEALTH INSTITUTIONS

		机构数（个） Institutions	床位数（张） Beds	人员数(人) Personnel				
				总计 Total	#卫生技术员 Medical technical personnel			
					合计 Total	执业医师 Practicing physicians	执业助理医师 Ass－doctors	注册护士 Registered nurses
总计	**Total**	**1659**	**23758**	**42673**	**33420**	**13414**	**1328**	**11330**
一、医院	Hospitals	148	21194	29718	22938	8864	559	9030
二、卫生院	Clinics	140	1733	4403	3417	1026	403	734
三、疗养院	Sanatoriums	1	150	75	9	2	1	2
四、门诊部	Policlinic	96	32	842	688	353	35	189
五、急救中心	First－aid centre	1		86	42	10	1	31
六、采供血机构	Blood bank	1		179	127	31	2	53
七、妇幼保健院(所、站)	Maternity and child care centers	10	246	1064	862	456	52	175
八、专科疾病防治院(所、站)	Specialized prevention & treatment centers or station	8	166	486	300	118	47	69
九、疾病预防控制中心(防疫站)	Sanitation and antiepidemic agencies	14	10	1836	1416	775	106	87
十、卫生监督所	Health care centre	8		540	435	303	18	19
十一、卫生监检验(监测、检测)所、站	Monitor and test office	1		79	69			
十二、医学科学研究机构	Research institutes of medical science	2	277	495	264	148		79
十三、健康教育所(站、中心)	Health training centre	1		34	26	7		
十四、其他卫生机构	Other institutions	4		68	59	27		12
十五、诊所、医务室、社区卫生服务站	Clinique, in firmary and medical service station	1224		2768	2768	1294	104	849

18－4 长春市县(区)村卫生室基本情况
BASIC STATISTIC ON HEALTH CARE OF TOWNSHIP IN CHANGCHUN

		单 位 Unit	全 市 Total	市 区 District	县(市) County
一、机构数	Institutions	个 unit	2082	364	1718
二、村办	Village	个 unit	1003	288	715
乡卫生院设点	Township	个 unit	764	35	729
联合办	Joint	个 unit	94	36	58
私人办	Private	个 unit	184	5	179
其他	Others	个 unit	37		37
三、乡村医生和卫生员人数	Rural doctors and nurese	人 person	4885	730	4155
乡村医生	Rural doctors	人 person	4633	720	3913
卫生员	Health workers	人 person	252	10	242
四、村民委员会数	Village committees	个 unit	1673	290	1383
其中:未设置卫生室的村数	Villages without medical room	个 unit	9	9	
实行合作医疗村数	Villages for cooperative healthcare	个 unit	310		310
实行大病统筹村数	Villages planed as a whole of serious illness	个 unit	619		619
农村接生员	Rural midwives	个 unit			

18-5 计划生育情况
BASIC STATISTICS ON BIRTH CONTROL

	育龄妇女人数（人）Birth-aged women (person)	其中：已婚 Married	20周岁以前结婚人数（人）Married before 20 years old	23周岁以后结婚人数（人）Married after 23 years old	晚婚率（%）Rate of married at mature age (%)	晚育（人）Late childbirth (person)	晚育率（%）Rate of late childbirth (%)	计划生育率（%）Birth control rate (%)	领证数（人）Certificate of birth contral (person)
总计 Total	**1911833**	**1526280**	**399**	**17401**	**48.58**	**16583**	**54.31**	**97.14**	**648118**
南关区 Nanguan	139184	104769	6	2776	82.42	1650	90.02	98.68	79331
宽城区 Kuancheng	124364	85725	1	2687	76.64	1155	63.81	99.71	69648
朝阳区 Chaoyang	202409	143214	3	3996	69.99	3025	82.34	99.65	105262
二道区 Erdao	99682	82609	8	2477	86.37	1160	78.17	99.09	53768
绿园区 Luyuan	183039	143229	3	646	66.22	2586	79.54	99.61	89184
榆树市 Yushu	312079	257771	97	1013	15.86	1624	35.76	96.73	68960
农安县 Nong'an	266103	212476	128	584	17.83	807	19.81	97	41936
德惠市 Dehui	211153	175335	13	872	31.12	1170	35.16	95.97	33956
九台市 Jiutai	209541	175203	113	857	32.17	1876	49.85	94.11	56053
双阳区 Shuangyang	90307	76626	15	680	46.07	758	53.61	95.09	26376
经开区 Developing area	36652	29422		303	56.01	355	51.08	99.74	11462
净旅区 Tourism area	29050	23344	12	161	50.68	325	65.39	98.81	9849
高新区 High-technical area	8270	6557		79	48.17	92	53.49	100	2333

18－6 节 育 情 况
BASIC CONDITION OF BRITH CONTROL

		避孕人数(人) Persons of contraception (person)	避孕率(%) Rate of contraception (%)	手术例数(个) Number of operations
总 计	**Total**	**47437**	**94.28**	**47437**
南关区	Nanguan	1057	88.12	1057
宽城区	Kuancheng	1765	92.51	1765
朝阳区	Chaoyang	1222	89.55	1222
二道区	Erdao	1577	91.01	1577
绿园区	Luyuan	2016	95.82	2016
榆树市	Yushu	12821	93.33	12821
农安县	Nong'an	8152	94.2	8152
德惠市	Dehui	6139	95.51	6139
九台市	Jiutai	6540	102.45	6540
双阳区	Shuangyang	3219	92.54	3219
经开区	Developing area	1460	101.79	1460
净旅区	Tourism area	974	98.67	974
高新区	High－technical area	495	90.15	495

18－7 火 灾 基 本 情 况
BASIC STATISTICS ON FIRES

		全 市 Total
次数(次)	Cases	8535
死人(人)	Deaths(person)	23
伤人(人)	Injuries(person)	13
直接损失(万元)	Direet losses (10000 yuan)	824.63

主要统计指标解释

EXPLANATORY NOTES ON MAIN STATISTICAL INDICATORS

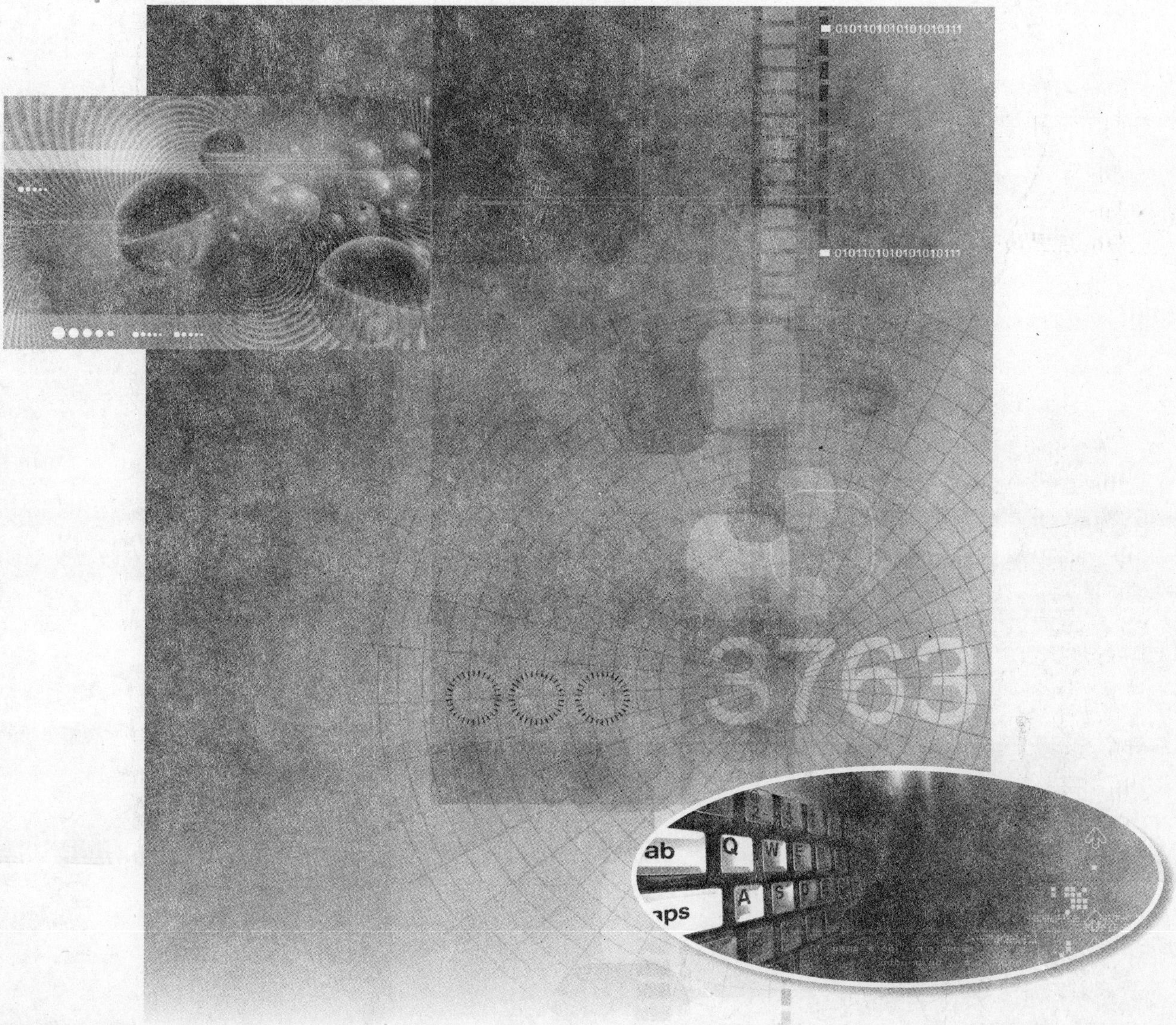

长春统计年鉴

CHANGCHUN STATISTICAL YEARBOOK

2006

主要统计指标解释

自然资源

森林覆盖率　通常是指森林面积占土地总面积之比,一般用百分数表示。但国家规定在计算森林覆盖率时,森林面积还包括灌木林面积、农田林网树占地面积以及四旁树木的覆盖面积。森林覆盖率,是反映一个国家或地区森林资源和绿化水平的重要指标。计算公式:

$$森林覆盖率(\%)=\frac{森林面积}{土地总面积}\times 100\%$$

本《年鉴》内所列森林覆盖率是按有林地面积计算的。

森林蓄积量　指森林面积上生长着的林木树干材积总量。它是反映一个国家或地区森林资源总规模和水平的重要指标。

矿产保有储量　指探明的矿产储量(包括工业储量和远景储量)扣除已开采部分和地下损失量后的年末实有储量。它反映国家矿产资源的现状。

综　合

国内生产总值　是按市场价格计算的国内生产总值的简称。它是一个国家(地区)所有常住单位在一定时期内生产活动的最终成果。国内生产总值有三种表现形态,即价值形态、收入形态和产品形态。从价值形态看,它是所有常住单位在一定时期内所生产的全部货物和服务价值超过同期投入的全部非固定资产货物和服务价值的差额,即所有常住单位的增加值之和;从收入形态看,它是所有常住单位在一定时期内所创造并分配给常住单位和非常住单位的初次分配收入之和;从产品形态看,它是最终使用的货物和服务减去进口货物和服务。在实际核算中,国内生产总值的三种表现形态表现为三种计算方法,即生产法、收入法和支出法。三种方法分别从不同的方面反映国内生产总值及构成。

国民生产总值　是按市场价格计算的国民生产总值的简称。它是一个国家所有常住单位在一定时期内收入初次分配的最终成果。一国常住单位从事生产活动所创造的增加值在初次分配过程中主要分配给该国的常住单位,但也有一部分以劳动者报酬和财产收入等形式分配给该国的非常住单位,同时,国外生产所创造的增加值也有一部分以劳动者报酬和财产收入等形式分配给该国的常住单位。从而产生了国民生产总值概念,它等于国内生产总值加上来自国外的劳动者报酬和财产收入减去付给国外的劳动者报酬和财产收入。与国内生产总值不同,国内生产总值是一个生产概念,而国民生产总值则是个收入概念。

国民生产总值同社会总产值、国民收入的区别,从核算范围看,社会总产值和国民收入都只计算物质生产部门的劳动成果,而国民生产总值除计算物质生产部门劳动成果外,还计算非物质生产部门的劳动成果。从这三个指标的价值构成看,社会总产值计算了社会产品的全部价值;国民生产总值计算在生产产品和提供劳务过程中增加的价值,即增加值不计算中间产品和中间劳务投入的价值;而国民收入除了不计算中间产品价值外,还不包括固定资产折旧价值,即只计算净产值。

三次产业　根据社会生产活动历史发展的顺序对产业结构的划分,产品直接取自自然界的部门称为第一产业,对初级产品进行再加工的部门称为第二产业,为生产和消费提供各种服务的部门称为第三产业。它是世界上通用的产业结构分类,但各国的划分不尽一致。我国的三次产业划分是:

第一产业:农业(包括种植业、林业、牧业、副业和渔业)。

第二产业:工业(包括采掘工业、制造业、自来水、电力、蒸汽、热水、煤气)和建筑业。

第三产业:除第一、第二产业以外的其他各业。由于第三产业包括的行业多、范围广,根据我国的实际情况,第三产业可分为两大部分,一是流通部门,二是服务部门。具体又可分为四个层次:

第一层次:流通部门,包括交通运输业、邮电通讯业、商业、饮食业、物资供销和仓储业。

第二层次：为生产和生活服务的部门，包括金融、保险业，地质普查业，房地产、公用事业，居民服务业，咨询服务业和综合技术服务业，农、林、牧、渔、水利服务业和水利业，公路、内河（湖）航道养护业等。

第三层次：为提高科学文化水平和居民素质服务的部门，包括教育、文化、广播电视，科学研究、卫生、体育和社会福利事业等。

第四层次：为社会公共需要服务的部门，包括国家机关、政党机关、社会团体，以及军队和警察等。

支出法国内生产总值 指一个国家（或地区）所有常住单位在一定时期内用于最终消费、资本形成总额，以及货物和服务的净出口总额，它反映本期生产的国民生产总值的使用构成。

最终消费 指常住单位在一定时期内对于货物和服务的全部最终消费支出，也就是常住单位为满足物质、文化和精神生活的需要，从本国经济领土和国外购买的货物和服务的支出，它不包括非常住单位在本国经济领土内的消费支出。最终消费分为居民消费和政府消费。

（一）居民消费：指常住住户在一定时期内对于货物和服务的全部最终消费支出。居民关于货物的最终消费支出在货物的所有权发生变化时记录，关于服务的最终消费支出在服务提供的时候记录。居民消费支出按市场价格计算，即按居民支付的购买者价格计算，货物的购买者价格是购买者取得交货所支付的价格，它包括购买者支付的运输和商业费用。居民消费支出除了直接以货币形式购买的货物和服务的消费支出外，还包括以其他方式获得的货物和服务的消费支出，即所谓的虚拟消费支出。居民虚拟消费支出包括如下几种类型：单位以实物报酬及实物转移的形式提供给劳动者的货物和服务；住户生产并由本住户消费了的货物和服务，其中的服务仅指住户的自有住房服务；金融机构提供的金融媒介服务；保险公司提供的保险服务。

（二）政府消费：指政府部门为全社会提供的公共服务的消费支出和免费或以较低的价格向居民住户提供的货物和服务的净支出，前者等于政府服务的产出价值减去政府单位所获得的经营收入的价值，政府服务的产出价值等于它的经常性业务支出加上固定资产折旧；后者等于政府部门向居民住户提供的货物和服务的市场价值减去向居民住户收取的价值。

资本形成总额 指常住单位在一定时期内获得减去处置的固定资产和存货的净额，包括固定资产形成总额和存货增加两项。

（一）固定资产形成总额：指常住单位在一定时期内购置、转入和自产自用的固定资产价值，扣除固定资产的销售和转出后的价值。可分为有形固定资产形成总额和无形固定资产形成总额。有形固定资产形成总额包括一定时期内完成的建筑工程、安装工程和设备工器具购置（减处置）价值，以及土地改良、新增役、种、奶、毛、娱乐用牲畜和新增经济林木价值。无形固定资产形成总额包括矿藏的勘探、计算机软件、娱乐和文学艺术品原件等获得减处置。

（二）存货增加：指常住单位在一定时期内存货实物量变动的市场价值即期末价值减期初价值的差额。存货增加可以是正值，也可以是负值，正值表示存货上升，负值表示存货下降。它包括生产单位购进的原材料、燃料和储备物资等存货，以及生产单位生产的产成品、在制品和半成品等存货等。

人　口

人口数 指一定时点、一定地区范围内的有生命的个人的总和。年度统计的年末人口数是指每年12月31日24时的人口数。

出生率（又称粗出生率） 指在一定时期内（通常为一年）平均每千人所出生的人数的比率，一般用千分率表示。计算公式：

$$\text{出生率}=\frac{\text{年出生人数}}{\text{年平均人数}}\times 1000‰$$

出生人数是指活婴儿，即胎儿脱离母体时（不管怀孕月数），有过呼吸或其他生命现象。

年平均人数是年初、年底人口数的平均数，也可用年中人口数代替。

死亡率（又称粗死亡率） 指在一定时期内（通常为一年）一定地区的死亡人数与同期平均人数（或期中人数）之比，一般用千分率表示。计算公式为：

$$\text{死亡率}=\frac{\text{年死亡人数}}{\text{年平均人数}}\times 1000‰$$

人口自然增长率 指在一定时期内（通常为一年）人口自然增加数（出生人数减死亡人数）与该时期内平均人数（或期中人数）之比，一般用千分率表示。计算公式：

$$\text{人口自然增长率}=\frac{\text{本年出生人数}-\text{本年死亡人数}}{\text{年平均人数}}\times 1000‰$$

人口自然增长率＝人口出生率－人口死亡率

从业人员和职工工资

从业人员 指从事一定社会劳动并取得劳动报酬或经营收入的人员。包括：

(1)全部职工

(2)再就业的离退休人员

(3)私营业主

(4)个体户主

(5)私营和个体从业人员

(6)乡镇企业从业人员

(7)农村从业人员

(8)其他从业人员(包括民办教师、宗教职业者、现役军人等)

这一指标反映了一定时期内全部劳动力资源的实际利用情况，是研究我国基本国情国力的重要指标。

各单位的从业人员是指在各级国家机关、政党机关、社会团体及企业、事业单位中工作，并取得劳动报酬的全部人员。包括职工、再就业的离退休人员、民办教师以及在各单位中工作的外方人员和港、澳、台方人员。

各单位的从业人员反映了各单位实际参加生产或工作的全部劳动力。

经济活动人口 指在16岁以上，有劳动能力，参加或要求参加社会经济活动的人口。包括：从业人员和失业人员。

城镇登记失业人员及失业率 指有非农业户口，在一定的劳动年龄内，有劳动能力，无业而要求就业，并在当地就业服务机构进行求职登记的人员。城镇登记失业率指城镇登记失业人数同城镇从业人数与城镇登记失业人数之和的比。计算公式为：

$$城镇登记失业率=\frac{城镇登记失业人数}{(城镇从业人数+城镇登记失业人数)}\times 100\%$$

职工工资总额 指各单位在一定时期内直接支付给本单位全部职工的劳动报酬总额。

工资总额的计算原则应以直接支付给职工的全部劳动报酬为根据。各单位支付给职工的劳动报酬以及其他根据有关规定支付的工资，不论是计入成本的还是不计入成本的，不论是按国家规定列入计征奖金税项目的，还是未列入计征奖金税项目的，不论是以货币形式支付的还是以实物形式支付的，均包括在工资总额内。

职工平均工资 指企业、事业、机关单位的职工在一定时期内平均每人所得的货币工资额。

它表明一定时期职工工资收入的高低程度，是反映职工工资水平的主要指标。计算公式为：

$$职工平均工资=\frac{报告期实际支付的全部职工工资总额}{报告期全部职工平均人数}$$

职工平均实际工资 指扣除物价变动因素后的职工平均工资。计算公式为：

$$职工平均实际工资=\frac{报告期职工平均工资}{报告期城镇居民消费价格指数}$$

固定资产投资

全社会固定资产投资 固定资产投资是社会固定资产再生产的主要手段。通过建造和购置固定资产的活动，国民经济不断采用先进技术装备，建立新兴部门，进一步调整经济结构和生产力的地区分布，增强经济实力，为改善人民物质文化生活创造物质条件。这对我国的社会主义现代化建设具有重要意义。

固定资产投资额是以货币表现的建造和购置固定资产活动的工作量，它是反映固定资产投资规模、速度、比例关系和使用方向的综合性指标。全社会固定资产投资按经济类型可分为国有、集体、个体、联营、股份制、外商、港澳台商、其他等。按照管理渠道，全社会固定资产投资总额分为基本建设、更新改造、房地产开发投资和其他固定资产投资四个部分。

基本建设投资 基本建设是企业、事业、行政单位以扩大生产能力或工程效益为主要目的新建、扩建工程及有关工作。其综合范围为总投资50万元以上(含50万元，下同)的基本建设项目。具体包括：(1)列入中央和各级地方本年基本建设计划的建设项目，以及虽未列入本年基本建设计划，但使用以前年度基建计划内结转投资(包括利用基建设备材料)在本年继续施工的建设项目;(2)本年基本建设计划内投资与更新改造计划内投资结合安排的新建项目和新增生产能力(或工程效益)达到大中型项目标准的扩建项目,以及为改变生产力布局而进行的全厂性迁建项目;(3)国有单位既未列入基建计划,也未列入更新改造计划的总投资在50万元以上的新建、扩建、恢复项目和为改变生产力布局而进行的全厂性迁建项目,以及行政、事业单位增建业务用房和行政单位增建生活福利设施的项目。

更新改造投资 更新改造是指企业、事业单位对原有设施进行固定资产更新和技术改造,以及相应配套的工程和有关工作(不包括大修理和维护工程)。其综合范围为总投资50万元以上的更新改造项目。具体包括:(1)列入中央和各级地方本年更新改造计划的投资单位(项目)和虽未列入本年更新改造计划,但使用上年更新改造计划内结转的投资在本年继续施工的项目;(2)本年更新改造计划内投资与基本建设计划内投资结合安排的对企、事业单位原有设施进行技术改造或更新的项目和增建主要生产车间、分厂等其新增生产能力(或工程效益)未达到大中型项目标准的项目,以及由于城市环境保护和安全生产的需要而进行的迁建工作;(3)国有企、事业单位既未列入基建计划也未列入更新改造计划,总投资在50万元以上的属于改建或更新改造性质的项目,以及由于城市环境保护和安全生产的需要而进行的迁建工程。

房地产开发投资 指房地产开发公司、商品房建设公司及其他房地产开发法人单位和附属于其他法人单位实际从事房地产开发或经营的活动单位统一开发的包括统代建、拆迁还建的住宅、厂房、仓库、饭店、宾馆、度假村、写字楼、办公楼等房屋建筑物和配套的服务设施、土地开发工程(如道路、给水、排水、供电、供热、通讯、平整场地等基础设施工程)的投资。不包括单纯的土地交易活动。

其他固定资产投资 指全社会固定资产投资中未列入基本建设、更新改造和房地产开发投资的建造和购置固定资产的活动。具体包括:

(1)国有单位按规定不纳入基本建设计划和更新改造计划管理,计划总投资(或实际需要总投资)在50万元以上的以下工程:①用油田维护费和石油开发基金进行的油田维护和开发工程;②煤炭、铁矿、森工等采掘采伐业用维简费进行的开拓延伸工程;③交通部门用公路养路费对原有公路、桥梁进行改建的工程;④商业部门用简易建筑费建造的仓库工程。

(2)城镇集体固定资产投资:指所有隶属城市、县城和经国务院及省、自治区、直辖市批准建制的镇领导的集体单位(乡镇企业局管理的除外)建造和购置固定资产计划总投资(或实际需要总投资)在50万元以上的项目。

(3)除上述以外的其他各种企、事业单位、个体建造和购置固定资产总投资在50万元以上的、未列入基本建设计划和更新改造计划的项目。

城镇和工矿区私人建房投资和农村个人投资 城镇和工矿区私人建房包括市、县城、镇、工矿区所辖范围内的全部私人建房,不论其房主是否系本地的常住户口均应包括。农村个人投资包括农村个人建房及购置生产性固定资产的投资。

新增生产能力 指通过固定资产投资活动而增加的设计能力或工程效益,它是用实物形态表示的固定资产投资的成果。新增生产能力的计算,是以能独立发挥生产能力或效益的单项工程(或项目)为对象。当单项工程(或项目)建成,经有关部门鉴定合格,正式移交投入生产,即可计算新增生产能力。

新增生产能力或工程效益有以下几种表现形式:

(1)以建设项目或单位工程建成后的年产能力表示,如煤炭开采、石油开采等。

(2)以建设项目或单项工程建成后处理原料的能力表示,如选矿工程的年处理矿石能力,洗煤厂年洗原煤能力等。

(3)以新增的主要设备数量或容量表示。如棉纺锭枚数,发电机组容量等。

(4)以建筑物容积、容量、面积或长度表示。如水库容量、铁路公路里程等。

新增生产能力的数量一般按设计能力计算。设计能力是指设计文件中规定的在正常情况下能够达到的生产能力,而不论投产后的实际产量如何。以设备数量、建筑物容积、面积、长度等表示的新增生产能力(或效益),则按建成的实际数量计算。

房屋建筑面积 指从房屋外墙线算起的各层平面面积的总和,包括可供使用的有效面积和房屋结构(如柱、墙)占用面积。多层建筑按各层(包括地下室)面积总和计算。

住宅建筑面积 指施工和竣工房屋建筑面积中供居住用的施工和竣工房屋建筑面积。

施工面积 指报告期内施工的全部房屋建筑面积。包括本期新开工的面积、上期跨入本期继续施工的房屋面积、上期停缓建在本期恢复施工的房屋面积、本期竣工的房屋面积及本期施工后又停缓建的房屋面积。

竣工面积 指在报告期内房屋建筑按照设计要求已全部完工,达到住入和使用条件,经验收鉴定合格,正式移交使用单位的建筑面积。

房屋建筑面积竣工率 指一定时期内房屋竣工面积占同期房屋施工面积的比率。它是从房屋建筑施工速度的角度反映投资效果和建筑业经济效益的指标。

新增固定资产 指通过投资活动所形成的新的固定资产价值。包括已经建成投人生产或交付使用的工程价值和达到固定资产标准的设备、工具、器具的价值及有关应摊入的费用。它是以价值形式表示的固定资产投资成果的综合性指标,可以综合反映不同时期、不同部门、不同地区的固定资产投资成果。

建设项目投产率 指一定时期内全部建成投入生产项目个数与同期正式施工项目个数的比率。它是从项目建设速度的角度反映投资效果的指标。

固定资产交付使用率 指一定时期新增固定资产与同期完成投资额的比率。它是反映各个时期固定资产动用速度,衡量建设过程中投资效果的一个综合性指标。

能源和原材料消费

能源生产总量 指一定时期内全国(地区)一次能源生产量的总和,是观察全国(地区)能源生产水平、规模、构成和发展速度的总量指标。一次能源生产量包括原煤、原油、天然气、水电及其他动力能(如风能、地热能等)发电量。不包括低热值燃料生产量、生物质能、太阳能等的利用和由一次能源加工转换而成的二次能源产量。

能源消费总量 指一定时期内全国(地区)物质生产部门、非物质生产部门和生活消费的各种能源的总和,是观察能源消费水平、构成和增长速度的总量指标,能源消费总量包括原煤和原油及其制品、天然气、电力。不包括低热值燃料、生物质能和太阳能等的利用。能源消费总量分为三部分,即终端能源消费量、能源加工转换损失量和损失量。

(1)终端能源消费量 指一定时期内全国(地区)物质生产部门、非物质生产部门和生活消费的各种能源在扣除了用于加工转换二次能源消费量和损失量以后的数量。

(2)能源加工转换损失量 指一定时期内全国(地区)投入加工转换的各种能源数量之和与产出各种能源产品之和的差额。它是观察能源在加工转换过程中损失量变化的指标。

(3)能源损失量 指一定时期内能源在输送、分配、储存过程中发生的损失和由客观原因造成的各种损失量。包括各种气体能源放空、放散量。

财　政

财政收入 国家财政参与社会产品分配所取得的收入,是实现国家职能的财力保证。财政收入所包括的内容几经变化,目前主要包括:

(1)各项税收 包括增值税、营业税、消费税、土地增值税、城市维护建设税、资源税、城市土地使用税、印花税、固定资产投资方向调节税、个人所得税、企业所得税、关税、农牧业税和耕地占用税等。

(2)专项收入 包括征收排污费、征收城市水资源费收入,教育费附加收入等。

(3)其他收入 包括基本建设贷款归还收入、国家能源交通重点建设基金收入、国家预算调节基金等。

(4)国有企业计划亏损补贴 这项为负收入,冲减财政收入。

财政支出 国家财政将筹集起来的资金进行分配使用,以满足经济建设和各项事业的需要,主要包括:

(1)基本建设支出 指按国家有关规定,属于基本建设范围内的基本建设有偿使用、拨款、资本金支出以及经国家批准对专项和政策性基建投资贷款,在部门的基建投资额中统筹支付的贴息支出。

(2)企业挖潜改造资金 指国家预算内拨给的用于企业挖潜、革新和改造方面的资金。包括各部门企业挖潜改造资金和企业挖潜改造贷款资金,为农业服务的县办“五小”企业技术改造补助,挖潜改造贷款利息支出。

(3)地质勘探费用 国家预算用于地质勘探单位的勘探工作费用,包括地质勘探管理机构及其事业单位经费、地质勘探经费。

(4)科技三项费用 国家预算用于科技支出的费用,包括新产品试制费、中间试验费、重要科学研究补助费。

(5)支援农村生产支出 国家财政支援农村集体(户)各项生产的支出。包括对农村举办的小型农田水利和打井、喷灌等的补助费;对农村水土保持措施的补助费;对农村举办的小水电站的补助费;特大抗旱的补助费;农村开荒补助费;扶持乡镇企业资金;农村农技推广和植保补助费;农村草场和畜禽保护补助费;农村造林和林木保护补助费;农村水产补助费;发展粮食生产专项资金。

(6)农林水利气象等部门的事业费用　国家财政用于农垦、农场、农业、畜牧、农机、林业、森工、水利、水产、气象、乡镇企业的技术推广、良种推广(示范)、植物(畜禽、森林)保护、水质监测、勘探设计、资源调查、干部训练等项费用,园艺特产补助费,中等专业学校经费,飞播牧草试验补助费,营林机构、气象机构经费,渔政费以及农业管理事业费等。

(7)工业交通商业等部门的事业费 国家预算支付给工交商各部门用于事业发展的经费。包括勘探设计费、中等专业学校经费、技术学校经费、干部训练费。

(8)文教科学卫生事业费　国家预算用于文化、出版、文物、教育、卫生、中医、公费医疗、体育、档案、地震、海洋、通讯、电影电视、计划生育、党政群干部训练、自然科学、社会科学、科协等项事业的经费支出和高技术研究专项经费。主要包括工资、补助工资、福利费、离退休费、助学金、公务费、设备购置费、修缮费、业务费、差额补助费。

(9)抚恤和社会福利救济费　国家预算用于抚恤和社会福利救济事业的经费,包括由民政部门开支的烈士家属和牺牲病残人员家属的一次性、定期抚恤金,革命伤残人员的抚恤金,各种伤残补助费、烈军属、复员退伍军人生活补助费、退伍军人安置费,优抚事业单位经费,烈士纪念建筑物管理、维修费,自然灾害救济事业费和特大自然灾害后重建补助费等。

(10)国防支出　国家预算用于国防建设和保卫国家安全的支出,包括国防费、国防科研事业费、民兵建设以及专项工程支出等。

(11)行政管理费　包括行政管理支出,党派团体补助支出,外交支出,公安安全支出,司法支出,法院支出,检察院支出和公检法办案费用补助。

(12)价格补贴支出　经国家批准,由国家财政拨给的政策性补贴支出,主要包括粮食加价款,粮、棉、油差价补贴,棉花收购价外奖励款,副食品风险基金,市镇居民的肉食价格补贴,平抑市价肉食、蔬菜价差补贴等以及经国家批准的教材课本、报刊新闻纸等价格补贴。

人民生活

城镇居民家庭就业人口　指城镇居民从事社会劳动并取得劳动报酬或经营收入的人口。就业人口包括通过国家统筹规划和指导由劳动部门介绍就业,自愿组织起来就业和自谋职业等方式,在国有制、集体所有制、中外合资、中外合作、外资在华独资的企事业单位和私营企业单位工作或从事个体劳动的有固定性职业或临时性职业的人口。被聘用和留用的离退休人员也计入就业人口。本指标可以反映城镇居民的就业情况,是计算就业面、负担系数的重要资料。

城镇居民家庭全部收入　指被调查城镇居民家庭全部的实际现金收入,包括经常或固定得到的收入和一次性收入。不包括周转性收入,如提取银行存款、向亲友借入款、收回借出款以及其他各种暂收款。

城镇居民家庭可支配收入　指被调查的城镇居民家庭在支付个人所得税之后,所余下的实际收入。

城镇居民家庭消费性支出　指被调查的城镇居民家庭用于日常生活的全部支出,包括购买商品支出和文化生活、服务等非商品性支出。不包括罚没、丢失款和缴纳的各种税款(如个人所得税、牌照税、房产税等),也不包括个体劳动者生产经营过程中发生的各项费用。

城镇居民家庭购买商品支出　指被调查的城镇居民家庭购买商品的全部支出,包括从商店、工厂、饮食业、工作单位食堂、集市以及直接从农民购买各种商品的开支。共分九类:食品、衣着品、日用品、文化娱乐用品、书报杂志、药及医疗用品、房屋及建筑材料、燃料、其他商品。不论自用的或赠送亲友的都包括在内。

农村居民家庭纯收入　指农村常住居民家庭总收入中,扣除从事生产和非生产经营费用支出、缴纳税款和上交承包集体任务金额以后剩余的,可直接用于进行生产性、非生产性建设投资、生活消费和积蓄的那一部分收入。它是反映农民家庭实际收入水平的综合性的主要指标。农民家庭纯收入,既包括从事生产性和非生产性的经营收入,又包括取自在外人口寄回带回和国家财政救济、各种补贴等非经营性收入;既包括货币收入,又包括自产自用的实物收入。但不包括向银行、信用社和向亲友借款等属于借贷性的收入。

农村居民家庭整半劳动力　指农村常住居民家庭成员中有劳动能力并经常参加实际劳动的人员。是生产的基本要素指标之一,是发展生产增加农民家庭收入的重要源泉。按规定,农村男 18 周岁至 50 周岁、女 18 周岁至 45 周岁为整劳动力;男 16 周岁到 17 周岁、51 周岁到 60 周岁,女 16 周岁到 17 周岁、46 周岁到 55 周岁为半劳动力。农民家庭整半劳动力,既包括在上述规定劳动年龄内和在劳动年龄以外有劳动能力并经常参加实际劳动的男女整半劳动力；也包括农民家庭常住人员中属于职工的劳动力。但不包括在劳动年龄内已丧失劳动能力的人员。

农村居民家庭生活消费支出　指农村常住居民家庭年内用于日常生活的全部开支。它是用来反映和研究农民家庭实际生活消费水平高低的重要指标。农民家庭生活消费支出，包括用于吃、穿、住、烧、用等生活消费品开支和文化、生活服务费用开支两大部分。

农村居民家庭商品性生活消费支出　指农村常住居民家庭用其货币收入，在市场上购买食品、衣着、家庭用家具器皿、日用杂品、燃料、耐用消费品、以及文教卫生用品等生活消费总量。包括向国有商店、集体商店和集市贸易市场以及其他流通渠道购买的全部生活消费品。农民家庭商品性生活消费支出，是农民家庭生活消费支出的一个重要组成部分，是用来反映和分析农民家庭生活消费水平的商品化程度，及其由自给性经济向商品经济发展趋势的重要指标，也是研究和预测农民家庭对市场消费品需求，制定商品供应计划的重要依据。

城乡居民储蓄存款余额　城乡居民储蓄存款，包括城镇居民储蓄存款和农民个人储蓄存款两部分。不包括居民的手存现金和工矿企业、部队、机关团体等集团存款。储蓄存款余额，是指城乡居民存入银行及农村信用社储蓄的时点数（存入数扣除取出数的余额），如月末、季末或年末数额。

市政公用事业

年底自来水生产能力　指年底城建部门管理的自来水厂和自备水源的社会单位取水、净化、送水、出厂输水干管等环节的实际生产能力。

年底供水管道长度　指从送水泵到用户水表之间所有管道的长度。

全年供水总量　指公用自来水厂和自备水源的社会单位全年的供水总量，包括有效供水量及损失水量。

生活用水量　指居民日常生活与公共福利设施的用水量。包括居民、饮食店、旅馆、医院、理发店、浴池、洗衣店、游泳池、商店、学校、机关、部队等单位的用水量。城市人口用水普及率 指城市用水的非农业人口数（不包括临时人口和流动人口）与城市非农业人口总数之比。计算公式：

$$用水普及率 = (城市用水的非农业人口数 \div 城市非农业人口数) \times 100\%$$

人工煤气生产能力　指城市煤气厂制气、净化、输送等环节的综合实际生产能力。

输气管道长度　指由压缩机、鼓风机、储气罐的出口到用户立管之间的全部管道长度。

全年供气总量　指全年售给各类用户的全部煤气量。包括工业用量、家庭用量和其他用量。

城市用气普及率　指使用煤气（包括人工煤气、液化石油气、天然气）的城市非农业人口数（不包括临时人口和流动人口）与城市非农业人口总数之比。计算公式：

$$城市煤气普及率 = \frac{城市用气的非农业人口}{城市非农业人口总数} \times 100\%$$

城市供热能力　指热电厂、热力公司和达到标准的集中采暖锅炉房向城市输送的供热源的设计能力。每小时向城市输送的蒸汽、热水能力。

城市供热总量　指热电厂、热力公司和达到标准的集中采暖锅炉房全年向城市输送的全部蒸汽、热水量。

城市供热管道长度　指热电厂、热力公司和达到标准的集中采暖锅炉房管理的集中供热热源到用户之间的全部供气、供热水的管道长度。

年底实有铺装道路长度　指除土路外，路面经过铺装宽度在3.5米以上的道路，包括高级、次高级道路和普通道路。

城市桥梁　指城市范围内，修建在河道上的桥梁和道路与道路立交、道路跨越铁路的立交桥，以及人行天桥。包括永久性桥和半永久性桥，不包括临时性桥、铁路桥、涵洞。

城市下水道总长度　指所有排水总管、干管、支管及暗渠、检查井、连接井进出水口等长度之和。

城市污水日处理能力　指污水处理厂每昼夜处理污水量的设计能力。

年末实有公共汽（电）车　指年底可参加营运的全部车辆数，包括年底营运车辆数和库存查封未参加营运的车辆，不包括非营运车辆，如架线车、油罐车、工程车、货车及其他专用车辆和借入客运车辆。

营运线路长度　指设置的固定营运线路长度，包括郊区营运线路长度。不包括临时行驶的线路长度。

城市园林绿地面积　指城市公共绿地、专用绿地、生产绿地、防护绿地、郊区风景名胜区的全部面积。

公共绿地　指供游览休息的各种公园、动物园、植物园、陵园以及花园、游园和供游览休息用的林荫道绿地、广场绿地。不包括一般栽植的行道树及林荫道的面积。

农 业

农林牧渔业总产值 是以货币表现的农、林、牧、渔业全部产品的总量,它反映一定时期内农业生产总规模和总成果。

农、林、牧、渔业的统计范围包括国有经济的各种专业农(农、林、牧、渔)场以及国家各级机关团体学校、部队、集体所有制的乡、镇、村各级办农场;工矿企业经营的农、林、牧、渔业,农村各种经济组织和农户经营的农林牧渔业和农民家庭兼营的商品性工业等。

(1)农业 包括种植业和其他农业。

种植业 包括谷物、豆类、薯类、棉、油料、糖料、麻类、烟叶、蔬菜、药材、瓜类和其他农作物的种植,以及茶园、桑园、果园的生产经营。

其他农业 包括采集野生植物的果实、纤维、树胶、树脂、油料以及柴草、野生药材、菌类以及农民家庭兼营的商品性工业。

(2)林业 包括林木的栽培(不包括茶园、桑园和果园的栽培、管理和收获等活动)、林产品的采集和村及村以下合作经济组织和农户的竹木采伐。

(3)牧业 包括除渔业养殖以外的一切动物饲养和放牧以及野生动物的捕猎和饲养。

(4)渔业 包括水生动物和海藻类植物的养殖和捕捞。

农业总产值的计算方法通常是按农林牧渔业产品及其副产品的产量分别乘以各自单位产品价格求得,少数生产周期较长,当年没有产品或产品产量不易统计的,则采用间接方法匡算其产值,然后将四业产品产值相加即为农业总产值。

1957年以前的农业总产值中包括了厩肥和农民自给性手工业(如农民自制衣服、鞋、袜、自己从事粮食初步加工等)。1958年及以后的农业总产值,林业中增加了村及村以下竹木采伐产值;牧业中取消了厩肥产值;副业中取消了农民自给性手工业产值,增加了村及村以下办的工业产值;渔业中增加了海洋捕捞水产品产值。1980年及以后的农业总产值,在副业中增加了农民家庭兼营工业商品部分的产值。从1984年起村及村以下办工业产值划归工业。从1993年起,取消副业。将野生动物的捕猎划入牧业,野生植物采集和农民家庭兼营商品性工业划归农业。

粮食产量 指全社会的产量。包括国有经济经营的、集体统一经营的和农民家庭经营的粮食产量,还包括工矿企业办的农场和其他生产单位的产量。粮食除包括稻谷、小麦、玉米、高粱、谷子及其他杂粮外,还包括薯类和豆类。其产量计算方法,豆类按去豆荚后的干豆计算;薯类(包括甘薯和马铃薯,不包括芋头和木薯)1963年以前按每4公斤鲜薯折1公斤粮食计算,从1964年开始及以后改为按5公斤鲜薯折1公斤粮食计算。城市郊区作为蔬菜的薯类(如:马铃薯等)按鲜品计算,并且不做为粮食统计。其他粮食一律按脱粒后的原粮计算。

油料产量 指全部油料作物的生产量。包括花生、油菜籽、芝麻、向日葵籽、胡麻籽(亚麻籽)和其他油料。不包括大豆,也不包括木本油料和野生油料。花生以带壳干花生计算。**水产品产量** 指人工养殖的水产品和天然生长的水产品的捕捞量。包括海水的鱼类、虾蟹类、贝类和藻类以及内陆水域的鱼类、虾蟹类和贝类,不包括淡水生殖物。

猪、牛、羊肉产量 指当年出栏并已屠宰后除去头蹄下水后带骨肉(即胴体重)的重量。

耕地面积 指年初可以用来种植农作物、经常进行耕锄的田地,除包括熟地、当年新开荒地、连续撂荒未满三年的耕地和当年的休闲地(轮歇地)外,还包括以种植农作物为主并附带种植桑树、茶树、果树和其他林木的土地,以及沿海、沿湖地区已围垦利用的“海涂”、“湖田”等面积。但不包括属于专业性的桑园、茶园、果园、果木苗圃、林地、芦苇地、天然或人工草地面积。

农作物播种面积 指实际播种或移植有农作物的面积。凡是实际种植有农作物的面积,不论种植在耕地上还是种植在非耕地上,均包括在农作物播种面积中。在播种季节基本结束后,因遭灾而重新改种和补种的农作物面积,也包括在内。

有效灌溉面积 指具有一定的水源,地块比较平整,灌溉工程或设备已经配套,在一般年景下当年能够进行正常灌溉的耕地面积。

农用化肥施用量 指本年内实际用于农业生产的化肥数量。包括氮肥、磷肥、钾肥和复合肥。化肥施用量要求按折纯量计算数量。折纯法化肥施用量是把氮肥、磷肥和钾肥分别按含氮、含五氧化二磷、含氧化钾的百分之一百成份折算后的数量。复合肥按其所含主要成分折算。

农业机械总动力 指主要用于农、林、牧、渔业的各种动力机械的动力总和。包括耕作机械、排灌机械、收获机械、农用运输机械、植物保护机械、牧业机械、林业机械、渔业机械和其他农业机械〔内燃机按引擎马力折成瓦(特)计算,电动机按功率折成瓦(特)计算〕。不包括专门用于乡、镇、村、组办工业、基本建设、非农业运输、科学试验和教学等非农业生产方面的动力机械与作业机械。

农林牧渔业劳动力 指直接参加农林牧渔业生产劳动的劳动力。

期初(末)畜禽存栏头(只)数 指本期期初(末)农村各种合作经济组织和国营农场、农民个人、机关、团体、学校、工矿企业、部队等单位以及城镇居民饲养的大牲畜、猪、羊、家禽等畜禽的存栏头(只)数。

谷物 指籽实主要供作粮食的作物。这类作物包括稻谷、小麦、玉米、谷子、高粱和其他谷物,不包括豆类和薯类作物。

工 业

工业 指从事自然资源的开采,对采掘品和农产品进行加工和再加工的物质生产部门。具体包括:

(1)对自然资源的开采,如采矿、晒盐、森林采伐等(但不包括禽兽捕猎和水产捕捞);(2)对农副产品的加工、再加工,如粮油加工、食品加工、轧花、缫丝、纺织、制革等;(3)对采掘品的加工、再加工,如炼铁、炼钢、化工生产、石油加工、机器制造、木材加工等,以及电力、自来水、煤气的生产和供应等;(4)对工业品的修理、翻新,如机器设备的修理、交通运输工具(包括小卧车)的修理等。

1984年以前农村的村及村以下办工业归属农业,1984年以后划归工业。

本年鉴中涉及的企业登记注册类型:

(1)国有及国有控股企业。国有企业(即过去的全民所有制工业或国营工业)是指企业全部资产归国家所有,并按《中华人民共和国企业法人登记管理条例》规定登记注册的非公司制的经济组织。包括国有企业、国有独资公司和国有联营企业。1957年以前的公私合营和私营工业,后均改造为国营工业,1992年改为国有工业,这部分工业的资料不单独分列时,均包括在国有企业内。国有控股企业是对混合所有制经济的企业进行的"国有空股"分类。它是指这些企业的全部资产中国有资产(股份)相对其他所有者中的任何一个所有者占资(股)最多的企业。该分组反映了国有经济控股情况。

(2)集体企业

指企业资产归集体所有,并按《中华人民共和国企业法人登记管理条件》规定登记注册的经济组织。是社会主义公有制经济的组成部分。包括城乡所有使用集体投资举办的企业,以及部分个人通过集资自愿放弃所有权并依法经工商行政管理机关认定为集体所有制的企业。

(3)股份有限公司

指根据《中华人民共和国企业法人登记管理条例》规定登记注册,其全部注册资本由等额股份构成并通过发行股票筹集资本,股东以其认购的股份对公司承担有限责任,公司以其全部资产对其债务承担责任的经济组织。

(4)港、澳、台商投资企业 指企业注册登记类型中的港、澳、台合资、合作、独资经营企业和股份有限公司之和。

(5)外商投资企业 指企业注册登记类型中的中外资、合作经营企业、外资企业和外商投资股份有限公司之和。

(6)本年鉴中涉及的名为"其他"的企业均指除国有企业、集体企业、个体经营以外的其他类型工业企业(单位)。包括联营企业、私营企业、股份有限公司、有限责任公司;外商投资企业(中外合资经营、中外合作经营、外资企业)港、澳、台投资企业(与大陆合资经营与大陆合作经营,港、澳、台独资企业)及其它企业。

轻工业 指主要提供生活消费品和制作手工工具的工业。按其所使用的原料不同,可分为两大类:(1)以农产品为原料的轻工业,是指直接或间接以农产品为基本原料的轻工业。主要包括食品制造、饮料制造、烟草加工、纺织、缝纫、皮革和毛皮制作、造纸以及印刷等工业;(2)以非农产品为原料的轻工业,是指以工业品为原料的轻工业。主要包括文教体育用品、化学药品制造、合成纤维制造、日用化学制品、日用玻璃制品、日用金属制品、手工工具制造、医疗器械制造、文化和办公用机械制造等工业。

重工业 是指为国民经济各部门提供物质技术基础的主要生产资料的工业。按其生产性质和产品用途,可以分为下列三类:(1)采掘(伐)工业,是指对自然资源的开采,包括石油开采、煤炭开采、金属矿开采、非金属矿开采和木材采伐等工业;(2)原材料工业,指向国民经济各部门提供基本材料、动力和燃料的工业。包括金属冶炼及加工、炼焦及焦炭化学、化工原料、水泥、人造板以及电力、石油和煤炭加工等工业;(3)加工工业,是指对工业原材料进行再加工制造的工业,以及为农业提供的生产资料如化肥、农药等工业。

根据上述划分原则,修理业中以重工业产品为修理作业对象的划为重工业,反之划为轻工业。

工业总产值 是以货币表现的工业企业在一定时期内生产的已出售或可供出售工业产品总量,它反映一定时间内工业生产的总规模和总水平。它包括:在本企业内不再进行加工,经检验、包装入库(规定不需包装的产品除外)的成品价值,工业性作业价值,自制半成品、在产品期末期初差额价值。工业总产值采用"工厂法”计算,即以工业企业作为一个整体,按企业工业生产活动的最终成果来计算,企业内部不允许重复计算,不能把企业内部各个车间(分厂)生产的成果相加。但在企业之间、行业之间、地区之间存在着重复计算。

轻重工业总产值的划分也是按“工厂法”计算的,即一个工业企业在正常情况下生产的主要产品的性质属于轻工业,则该企业的全部总产值作为轻工业总产值;一个工业企业生产的主要产品的性质属于重工业,则该企业的全部总产值作为重工业总产值。

工业增加值 是指工业行业在报告期内以货币表现的工业生产活动的最终成果。

固定资产原价 固定资产原价指企业在建造、购置、安装、改建、扩建、技术改造某项固定资产时所支出的全部货币总额。它一般包括买价、包装费、运杂费和安装费等。

固定资产净值 是指固定资产原价减去历年已提折旧额后的净额。

流动资产 流动资产是指可以在一年或者超过一年的一个营业周期内变现或者耗用的资产,包括现金及各种存款、短期投资、应收及预付货款、存货等。

利税总额 指企业利润总额、产品销售税金及附加和应交增值税之和。

资金利税率 指在一定时期内已实现的利润、税金总额与同期的资产(固定资产净值和流动资产)之比。计算公式:

$$资金利税率(\%)=\frac{报告期累计实现利税总额}{固定资产净值平均余额+流动资产平均余额}\times100\%$$

资金利税率反映每单位(通常是每万元)资金所提供的利润税金额。它是考察和评价部门或企业资金运用的经济效益,分析资金投入效果的主要分析指标。

工业成本费用利润率 指在一定时期内实现的利润与成本费用之比,是反映工业生产成本及费用投入的经济效益指标,同时也是反映降低成本的经济效益的指标。计算公式:

$$工业成本费用利润率(\%)=\frac{利润总额}{成本费用总额}\times100\%$$

工业增加值率 指在一定时期内工业增加值占同期工业总产值的比重,反映降低中间消耗的经济效益。计算公式:

$$工业增加值率(\%)=\frac{工业增加值(现价)}{工业总产值(现价)}\times100\%$$

流动资金周转次数 指在一定时期内流动资产完成的周转次数,反映流动资产的周转速度。计算公式:

$$流动资金周转次数=\frac{产品销售收入}{全部流动资产平均余额}$$

产品销售率 指一定时期内销售产值与同期全部工业总产值之比,反映工业产品生产已实现销售的程度。计算公式:

$$工业产品销售率(\%)=\frac{报告期现价工业销售产值}{报告期现价工业总产值}\times100\%$$

产品销售收入 指企业销售产品的销售收入和提供劳务等主要经营业务取得的业务总额。

产品销售成本 指企业销售产品和提供劳务等主要经营业务的实际成本。

产品销售税金及附加 指企业销售产品和提供工业性劳务等主要经营业务应负担的城市维护建设税、消费税、资源税和教育费附加。

产品销售利润 指企业销售产品和提供工业性劳务等主要经营业务收入扣除其成本、费用、税金后的利润。

利润总额 指企业实现的利润。

应交增值税 指企业在报告期内应交纳的增值税额。

产值利税率 指报告期已实现的利润、税金总额(包括利润总额、产品销售税金及附加和应交增值税)占同期全部工业总产值的百分比,计算公式为:

$$产值利税率(\%)=\frac{利税总额}{工业总产值}\times100\%$$

全员劳动生产率 指根据产品的价值量指标计算的平均每一个职工在单位时间内的产品生产量。是考核企业经济活动的重要指标,是企业生产技术水平、经营管理水平、职工技术熟练程度和劳动积极性的综合表现。目前我国的全员劳动生产率是将工业企业的工业增加值除以同一时期全部职工的平均人数来计算的。计算公式:

$$全员劳动生产率=\frac{工业增加值}{全部职工平均人数}$$

资本金 指企业在工商行政管理部门登记的注册资金合计。企业资本金按投资主体可分为国家资本金、法人资本金、个人资本金和外商资本金等。资本金合计包括企业各种投资主体注册的全部资本金。

总资产 指企业拥有或控制的全部资产。包括流动资产、长期投资、固定资产、无形及递延资产、其他长期资产、递延税项等，即为企业资产负债表的资产总计项。

(1)流动资产 指企业可以在一年内或者超过一年的一个生产周期内变现或耗用的资产合计。包括现金及各种存款、短期投资、应收及预付款项、存货等。

(2)固定资产 指企业固定资产净值、固定资产清理、在建工程、待处理固定资产损失所占用的资金合计。

(3)无形资产 指企业长期使用而没有实物形态的资产。包括专利权、非专利技术、商标权、著作权、土地使用权、商誉等。

总负债 指企业承担并需要偿还的全部债务。包括流动负债和长期负债、递延税项等，即为企业资产负债表的负债合计项。

(1)流动负债 指企业在一年内或者超过一年的一个营业周期内需要偿还的债务合计，其中包括短期借款，应付及预收款项、应付工资、应交税金和应交利润等。

(2)长期负债 指企业在一年以上或者超过一年的一个生产周期以上需要偿还的债务合计，其中包括长期借款、应付债务、长期应付款项等。

所有者权益 指企业投资人对企业净资产的所有权。企业净资产等于企业全部资产减去全部负债后的余额，其中包括投资者对企业的最初投入，以及资本公积金、盈余公积金和未分配利润，对股份制企业即为股东权益。

交通运输和邮电通讯业

铁路营业里程 又称营业长度，指办理客货运输业务的铁路正线总长度。凡是全线或部分建成双线及以上的线路，以第一线的实际长度计算；复线、站线、段管线、岔线和特殊用途线以及不计算运费的联络线都不计算营业里程。铁路营业里程是反映铁路运输业基础设施发展水平的重要指标，也是计算客货周转量、运输密度和机车车辆运用效率等指标的基础资料。

铁路正线延展里程 是正线第一线、第二线、第三线和其他正线建筑里程之和，不包括站线、段管线、岔线及特殊用途线的延展里程。它是作为计算铁路线上钢轨、枕木及路基砂石需要量的主要依据。

公路里程 指在一定时期内实际达到《公路工程技术标准 JTJ01－88》规定的等级公路，并经公路主管部门正式验收交付使用的公路里程数。其计算单位为：km。它包括大中城市的郊区公路以及通过小城镇街道部分的公路里程，也包括桥梁、渡口的长度，但不包括大中城市的街道、厂矿、林区生产用道和农业生产用道的里程。两条或多条公路共同经由一路段，只计算一次，不得重复计算里程长度。公路里程是反映公路建设发展规模的重要指标，也是计算运输网密度等指标的基础资料。

内河航道里程 也称“内河通航里程”，是反映内河水运网规模、水平和发展情况的主要指标；是指在一定时期内，能通航运输船舶及排筏的天然河流、湖泊水库、运河及通航渠道的长度。包括全年季节性通航累计三个月以上的航道，但不包括仅供零散流放竹、木排的河道。

民用航空航线里程 指民航运输定期班机飞行的航线长度的总和。航线长度按机场之间的距离计算，通常有两种计算方法：将每条航线长度相加称为重复计算航线里程；如将两条或两条以上航线经过同一区段里程，只计算一次航线长度称为不重复计算航线里程。一般常用的是后者，它能确切反映民航运输网的规模，表明民航事业为国民经济服务和方便人民生活程度的主要指标。

货(客)运量 指在一定时期内，各种运输工具实际运送的货物(旅客)数量。是反映运输业为国民经济和人民生活服务的数量指标，也是制定和检查运输生产计划，研究运输发展规模和速度的重要指标。货运按吨计算，客运按人计算。货物不论运输距离长短，货物类别，均按实际重量统计；旅客不论行程远近或票价多少，均按一人一次作为客运量统计。半价票、小孩票也按一人统计。

货物(旅客)周转量 指在一定时期内，由各种运输工具运送的货物(旅客)数量与其相应运输距离的乘积之总和，是反映运输业生产总成果的重要指标，也是编制和检查运输生产计划，计算运输效率、劳动生产率以及核算运输单位成本的主要基础资料。通常以吨公里和人公里为计算单位。计算货物周转量通常按发出站与到达站之间的最短距离，也就是计费距离计算。

邮电业务总量 指以货币表现的邮电部门用于传递信息和提供其他邮电服务的总数量。它综合反映了一定时期邮电工作的总成果，是研究邮电业务量构成和发展趋势的重要指标。根据邮电管理体制不同，分为中央国营业务总量和地方国营业务总量。它用各种邮电分类业务量，如函件件数、电报份数、长话张数、市内电话和农村电话的年均户数、订销报刊累计份数等，分别乘以相应的平均单价（不变价），加总后再加上出租电路和设备的收入、代用户维护电话交换机和线路等设备的收入、其他业务收入求得。

市内电话　指接入县城（包括个别城镇）及县以上城市的市内电话网上，并按市内电话进行经营管理的电话。按计费办法分为包月制和计次制两种。

(1)住宅电话 指话机装在居民住宅里的电话。它包括私人付费、公费和免费三个部分。

(2)私人付费电话 指住宅居民自费安装并自己缴纳通话费的电话。

无线寻呼电话用户　指携带小型寻呼机，接收市话用户通过无线寻呼中心，在规定范围内向其发出声音、数字或文字显示信息的用户。目前在邮电部门办理登记手续的无线寻呼电话用户，每一部寻呼机按一户计算。

移动电话用户　指在邮电部门登记，通过移动电话交换机进入移动电话网、占有移动电话号码的电话用户。用户数量以实际办理登记手续进入邮电部门移动电话网的户数进行计算，一部或一台移动电话统计为一户。

建　筑　业

建筑业总产值（即自行完成施工产值）　指建筑业企业或附营建筑施工单位自行完成的按工程进度计算的建筑安装生产总值。建筑业产值包括：

① 建筑工程产值：指列入建筑工程预算内的各种工程价值。

② 设备安装工程产值：指设备安装工程价值。

③ 房屋、构筑物修理产值：指房屋、构筑物修理所完成的价值，但不包括被修理房屋、构筑物本身的价值和生产设备的修理价值。

④非标准设备制造产值：指加工制造没有定型的、非标准的生产设备的加工费和原材料价值，不论是现场还是附属加工厂为本单位承建工程制造的非标准设备的价值，都应计算产值。

建筑业增加值　指建筑业企业在报告期内以货币表现的建筑业生产经营活动的最终结果。目前建筑业增加值采用分配法（收入法）计算，即从收入的角度出发，根据生产要素在生产过程中应得的收入份额计算。具体计算公式为：

建筑业增加值＝本年提取的固定资产折旧＋应付工资＋应付福利费＋管理费中的劳动待业保险金、税金＋工程结算税金及附加＋工程结算利润。

房屋建筑施工面积　指在报告期内施工的全部房屋建筑面积。包括本期内新开工的、上期施工跨入本期继续施工、上期停建本期复工的房屋建筑面积；不包括上期开工后又停工，本期未施工的房屋建筑面积。

房屋建筑竣工面积　指在报告期内，按照设计所规定的工程内容全部完成，达到了设计规定的交工条件，经有关部门检查验收鉴定合格的房屋建筑面积。

自有机械设备年末总台数　指归本企业（或单位）所有，属于本企业固定资产的生产性机械设备年末总台数。包括施工机械、生产设备、运输设备以及其他设备。

自有机械设备年末总功率　指本企业（或单位）自有施工机械、生产设备、运输设备以及其他设备等列为在册固定资产的生产性机械设备年末总功率，按设定能力或查定能力计算。包括机械本身的动力和为该机械服务的单独动力设备，如电动机等。计算单位用千瓦，动力换算可按 1 马力＝0.735 千瓦折合成千瓦数。电焊机、变压器、锅炉不计算动力。

工程结算收入　指企业（或单位）按工程的分部分项自行完成的建筑产品价值并已与甲方在报告期内办理结算手续的工程价款收入，以及向甲方收取的除工程价款以外的按规定列作营业收入的各种款项，如临时设施费、劳动保险费、施工机械调迁费等以及向甲方收取的各种索赔款。

工程结算利润　指已结算工程实现的利润。如为亏损以“－”号表示。其计算公式为：

工程结算利润＝工程结算收入－工程结算成本－工程结算税金及附加

企业总收入　指与企业生产经营直接有关的各项收入，包括工程结算收入和其他业务收入，即：

企业总收入＝工程结算收入＋其他业务收入

批发零售贸易和餐饮业

社会消费品零售额　指各种经济类型的批发零售贸易业、餐饮业、制造业和其他行业对城乡居民和社会集团的消费品零售额。这个指标反映通过各种商品流通渠道向居民和社会集团供应的生活消费品来满足他们生活需要，是研究人民生活，社会消费品购买力、货币流通等问题的重要指标。社会消费品零售额包括：(1)售给城乡居民作为生活用的商品和修建房屋用的建筑材料；(2)售给机关、团体、学校、部队、企业、事业单位的职工食堂和旅店（招待所）附设专门供本店旅客食用，不对外营业的食堂的各种食品、燃料；企业、单位和国营农场直接售给本单位职工和职工食堂的自己生产的产品；(3)售给部队干部、战士生活用的粮食、副食品、衣着品、日用品、燃料；(4)售给来华的外国人、华桥、港澳台同胞的消费品；(5)居民自费购买的中、西药品、中药材及医疗用品；(6)报社、出版社直接售给居民和社会集团的报纸、图书、杂志、集邮公司出售的新、旧纪念邮票、特种邮票、首日封、集邮册、集邮工具等；(7)旧货寄售商店自购、自销部分的商品；(8)煤气公司、液化石油气站售给居民和社会集团的煤气灶具和罐装液化石油气；(9)农民售给非农业居民和社会集团的商品。不包括售给国民经济各部门企业、事业单位（包括国有经济的农场）生产经营用的各种原材料、燃料、设备、工具等和售给批发零售贸易业、餐饮业作为转卖用的商品、旧货寄售商店受托寄售卖出的商品、服务业的营业收入、邮局出售邮票的收入、自来水、电力、煤气生产（供应）单位的产品供应收入，也不包括农民之间的商品销售。

批发零售贸易业商品购、销、存总额　指以各种经济类型的批发、零售贸易业（不包括个体）为总体的商品购、销、存。

商品购进总额　指从本企业（单位）以外的单位和个人购进（包括从国外直接进口）作为转卖或加工后转卖的商品。这个指标反映批发零售贸易业从国内、国外市场上购进商品的总量。商品购进总额包括：(1)从工农业生产者购进的商品；(2)从出版社、报社的出版发行部门购进的图书、杂志和报纸；(3)从各种经济类型的批发零售贸易企业（单位）购进的商品；(4)从其他单位购进的商品，如从机关、团体、企业、单位购进的剩余物资，从餐饮业、服务业购进的商品，从海关、市场管理部门购进的缉私和没收的商品，从居民收购的废旧商品等；(5)从国（境）外直接进口的商品。不包括企业（单位）为自身经营用，和未通过买卖行为而收入的商品以及销售退回、商品升溢等。

商品销售总额　指对本企业（单位）以外的单位和个人出售（包括对国（境）外直接出口）的商品。这个指标反映批发零售贸易业在国内市场上销售商品以及出口商品的总量。商品销售总额包括：(1)售给城乡居民和社会集团消费用的商品；(2)售给工业、农业、建筑业、运输邮电业、批发零售贸易业、餐饮业、服务业等作为生产、经营使用的商品；(3)售给批发零售贸易业作为转卖或加工后转卖的商品；(4)对国（境）外直接出口的商品。不包括：出售本企业（单位）自用的废旧包装用品，未通过买卖行为付出的商品，经本单位介绍，由买卖双方直接结算，本单位只收取手续费的业务，购货退出的商品以及商品损耗和损失等。

批发零售贸易业年末库存　指年末各种经济类型的批发零售贸易企业（单位）已取得所有权的商品。它反映各地区、各批发零售贸易企业（单位）的商品库存情况，和对市场商品供应的保证程度。期末库存包括：(1)存放在批发零售贸易业经营单位（如门市部、批发站、经营处）仓库、货场、货柜和货架中的商品；(2)挑选、整理、包装中的商品；(3)已记入购进而尚未运到本单位的商品，即发货单或银行承兑凭证已到而货未到部分；(4)寄放他处的商品，如因购货方拒绝承付而暂时存放在购货方的商品和已办完加工成品收回手续而货未提回的商品；(5)委托其他单位代销（未作销售或调出）尚未售出的商品；(6)代其他单位购进尚未交付的商品。不包括所有权不属于本单位的商品、拨付除批发零售贸易业以外的其他行业所属独立核算加工厂等加工生产尚未收回成品的商品、代国家物资储备部门保管的商品等。期末库存总额计算方法是：农副产品采购单位按购进价计算，批发单位按进货价计算，零售单位按什么价格核算就按什么价格计算。

城乡集市贸易成交额　指在农村集市和城市集市上买卖双方（包括农民、非农业居民、机关、团体、工商企业、个体商贩）成交的全部商品金额，是反映集市贸易规模的综合性指标。

对外经济贸易和旅游业

利用外资　指我国各级政府、部门、企业和其他经济组织通过对外借款、吸收外商直接投资以及用其他方式筹措的境外现汇、设备、技术等。

对外借款　是我国利用外资的主要部分。包括我国通过外国政府贷款，国际金融组织贷款，外国银行商业贷款，出口信贷以及对外发行债券，股票等方式，从境外筹措的资金。

外商直接投资　是指外国企业和经济组织或个人（包括华侨、港澳台胞以及我国在境外注册的企业）按我国有关政策、法规、用现汇、实物、技术等在我国境内开办外商独资企业、与我国境内的企业或经济组织共同举办中外合资经营企业、合作经营企业或合作开发资源的投资（包括外商投资收益的再投资）以及经政府有关部门批准的项目投资总额内，企业从境外借入的资金。

旅游人数　指来我国参观、访问、旅行、探亲、访友、休养、考察、参加会议和从事经济、科技、文化、教育、体育、宗教等活动的外国人、华侨、港澳和台湾同胞的人数。不包括外国在我国的常驻机构,如使领馆、通讯社、企业办事处的工作人员;来我国常驻的外国专家、留学生以及在岸逗留不过夜人员。

国际旅游(外汇)收入　指入境旅游的外国人、华侨、港澳台同胞在中国大陆旅游过程中发生的一切旅游支出,对于国家来说就是国际旅游(外汇)收入。

进出口总额　海关进出口总额指实际进出我国国境的货物总金额。包括对外贸易实际进出口货物,来料加工装配进出口货物,国家间、联合国及国际组织无偿援助物资和赠送品,华侨、港澳台同胞和外籍华人捐赠品,租赁期满归承租人所有的租赁货物,进料加工进出口货物,边境地方贸易及边境地区小额贸易进出口货物(边民互市贸易除外),中外合资经营企业、中外合作经营企业、外商独资经营企业进出口货物和公用物品,到、离岸价格在规定限额以上的进出口货样和广告品(无商业价值、无使用价值和免费提供出口的除外),从保税仓库提取在中国境内销售的进口货物,以及其他进出口货物。进出口总额用以观察一个国家在对外贸易方面的总规模。我国规定出口货物按离岸价格统计,进口货物按到岸价格统计。

金融和保险

存款　企业、机关、团体或居民根据可以收回的原则,把货币资金存入银行或其他信用机构保管并取得一定利息的一种信用活动形式。根据存款对象的不同可划分为企业存款、财政存款、机关团体存款、基本建设存款、城镇储蓄存款、农村存款等科目。它是银行信贷资金的主要来源。

贷款　银行或其他信用机构根据必须归还的原则,按一定利率,为企业、个人等提供资金的一种信用活动形式。我国银行贷款分为流动资金贷款、固定资产贷款、城乡个体工商户贷款以及农业贷款等科目。

承保额　又叫保险金额。它是保险人对被保险人负担损失补偿或约定给付的金额。它是保险合同上的最高责任额,也是计算保费的依据。

保费　又叫保险费。是保险人根据保险合同的有关规定,为被保险人取得因约定危险事故发生所造成的经济损失补偿(或给付)权利,付给保险人的代价。包括财产险和人身险储金收入。

赔款　保险事故发生后,经查证确属保险责任范围以内的保险标的损失,保险人根据保险合同的规定履行赔偿义务,给予被保险人的款项叫做赔款。赔款可分为已决赔款和未决赔款两种。

教育、科技和文化事业

普通高等学校　指按照国家规定的设置标准和审批程序批准举办,通过国家统一招生考试,招收高中毕业生为主要培养对象,实施高等教育的全日制大学、独立设置的学院和高等专科学校、短期职业大学。

成人高等学校　指按照国家有关规定审批,招收通过全国成人高教统一招生考试的具有高中毕业或同等学历的在职从业人员利用脱产、半脱产、业余或函授等多种形式对其实施高等学历教育,培养高等教育专科或本科毕业水平的专门人才,修业年限、课程设置和总学时数均按高等学历教育要求付诸实施的学校。包括广播电视大学、职工高等学校、农民高等学校、管理干部学院、教育学院、独立设置的函授学院等。

小学学龄儿童入学率　指调查范围内已入小学学习的学龄儿童占校内外学龄儿童总数(包括弱智儿童在内,但不包括盲聋哑儿童)的比重。计算公式:

$$小学学龄儿童入学率=\frac{已入学的小学学龄儿童数}{校内外小学学龄儿童总数}\times 100\%$$

独立研究与开发机构　指有明确的任务和研究方向,有一定学术水平的业务骨干和一定数量的研究人员,具有研究、开发、开展学术工作的基本条件,主要进行科学研究与技术开发活动,并且在行政上有独立的组织形式财务上独立核算盈亏,有权与其他单位签订合同,在银行有单独户头的单位。包括国务院各部门、中国科学院、中国社会科学院和各省、自治区、直辖市以及地(市)以上〔含地(市)〕各部门所属的国有独立的科学研究与技术开发机构。

独立研究与开发机构职工

指在科学研究与技术开发机构工作,并由其支付工资的各种人员。包括长期职工和临时职工,不包括编制以外的离休、退休人员和停薪留职人员,但包括招聘人员。

研究与发展经费支出　指报告期内用于研究与实验发展课题活动(基础研究、应用研究、实验发展)的全部实际支出。包括用于研究与发展课题活动的直接支出,还包括间接用于研究与发展活动的一切支出(院、所管理费、维持院、所正常运转的必需费用和与研究发展有关的基本建设支出)。

科学家和工程师 指具有大学本科及以上学历的和不具备上述学历但有高、中级职称的人员。

其他科技人员 指大专、中专毕业和具有初级职称的从事科技活动人员。

发明 指专利法及其实施细则所称的发明,指对有关产品、方法或其改进所提出的新的技术方案。

实用新型 指专利法及其实施细则所称的实用新型,指对产品的形状、构造或者其结合所提出的适于实用的新的技术方案。

外观设计 专利法及其实施细则所称的外观设计是指对产品的形状、图案、色彩或者其结合所作出的富有美感并适于工业上应用的新设计。

文化事业机构 指从事专业文化工作和为专业文化工作服务的独立建制的单独核算的单位。不包括这些单位另外举办独立核算的其他机构和各部门的业余文化组织。艺术表演团体 指从事戏曲、音乐、舞蹈、杂技等专业艺术表演,有独立帐户,实行单独核算的团体。不包括半工半艺、半农半艺和民间职业剧团。

电影放映单位 指具有放映机器设备、固定或不固定的放映场所与专职或兼职的放映技术人员,经有关部门登记批准,经常为一定的观众对象放映电影的机构。包括经批准对外开放进行营业,并与电影发行放映管理机构分帐的专用放映单位和军委系统租片单位。

艺术表演观众人数(人次) 指售票、包场演出或民族地区免费演出的艺术表演观众人次数。不包括彩排审查和内部观摩演出的观看人次数。

体育、卫生和其他事业

等级运动员人数 指经考核正式批准授予等级运动员称号的人数。运动员等级分为国际级运动健将、运动健将、一级运动员、二级运动员、三级运动员、少年级运动员。

等级裁判员人数 指经考核正式批准授予等级裁判员称号的人数。裁判员等级分为国际裁判、国家级裁判、一级裁判、二级裁判、三级裁判。

体育场 指有 400 米跑道(中心含足球场),有固定道牙,跑道 6 条以上,并有固定看台的室外田径场地。以看台容纳观众人数分:甲级 25000 人以上,乙级 15000－25000 人,丙级 5000－15000 人,丁级 5000 人以下。

体育馆 指有固定看台,可借篮球、排球、羽毛球、乒乓球、体操等项目训练比赛活动用的室内运动场地。以看台容纳观众人数分:甲级 6000 人以上,乙级 4000－6000 人,丙级 2000－4000 人,丁级 2000 人以下。

医院 指名称为医院,设有固定床位能收容病人住院并能为病人提供医疗、护理服务的医疗机构。包括县及县以上医院、农村乡卫生院、其他医院三部分。按所属性质分为卫生部门、工业及其他部门,集体经济单位三类。其中县及县以上医院按业务性质分为综合医院和专科医院。

卫生技术人员 指卫生事业机构支付工资的全部固定职工和合同制职工中现任职务为卫生技术工作的专业人员。包括中医师、西医师、中西医结合高级医师、护师、中药师、西药师、检验师、其他技师、中医士、西医士、护士、助产士、中药剂士、西药剂士、检验士、其他技士、其他中医、护理员、中药剂员、西药剂员、检验员,其他初级卫生技术人员。

医生 指经卫生部门审查合格,从事医疗工作的专业人员。分为中医医生和西医医生。包括卫生技术人员中的中医师、西医师、中西结合高级医师、中医士、西医士和其他中医。

社会福利事业单位 指集中收养社会孤老、残、幼的机构。包括由民政部门管理的社会福利院、儿童福利院、精神病人福利院和城镇集体办的福利院,以及农村集体举办的敬老院。

社会福利事业单位收养人数 包括民政部门管理的和城镇及农村集体举办的社会福利事业单位中收养的老人、少年儿童、缺乏生活自理能力的残疾人员和精神病人。

社会福利企业单位 指以安置城镇有一定劳动能力的盲、聋、哑和肢体残疾人员就业为目的,享受国家减免税待遇的国有或集体经济性质的企业。包括福利工厂、福利商业服务业、假肢厂和安置农场等单位。

律师 指受聘参加法律顾问处工作,担任法律顾问、刑(民)事代理人、刑事辩护人,办理非诉讼事件、解答法律询问,代写法律事务文书等主要从事律师业务的专职法律工作者和兼职律师。

公证人员 指在国家公证机关依法办理公证事务的司法人员。包括公证员、助理公证员和在公证处工作的其他人员。

办理公证文书 指公证处在一定时期内办结的公证文书件数。公证文书系按司法部规定或批准的格式制作。包括国内公证和涉外公证两部分。其中国内公证分为经济合同公证和民事法律关系公证两大类。

调解人员 在人民调解委员会担负调解民间一般民事纠纷和轻微违法行为所引起的纠纷的工作人员。

包括调解委员会的委员和调解小组的调解员。

调解民间纠纷 指调解委员会依照法律规定，根据自愿原则，用说服教育的方法调解民间发生的有关民事权利和义务的争执，促成当事双方达到协议和谅解，解决纠纷。包括婚姻家庭纠纷，财产权益纠纷等。不包括法院受理调解的民事案件数。

离休、退休、退职人员 指正式办理了离休、退休、退职手续，并享受相应的离休、退休、退职待遇的人员。

保险福利费用 指企业、事业、机关单位在工资以外实际支付给职工和离休、退休、退职人员个人以及用于集体的劳动保险和福利费用。

(1)职工保险福利费用具体包括：

①医疗卫生费 指实行公费医疗企业的职工及其供养的直系亲属的医疗费、医务经费、职工因工负伤就医路费以及住院伙食补助费等；卫生部门开支的事业及机关单位职工的公费医疗经费；未参加公费医疗的企业、事业和机关单位职工的医药费。

②丧葬抚恤救济费 指职工死亡的丧葬费、丧葬补助费和所遗供养直系亲属的抚恤费、救济费、生活补助费以及职工供养直系亲属死亡时的丧葬补助费等。

③生活困难补助 指对生活困难的职工实际支付的定期补助和临时性补助。

④文体宣传费 指企业、事业和机关单位实际支付的文体宣传费。不包括学习费。

⑤集体福利事业补贴费 指对职工浴室、理发室、洗衣房、哺乳室、托儿所等集体福利设施各项支出与收入相抵后的差额补助费。

⑥集体福利设施费 指按照国家规定开支的集体福利设施费用。如职工食堂炊事用具的购置费、修理费、职工宿舍的修缮费用。不包括由企业、事业、机关单位自筹经费开支的职工福利设施的基本建设费用。

⑦计划生育补贴 指发给职工独生子女的补贴费和保健费。

⑧其他 指上述费用以外，单位支付给职工的保险福利费。

(2)离休、退休、退职人员保险福利费用具体包括：

①离休金 指发给离休人员的工资和按1982年国务院发布的“关于老干部离职休养制度的几项规定”发给符合规定的离休干部相当于1－2个月标准工资的生活补贴和国务院〔1989〕82、83号文件规定提高离休人员的待遇所增加的费用及粮油价格补贴等。

②退休金 指按照国家有关规定发给退休人员的退休费和国务院〔1989〕82、83号文件规定提高退休人员的待遇所增加的费用及粮油价格补贴等。

③退职生活费 指按照1978年国务院《关于工人退休、退职的暂行办法》规定定期发给退职人员的生活费用和国务院〔1989〕82、83号文件规定提高退职人员的待遇所增加的费用及粮油价格补贴等。

④医疗卫生费 离休、退休、退职人员的医疗费、住院费以及住院伙食补助等费用。

⑤护理费 因工致残、饮食起居需人扶助的离休、退休人员的护理费以及因病不能自理的离休人员的护理费。

⑥生活补贴 按照1985年国务院《关于发给离休退休人员生活补贴费的通知》规定，发给离休、退休人员的生活补贴费。

⑦交通费补贴 指按月发给离休人员的交通费补贴。

⑧丧葬抚恤救济费 指离休、退休、退职人员死亡的丧葬费、丧葬补助费和所遗供养直系亲属的抚恤费、救济费、生活补助费以及供养直系亲属死亡时的丧葬补助费等。

⑨其他 包括易地安置的离休、退休、退职人员的安家补助费；离休、退休、退职人员的生活困难补助费、书报费、洗理费、副食品价格补贴、房租价格补贴、水电补贴、少数民族补贴以及老干部活动经费开支的旅游费用等。

工业废水排放量 指经过企业厂区所有排放口排到企业外部的工业废水量。包括生活废水、外排的直接冷却水、超标排放的矿井地下水和与工业废水混排的厂区生活污水，不包括外排的间接冷却水(清污不分流的间接冷却水应计算在内)。

工业废水排放达标量 指各项指标都达到国家或地方排放标准的外排工业废水量，包括未经处理外排达标的和经过处理后外排达标的两部分。国家排放标准见GB8978－88。

工业废水处理量 指报告期内各种水治理设施实际处理的工业废水量，包括处理后外排的和处理后回用的工业废水量。虽然处理但未达到国家或地方排放标准的废水量也应计算在内。计算时，如遇有车间和厂排放口均有治理设施，并对同一废水分级处理时，不应重复计算工业废水处理量。

工业废气排放量 指企业厂区内燃料燃烧和生产工艺过程中产生的各种排入空气的含有污染物的气体

的总量，以标准状态〔273K，101325Pa〕计。

二氧化硫排放量 指企业在燃料燃烧和生产工艺过程中排入大气的二氧化硫量。

工业烟尘排放量 指企业厂区内的燃料燃烧产生的烟气中夹带的颗粒物的量。

工业粉尘排放量 指企业在生产工艺过程中排放的颗粒物重量。如钢铁企业的耐火材料粉尘、焦化企业的筛焦系统粉尘、烧结机的粉尘、石灰窑的粉尘、建材企业的水泥粉尘等。不包括电厂排入大气的烟尘。

工业固体废物产生量 指企业在生产过程中产生的固体状、半固体状和高浓度液体状废弃物的总量，包括危险废物、冶炼废渣、粉煤灰、炉渣、煤矸石、尾矿、放射性废物和其他废物等；不包括矿山开采的剥离废石和掘进废石（煤矸石和呈酸性或碱性的废石除外）。酸性或碱性废石是指采掘的废石其流经水、雨淋水的 pH 值小于 4 或 pH 值大于 10.5 者。

环境污染与破坏事故 指由于违反环境保护法规的经济、社会活动与行为，以及意外因素的影响或不可抗拒的自然灾害等原因，致使环境受到污染，国家重点保护的野生动植物、自然保护区受到破坏，人体健康受到危害，社会经济和人民财产受到损失，造成不良社会影响的突发性事件。

Explanatory Notes on Main Statistical Indicators

ADMINISTRATIVE DIVISION AND NATURAL RESOURCE

Forest Coverage - Rate refers to the ratio of area of afforested land to total area of land (measured in percentage). According to regulations of the government , calculation forest coverage - rate, in addition to afforested land, the area of bush forest, the area of forest land inside farm land and the area of trees planted by the side of farm houses and along the roads, rivers and fields should be included in the area of afforested land in the calculation of the forest coverage - rate. This indicator shows the forest resources and afforestation progress of a country or a region. The formula for calculating forest coverage - rate is as follows:

$$\text{Forestry Coverage-rate}(\%) = \frac{\text{Area of Afforested Land}}{\text{Area of Total Land}} \times 100\%$$

Stock Volume of Forest refers to total stock volume of wood growing in forest area, which shows the total size and level of forest resources of a country or a region.

Ensured Mineral Reserves refer to the actual mineral reserves , which equal to the proven mineral reserves (including industrial reserves and prospective reserves) minus extracted parts and underground losses. This indicator shows the current condition of the mineral resources of a country.

GENERAL SURVEY

Gross Domestic Product refers to gross domestic product calculated at market prices, which is the final products of all resident units in a country (or region) during a certain period of time. Gross domestic product is expressed in three different forms, i. e. value added, income, and products respectively. The form of value added refers to the total value of all products and suervices produced by all resident units during a certain period of time minus total value of input of materials and services of the nature of non - fixed assets or the summation of the value added of all resident and non - resedent units; the form of products refers to all final goods and services minus imports of goods and services. In the practice of national accounting, gross domestic product is calculated with three approaches, i. e. product approach, income approach, and expenditure approach respectively to reflect gross domestic product and its composition from different aspects.

Gross National Product refers to gross national product calculated at market price, which is the final result of the primary distribution of the income created by all the resident units of a country during a certain period of time. The value added created by the resident units of a country engaged in production activities is mainly distributed to the resident units of that country while a part of it is distributed to the non - resident units of the country in the form of remuneration for the labourers and property income. Simultaneously a part of the value added created abroad is distributed to the resident units of the country in the form of remuneration for the labourers and property income. Thus the concept of gross national product is formed, which equals to gross domestic product plus overseas incomeas remuneration for the labourers and property in come minus payment abroad as remuneration for the labourers and property income. Unlike gross domestic product which is a comcept of production, gross national product is a concept of income.

The difference among gross national product and total value of society and notional income is that the total value of society and national income only take into account products of material production sectors, while the gross national product, in addition to products of material production sectors, also takes into account of products of non - material production sectors . in terms of the value composition of the three conceptions, the total value of society includes the total value of all products of the society; the gross national product includes only the newly created value in the process of producing goods and services, i. e. the value added and excludes the value of the input of intermediate goods and services; National income excludes both the intermediate input and depreciation of fixed assets and includes only the net value of output. **Three Industries** Industry structure has been classified according to the historical sequence of development. Primary industry refers to estraction of natural resources; secondary industry involves processing of primary products ; and tertiary industry provides services of various kinds for production and consumption. The above classification is universal although it varies to some extent form country to country. Industry in China comprises:

Primary industry: agriculture (including farming, forestry, animal husbandry, sideline production and fishery).

Secondary industry: industry (including mining and quarrying, manufacturing, water supply, electricity generation and supply, steam , hot water, gas) and construction.

Tertiary industry: all other industries not included in primary or secondary . Due to the fact that tertiary industry involves in a large variety of industries in China, it is divided into two sectors: circulation sector and service sector and further into four levels:

The first level: circulation sector, including transportation, postal and telecommunications, services, commerse, catering trade, material supply and marketing, and storage.

The second level: service sector providing services for production and consumption, including banking, insurance, geological survey, real estate, puglic utilities, service for residents, consultancy service, and comprehensive technical services, and service for agriculture, forestry, animal husbandry, fishery, water conservancy, and maintenance of roads and inland water ways, etc. The third level : service sector for up grading scientific, educational and cultural level of thepeople, including education, culture, broadcasting, televiseon, scientific research, public health, sports, and social welfare, etc. The fourth level: sector ptoviding services for public needs, including government agencies, political and party organizations, social organizations, armies, and policemen.

GDP Calculated With Expenditure Approach refers to total expenditure on final comsumption, total capital formation and net export of goods and services by resident units of a country in a certain period of time. It reflects the composition of GDP by its use.

Final Consumption refers to the total expenditure of resident units on final consumption of goods and services in a certain period, namely the expenditure of the resident units for purchases of goods and services from domestic economic territory and abroad to meet the requirements of material, cultural and spiritual life. It excludes the expenditure of non－resedent units on consumption in the economic territory of the country. The final consumption is classi fied into resident consumption and government consumption.

(1)Resident consumption refers to the total expenditure of resident housen olds on the final consumption of goods and services in a certain period of time. The expenditure of residents on final consumption of goods is recorded when the change of the ownership of goods happens. The expenditure of residents on final consumption of services is recorded when the services are provided. The expenditure of the residents on consumption is calculated at market prices, namely the purchasers' privices which the residents pay; the purchasers' prices of goods are the prices the resedents pay when they obtain the goods, including the transport and commercial expenses paided by the residents. In addition to the expenditure on consumption of goods and services bought by the residents directly with money, the expenditure on goods and services obtained by the residents in other ways, i. e. the so － called fictitious expenditure on consumption, is also included in the expenditure of the residents on consumption. The fictitious expenditure of the residents on consumption includes the following types: (a) the goods and services provided to the residenrs by the units in the form of payment in kind and transfer in kind; (b) the goods and services produced and consumed by the households themselves, in which the services refer only to the services provided by the residential buildings owned by the households; (c) the ser vices of financial intermediary provided by the fiancial institutions; (d) the insurance services provided by the insurance companies.

(2) Government consumption refers to the expenditure on the consumption of the public services provided by the government to the whole society and the net expenditure on the goods and services provided by the government to the households free charge or at lower prices. The former equals tothe output value of the govenment services minus the value of operating in come obtained by the government departments. (The output value of the government serveces equa ls to its current operating expenditure plus depreciation of fixed assets). The latter equals to the market value of the goods and services provided by the government to the households minus the value received by the government from the households.

Total Capital Formation refers to the net amount of the fixed assets and stock acquired minus those disposed, including the total fixed assets formation and the increase in stock.

(1)Total Fixed Capital Formation refers to the value of fixed assets purchased, transferred in by the resident units and those produced and used by themselves in a certain period deducting the value of fixed assets sold and transferred out. It can be classified into total tangible assets formation and total intangible assets formation. The total tangible assers formation include the valus of the construction projects, installation projects completed and the equipment, apparatus and instruments purchased as well as the value of land improved, the value of draught animals, breeding stock, milk, wool and recreational animals and the newly increased economic forest in acertain period. The total intangible assets formation includes the prospecting of minerals, the acquisition of computer soft wares, the originals of recreational works and works of literature and arts minus the disposal of them.

(2) Increase in stock refers to market value of the change in a certain period, i. e. the difference of value between the begining and the end of the period. The increase in stock can depositive. A positive valus indicates the increase in stock while a negative value indicates the decrease in stock. The stock includes the raw materials, fuels and reserve mate rials purchased by the production units as well as the stock of finished products, semi －finished products, work－ in －progress, etc.

POPULATION

Total Population refers to the total number of people alive at a certain point of time within agiven area.

The annual statistics on total population is taken at mid night, the 31st of December.

Birth Rate (or Crude Birth Rate) refers to the ratio of the number of births to the average population during a certain period of time(usually a year), which is often expressed in ‰ . The following formula is used:

$$\text{Birth Rate}=\frac{\text{Number of Births}}{\text{Average Number of Population}}\times 1000‰$$

Number of Births refers to live births, i.e. the births when babies had showed any vital phenomena regardless of the length of pregnancy.

Annual Average Number of Population is the average of the number of population at the baginning of the year and that at the end of the year. sometimes it is substituted for with the mid - year population.

Death Rate (or Crude Death Rate) refers to the ratio of the number of deaths to the average population (or mid - year population) during a certain period of time(usually a year), which is often expressed in ‰. The following formula is used:

$$\text{Birth Rate}=\frac{\text{Number of Deaths}}{\text{Annual Average Numger of Po pulation}}\times 1000‰$$

Natural Growth Rate of Population refers to the ratio of natur al increase in population (number of births minus number of deaths) in a certain period of time (usually a year) to the average population (or mid - year population) of the same period, which is often expressed in ‰. The following formulas are applied:

$$\text{Natural Growth of Population}=\frac{\text{Number of Births}-\text{Number of Deaths}}{\text{Average Number of Population}}\times 1000‰$$

$$\text{Natural Growth Rate of Population}=\text{Birth Rate}-\text{Death Rate}$$

EMPLOYMENT AND WAGE

Employed Persons refers to the persons who are engaged in social labour and receivere muneration payment or earn business income, including:

(1) total staff and workers,

(2) reemployed retirees,

(3) employers of private enterprises,

(4) employers of individual economy,

(5) employed persons in private enterprises and individual economy,

(6) employed persons in the enterprises in the urban areas,

(7) employed persons in the rural areas,

(8) other employed persons (including teachers in the schools run by the local people engaged in religious profession and the servicemen, etc.)

This indicator reflects the actual utilization of total labour force during a certain period of time and is often used for the research on China's economic affairs and national power.

Persons employed in various units refer to all the persons working in government agencies of various levels, political and party organizations, social organizations, and enterprises and institutions and reciving payment, including staff and workers, reemployed retirees, teachers in schools run by the local people, foreigners, and Chinese compatriots from Hong Kong, Macao, and Taiwan working in various units. This indicator reflects the total number of laborers actually engaged in production or other operations in various units.

Economically Active Population refers to the population, th e members of which are aged 16 and over, capable to labour, participating in or desitous to participate in the social and economic activities, including employed persons and unemployed persons.

Registered Unemployed Persons And Registered Unemployent Rate in Urban Areas: The registered unemployed persons in urban areas refer to the persons who are registered as permanent residents in the urban areas engaged in non - agricultural activities, aged within the range of working age, capable to labour, unemployed but desirous to be employed and have been registered at the local employment service agencies to apply for a job. Registered unemployment rate in persons and the registered unemployed persons. The formula is as follows:

Registered unemployment rate in urban areas = the number of the registered unemployed persons ÷ (the number of employed persons + the number of the registered unemployed persons) × 100‰

Total Wages of Staff And Workers refer to the total remunera tion payment to staff and workersin various units during a certain period of time. The calculation of total wages is based on the total remuneration payment to the staff and workers. Therefore, all the wages and salaries and other payments to staff and workers are included in the total wages regardless of their sources, category, and forms(in kind or cash).

Average Wage of Staff And Workers refers to the average wage in money terms per person during acertain period of time for staff and workers in enterprises, insitutions, and government agencies, which reflects the general level of wage income during a certain period of time and is calculated as follows:

$$\text{Average wage of staff and workers}=\frac{\text{Total Wages of Staff and Workers in Reference Period}}{\text{AverageNumber of Staff and Workers in Reference Period}}$$

Average Real Wage of Staff and Workers refers to average wage of sraff and workers after removing the effects of price changes, whichis calculated as follows:

Average Real Wage of Staff and Workers= Average Wage of Staff and Workers in Reference Period÷Consumer Price Index of Urban Residents in Reference Period

INVESTMENT IN FIXED ASSETS

Total Investment in Fixed Assets in the Whole Country Investment in fixed assets is the essential means for social reproductuion of fixed assets. By means of construction and purchase of fixed assets, more advanced technonlogies and equipment are adopted in the national economy, and new sectors are established, which promote the adjustment of economic structure and the regional distribution of productive forces and enhance the economic strengths so as to provide the material conditions for improving prople's livelihood. This is significant for speeding up the drive of socialist modernization in China.

Amount of investment in fixed assets refers to the volume of activities in construction and purchases of fixed assets in monetary terms. It is a comprehensive indicator which shows the size, pace, proportional relations and use orientation of the investment in fixed assets. Total investment in fixed assets in the whole country includes, by status of economic ownership, the investment by the state-owned units, collective units, individuals, joint ownership units, share-holding units, as well as investment by businessmen from foreign countries and from Hong Kong, Macau and Taiwan, and by other units. According to China's current management system, the investment in fixed assets in the whole country is classified into the following four parts:investment in capital construction, investment in innoation,investment in real estates development and other investment in fixed assets.

Investment in Capital Construction Capital construction refers to the new construction projects or extension projects and the related work of the enterprises, institutions or administrative units mainly for the purpose of expanding production capacity or improving project efficiency covering only projects each with a total investment of 500000 RMB yuan and over. It includes(1)projects listed in the capital construction plan of the current year of the central government and the local governments at various levels as well as the projects, though not listed in the capital construction plan of the current year, but continued to be constructed in this year, using the investment listed in the plan of capital construction of previous years and carried forward to this year(also using the equipment and materials kept in stock of the capital construction);(2)new construction projects arranged both in the plan of capital construction and the plan of innovation;extension projects with the newly increased production capacity (or project efficiency)up to the standard of a large and medium-sized project; and the projects of moving the whole factory to a new site so as to improve the distribution of productive forces; (3)new construction projects, extension projects or restoration projects or restoration projects with the total investment of 500000RMB yuan and over by the state-owned units, though listed neither in the plan of capital construction nor in the plan of innovation; the projects in the state-owned units of moving the whole factory to a nes site so as to improve thd distribution of productive forces;and the projects of building additional business houses by the administrative units and institutions and building welfare facilities by the administrative units.

Investment in Innovation Innovation refers to the renewal of fixed assets and technolical innovation of the original facilities by the enterpriese and institutions as well as the corresponding supplementary projects and the related work(excluding majoroverhaul and maintenance projects) covering only projects each with a total investment of 500000RMB yuan and over. It includes(1)projects listed in the innocvation plan of the current year of the central government and the local governments at various levels as well as the projects, though not listed in the innovation plan of the current year, but continued to be constructed in this year, using the investment listed in the plan of innovation of previous years and crarried forward to this year;(2)projects of technological innovation or renewal of the original facilitiews,arranged both in the plan of innovation and in the plan of capital construction;extension projects(main workshops ora branchof the factory) with the newly increased production capacity (or project efficiency) not up to the standard of a large and medium-sized project; and the projects of moving the whole factory to a new site so as to meet the requirements of urban environmental protection or safe production;(3) projects of reconstruction or technological innovation with the total investment of 500000 RMB yuan and over by the state-owned units, though listed neither in the plan of capital construction nor in the plan of innovation; the projects in the state-owened units of moving the whole factory to a new site so as to meet the requirements of urban environmental protection or safe production.

Investment in Real Estate Development It includes the investment by the real estate development companies, commercial buildings construction companies and other real estate development units of various types of ownership in the construction of house buildings, such as residential buildings, factory buildings, warehouses, hotels, guesthouses, holiday villages, office buildings, and the complementary service facilities and land development projects, such as roads, water supply, water drainage, power supply, heating, telecommunications, land leveling and other projects of infrastructure. It excludes the activities in simple land transactions. **Other Investment in Fixed Assets** refers to the construction and purchases of fixed assets not listed in the investment in capital construction, investment in innovation and investment in real estate development. It includes:

A) The following projects of the state-owned units with the total planned (or actually needed) investment of 500000 yuan and over, which are not included in the plan of capital construction and the plan of innovation(1) projects of oil fields maintenance and exploitation with the oil fields maitenance funds and petroleum development funds; (2) opening and extending projects with the maintenance funds in coal, ore and other mining enterprises and logging enterprises; (3) project of reconstruction of the original highways and bridges with the highway maintenance funds in the department of communication; (4) projects of construction of warehouses with the funds of simple construction in the commercial department. B) The investment in fixed assets by urban collective units: refer to projects of construction and purchases of fixed assets with the planned total investment of 500000 yuan and over by all collective units in cities and county towns and in townships which are approved by the State Council or provincial governments, excluding investment by collective units under township enterprise administration offices.

C) The projects of construction and purchases of fixed assets by the enterprises, institutions or individuals other than those mentioned above with total investment of 500000 yuan and over, which are not included in the plan of capital construction and the plan of innovation.

Private Investment in House Construction in Urban Areas, Industrial and Mining Areas and Individual Investment in Rural Areas The private house construction in the urban areas and industrial and mining areas includes all the private house construction under the jurisdiction of cities, counties, towns and industrial and mining areas, no matter whether the owner of the house is registered as the permanent resident in the locality or not. The individual investment in the rural areas includes the investment in house construction and purchase of productive fixed assets by the individuals in the rural areas.

Newly Increased Production Capacity refers to the increase of designed capacity and project efficiency through investment in fixed assets, which reflects the accomplishment of investment in fixed assets, which reflects the accomplishment of investment in fixed assets in kind. The calculation of newly increased production capacity is based on individual project which operates independently and efficiently. When an individual project is completed and checked and accepted and put into production, it is counted as newly increased production capacity.

The newly increased production capacity and project efficiency are usually expressed in one of the following forms:

(1)annual production capacity, such as extraction of coal and petroleum;

(2)raw material processing capacity, such as ore dressing capacity of ore dressing projects, the dressing capacity of a coal washery;

(3)number or capacity of major equipment increased, such as the number of cotton spindles increased and the capacity of generating sets increased;

(4)physical measures of construction, such as volume, capacity, area, and length, for instance, the capacity of reservoire, the length of railways of highways.

Newly increased production capacity in terms of quantity is calculated in designed capacity of a capacity in general, which refers to the production capacity of a project under normal conditions designed capacity in general, which refers to the production capacity of a project under normal conditions designed in construction documents regardless of the actual output.

Foor Space of Builidings Under Construction and Completed refers to total floor space in each story of buildings calculated from the outside line of building walls, including both usable space and the space occupied by constructions like pillars or walls, The floor space of multi－story buildings includes the total floor space of each story(including basement).

Floor Space of Residential Buildings refers to the floor space of the residential buildings under construction and completed among the total space of buildings under construction and completed.

Floor Space Under Construction refers to total floor space of all buildings under construction during the reference period, including floor space of newly started buildings during the reference period, floor space of construction extended from the previous period to the current period, floor space of construction suspended during the previous period and resumed in the current period, floor space of construction completed in the current period, and floor space of construction started and then suspended in the current period.

Floor Space of Buildings Completed refers to the floor space of buildings completed in the reference period, which have come up to the designed standards and have been put into use.

Completion Rate of Floor Space of Buildings refers to the ratio of the floor space of buildings completed in certain period of time to the floor space of buildings under construction in the same period, which reflects the investment result and economic efficiency of the construction industry from the angle of the speed of project construction.

Newly Increased Fixed Assets refer to the newly increased value of fixed assets through investment, including the value of equipment, tools, and vessels considered as fixed assets, as well as the relevant expenses as investment in fixed assets. This is a comprehensive indicator of investment in fixed assets, reflecting the achievements of investment in fixed assets in fifferent periods, different sectors, and different regions.

Rate of Construction Projects Completed and Put into Use refers to the ratio of the number of construction projects completed and put into use in certain period of time to the number of projects under construction in the same period. This reflects the investment efficiency from the angle of the speed of projects construction.

Rate of Projects of Fixed Assets Completed and Put into Operation refers to the ratio of the newly increased fixed assets to the total investment made in the same period. This is a comprehensive indicator, reflecting the speed of the employment of fixed assets and the investment efficiency.

ENERGY AND MATERIAL

Total Eneray Production refers to the total production of primary energy by all energy producing enterprises in the country (region) in a given period of time. It is a comprehensive indicator to show the capacity, scale, composition and development of energy production of the country(region) . The production of primary energy includes that of coal, crude oil, natural gas, hydro – power and electricity generated by other means such as wind power and geothermal power. However, it excludes the production of fuels of low calorific value, bioenergy, solar energy and the secondary energy converted from the primary energy.

Total Domestic Energy Consrmpion refers to the total consumption of energy of various kinds by material production sectors, non – material production sectors and households in the country(region)in a given period of time. It is a comprehensive indicator to show the scale, composition and development of energy consumption. The total energy consumption includes that of coal, crude oil and their products, natural gas and electricity, However, it excludes the consumption of fuel of low calorific value, bioenergy and solar energy. Total domestic energy consumption can be divided intothree parts:

(1) Final Energy Consumption: It refers to the total energy consumption by material production sectors, non – material production sectors and households in the country(region) in a given period of time, but excludes the consumption in conversion of the primary energy into th e secondary energy and the loss in the process of energy conversion.

(2) Loss During the Process of Energy Conversion: It refers to the total input of various kinds of energy for conversion, minus the total output of various kinds of energy in the country in agiven period of time. It is an indicator to show the loss that occurs during the process of energy conversion.

(3) Loss: It refers to the total of the loss of energy during the course of energy transport, distribution and storage and the loss caused by any objective reason in a given period of time. Theloss of vareous kinds of gas due to gas discharges and stock taking is excluded.

PUBLIC FINANCE

Government Revenue refers to the revenue of the government finance by means of participating in the distribution of the social products, which is the financial resources for ensuring the government to function. The contents of government revenue have been changed several times. Now itincludes the following main items:

(1) Various tax revenues, including value added tax, business tax, consumption tax, land value added tax , tax on city maintenance and construction, resources tax, tax on use of urban land, stamp tax, tax on adjustment of the orientation of investment in fixed assets, personal income tax, enterprise income tax, tariff, tax on agriculture and animal husbandry and ta x on occupancy of cultivated land etc.

(2) Special revenues, including revenue collected from imposing fee on sewage treatment, revenue collected from imposing fee on urban water resources, and extra – charges for education, etc.

(3) Other revenues, including revenue from the repayment of capital construction loan, the funds for the state key construction projects in energy industry and transportation, and the funds foustate budget adjustment, etc.

(4)Planned subsidies for the losses of the state – owned enterprises. This is an item of negativerevenue, used to eat up part of the government revenue.

Government Expenditure refers to the distribution and use of the funds the government financehas raised, so as to meet the needs of economic construction and various causes. It includes the following main items:

(1) Expenditure for capital construction: It refers to the non – gratuitous use and appropriation of funds for capital construction in the range of capital construction, outlay of capital as well as the loans on capital construction approved by the government for special purpose or policy purpose and the expenditure with discount paid in an overall way within the amount of the funds appropriated to the departments for capital construction.

(2) Innovation funds of the enterprises: They refer to the funds appropriated from the government budget for the enterprises to tap the latent power, upgrade the technology and carry out innovation, including the innovation fund of the departments, loan of the enterprises for innovation, subsidies on the innovation of the small fertilizer plant, small cement plant, small coal mines, small machinery plant and small steel plant, the expenditure of interest for the loan for innovation.

(3) Geological prospecting expenses: They refer to the expenses appropriated from the government budget to the geological prospecting units for the expenditure of the prospecting: work, including the expenditures of the administrative agencies for geological prospecting and their institutional units as well as the geological prospecting expenditure.

(4) Expenditures for science and technology promotion: They refer to the expenses appropriated from the government budget for the scientific and technological expenditure, including new products development expenditure, expenditure for intermediate trial and subsidies on important scientific researches.

(5) Expenditure for supporting rural production: It refers to the expenditure s appropriated from the government budget for sup-

porting the various expenditures of the rural collective units or households for production, including the subsidies to the small water conservancy projects and well drilling, sprinkling irrigation projects run by the villages; subsidies on the rural water and soilcon serving measures;subsidies to the small power stations run by the villages; subsidies to the expenditure for fighting against particularly severe draughts;subsidies on the rural waste land exclamation; fund for supportin the township enterprises; subsidies to the expenditure for popularization of the agricultural technologies and plant protection in the rural areas; subsidies to the expenditure for the protection of grass lands and cattle and rowls; subsidies on afforestation and forest protection in rural areas; subsidies on the rural aquatic products industry;special fund for developing grain prodrction.

(6) Operating expenses of the departments of farming, forestry, water conservancy and meteorologyetc. : They refer to the expenses apprlpriated from the government budget for the expenditures of agricultural exclamation, farms, agriculture, animal husbandry, agricultural machinery, forsetry, timber industry, water conservancy, aquatic products industry, meteorology, technology popularization in township enterprises, popularization (demonstration) of improved varieties, plant(cattle and fowls, forest) protection, water quality monitoring, prospecting and designing, resources investigation, cadres training, subsidies to horticulture gardens, expenditures of afforestation agencies and meteorology agencies, expenses for fishery administration and operating expenses for agricultural administration, etc.

(7) Operating expenses of the departments of industry, transport and commerce: They refer to the expenses appropriated form the government budget to the departments of industry, transport and commerce for the expenditure of buseness development, including expenses for prospecting and designing, expenditures of specialized secondary schools, expenditures of the technical training schools and expenditures for cadres training, etc.

(8) Operating expenses of the departments of culture, education, science and public health: Theyrefer to the expenses appropriated from the government budget for the expenditures of the causes of culture, publication, cultural relics, education, public health, traditional Chinese medical science, free medical services, sports, archives, earthquake, ocean, communications, broadcasting, film and television, family planning; expenditure for training of cadres of government, party and mass organization; expenditures for natural sciences, social sciences, association s for science and technology and the special expenditure for the high – tech researches. They include mainly wages, extra wages, welfare funds, pension for the retirees, stipend, expenses for official business, expenses for equipment purchases, expenses for repairs, business expenses and subsidies to theunits which are unable to support their expenditures by their own earnings.

(9)Pension for the disabled or for the families of the bereaved and relief funds for social welfard: They refer to the funds appropriated from the government budget for the expenditures of penseon for the disabled or for the families of the bereaved and relief funds for social welfare, including the lump – sum or regular pinsion paid by the departments of civil affairs to the members of martyrs' families and families of those who died for the public interest, pension to the revolutionary disabled, subsidies for permanent disability of various kinds, subsidies to the military martyrs' dependents and the demobilized armymen, expenditure for settling down the demobilized armymen, operating expenses of the consoling institutions, expenses for management and repair of the commemorative buildings for the martyrs, the expenses managed by the departments of civil affairs for the retirees and those who have quitted their work, expenses for social relief inrural and urban areas, operating expenses for providing relief to the areas of matural calmity andsubsidies on the reconstruction after the particularly severe natural calamities ,etc.

(10) Expenditures for national defence: They refer to the funds appropriated form the government budget for the expenditures for building up national defence and safeguarding national security, including expenses fo national defence, expenses of scientific researches on national defence, expenses for building up people's militia and expenditure for special projects, etc.

(11) Administrative expenses: They include expenditrue for administration, subsidies to the parties and mass organizations ,diplomatic expenditure, expenditure for public security, judicial expenditure, law court expenditure, procuratorial expenditure and srbsidies to the expenses fortreating the cases by the public security departments, procuratorial organs and law courts.

(12) Expenditure for price subsidies: It refers to the expenditure appropriated, with the approval of the government, form the government budget for the policy subsidies to price adjustment, including the fund for the increase of grain prices, the subsidies to the difference between the selling prices and purchasing prices of grain ,cotton and edible oil, awards in addition to thepurchasing prices of cotton, risk fund for mom – staple food, siubsidies on the prices of meat and meat products, subsidies on the price difference for curbing the high market prices of meat, meatproducts and vegetables and the subsidies approved by the government on the prices of textbooks andnewaprint of newspapers and perodicals.

PRICE

Retail Price Index reflects the general change in retail prices of commodities. The change and adjustment in retail prices directly affect the living expenditure of urban an d rural residents, government revenue, purchasing power of resedents and the equilibrium of market supply and demand, amd the ratio of consumption to accumulation. Therefore, the clalculation of retail price index isuseful to analyze the changes of the above economic acivities.

Consumer Price Index reflects the relative change in prices of consumer goods and services purchased by urban and rural resedents, and is a composite index derived from the urban consumer price index and the rural consumer price index. Consumer price index can be used to analyze the impact of consumer price change on actual expenditure for living cost of urban and rural residents.

Urban Consumer Price Index reflects the relative change in prices of consumer goods and services purchased by urban and staff and worders and their families and can be used to observe and analyze the impact of price changes in consumer goods and services on money wages of staff and workers, andprovide bases for policy making concerning the living cost and wages of staff and workers.

Rural Consumer Price Index reflects the relative change in prices of consumer goods and services purchased by rural households and can be used to observe the impact of change in prices of consumer goods and services on living expenditure and actual change in peasants' living cost. It providesbases for analysis and research on peasants' living cost and welfare.

Index of Purchasing Prices of Farm Products reflets the relative change in purchasing prices of farm products purchased by state – owned, collective – owned, and individual commercial enteprises, foreign trade sectors, government agencies, social orgazinations and other units of various types of ownership. It is used to observe the impact of change in purchasing prices of farm products on money income of peasants and is calculated with the method of weighted harmonic mean , taking theamount of purchases during a given period as the weight. Number of products involved in the current calculation totalled 276 in 11 categories.

Retail Price Index of Rural Industrial Products reflects the relative change in prices of industrial prodrcts in rural market and can be used to observe the impact of the price change on farmers' money expenditure.

Ex – factory Price Index of Industrial Products reflects the change in general ex – factory prices ofall industrial products, including sales of industrial products to commercial enterpeises, foreign trade sectors, materials supplying and distributing sectors as well as sales of production means to industry and other sectors and sales of consumer goods to residents. It can be used to analyze theimpact of ex – factory prices on gross industrial output value.

Price Index of Investment in Fixed Assets reflects th e change in prices of investment in fixedassets. The investment in fixed assets consists of three components, namely the investment inconstruction and installation, the investment in purchases of equipment and instrument, and the investment in other items. Price index of investment in fixed assets in calculated as the weighted arithmetic mean of the price indices of the three components of investment in fixed assets. Price index of investmint in fixed assets reflects the changes of prices in various goods and services involved in investmetn in fixed assets and therefore can be used to observe the actual size, speed , structure, and efficiency of investment in rixed assets and provides reliable and scientific data for government planning, management, decision making , and further improving the current national accounting system.

PEOPLE'S LIVELIHOOD

Employed Population in Urban Households rfefers to urban residnts engagd in certain work and receiving payment for their labour or income from their business operation, including those who work in state – owned or collective units ,joint ventures, foreign – owned units and private units with permanent or temporary jobs. The self – employed individuals and reemployed retires are also included. This indicator reflects the situation of urban employment and is the basic data for calculating employment rate and dependency ratio.

Total Income of Urban Households refers to the total actual cash income of the same holds, including regular or fixed income and occasional income. The income of a circulating nature such as withdrawal from band deposits, loans borrowed from relatives or friends, repayment of loans received and various temporary collection of money is excluded.

Disposable Income refers to the income of the sample horseholds which can be used for daily expenses, i. e. total income minus income tax.

Expenditure For Consumption refers to total expenditure of th e sample hoseholds for consumptionin daily life, including expenditure for various commodities and expenses for non – commodity items such as culture and service, etc. ,but excluding fines and confiscation, loss , tax payments (such asincome tax, license tax, real estates tax, etc.) and various espenses by individual laborers for business purposes. Expenditure For Purchases of Commodities refers to total expense s of the sample households for the purchases of commodities from shops, factories, catering trade, canteens, markets and the peasants. This expenditure is classified into nine itims: food , clothing, daliy – life necessities, culturaland recreational articles, newspapers and magazines, medicines and medical appliances, housing and building materials, fuels and other commodities. No matter whether the commodities are purchased for their own consumption or for gifts to relatives and friends, they are all included.

Net Income of Rural Households refers to the total income of the permanet residents of the rural households during a year after the eduction of the expenses for productive and non – productive business operation, the payment ofr taxes and the payment for collective units for their contracted taskd. The net income can be spent for investments in productive and non – productive construction, for consumption in daily life and for savings deposit. It is a comprehensive indicator to show the actual level of the income of the peasants' household. The net income of the rural householdaincludes not only the income from the productive and non – productive business operation, but also the income from the non – business operation, such as the money remitted or brought back by the members of the bouse-hold who are in other places, the government relief payment and various subsidies. It includes not only the money income, but also the income inkind. But the income from borrowing frombanks, friends and relatives is excluded.

Able – bodied and Semi – Ablebodied Laborers of Rural Households refer to permanent residents of rural horseholds who are able to work and actually engaged in social labour, which are one factor of production and sources of rural household income. According to the relevant regulations, maleaged 18 – 50, female aged 18 – 45 are considered as able – bodied laborers; male aged 1 6 – 17 and actually engaged in social labour are also considered as able – bodied or semi – ablebodied laborers, while those who are within the above ahe range but unaboe to work are not counted as able – bodied or semi – ablebodied laborers.

Expenditure of Rural Households For Consumption refers to total expenses of rural households on daily life, including expenses on food, clthing, housing, fuel, aıticles for daily use, and expecnseson cultural life and services. This indicator in used to show the actual consumption level of peasants.

Expenditure of Rural Households on Commodities refers tototal expenses of the permanent residents of the rural households on purchases of food, clothing, furniture, household appliances, articles for daily use, fuels, durable foodes, and cultural, educational and medicinal articles, including purchases from state – owned shops, collective shops, free mardets, and etc. Expenditure of peasants for purchase of commodities is an important part of peasants' consumption expenditure, which reflects the extent of commercialization of peasants' consumption and the developingprocess from self – sufficient economy toward commodity economy. It provides basis for the analysis and research of peasants' market demand and for the formulation of the plan of commodity supply.

The Outstanding Amount of Savings Deposits of Urban and Rural Residents includes two parts: the band savings deposit of urban residents and the band savings deposit of rural re sidents. The cashhold by residents and the deposits of organizations such as enterprises, etc. are not included. The outstanding amount of saving deposits is the amount of saving deposits at a certain point of time such as the end of month, quarter, or year.

General Survey of Cities(Prefecture)

Production Capacity of Tap Water at The Year – End refers to the actual comprehensive production capacity of the waterworks administered by the urban construction department and those owned by enterprises or institutions, taking the capacity of the main links, such as water inflow, purification, conveyance and outflow of the trunk pipelines into account.

Length of Water Supply Pipelines at The Year – end refers to the total length of all the pipelines between the water pumps and the users' water meters.

Annual Volume of Water Supply refers to the total volume of water supplied by the public water – works and those owned by individual enterprises and institutions during the whole year, including both the effective water supply and loss during the water supply.

Consumption of Water For Residental Use refers to the water consumption of householes for daily life and the water consumption of public welfare facilities, including the consumption of restaurants, hotels, hospitals, barber shops, public bathhouses, laundries, swimming pools, shops, schools, institutions, army units and other units.

Percentage of Urban Population With Access to Tap Water refers to the ratio of the urban non – agricultural population (excluing temporary and mobile population) with access to tap water to the total urban non – agricultural population. The formula is:

$$\text{Percentage of Population with Access to Tap Water} = \frac{\text{Urban Non – agrecultural Population with Access to Tap Water}}{\text{Urban Non – agricultural Population}} \times 100\%$$

Production Capacity of Gaswork Gas refers to the actual comprehe nsive production capacity of theurban gasworkd in gas generation, purification and delivery.

Length of Gas Pipelines refers to the total pipeline length between the outlet of the compressor, blower or gas tank and the shaft pipe of users.

Volume of Gas Supply refers to the total volume of gas sold to users in a year, including the volume for industrial use, residential use and other uses.

Percentage of Urban Population With Access Gas refers to the ratio of the urban non – agricrltural population with access to gas (including gas, liquefied petroleum gas and natural gas) to the urbannon – agricultural population (excluding temporary and mobile population). The formual is:

$$\text{Percentage of Population with Access to Gas} = \frac{\text{Urban Non – agriculotural Population with Access to Gas}}{\text{Urban Non – agricultural Population}} \times 100\%$$

Heating Capacity in Urban Area refers to the capacity of hourly supply of steam and hot water tocities by thermal power plants, beating corporations and centralized neating boiler rooms which meet certain standard.

Feating Volume in Urban Area refers to the total volume of steam and hot water supplied to cities every year by therual power plants, heating corporations and centralized heating boiler rooms whichmeet certain standard.

Length of Heating Pipelines refers to the total length of pipelines for centralized supply of steam and hot water from the thermal power plants, heating corporations and centralized heatingboiler rooms which met certain standard to the users.

Length of Paved Roads at The Year – end refers to the length of r oads with a paved surface, and with a width of more than 3. 5 meters, including high – quality, medium – quality and ordinary roads.

Urban Bridgesrefer to bridges over river courses, great separated junctions and overpasses inurban areas. Permanent bridges and semi – permanent bridges are included. Temporary bridges, railwaybridges and culverts are excluded.

Length of Urban Sewage Pipes refers to the total length of gener al drainage, trunks. branch and blind drainage, inspection wells, connection wells, inlets and outlets, etc.

Daily Disposal Capacity of Urban Sewage refers to the designed 24 – hour capacity of sewage disposal at the sewage treatment works.

Number of Public Vehicles (Buses and Trolley – Buses) at The Year – end refers to the total number of operational buses available at the year – end, including the year – end operational vehicles andvehicles in stock. Non – operational vehicles such as stringing cars, tank cars, m achine – shop cars, trucks and other special vehicles and the borrowed passenger vehicles are excluded.

Length of Routes in Operation refers to the length of designated regular routes in operation, including the length of suburbanroutes in operation. The length of temporary op erational lines is not included.

Area of Urban Gardens and Green Areasrefers to the total area of urban public green land, specialgreen land, production green land, protection green land and suburban scenic spots.

Public Green Arearefers to green areas of varions parks, zoos, botanical gardens, cemeterise, amusement parks, tree – flanked boulevards green – land squares for tourism and relaxing. Areas withtrees planted along – side the streets and boulevards are excluded.

AGRICULTURE

Gross Output Value of Farming, Forestry, Animal Husbandry and Fishery refers to the total volume of products of farming, forestry, animal husbandry and fishery in value terms, which reflects the total scale and total result of anricultural production during a hiven period of time. The statistical coverage of farming, forestry, animal husbandry and rishery are as follows: In terms of ownership, China's agreculture includes specialized state farms (farming, forestry, animal husbandry, fishery), farms managed by various government agencies, organ ezations, schools, research institutions, and army; farms managed by rural collective organizatons at levels of township, town, and village; farming, forestry, animal husbandry, fishery run by various rural collective organizations and individual farmers.

(1) Farming includes cultivation of farm crops and other agricultural activities. Cultivation includes the cultivation of grain crops, beans, tubers, cotton, oil – bearing crops, sugarcrops, fiber crops tobacco, vegetables, medicinal herbs, melons and gourds, a nd cultivation andmanagement of tea plantations, mulberryficlds and orchards. Other agricultural activities includes gathering fruits, fiber, gum and resin of wild plants, oil – bearing plants, grass, wild medicinal herbs, fungus plants, and commodity industries of the rural households.

(2) Forestry refers to planting trees of various kinds (excluding tea plantations, mulberryfields and orchards), gathering of forest products, and cutting and felling of bamboo and trees by villages and other cooperative organizations under villages. (3) Animal husbandry refers to raising and grazing of all animals except fishe ry and aquaculture, and hunting and raising of wild animals.

(4) Fishery refers to cultivationand catching of fish and other aquatic animals and cultivationand collection of seaweed and other aquatic plants. Gross output value of agriculture is obtained by first multiplying the output of each product orby – product by its price, resulting in the output value of each single item. For a small number of products, annual output of which is not available or difficult to get due to the long production/growing process involved, the output value is estimated through an indirect approach. The sum of output value of all products of farming, forestry, animal husbandry, and fishery is then equal to the gross output value of agriculture.

Prior to 1957, China's gross agricultural output value included barn yard men ure and handicraft products for self – con – sumption (clothes, shoes, stockings, and initial grain proce ssing undertaken bypeasants). Since 1958, cutting and felling of bamboo and trees by villages and other cooperative organizations under villages have been included in forestry; value of barnyar d manure has been excluded from animal husbandry; self – consumed handicrafts has been excluded from sidelineoccupations, while the output value of industries run by villages and cooperative orhanizationsunder village had been included in sideline occupations and the output value of fish catches bymotou fishing boats has been added to fishery. Since 1980, the value of handicraft products made forsale by individuals in households had been added to sideline occupations. Since 1984, industries run by villages and cooperative organizations under villages haue been included in the sector ofindustry. Since 1993, the subdivision of sideline occupations has been canceled, and the hunting of wild animals has been classified into animal husbandry, and the gathering of wild plants and commodity industry run by rural househole have been included in farming.

Grain Yield refers to the yield in the whole country including g rains produced by state farms, collectine units, indrstrial enterprises and mines. Grain includes rice, wheat, corn, sorghum, millet and other miscellaneous grains as well as tubers and beans. Output of beans re fers to dry beanswithout pods. The output of tubers (sweet potatoes and potatoes, not including ta ros and cassava) was converted into that of grain at the ratio 4:1, i. e. four dilograms of fresh tub ers was equivalentto one kilogram of grain up to 1963. Since 1964 the ratio for conversion has been 5: 1. Tuberssupplied as vegetables(such as potatoes) in cities and suburbs are calculated as fresh vegetables and their output is not included in the output of grain. Ouptut of all other grains refers to husked grain.

Yield of Oil - Bearing Crops refers to the total yield of oil - bearing crops of various kinds, including peanuts, (dry, inshell) rapeseeds, sesame, sun flower seeds, flax seeds, and other oil - bearing crops. Ssybeans, oil - bearing woody plants, and wild oil - bearing crops are not included.

Output of Aquatic Products refers to catches of both artificially cultured and naturally grown aquatic products, including fish, shrimps, crabs and shellfish in sea and inland water as well asseaweed. Freshwater plants are not included.

Output of Pork, Beef and Mutton refers to the meat of slaughtered hogs, cattle, sheep and goatswith head, feet, and offal taken away.

Cultivated Area (Area Under Cultivation) refers to farm land which is plowed constantly for growing crops, including cultivated land, newly cultivated land in the current year, farmland left without cultivation for less than three years and fallow land in the current year, rotation land, rotation land of grass and crops, farmland with some fruit trees, mulberry trees and other trees andcultivated seashore land, lake land, and etc. The land of mulberry fields, tea pl antations, orchards, nurseries of young plants, forest land, reed land, natural and man - made grassla nd and other landare not included in cultivated land.

Sown Area of Crops refers to area of land sown or trans planted with crops regard less of being incultivated area of non - cultivated area. Area of land resown due to natural disast ers is also included.

Irrigated Arearefers to areas that are effectively irrigated, i . e. level land which has water source and complete sets of irrigation facilities to lift and move adequate water for irrigation purpose under normal conditions.

Consumption of Chemical Fertilizers in Agriculture refers to the quantity of chemical fertilizersapplied in agriculture in the year, including nitrogenous fertilizer, phosphate ferttilizer, potashferilier, and compound fertilizer. The consumptiohn of chemical fertilizers is required incalcration to convert the gross weight into weight containing 100% effective component(eg. 100% nitrogen content in nitrogenous fertilizer, 100% phosphorous pentoxide contern in phosphatefertilizer, 100% potasium oxide content in potash fertilizer). Compound fertilizer is converted with its major compoment.

Total Power of Farm Machinery refers to total mechanical power of machinery used in farning, forestry, animal husbandry, and fishery, including ploughing, irrigation and dra inage, harvesting, transport, plant protection, stock breeding, forestry and fishery. The power of internal combustionengines is required to convert horsepowers into watts and the power of electric motors is required to be converted into watts. Machinery employed for non - agricultural purposes, such as the machines used in township - run and village - run industry, construction, non - agricultural transport, scientific experiments and teaching, is excluded.

Laborers Engaged in Farming, Forestry, Animal Husbandry And Fishery refers to the total laborers who are directly engaged in production of farming, forestry, animal husbandry and fishery.

Number of Livestock or Poultry on Hand at Teh Beginning (or end) Of The Reference Perild refers to the total number of large animals, pigw, sheep, fowls, ets. raised by rural cooperative organizations, state farms, rural individuals, government agencies, schools, industrial and mining enterprises, army, and urban residents at the beginning (or end)of the reference period.

Cerealsrefer to seeds of various kinds of crops which are used mainly for grain. Cereals include paddy, wheat, maize, millet, Chinese sorghum, etc., escept beans and tubers.

INDUSTRY

Industryrefers to the material production sector which is engaged in extraction of natural resources and proce ssing and reprocesseing of minerals and agricultural products, including (1)extraction of natural resources, such as mining, salt production, logging (but not includinghunting and fishing); (2) processing and reprocessing of farm and sideline produces, such as ricehusking, flour milling, wine making, oil pressing, cotton ginning, silk reeling, spinning and weaving, and leather making; (3) manufacture of industrial products, such as steel making, iron smelting, chemicals manufacturing, petroleum processing, machine building, timber processing; water and gasproduction and electricity generation and supply; (4) repairing of industrial products such as therepairing of machinery and means of transport (including cars).

Prior to 1984, the rural industry run by villages and cooperative organiza tions under village wasclassified into agriculture. Since 1984, it has been grouped into industry.

(1)**State - owned and state holding majority shares enterprises** refer to state - owned enterprises and the enterprises which state holds majority shares. State - owned enterprises(industry ownership by the whole people or state - run industry)refers to non - corporation economic units, where the entire assets are owned by the state and which have registered in accordance with the Regulation of the People's Republic of China on the Management of Registration of Corporate Enterprises, including the state - owned enterprise, sole stae - funded corporation and state - owned joint ownership enterprise. Joint state - private industries and private industries, which existed before 1957, have been transformed into state - run industrics. Since 1992, those were named state - owned industries. Statistics on these enterprises has been included in the state – industries since 1957 when separation of data was no longer necessary.

(2)**Collective – owned Enterprises** refers to industrial enterprises where the means of production are owned collectives and some enterprises which were formerly owned privately but have been registered in industrial and commercial administration agency as collective units through raising fund from the public.

(3)**Share – holding Corporations Ltd.** Refer to economic units registered in accordance with the Regulation of the People' sRepublic of China on the Management of Registration of Corporate Enterprises, with total registered capitals divided into equal shares and raised throught issuing stocks. Each investor hears limited liability to the corporationdepending on the holding of shares, and the corporation bears liability to its debt to the maximum of its total assets.

Light Industry refers to the industry that produces consummer goods and hand tools. It consists of two categories, depending on the materials used:

(1)Industries using farm products as raw materials. These are branches of light industry which directly or indirectly use farm products as basic raw materials, including the manufacture of food and beverages, tobacco processing, textile, clothing, fur and leather manufacturing, paper making, printing, etc.

(2)Industries using non farm products as raw materials. These are branches of light industry which use manufactured goods as raw materials, including the manufacture of cultural, educational articles and sports goods, chemicals, synthetic fiber, chemical products for daily use, glass products for daily use, metal products for daily use, hand tools, medical apparatus and instruments, and the manufacture of cultural and clerical machinery.

Heavy Industry refers to the industry which produces capital goo ds, and provides various sectorsof the national economy with necessary material and technical basis. It consists of the following three branches according to the purpose of production or the use of products:

(1) Mining, quarrying and logging industry refers to the industry that extracts natural resources, including extraction of petroleum, coal, metal and non – metal ores and logging.

(2) Raw materials industry refers to the industry that provides various sector s of the national economy with raw materials, fuels and power. It includes smelting and processing of metals, coking and coke chemistry, chemical materials and building materials such as cement, plywood, and power, petroleum refining and coal dressing.

(3) Manufacturing industry refers to the industry that processes raw materials. It includes machine – builiding industry which equips sectors of the national economy, industries of metal structure and cement products, industries producing means of agricultural production, such as chemical fertilizers and pesticides.

According to the above principle of classification, the rpeairing trades which are engaged primarity in repairing products of heavy industry are classified into heavy in dustry while these engaged in repairing products of light industry are classified into light indrstry.

Gross Industrial Output Value is the total volume of indrstrial products sold or available forsale in value terms which reflects the total achievements and overall scale of industrial production during a given period. It includes the value of the finished products, which are not tobe further processed in the enterprises and have been inspected, packed and prt in storage, the value of industrial services rendered to other units and the changes in the value of the semi – finihed products and products in process between the behinning and closing of th e period(only theenterprises with long ptoduction cycle are required to calculatc the changes). The gross industrial output value is calculated with "factory method". Nodouble calculations are to be made within the same enterprise. However, double counting does occur among different enterprises.

Output value of light and heavy industries is also classified with the "factory" method. Undernormal conditions, if the major products of an industrial enterprise belong to light industry products, the gross output value of that enterprise is classified whohhy into light industry; thesame principle applies to heavy industry.

Value Added of Industryrefers to the final results of industrial production of the industrial trade in money terms during the reference pereod.

Original Value of Fixed Assets refers to the original value of all fixed assets owned by industrial enterpreses, calculated at the cost paid at the time of purch ase, installation, reconstruction, expansion, and technical innoivation and transformation of the said assets, which includes expenses on purchase, package, transportation, and installation, etc.

Net Value of Fixed Assetsis obtained by deducting depreciation over years from the original value of fixed assets.

Working Capital (Circulating Assets) refers to assets which can be cashed in or spent or consumed in an operating cycle of one year or over one year, which includes cash, various deposits, shortterm investment, and receivable payments, and advance payments, stock, etc.

Total Value of Profit and Tax (Pre – Tax Profits)refers to the sum of the total profits, products sales tax and surcharges and the value added tax payable of industrial enterprises. It is alsocalled pre – tax profits.

Ration of Pre – Tax Profits to Assets refers to the ration of pre – tax profits realized in a givenperiod to total assets (net fixed assets plus working capital) , which reflects the economic efficiency of the assets utilization and is calculated as follows:

$$\text{Ratio of Pre}-\text{tax Profits to Assets}(\%) = \frac{\text{Pre}-\text{tax Profits in Reference Per iod}}{\text{Average Net Fixed Asses}+\text{Average Balance of Working Capital}} \times 100\%$$

Ration of Profits to Total Industrial Costs refers to the ratil of profits realized in a given period to the total costs in the same period, which reflects the economec efficiency of input cost and is calculoated as follows:

$$\text{Ratio of Profits to Total Industrial Cost }(\%) = \frac{\text{Total Profits}}{\text{Tota l Costs}} \times 100\%$$

Value Added Rate of Industry refers to the ratio of value added of industry in a given period of the gross output value in the same period, which reflects the economic efficiency of cutting down the intermediate input and is calculated as follows:

$$\text{Value added Rate of Industry}(\%) = \frac{\text{Value Added of Industry (at Current Prices)}}{\text{Gross Output Value (at Current Prices)}} \times 100\%$$

Number of Times of The Turnover or Working Capital refers to the number of times of turnover of work in capital in a given period of time, which reflects the speed of the turnover of working capital and is calculated as follows:

$$\text{Turnover of Working Capital }(\%) = \frac{\text{Sales Revenue of Products}}{\text{Average Balance of total Working Capital}} \times 100\%$$

Sales Rate of Industrial Products refers to the ratio of total sales in a given period to the gross output value in the same period, which reflects the extent of industrial output sold and is calculated as follows:

$$\text{Sales Rate of Industrial Products}(\%) = \frac{\text{Total Sales (at Current Prices)}}{\text{Gross Output Value (at Current Prices)}} \times 100\%$$

Sales Revenue of Industrial Productsrefers to the revenre from the sales of products by industrial enterprises and the revenre from services provided and etc.

Sales Cost of Industrial Products refers to the actual cost of products of industrial enterprises and industrial enterprises and industrial services provided, etc.

Tax and Extra Charger on Sales of Products refer to the tax on c ity maintenance and construction, consumption tax, resources tax and extracharges for education, which should be borne by the entepprises in selling products and providing industrial services.

Sales Profit of Products refers to the profit gained by the enter prises by deducting cost, chargesand taxes from the business income of the enterprises obtained in selling prod ucts and providing industrial services.

Total Profits refer to the profits gained by the enterprises.

Value Added Tax Payable refers to the amount of the value added tax which should be paid by the eterprises in the reporting period.

Ratio of Per − Tax Profits to Gross Output Value refers to the rat io of the total amount of pre − tax profits gained (including total profits, sales tax and extra charges of prod ucts as well as thevalue added tax payable) in the reporting period to the gross output value in th e samd period (theratio is expressed in percentage). The formula is as follows:

$$\text{Ratio of Pre}-\text{tax Profits to Gross Output Value}(\%) = \frac{\text{Total Amount of Pr e}-\text{tax Profits}}{\text{Gross Output Value}} \times 100\%$$

Overall Labour Productivity of Industrial Enterprises refers to the average output per staff and worker in industrial enterprises in value terms. At present, the value added and the average number of staff and workers of an industrial enterprises in a given period are used to calculate the overall labour productivity. The formula used is:

$$\text{Overall Labour Productivity} = \frac{\text{Value Added of Industry}}{\text{Average Number of Staff and Workers}}$$

For the purpose of comparison of the overall labour productivity among different years, the data on the overall labour productivity of the years prior to 1990 have beeh adjusted on the bases of 1990 constant prices.

Capital refers to the corporation's capital registered in the departments of administration for industry and commerce. According to the different nature of investors, corporations' capital can be divided into state capital, legal person's capital, personal capital, foreign capital, etc. Total capital includes total registered capital of all investors in the corporation.

Total Assetsrefer to all assets which are owned or controlled by enterprises, including circulating assets, long − term investmint, fixed assets, intangible assets and deferred assets, other long − term assets, and dererred taxes, etc. The summation of above items is equal to total assets shown in the balance sheets of the enterprises.

(1) Circulating assets (working capital) refer to assets which can be cashed in or spent or consumed in an operating cycle of one year or over one year, including cash, all kings of deposits, short term investmint, receivables, advance payment, stock, etc.

(2) Fixed assets refer to the net value of fixed assets, clearance of fixed as sets, project under construction, fised assets losses in suspense. These are corporations' fund holdings.

(3) Intangible assets refer to the assets without matereial form used by enter prises over a longtime, such as patints, non − patent technolohies, trade marks, copy right, land use right, business reputation, etc.

Total Liabilities refer to the debts that enterprises are respon sible for repayment, including liquid liabilitier, long − term liabilities and deferred taxes, etc. Total liabilities correspond to the summation item of liabilities shown in the balance sheets of rhe enterprises.

(1) Liquid liabilities (also called quick liabilities or immediate liab ilities) refer to enterprises total debt payable within an operat-

ing cycle of one year or over on e year, includingshort term loans, payables and advance payments, wages payable, taxes payable and profit payable, etc.

(2) Long－term liabilities refers to total debt payable within an operating cycle of one year orover one yera, including long－tern loans, payable liabilities, long－term payables, etc.

Creditors' Equityrefers to investors' ownership of net assets of the enterprise. It is equal to the total assets of the enterprise minus its total liabilities, including the primary input from investors, capital accumulation fund, surplus accumulation fund and undistributed profit. It is the stock nolders' equity in stock companies.

TRANSPORTATION, POSTAL AND TELECOMMUNICATIONS SERVICES

Length of Railwaus in Operationrefers to the total length of the trunk line under passenger and freight transportation. The calculation is based on the actual length of the first line even if this line has a full or partial double track or more tracks, excluding double tracks, stationsidings, tracks under the charge of stations, branch lines, special purpose lines and the non－ payable connecting lines. The length of railways in operation is an important indi cator to show the development of the intra－structure for the railway transport, and also the essential data to calculate volume of passenger freight transport, traffic density and utilization efficiency of the locomotives and carriages.

Extention Length of Trunk Lines refers to the sum of the first, the second, the third lines and other constructed length of the trunk railways, excluding the extention length of the station lines, lines under the jurisdiction of depots, sidings and lines for special purpose. It provide simportant information for the calculation of the needs for rails, sleepers, sand and stone for the construction of railways.

Length of Highways refers to the length of highways which are built in conformity with the grades specified by the bighway engineering standard formulated by the Ministry of Communications, and have been formally checked and accepted by the departments of highways and put into use. The lengthof highways includes that of the suburb highways at large and medium－sized cities, highways passingthrough streets at small cities and towns, and also the length of bridges and fe rries. It does notinclude the length of streets in big and medium－sixed cities and highways built for the production purpose at factories, mines, forest areas and agricultural areas. If two or more highways go the semesaction of the way, the length of the section is only calculated for once and on duplication isallowed. The length of highways is an important indicator to show the development of the highway construction and to provide essential information to calculate the transport net work density.

Length of Navigable Inland Waterways refers to the length of the natural rivers, lakes, reservoirs, canals, and ditches open to navigation during a given period, which enables the transport byships and rafts. It includes the channels open to navigation for over 3 months a ccumulatively in ayear, yet this does not include the river courses which are only used to float o dd logs and bamboorafts.

Length of Civil Aviation Routes refers to the length of all rou tes for regular civil aviationflights. There are usually two ways to calculate the distance between airports connected by theroute length: One is to put the length of all air routes together, called duplic ated calculation ofthe length of the routes; the other is not to allow the duplication in calculati on when two or moreroutes passing the same section. The latter is usually used, as it can precisely show the size ofthe civil aviation network and indicate the extent of civil aviation serving th e national economyand the people.

Freight (Passenger) Traffic refers to the volume of freight (pas senger) transported with various means. Freight transport is calculated in tons and passenger traffic is calculated in the number of persons. Despite the type of freight and travelling distance, the freight transport is calculated in the actual weight of the goods: and despite the travelling distance and ticket price, the apassenger traffic is calculated by the principle that one person can be counted only once in onetravel. The passenger who travel with a half－price ticket or a child ticket is also calculated asalso calculated as one person. The freight (passenger) traffic provides a quant itative measure to show how the transport industry serves the national economy and people, and is also an important indicator for planning the transport industry and for studying the development scale and speed of the transport industry.

Freight Ton －Kilometers(Passenger－Kilometers) refer to the sum of the products of the volume of transported cargo(passengers) multiplying ty the transport distance, usually using ton － kilometer and passenger－kilometere as units for measurmement. Normally, the shortest distance between thedeparture station and the desination station (i. e., the payable distance) is the basis to calculatethe freight ton －kilometers. This is an important indicator to show the total results of thetranspor industry, to prepare and examine the transport plan and to measure th e efficiency, thelabour productivity and the unit cost of transport.

Business Volume of Post and Telecommunications refers to the inf ormation delivered and other post and telecommunications services provided by the post and telecommunications departments for the customers. It is derived by first multiplying busindss volume of different types, such as number of letters, telegrams, long distance calls, city and rural telephone subscribers and accumulated number of newspapers and jounals subscribed and sold, etc. by their respective average unit price (fixedprice) and then adding these products together: plus the income from mainte nance of telephone exchanges and lines, and the income from other business operations. The business volume of post and telecommunitations indicates the total achievements made by the post and telecommunications deparment during a given period of time in a comprehensive way, and is an important indicator to study the composition and development of the post and telecommunications busines s.

Local (Urban)Telephone refers to telephones connected to urban telephone network (at and abovework (at and above county level). The telephone charge is either monthly fixed rate or numerical rate.

(1)Resident telephones refer to telephones installed in resident dwellings, in cluding those withtelephone charges paid by individuals, by public units and free of charge.

(2)Personal telephones refer to telephones instlled and paid at one's own expe nse.

Subscriber of Pagding Services refer to subscribers who carry small size pagers and receive audiosignals, digital signals or literal signals sent out by city telephone through wireless pagingcenter within assigned area. Each pager is counted as a subscriber.

Mobile Thlephone Subscribers rerfer to the persons who own mobil e belephone number connected withthe mobile telephone communicaiton network and registered by post and telecommunications organization. The number of subscribers is calculated only when the subscribers who bave gone through all the register formalities and entered into the mobile telephone ne twork. One mobile telephone is treated as a subscriber.

CONSTRUCION

Gross Output Value of Construction (Output Value of Projeots Under Cons truction) refers to the gross output value of construction and installation projects that are undertaken by construction enterpreses or affiliated constructing units, calculated in line with the planned schedule. It includes;

(1) Output value of construction projects, that is the value of projects covered by the project budgets;

(2) Output value of installation projects, that is the value of the installation of equipment;

(3) Output value of repair of buidings and structures, that is the value created through therepairs of buildings or structures, but does not include the value of buildings or structures being repaired and the value of the repair of production equipmint;

(4) Output value of manufactured non－standard equipment, that is the valu e of non－ standard production equipment (including raw materials and manufacturing cost) made for the construction project, irrespective of whether the equipment is manufactured on the construction site or by subsidiary owrkshops.

Value－added of Construction refers to the final result of the activities of production and management of construction in monetary terms in the reference period. At present, the vcalue added of construction is calculated with the income approach. In other words, it is the sum of income of various production factors in the production process. The formula is as follows:

Value－added of construction＝depreciation of fixed assets in the year＋wages payable＋welfare expenses payable＋insurance premium and tax for wait in for employment in the administrative expenses＋taxes and sturcharges on project settlement＋profit gained from project settlement.

Floor Space of Buildings Under Construction refer to floor space of building under construction during the reference period, in cluding newly started buildings, buildings started earlier and continued during the reference period, and buildings suspended earlier but restarted during thereference period. Excluded are buildings started and then suspended earlier that have not been restarted during the reference time.

Floor Space of Buildings Completed refers to the floor space of buildings that are completed in the reference period in accordance with the requirements of the design, up to the standard for putting them into use, and have been checked and accepted by concerned departments as qualified ones.

Total Number of Machinery and Equipment Owned by The Construction Ente rprises(or Units) By TheEnd of Year refers to the number of machines and equipment owned by the enterprises (or units, andlisted as the fixed assets of the enterprises (or units) by the end of the year, including machinery and equipment for construction, production and transportation.

Total Power of Machinery and Equipment Owned By The Construction Enterprises (Or Untits) By The End of Year refers to the total power of machinery and equipment owned by the enterprises (or nuits), and listed as the fixed assets of the enterprises (of units) by the end of the year, including machinery and equipment for construction, production and transportation. The power of the machineryis calculated on basis of the designed or verifide capacity, covering the power of the machinery/equipment and the separate power equipment serving the machinery/equipment (such aselectric motors), but excluding welders, transformers and boilers. The unit used for the calcuation of power is kilowatt, with horsepower converted to kilowatt by 1 horsepower＝0.73 5 kilowatt.

Income From Settlement of Projects refers to the incom e received by the construction enterprise/unit from the commpleted portion of the project through settlement procedures with the contracte during the refercnce preiod, and other charges to the contractee as operational costs, such as facility fee, labour insurance premium, moving cost of construction unit, as well as various types of claims to the contractee.

Profit From Settlement of Projects refers to profit realized th rough settled projects. It is calculated with the following formula:

Profit from Settlement of Projects = Income from Settlement of Projects − Sttled Cost − Settled Taxes and Other Cost

Total Revenys of Enterprisesrefers to the sum of income from production and operation of enterprises, including income from settlement of projects and other operational income, namely:

Total Revenue of Enterprises = Income from Settlement of Projects + Other Operational Income

WHOLESALE, RETAIL SALES AND CATERING TRADE

Total Retail Sales of Consumer Goods refer to the sum of retail sales of consumer goods by the establishments in wholesale trade, retail sale trade, catering trade, manufacturing industry and other industries of different types of ownership, to urban and rural residents and social groups. This indicator is used to show the supply of consumers goods through various channels to households and institutions to meet their demands, and is therefore very important for the study of the issues on people's livelihood, on the purchasing power of consumer goods and on the circulation of money. The retail sales of consumer goods include: (1) commodities sold to urban and rural residents forresidential use and building materials sold to them for the construction of repair of houses; (2)food and fuels sold to canteens of institutions, enterprises, schools, military units and to canteens of hotels and hostels that only serve their guests, and commodities produced by enterprises, institutions of state farms and sold directly to their employees of their canteens; (3) grain and non − staple food, clothing, daily articles and fuels sold to military personnel; (4) cosumer goods sold to foreigners, overseas Chinese, and Chinese compatriots from Taiwan, Hong Kong and Macao during their stay in the mainland of China; (5) Chinese and western medicines, herbs and medicalfacilities purchased by residents; (6) newspapers, books and magazines directly sold to residentsand social groups by publishers, new and old commemorative stamps, special stamps, first − day covers, stamp albums and other stamp − collection articles sold by stamp companies; (7) consumer goods purchased and then sold by second − hand shops; (8)stoves and other heating facilities and liquified gas sold by gas companies to households and institutions; and (9) commodities sold by farmers to non − agricultural residents and social groups. Excluded under this heading are: raw materials, fuels, epuipment, tools sold to enterprises, institutions and state farms for production purpose; commodities sold to trade establishments for re − selling; commissioned sales at second − hand shops; operational income of urban public utilities; stamps sold at post offices; income of water, power, gas production and supply establishmets from the supply of their products; and sales of commodities among farmers.

Pruchase, Sales and Stock of Commodities by Wholesale and Retail Trade refer to the purchase, sales and stock of commodities by wholesale and retail estabilshments of different ownership (excluding individual sellers).

Total Purchasses of Commodities refer to the purchases of commodities by the establishments fromother establishments or individuals (including direct import from abroad)for the purpose of re − selling, either with or without further processing of the commodities purchased.

This indicator isused to show the total value of purchases of commodities by wholesale and retail establishmentsfrom domestic and overseas markets. The total purchases include: (1) agricultual and industrial products purchased from producers; (2) books, magazines and newspapers purchased from distribution departments of the publishers; (3)commodities purchased from wholesale and retail establishments; (4)commodities purchased from other units, such as surplus materials purchased from govermnent agencies, enterprises or institutions, commodities purchased from cate ring and service establishments, confiscated goods purchased from customs authorities or market m anagement agencies, second − hand goods and wastes purchased from residents; and (5) commodities directly imported from abroad. Excluded are commodities purchased by establishments (units) for use in their own businessoperation, commodities obtained without buying or selling procedures, rejected commodities, etc.

Total Sales of Commodities refer to selling of commodities by the establishments to other establishments and individuals (including direct export). This indicator is used to show the total value of sales of commodities at domestic markets and export. The total sales include: (1)commodities sold to urban and rural residents and social groups for their consumption; (2)commodities sold to establishments in industry, agriculture, construction, transportation, post and telecommunications, wholesale and retail trades, catering trade and public utility for their production and operation; (3)commodities sold to wholesale and retail establishments for re − selling, with or without further processing; and (4) commodities for direct to other countries. Excluded are selling of waste packaging materials used by the establishments (units) themselves, commoditie stransferred without buying of selling procedures, commission income from brokerage in transcationswhose settlement is directly handled by buyers and sellers, rejected commodities in the purchase, loss in commodities, etc.

Commodity Stock of Wholesale and Retail Enterprices at Year − End refers to total commodities possessed by wholesale and retail enterprises (units) of various types of owners hip, which reflects the commodity stock level of various wholesale and retail enterprises and the potential for market supply. It includes: (1)commodites located in storage, garages, counters, and shelves of operating units (such as sale stores, wholesale centers, and operating offices) of wholesale and retail enterprises; (2)commodities in the process of selecting, sorting, and packing; (3) commodities not arrived but recorded as purchase in the account, i. e. commodities not arrived but payment receiptsfor the commodities from the sellers or the banks arrived; (4) commodities deposited in other places rather than places mentioned above, for instance: commodities in the hold of purchasers temporarily due to the refusal of payment and commodities not taken back after going through the formalities; (5)commodities entrusted entrusted to other units to sell but not sold yet; (6) commodities purchased for other units but not delivered yet. Commodities not included as stock are thos e not owned by theenterprises (units), those allocated to financially independent factories rather than wholesale and retail enterprises for processing but not taken back yet, and finally those put in stock bywholesale and retail enterprises on behalf of the state material reserves units. In the calculation of the value of commodities stock at the end of period, the value is calculated at purchasing prices in agricultural goods purchasing units and wholesale units, and at the a ccunting prices in retail units.

Volume of Business (Transaction Value) at Urban and Rural Free Market refers to the value of all goods changed hands between sellers and buyers, includiug farmers, non − agricultural residents, institutions, organizations, enterprises and private, at urban and rural free markets. It is a comprehensive indicator used to show the size of the transaction at the free trade markets.

FOREIGN ECONOMY TRADE AND INTERNATIONAL TOURISM

Utilization of Foreign Capital refers to remittance, equipment and technology financed from abroad, by loans, foreign direct investment and other forms undertaken by the Chinese governments at alllevel, by various departments, enterprises and other economic units.

Foreing Loansa major part of China's utilization of foreign capital, refer to funds borrowed from abroad, including loans of foreign governments, loans of international financial institutions, commercial loans of foreign bands, export credit, and funds raised by Chinese bonds and shares issued abroad.

Direct Investment By Foreing Entrepreneurs refers to the investments inside China by foreign enterprises and economic organizations or individuals(including overseas Chinese, compatriots from Hong Kong and Macao, and Chinese enterprises registered abroad), following the relevant policies and laws of China, for the establishment of ventures exclusively with foreign own investment, Sino − foreign joint ventures and cooperative enterprises or for co − operative exploration of resources with enterprises or economic organizations in China . It includes the re − investment of the foreign entrepreneurs with the profits gained from the investment and the funds that enterprises borrow form abroad in the total investment of projects which are approved by the relevant department of the government.

Number of Tourists refers to the number of foreigners, overseas Chinese, and compatriots from HongKong, Macao and Taiwan coming to China for sight seeing, visits, tours, family reunions, vacations, study tours and other activities of an economic, scientific and technological, cultural, physical cultureand religious nature. This does not include the number of employees of foreign organizations stationed in China such as embassies, consulates, news agencies, the offices of corporations and enterprises and foreign experts and students residing in China and the persons staying briefly inChina but not for passing the night.

Foreing Exchange Earnings From International Tourism refer to the total expenditures of the foreigners, overseas Chinese, compatriots from Hong Kong, Macao and Taiwan in the process of their tourism in the mainland of China. Their expenditures mentioned above are foreign exchange earnings to China.

Total Imports and Exports at Customs refer to the value of commodities imported into and exported from the boundary of China. They include the actual imports and exports through foreign trade, imported and exported goods under the processing and assembling trades and materials, supplies and gifts as aid given gratis between governments and by the United Nations and other internation alorganizations, and contributions donated by overseas Chinese, compatriots in Hong Kong and Macao and Chinese with foreign citizenship, leasing commodities owned by tenant at the expiration of leasing period, the imported and exported commodities processed with imported materials, commodities trading in border areas(excluding mutual exchange goods), the imported and exported commodities and articles for public use of the Sino − foreign joint ventures, cooperatioe enterprises and ventures exclucively with foreign own investment. Also included are import or export of samples and ad vertising goods forwhose CIF or FOB value are beyond the permitted ceiling(excluding goods of no tr ading or use value and free commodities for export), imported goods sold in China from bonded warehoues and other imported or exportde goods. The indicator of the total imports and exports at customs can be used toobserve the total size of external trade in a country. In accordance with the stipulation of theChinese government, imports are calculated at CIF, while exports are calculated at FOB

BANKING AND INSURANCE

Deposit is a form of credit by which enterprises, institutions, or ganizations or residents can putmoney into banks and other credit institutions for safekeeping and interest earning under the principle of free withdrawal. According to different depositors, deposits are divided into enterprise deposits, treasury deposits, deposits of govenment agencies and organizations, capital constructiondeposits, urban savings deposits, rural deposits and other deposits. Deposits are major sources of the credit funds of bands.

Loan is a form of credit by which banks and other credit institutions provide funds at certaininterest rate to enterprises and individuals in the light of the principle of unconditional repayment. Loans from Chinese banks include circulating capital loans, fixed assets loans, loans tourban and rural individuals engaged in industrial and commercial business and agricultural loans.

Amount Insured refers to the amount of compensation for the loss or agreed sum of money to be paid by the insurer to the insurant. It is the maximum amount of liabilities written in thein surance contract and is also used as a basis to calculate the premium.

Premium is the fee paid by the insurant based on a proportion of the benefit he or she may get from the insurance plus the insurance value. It includes the income from the deposit of property insurance and presonal insurance.

Settled Clain is the compensation paid by the insurer to the insurant in accordance with the insurance contract for the loss which has been checked and found to be in the range of liability of the insurance after an accident has happened to the insured property or to a person who has insured his life. It is further divided into settled and unsettled claim.

EDUCATION, SCIENCE AND CULTURE

Regular Institutions of Hegher Learning refer to educational est ablishments set up according to the government evaluation and approval procedures, enrolling graduates from senior secondary schoolsand providing higher education courses and training for senior professionals. They include full－ time universities, colleges, high professional schools and short－term professional universities.

Institutions of Higher Learning For Adults refer to educational establishments, set up in line with relevant rules approved by the government, enrolling staff and workers with senior secondary school or equivalent education, and providing higher education courses in many forms of full－ time, part－time, spare－time, or correspondence for adults. professionals thus trained receive aqualification equivalent to graduates studying regular courses at regular univer sities, colleges and professional colleges. Institutions of higher learning for adults include Radio and TV universities, schools of high education for staff and workers and peasants, colleges for management cadres, pedagogical colleges, independent correspondence colleges.

Proxlment Rrte of Primary School－Age Children refers to the propor tion of school－ age children enrolled at schools to the total number of school－ age children both in and outside schools (including regarded children, but excluding blind, deaf and mute children). The formula is:

$$\text{Enrollment Rate of Primary School－age Children} = \frac{\text{Total Primary School－age Children at Schools}}{\text{Total Primary school－ age Children Both at and Outside Schools}} \times 100\%$$

Independent Research and Development Institutions refer to the state－owned insitutions which havederect mission and research purpose, a certain number of core member with higher research level and a certain number of research personnel, favorable conditions for R&D and engaging in scientific research and technological development. The institutions also have their own independent organization and finance, authority to sign contracts with other units, with their own accounts inbands. Independent research and development institutions include the institutions attached tocentral governmert agencies, Chinese Academy of Sciences. Chinses Academy of Social Sciences and the institutions attached to local governments.

Presonnel of Independent Research and Development Institutions refers to the persons who work and receive payment in research and development institutions. It includes regular full－ time and temporary staff and workers, but excludes retirees and persons who leave their work temporarily without payment but still retain their posts.

Total Expenditure on Research and Development refers to all actual expenditure made for R&D (basic research, applied research and experimental development) in reference period. It includes direct expenditure on R&D and indirect expenditure on R&D (including m anagement expenses, administrative expense and investment in capital construction ralating to R & D.

Scientists and Engineers refer to persons who have completed university or higher education orobtained titles of senior and middle －level professional positions.

Other Technical Personnel refers to persons involved in science and technology with secondary specialized education or three－year college education and persons with junior professional titles.

Inventions refer to the inventions as specified by the patent law and its detailed rules and regulations for implementation. They refer to the new technical proposals to the products ormethods or their modifications.

Utility Models refer to the utility models as specified by the patent law and its detailed rulesand regulations for implementation. They refer to the practical and new technical proposals on the shape and structure of the product or the combination of both.

Desings refer to the designs as specified by the patent law and its detailed rules and regulationfor implementation. They refer to the aesthetics and industry－applicable new designs for the shape, pattern and color of the product, of their combinations.

Cultural Institutions refer to units which have their own organizatinal system and independent accounting system and specialize in or serve cultural development. They exclude other establishments run by these cultural institutions and amateur cultural groups established by various departments.

Art Troupe refers to the troupe which is engaged in drama, opera, music, dance, acrobatics or other art performance, opens independent accounts with banks annd has self－ supporting accounting system; excluding the troupes which are engaged partly in industrial or agricultural activities, partly art performance and the professional troupes organized by the people.

Film Projection Units refer to units with film projection equipment, full or part－ time projectionists, permanent or non－permanent places, approved by related administrative departments to show films regularly for certain groups of audience, includinng those film projection units whichhave been approved to give commercial shows and run business with independent accounting system aswell as those film－renting units of the military system.

Number or Spectators at art Performance refers to the number of attendants at commercial shows, completely booked shows or free shows given in minority national areas, and does not include thenumber of spectators at rehearsals for examination and internal shows for study.

SPORTS, PUBLIC HEALTY AND OTHERS

Number or Athletes in Grades refers to the number of athletes who have been given titles through examination. The titles of athletes include international masters of sports, masters of sports, first －grade, second－grade and third－grade sportsmen and young athletes.

Number of Referees in Grades refers to the number of referees who have been given titles after examination. They are classified as international referees, national referees and referees of the first, second and third grades.

Stadiums refer to stadiums for track annd field events with six －lane 400－ meter tracks around soccer felds, permanent track marks and permanent bleachers. stadiums are classified according toseating capacity. They inclrde Class A stadiums seating 25000 people each. Class B stadiums seating15000 to 25000 people each. Class C stadiums seating 5000 to 15000 people each, and Class D stadiums seating fewer than 5000 people.

Gymnasiums refer to indoor sports grounds with permanent seats in which basketball, volleyball. badminton, tabble tennis and gymnastics competitions can be held. Gymnasiums are classified according to seating capacity. They include Class A gymnasiums seating over 6000people. Class B gymnasiums seating 4000 to 6000 people. Class C gymnasiums seating 2000 to 4000 people, and Class D gymnasiums seating fewer than 2000 people.

Hospitals refer to medical institutions named as"hospital"with permanent hospital beds, which areable to take in patients and provid them with medical and nursing services. Hospitals are classified into three categories: hospitals at or above the county level, hospitals of rural townships, and otherhospitals. According to their ownership, hospitals can be classified into three categories: hospitals under the public health departments, hospitals under industrial and other departments and collective－owned hospitals. Hospitals at or above county level are divided into comprehensi ve and specialized hospitals.

Medical Technical Personnel refers to all permanent medical staff and workers employee by medical institutions, including doctors of Chinese and Western medicine, senior doctors who integrate traditional Chinese thrapeutics with Western thrapeutics in practice, senior nurses, pharmacists of Chinese and Western medicine, laboratory specialists, other specilists, paramedics of Chinese and Western medicine, nurses, midwives, druggists in Chinese and Western medicine, laboratory technicians, other technieians, other practitioners of Chinese medicine , nursing attendants, pharmacological workers of Chinese and Western medicine, laboratory workers, and other primary medical personnel.

Doctors refer to qualified professional medical workers approved to practice by public health departments. They are classified into doctors of Chinese medicine, doctors of Western medicine, seniordoctors who integrate traditinal Chinese thrapeutics with Western thrape utics in practice, paramedics of Chinese medicine and Western medicine, annd other specialists of Chinese medicine.

Social Welfare Institutions refer to institutions taking care of old people without children, handicapped people and orphans. They include social welfare institutions run by civil affairs departments, children's welfare institutions, social welfare institutions form ental patients, and collective－owned old people's homes in rural areas.

Number of People Taken in By Social Welfare Institutions refers to the number of old people, children, totally dependent handicapped people and mental patients taken in by scoial welfare institutions run by civil affairs departments and those run by collective units in urban and ruralareas.

Social Welfare Enterprises are collective－owned enterprises which employ the blind, deaf－mute, and other handicapped people who are able to work in cities and towns and enjoy exemption from state taxes, including welfare plants, welfare commercial services, artificial limb plants and farms, etc.

Lawyers are legal workers who are employed full－time by legal counseling firms to act as legal advisers, agents in criminal or civil law suits, or defenders in criminal law suits, or to handle non－litigious legal affairs, to advise on matters of law or to write legal papers for others. Both full－time and part－time lawyers are included.

Notary Personnes refers to judicial workers of the state notary offices handling notarization work according to law. They include notaries, as sistant notaries, and other people working for notary offices.

Notarized Documents refer to the documents settled by notary offices in a year. The notarial documents are drawn up in accordance with the regulations of the Ministry of Justice, including domestic documents and foreign－related documents. Domestic documents are divided into two major categories, documents on economic contracts and documents on civil legal relations.

Mediatorsrefer to workers on people's mediation committees res ponsible for mediating in civil disputed and cases of slight in fraction of the law. They include members of the mediation committees and mediators of mediation groups. Mediation of Civil Disputes refers to mediation committees' work in mediating in civil disputes concerning civil rights and duties through persuasion and education in a ccordance with the provisions of law on a voluntary basis, so as to solve disputes by helping the parties involved come to an agreement and understanding. These disputes include divorce cases and disputes over property ownership, but exclude the civil cases to be handled by the court.

Retired or Restgned Personnel refers to the persons who have formally gone through the formalities for their retirement or quitting work and enjoy the corresponding treatments.

Insurance and Welfare Funds refers to labour insurannce and welfare fund paid by entrprises, oranizations and institutions to their staff and worders as well as retired and resigned personsin addition to their wages and salaries.

(1) **Insurance and Welfare Funds For Staff and Workess include:**

① Medical Care Allowance: It refers to the cost of medical care of staff and workers and their dependent family members who are covered by the medicare system of enterprises, travellig expenses of injured employees to hospital and their perdiem subsidies during hospita lization, cost of medical care of employees who are covered by the medicare system of institutions and organizations, as well as cost of medicine of employees of enterprises and institutions who are not covered by the medicare system.

② Funeral Expenses and Pensions for family of the Deceased: They refer to funeral expenses of staff and workers, and pensions and allowance for their dependent family members, as well assbsidies to funeral expenses of staff and workers' dependent family members.

③ Subsidies for Living Expenses: They refer to regular or abhoc subsidies to staff and worderswho have difficulties in making ends meet.

④ Expenses for Recreational, Sports and Pubilcity Acitivities: They refer to actual payment made by enterprises and institutions in recreational, sports and publicity activities, excluding training cost.

⑤ Subsidies to Collective Welfare Undertakings: They refer to subsidies to the operation of welfare undertakings that can not fully cover their cost, such as public bath rooms, barber shops, laundries, nurseries and kinder gartens.

⑥ Expenses for Collective Welfare Facilities: They refer to expenses for collective welfare facilities that are spent in line with state regulations, such as the purchase and repair of cook ingutensils for canteens, and repair of living quarters of staff and workers, but excluding the expenses for welfare projects that are constructed with self－raised funds.

⑦ Family Planning Subsidy: It refers to subsidy and health allowance paid to the one－ child family of staff and workers.

⑧ Others: They refer to other insurance and welfare funds paid to staff and workers.

(2) **Insurance and Welfare Funds For Retired and Resigned Staff and Workers**

① Pensions for retired veteran cadres: They refer to pensions and other subsidies paid toretired in line with relevant government documents.

② Pensions for retirement: They refer to living allowance and other subsidies paid to retired staff and workers in line with the relevant government documents.

③ Resignation Allowances for Living Expenses: They refer to living allowance and subsidies paid to resigned staff and workers in line with relevant government instructions.

④ Expenses for Medical Care: They refer to the costs for medical treatment, hospetalization and food subsidies in hbospitals for retired and resigned staff and workers.

⑤ Nursing Cost: It refers to cost for nursing retired or resigned staff and workers who are unable to take care of themselves and need the help from nurses.

⑥ Living Subsidy: It refers to living subsidy paid to retired employees in line with the instructions in a 1985 State Council document.

⑦ Traffic Subsidy: It refers to the monthly traffic subsidy paid to senior retired staff.

⑧ Funeral Expenses and Pensions for Family of the Deceased: They refer to th e funeral expenses of retired staff and workers, and pensions and allowance for their dependent family members, as wellas subsidies to funeral expenses of retired staff and workers' dependent family members.

⑨ Others: They refer to other expenses, including moving and settlement allow ance, allowance for difficult families, book and newspaper allowance, subsidy for non－ staple foods, housing subsidy, water and electricity subsidy, special allowanec for staff and workers of national minorities, travelling cost for senior retired staff, etc.

Volume of Industrial Waste Water Discharged refers to the volume of industrial waste water discharged, through all outlets, to the outside of industrial enterprises, including waste water produced, direct－cooling water, underground water from mines that does not meet the standard of discharge, and the domestic sewage mixed up with industrial waste water when discharged, but excluding discharged indirect－cooling water.

Volume of Waste Water up to The Standard For Discharge refer s to the volume of discharge dindustrial waste water that, with or without treatment, has come up to the national or local standards for discharge.

Volume of Treated Industrial Wasth Waterrefers to the volume of industrial waste water after being treated and purified through various water treatment facilities in the reference period, including the volume discharged or recovered after being treated. The volume of waste water that fails to meet the national or local standards after treatment is also included. If there aretreatment facilities both at the outlets of workshops and at the outlets of the factory, and the same volume of waste water has been treated twice, duplication should be avoided in the calculation of the volume of treated industrial waste water.

Volume of Wasth Gas Emission refers to waste gas emitted from burning of fuels and from production process in the area of the factory, and is measured by 10000 standard cubic metres each year under normal condition.

Volume of Sulphur Dioxide Discharged refers to the volume of sulp hurdioxide discharged to the air in the process of fuel burning or in the production process.

Volume of Industrial Soot Discharged refers to the volume of solid soot in the smoke discharged in the process of fuel burning in the area of the factory. Industrial Dust Discharged refers to the total weight of solid dust discharged by industrial enterprises in the production process, such as dust of refactory materials from iron plants, dust from coke－screening system or from sintering machines of coking plants, dust from lime kilms, cementdust from building material enterprises, etc., but excluding smoke and dust discharged by powerplants.

Volume of Industrial Solid Wastes Produced refers to the total volume of solid, semi－ solid or high concentration liquid residue produced by industrial enterprises in their production process, including dangerous wastes, residues from melting, slag, powdered coal ash, gangue, chemical residues, tailings, radioactive residues and other residues, but excluding stripped or dug stones inmining (except gangue and acid or alkali stones which are stones washed or soaked by water with a pH value smaller than 4 or larger than 10.5.)

Accidents of Environment Pollution and Destruction refer to sudden accidents, due to economic and social behavior or activities in contrast with environment protection legislation, unexpected factors or irresistible natural disasters, that cause the pollution of environment, the destructionof natural protectionzones, wild plants and animals, the danger to the health of people, and theloss in the property of the society and people.

中国统计出版社最新资料书简目

（仅供参考，以最后出书为准）

中国统计年鉴－2006
中国统计摘要－2006
2006 中国发展报告
中国城市统计年鉴－2006
中国劳动统计年鉴－2006
中国人口统计年鉴－2006
中国工业经济统计年鉴－2006
中国市场统计年鉴－2006
2005 中国经济景气年鉴
中国建筑业统计年鉴－2005
中国城市调查年鉴－2006
中国商品交易市场统计年鉴－2006
中国连锁餐饮企业统计年鉴－2005、2006
中国连锁零售业统计年鉴－2005、2006
中国能源统计年鉴－2004、2005
全国农产品成本收益资料汇编－2005
国际统计年鉴－2006
中国对外经济贸易统计年鉴－2005
中国民政统计年鉴－2006
中国高技术产业统计年鉴－2006
中国房地产行业名录
中国农村统计年鉴－2006
中国农村住户调查年鉴－2006（中文）
中国农村住户调查年鉴－2006（英文）
中国乡镇统计资料－2006
中国县（市）社会经济调查年鉴－2006
中国建制镇统计资料－2006
中国农产品价格调查年鉴－2006
中国国民经济核算年鉴－2006
中国经济普查年鉴－2004
中国棉花年鉴－2004、2005
中国百强县（市）发展年鉴－2006
中国教育经费统计年鉴－2005

北京统计年鉴－2006
天津统计年鉴－2006
河北统计年鉴－2006
山西统计年鉴－2006
内蒙古统计年鉴－2006
辽宁统计年鉴－2006
吉林统计年鉴－2006
黑龙江统计年鉴－2006
上海统计年鉴－2006
江苏统计年鉴－2006
浙江统计年鉴－2006

安徽统计年鉴－2006
福建统计年鉴－2006
江西统计年鉴－2006
山东统计年鉴－2006
河南统计年鉴－2006
湖北统计年鉴－2006
湖南统计年鉴－2006
广东统计年鉴－2006
广西统计年鉴－2006
海南统计年鉴－2006
重庆统计年鉴－2006
四川统计年鉴－2006
贵州统计年鉴－2006
云南统计年鉴－2006
西藏统计年鉴－2006
陕西统计年鉴－2006
甘肃年鉴－2006
青海统计年鉴－2006
宁夏统计年鉴－2006
新疆统计年鉴－2006
新疆生产建设兵团统计年鉴－2006
石家庄统计年鉴－2006
唐山统计年鉴－2006
邯郸统计年鉴－2006
张家口统计年鉴－2006
朔州统计年鉴－2006
呼和浩特经济统计年鉴－2006
鄂尔多斯市统计年鉴－2006
包头统计年鉴－2006
沈阳年鉴－2006
大连统计年鉴－2006
鞍山统计年鉴－2006
长春统计年鉴－2006
吉林市社会经济统计年鉴－2006
四平统计年鉴－2006
延吉统计年鉴－2006
哈尔滨统计年鉴－2006
齐齐哈尔统计年鉴－2006
黑龙江垦区统计年鉴－2006
上海浦东新区统计年鉴－2006
南京统计年鉴－2006
苏州统计年鉴－2006
无锡统计年鉴－2006
常州统计年鉴－2006
徐州统计年鉴－2006
南通统计年鉴－2006
盐城统计年鉴－2006
镇江统计年鉴－2006
江阴统计年鉴－2006

杭州统计年鉴－2006
宁波统计年鉴－2006
绍兴统计年鉴－2006
台州统计年鉴－2006
舟山统计年鉴－2006
温州统计年鉴－2006
金华统计年鉴－2006
嘉兴统计年鉴－2006
安庆经济统计年鉴－2006
福州统计年鉴－2006
福州年鉴－2006
厦门经济特区年鉴－2006
福州经济技术开发区年鉴－2006
南昌经济社会统计年鉴－2006
上饶经济社会统计年鉴－2006
九江经济统计年鉴－2006
济南统计年鉴－2006
青岛统计年鉴－2006
潍坊统计年鉴－2006
淄博统计年鉴－2006
郑州统计年鉴－2006
洛阳统计年鉴－2006
三门峡统计年鉴－2006
南阳经济统计年鉴－2006
武汉统计年鉴－2006
宜昌统计年鉴－2006
十堰统计年鉴－2006
荆州统计年鉴－2006
长沙统计年鉴－2006
广州统计年鉴－2006
东莞统计年鉴－2006
惠州统计年鉴－2006
深圳统计年鉴－2006
南宁统计年鉴－2006
桂林经济社会统计年鉴－2006
柳州经济统计年鉴－2006
来宾统计年鉴－2006
河池地区经济社会统计年鉴－2006
海口统计年鉴－2006
成都统计年鉴－2006
贵阳统计年鉴－2006
昆明统计年鉴－2006
西安统计年鉴－2006
兰州年鉴－2006
西宁统计年鉴－2006
银川统计年鉴－2006
乌鲁木齐统计年鉴－2006
巴音郭楞统计年鉴－2006
吐鲁番统计年鉴－2006

欲购以上图书请与中国统计出版社发行部联系。

电话：（010）63376907　63376908　同橒行书店：68783171　68783172
通讯地址：北京市西城区三里河月坛南街 75 号　邮政编码：100826